普通高等教育“十一五”国家级规划教材

数字图书馆导论

INTRODUCTION TO DIGITAL LIBRARIES （第二版）

夏立新　主编

科 学 出 版 社
北 京

内 容 简 介

本书从信息管理与信息系统的专业视角来研究和介绍数字图书馆，把数字图书馆看成互联网环境下进行数字化信息资源的采集、加工、组织、存储、检索和提供利用的信息系统，并以此为主线展开章节的安排和内容的介绍，在理论上进行归纳总结的同时，结合典型的数字图书馆实例，介绍数字图书馆系统的体系结构、设计与开发工具。

本书适合高等学校情报学和图书馆学专业学生作为教材使用，同时也适合数字图书馆相关行业的从业者参考阅读。

图书在版编目（CIP）数据

数字图书馆导论 / 夏立新主编. -- 2 版. -- 北京 : 科学出版社, 2024. 6.
（普通高等教育“十一五”国家级规划教材）. -- ISBN 978-7-03-078710-1

Ⅰ. G250.76

中国国家版本馆 CIP 数据核字第 20244T35K9 号

责任编辑：王京苏 / 责任校对：姜丽策
责任印制：赵　博 / 封面设计：楠竹设计

科学出版社出版
北京东黄城根北街 16 号
邮政编码：100717
http://www.sciencep.com
北京华宇信诺印刷有限公司印刷
科学出版社发行　各地新华书店经销
*
2009 年 4 月第　一　版　开本：787×1092　1/16
2024 年 6 月第　二　版　印张：20 1/4
2025 年 8 月第二十次印刷　字数：478 000

定价：58.00 元

（如有印装质量问题，我社负责调换）

前　言

党的二十大报告中提出“实施国家文化数字化战略，健全现代公共文化服务体系，创新实施文化惠民工程”①。《“十四五”公共文化服务体系建设规划》指出推动公共文化服务数字化、网络化、智能化建设，要加强数字文化内容资源和管理服务大数据资源建设、加快公共文化网络平台建设并拓展公共文化服务智慧应用场景，以提升公共文化服务的供给能力和服务水平。数字图书馆作为公共文化服务的重要组成部分，其建设和运营需要统筹内容、形式、平台和技术等方面，以满足公众对高质量文化服务的需求。

数字图书馆是采用现代信息技术所支持的数字信息资源系统，是下一代互联网上信息资源的管理模式，正从根本上改变目前互联网上信息分散不便使用的现状。作为知识经济的重要载体，数字图书馆是国家信息基础设施建设不可缺少的重要内容，也是新形势下国家间资源争夺的一个新领域。为此，世界各国高度重视和大力推进，一批有影响的实验性项目和工程建设项目纷纷涌现。目前，数字图书馆已成为评价一个国家信息基础水平的重要标志和 21 世纪各国文化科技竞争的焦点之一。在我国的学术界，伴随着数字图书馆概念的研究、国外数字图书馆理论研究和工程建设成果的翻译与评价、国内的技术攻关以及工程实施的不断深入，涌现了不少优秀的学术成果。本书是我们多年来开展数字图书馆相关问题的研究，以及近几年从事数字图书馆课程教学的经验总结。

数字图书馆实践的蓬勃发展亟须教育界培养和造就具备数字图书馆建设与管理专业素质的人才。为此，本书的撰写紧密结合了教学改革和课程建设的实际，努力反映数字图书馆方面的理论研究和实践发展的最新成果，体现内容体系的创新，在内容上注重基础性与创新性、系统性与选择性、经典性与前沿性的有机结合。与同类著作相比，本书的特色主要体现在：①以国内外数字图书馆研究的最新成果为基础，从信息管理与信息系统的专业视角来研究和介绍数字图书馆，把数字图书馆看成互联网环境下进行数字化信息资源的采集、加工、组织、存储、检索和提供利用的信息系统，并以此为主线展开章节的安排和内容的介绍，力求系统介绍数字图书馆所涉及的基本知识、基本理论和基本技能，在内容的安排上注重基础性与创新性、系统性与选择性、经典性与前沿性的有机结合。②注重理论和实践的结合。在理论上归纳总结的同时，结合典型的数字图书馆实例，介绍数字图书馆系统的体系结构、设计与开发工具。通过本书内容的系统学习，读者既可以系统地掌握数字图书馆方面的理论和专门知识，同时具备一定的从事数字图书馆规划、设计、建设和管理的动手能力和实践能力。

本教材的顺利出版，首先要感谢由夏立新、王忠义等专家学者组成的编著团队。没有

① 习近平：高举中国特色社会主义伟大旗帜为全面建设社会主义现代化国家而团结奋斗——在中国共产党第二十次全国代表大会上的报告. https://www.gov.cn/xinwen/2022-10/25/content_5721685.htm[2022-10-25].

我们这个团队成员的精诚合作，本教材也难以顺利完成。此外，科学出版社的相关编辑也为本书的出版付出了大量的心血，在此一并表示感谢。

在本教材的撰写过程中，我们广泛吸取了国内外有关数字图书馆理论与实践的研究成果，参考和引用了大量的相关文献及网上在线资料。借此书出版之际，作者谨向这些原文作者以及所有关心和支持本书的撰写与编辑出版的同志表示由衷的感谢！

数字图书馆的理论研究在不断深入，工程建设项目也不断涌现，本教材需要补充和完善的内容还很多，加之作者的水平有限，书中难免存在不足之处，恳请专家和读者批评指正。我们期待着能有机会就数字图书馆理论研究和工程实践中的有关问题与有志于数字图书馆领域研究的同仁交流与合作。

夏立新

2024 年 8 月

目　　录

第1章　数字图书馆概述

本章首先介绍了数字图书馆的产生背景及其发展历程。然后从不同角度对数字图书馆的概念加以理解，并将数字图书馆概念与人们常见的虚拟图书馆（virtual library）、复合图书馆、电子图书馆等概念加以比较，进一步归纳出数字图书馆的五个特点。最后介绍了数字图书馆的功能以及其在业务功能上与传统图书馆的不同，有利于读者对数字图书馆形成一个大体认识。

1.1　数字图书馆的产生背景

20世纪末，随着计算机技术、数字存储技术、现代通信技术、网络技术的飞速发展与有机结合，数字化信息广泛存在于人们身边。像其他格式的信息一样，数字信息在整个生命周期内运动，它们被产生、编辑、描述、标引、传播、获得、使用、注释、修订和再产生。当我们谈论图书馆时，首先想到的是雄伟的建筑、汗牛充栋的书库和宽敞明亮的阅览室。但在数字化信息的冲击下，一种新型图书馆——数字图书馆应运而生，它打破了人们对图书馆传统认识的时空观念，在基于计算机网络特别是互联网的多媒体信息管理系统下，数字图书馆的信息不再存放在一栋物理建筑里，而是分布在世界各地的网络系统中，呈现出一种虚拟状态。

首先从社会、经济、技术发展大背景的角度来分析数字图书馆产生与发展的影响因素，可以进一步加深我们对数字图书馆的了解，真正认识其存在与发展的本质。

1.1.1　数字图书馆的发展历程

数字图书馆是现代信息技术发展与人类信息知识需求发展相结合的产物，人类社会中任何一种事物的产生与发展都与人类生产、生活的需求分不开。

人类文明绝大多数是通过文献记录下来并流传后世的。图书馆作为文献最重要的保存、利用场所之一，通过开发利用文献，传播信息和知识，积累、继承并创造新的知识，成为人类文明发展的重要推动者。随着现代信息技术在文献和图书馆中的应用，这种推动作用将越来越大。

回顾20世纪的100年，影响人类社会各个方面幅度最大、速度最快、震撼最强的，莫过于至今仍在飞速发展的信息技术。其影响范围涉及社会生活的各个方面，图书馆也不例外。从发展历程上看，信息技术的发展水平及其在图书馆领域的应用水平和程度，在很大程度上被视为划分图书馆发展阶段的重要依据。

从总体上看，20世纪60年代以前的图书馆是以收藏印刷品为主，通过卡片式或书本式目录反映馆藏，通过检索刊物反映本馆可能没有收藏但已确实存在的文献，图书馆业务工作的开展基本上以手工为主。

20 世纪 60 年代以后，以计算机、通信以及网络为核心的现代信息技术开始全面渗透进图书馆领域，将图书馆推向自动化发展阶段。1960 年，美国人尼诺提出编印目录卡片的机械化装置，被认为是最初的机读目录（machine-readable catalog，MARC）。1962 年，美国加利福尼亚大学和南伊利诺伊大学分别应用计算机进行期刊管理和流通管理。1964 年，美国国家医学图书馆用计算机编制《医学文摘》，并开发了医学文献分析与检索系统（medical literature analysis and retrieval system，MEDLARS）。1966 年，美国国会图书馆开始了 MARC 计划，特别是 1969 年开始正式发行 MARC Ⅱ，为实现图书馆大部分业务工作的自动化奠定了基础，为图书馆资源共享创造了条件。

20 世纪 70 年代，计算机与通信技术相结合，促进了图书馆联机系统和网络化的发展，出现了一批联机编目网络和一些商业性联机检索系统，如俄亥俄大学图书馆中心（Ohio College Library Center，OCLC）译名为“联机计算机图书馆中心”，其已发展成为全球最大的书目数据库中心；DIALOG、Orbit、MEDLARS 等联机检索系统先后建成并投入商业运行。

20 世纪 80 年代，图书馆自动化的显著特点是图书馆联机系统进一步发展，与各馆建立的自动化集成系统联成网络。各馆普遍实现了采购、编目、流通、连续出版物管理、检索、馆际互借（inter-library loan，ILL）以及行政管理等方面的自动化，建立了 MARC 数据库和二次文献数据库。用户通过联机公共检索目录（online public access catalog，OPAC）查询馆藏书目，通过联机检索终端查找二次文献信息。

从图书馆采用现代信息技术的历程看，图书馆一直强调内部业务工作的自动化和检索工具编制与使用的自动化。但由于受到计算机运算速度和存储容量等的限制，图书馆当时难以实现对文献本身存储与检索的计算机化。

到 20 世纪 90 年代，由于高密度存储技术、多媒体技术、通信技术、网络技术等现代信息技术的高度发展、不断突破及有机结合，图书馆已可以对文献本身进行管理。从此，图书馆逐步迈进新的阶段——数字图书馆。数字化的文献资源已成为社会需求与应用的主体。相应地，文献资源数字化生产与管理技术及其解决方案便成为重要的发展战略性课题。置身于人类社会全面信息化、知识化趋势下的文献资源生产、管理与利用，必然以数字化、网络化为主要特征，以方便高效地满足人们知识获取与学习需要为目标。因此，新技术的发展与人类信息、知识需求发展相结合的结果，必然产生数字图书馆这一新型信息与知识的处理系统。可以说，数字图书馆就是记录人类文明的载体——文献应用最新的相关技术于其中后，能够满足人类对知识、信息的最新需要。

发展到 21 世纪初，随着云计算、大数据的广泛运用，人工智能、增强现实（augmented reality，AR）、虚拟现实（virtual reality，VR）等新信息技术兴起以及智慧地球与智慧城市的发展，智慧图书馆的理论与实践已经在国内外图书馆界有了初步的探索和实践。智慧图书馆作为数字图书馆的延续和发展，是通过物联网为用户提供智慧化服务和管理的一种数字图书馆的高级发展形态，更加智慧。而数字图书馆作为智慧图书馆的基础和前提，可以为智慧图书馆的发展提供有力的支撑，当前数字图书馆的发展十分迅速，为智慧图书馆的发展奠定了基础。

从图书馆发展历史来看，图书馆经历了早期的以神庙图书室等为代表的古代图书馆、以藏书楼等为代表的近代图书馆和以数字图书馆为代表的现代图书馆发展阶段后，现代信息技术的发展特别是物联网、云计算等信息技术的出现和应用，推动着数字图书馆从 21 世纪初开始向智慧图书馆方向演进与发展。

1.1.2　数字图书馆发展的影响因素

从技术、需求方式、经济等具体角度讲，数字图书馆的产生及其持续发展曾经并仍将受以下几点主要因素的影响。

（1）新战略资源的无限增长与有效利用的矛盾亟须解决。自 20 世纪 60 年代以来，人类在生产实践中逐渐认识到，资源不仅有各种物质形态，也包括知识、经验、技术等非物质的信息形态。前者包括物质资源和能源资源，后者可称为第三资源即信息资源。信息资源成为一种战略资源，现已成为知识经济时代决定社会发展进步的决定性力量。但在现代经济活动的发展为信息的生成、传递、存储和积累提供了条件的同时，各种形态的信息以突飞猛进的速度增长并迅速积累起来，很快就达到了一个非常庞大的基数。如此海量的信息增长与有效的信息管理和获取利用两者间必然存在着尖锐的矛盾。随着信息量的增加，用户需求水平的提高，矛盾的尖锐程度几乎无法调和。即使使用最强大的搜索引擎，当用户提出一个具体问题时，返回的结果仍是大量而繁杂无序的。这样，用户只能在众多的网站和网页中换来换去，浪费了时间不说，真正准确、需要的结果却没有得到。由此可见，当互联网神奇般地通过数以万计的计算机的连接，把整个地球联系在一起的时候，人们在学习、生活和工作中享受便利的同时，网上信息的急剧增加与用户对信息的个性化需求之间的矛盾不但没有得到解决，反倒愈加突出，人们似乎又回到"情报爆炸"时代所面临的困境。

（2）科学技术的发展为数字图书馆提供了实现手段。数字图书馆的发展其实就是信息技术特别是互联网技术发展的产物，它本身就是一种利用信息技术实现的图书馆服务创新形式（李树青等，2018）。数字图书馆是一个宽带多媒体网络和海量信息管理系统，它所面对的管理对象、存储对象和技术领域远远超出了传统图书馆的范围。存储对象包括数字化的图书、音像、新闻、美术作品、照片、雕塑、电影、软件、电子出版物、互联网内容等各种各样的人文与科学数据，因而牵涉到大量的技术性管理问题。计算机技术、存储技术、网络技术、信息处理技术的不断发展，使得计算机性能不断提高。根据摩尔定律，计算机计算能力每 18 个月翻一番，即每 5 年增长 10 倍。但现代信息技术的发展已突破了摩尔定律，如计算机的三维图形性能、广域网的带宽、光纤传输容量、信息处理技术、智能处理技术等都在以超常的速度发展，特别是这些技术在应用领域的广泛普及，为数字图书馆的建设与发展提供了现实技术条件和应用条件。

（3）人们需要一个真正的文献信息资源集成共享系统。事实上，即使规模再大的图书馆也无法将世界上所有的出版物收集齐全，而且也无法包揽所有文献信息的处理工作，更无法满足众多个性化的服务需求。在信息资源无限扩大的今天，如果一个图书馆不去借用外力，不去共享已有社会劳动成果，而只是一味地闷头工作的话，是难以完成自己的使命的。因此无论是从读者需求的角度，还是从图书馆业务管理工作的角度，通过数字图书馆系统来实现各馆传统文献和数字化文献资源的共享是一个必然。而且，这种共享系统将逐步扩展到图书馆领域之外，由包括档案馆、出版社、新闻媒体、博物馆在内的资源拥有者共同组成。因此，数字图书馆系统必然是一个资源集成管理系统。这个系统既要管理传统文献，又要管理与传统文献在内容上紧密联系的数字化文献，而且不分类型，不分内容，这样才能实现真正意义上的资源共享。

（4）人们需要一个全新的知识型信息的管理与获取平台。信息利用是极易迷失方向的，很多不全面甚至是错误的信息被利用的例子屡见不鲜，而现有的互联网系统并未从根本上解决这一问题。那么如何避免这样的现象呢？建立一个信息过滤系统，甚至是一个知识的生产系统是必然的选择。从前面的分析看，数字图书馆就应该是这样一个信息过滤系统。因此，建立一个可供全人类进行知识管理、生产与获取利用的平台，应该是数字图书馆建设的目标。

（5）数字图书馆作为一个新的经济体有其不断发展的内在动力。现在很多人自觉或不自觉地将数字图书馆视为公益性的基础信息设施，这在其建设的初始阶段无疑是正确的。然而，数字图书馆最终将成为一个不断发展的经济体是必然的，这是由其与经济的密切联系所决定的。首先，数字图书馆的建设需要信息技术厂商广泛参与。无论是计算机设备、存储设备、网络设备、数字化设备、通用软件的应用，还是应用软件开发与资源有偿使用等，都为数字图书馆的建设带来无限商机。其次，从数字图书馆的自身运行来说，它已经不可能是传统图书馆时代以公益性服务为主的非营利性机构。数字图书馆管理的知识性资源是知识经济时代获取利润的源泉，谁掌握了这些知识性信息，谁就有可能创造出更多的精神和物质财富。因此，数字图书馆的一个主要功能，就是不断地发掘知识信息资源及其相关要素的经济功能，获取合法的经济收益。再次，数字图书馆可以实现有关文献资源机构的资源共享。这样可以有效解决文献资源（含数字化资源）的重复购置。而新的数字化资源进入系统后，其他机构就可以充分利用这部分资源，从而节省大量人力、物力，减少资金投入，提高工作效率，这也是最大的效益。最后，在资源生产者的知识创造与所有权利真正得到法律的保护，并通过数字图书馆系统得到技术保护和经济收益时，一个知识增值的链条就建立起来了。

知识的创造者会由于数字图书馆系统给其带来经济收益，而愿意提供自己拥有知识产权的作品，从而有利于数字图书馆的资源不断丰富发展。而数字图书馆的用户，则因此得到更多真正需要的知识产品，这些经济收益和效益，必然促使数字图书馆作为一个知识经济时代的新型经济体，在市场中不断发展完善，满足社会与经济发展的需要。

1.2 数字图书馆的相关概念

1.2.1 数字图书馆概念

首先我们从数字图书馆基本概念入手，从不同角度来看待数字图书馆，从而对其内涵、特点有更深刻的理解。

1. 数字图书馆概念的多种理解

从目前数字图书馆在国内外的发展和研究情况看，数字图书馆研究涉及众多的学科领域，其中有很大一部分是由图书馆界以外的人士进行的，如计算机科学家、软件工程专家、专家系统研究人员、图像处理和语言处理专家、网络专业人员、教育界人士、知识产权专家等。从中可以看出，数字图书馆这一课题实际上是一个与信息技术密切相关的跨学科、多层面的新兴领域。每个领域的探索都从不同的角度丰富了数字图书馆研究的内涵，而且对数字图书馆问题，甚至字面本身都有不同的理解。

现将有影响的关于数字图书馆概念的描述和提法归纳如下，以期通过共同的探索，得出一个绝大多数人能够接受的对实际工作有指导意义的关于数字图书馆的概念。

1990 年美国密西根大学的研究人员首次提出了"数字图书馆"的概念，并将其定义为：数字图书馆是若干联合机构（federated structure）的总称，它使人们能够智能地（intellectually）和实实在在地（physically）存取全球网络上以多媒体数字化格式存在的、为数巨大的，且仍在不断增多的信息。

1995 年一个题为"交互作用，定标及数字图书馆研究议事日程"的数字图书馆专题研讨会给数字图书馆做了如下定义："一种多媒体数据与把数据表现为信息与知识信息管理方法的两者的有序集合"。一年后此定义又修改为：数字图书馆是一种多媒体数据与信息管理方法的有序结合，这种管理方法把数据表现为一种对不同社会环境的人们有用的信息知识。两个定义都指出了数字图书馆能增进馆藏的扩充、组织、存取、注释及保存，且都论及了数字形式的信息以及对存储在物理媒体上的信息进行数字化管理，但后者又加进了一个重点，即需要将用户和用途作为数字图书馆研究的一个重要部分。1997 年 3 月由美国国家科学基金会（National Science Foundation，United States，NSF）主办的桑塔菲分布知识工作环境计划研讨会又将这个定义做了进一步的扩充，数字图书馆的定义不仅只是数字化的收益与信息管理工具两者的对应词，它更应该说是一种环境，这个环境将收藏、服务方式及人结合起来，以支持数据、信息和知识的搜集、传播、利用及储存。2000 年 *D-Lib Magazine* 的创办者 William Y. Arms（威廉·阿姆斯）把数字图书馆非正式地定义为有组织的信息馆藏及相关服务，信息以数字化形式保存，并通过网络进行访问。定义的核心在于说明信息是有组织的。从卫星发往地球的数据流不能直接作为图书馆的馆藏，同样的数据一旦经过系统化的组织，便成为数字图书馆的馆藏。

研究者与实践者对数字图书馆提供了越来越多的更富创造性的定义，他们不断扩展思路，充分考虑到数字图书馆的含义可能延伸的程度，重要的是不能让类似数字图书馆这样一个迅速出现的研究领域过早地"定型"，也就是说要让这个定义长期地尽可能地开放。

俄罗斯多数学者认为，数字图书馆虽与传统图书馆的自动化有许多共同点，然而二者并不等同，索科洛娃和利雅别夫将数字图书馆定义为：数字图书馆是一个分布式信息系统，它能够保存、有效地利用各种各样的电子文献，这些电子文献对于最终用户可以通过全球网络传输而便利地获取。格鲁霍夫认为，正在日益得到普及的电子图书馆，是汇集广袤信息资源并为用户提供有效利用手段的大规模的综合体。他针对“电子图书馆”“虚拟图书馆”“数字图书馆”这些等同的观点发表了不同看法，认为三个要领有所不同：虚拟指网络信息资源；而电子则包括现实馆藏；数字化比电子化更具时代意义，数字图书馆是一种具有发展潜力的概念，因而可以代替前两者（肖汀，2003）。

日本图书馆情报大学的田佃孝一认为数字图书馆是指不局限于文本，而且包含画像、映像、音响等在内的多媒体图书的收集、存储、流通以数字信号的形态统合进行处理的图书馆。但同校的杉本重雄却认为数字图书馆未必含有“馆”的含义，从构成看，数字图书馆是指将数据资料以数字化方式收集存储，通过网络来利用的机构。中央大学的齐藤孝则认为数字图书馆是在像互联网这样的赛博空间（cyberspace）展开的超文本的集合体。

我国学者对数字图书馆的含义的解析具有代表性的有以下几种。

汪冰（1997a）曾经把国外图书情报界对 digital library 的定义归纳为：计算机网络化系统；新信息技术在图书馆及类似机构中的应用；只存储电子资料的新型图书馆；强调集成信息服务和广泛存取信息的一种概念和思想，他本人也将 digital library 广义理解为“计算机可处理信息的集合或此类信息的一个存储处”。

赵伟 1999 年在《情报科学》题为《数字图书馆研究的历史和现状》一文中提出：数字图书馆是以数字形式存储和处理信息的图书馆，是将计算机技术、通信技术、微电子技术等合而为一的信息服务系统，它主要由三大部分构成：数据库管理服务系统、图书馆网络通信系统、数字化的信息资源系统（赵伟，1999）。

吴志荣（2000）在《数字图书馆——从理念走向现实》中把数字图书馆定义为：数字图书馆是运用当代信息技术，对数字信息资源进行采集、整理和存储，并向所有连接网络的用户提供，是为一定的社会、政治、经济服务的文化教育机构以及这种机构的组合。

陈敏在《情报学报》1999 年第六期上发表的题为《Internet 时代的数字图书馆建设》中提出：数字图书馆是传统图书馆功能的扩展，它对信息进行搜集、转换、描述，并以计算机可处理的数字化形式存储馆藏数字化信息和网络数字化信息，以智能化的信息检索和统一友好的检索界面，利用先进的信息处理技术和互连的计算机网络，提供多种语言兼容的多媒体远程数字信息的信息服务机构（陈敏，1999）。

徐文伯（1999）有两种提法，其一认为：所谓数字图书馆就是对有高度价值的图像、文本、语音、音响、影像、影视、软件和科学数据等多媒体信息进行收集，进行规范性的加工，进行高质量保存和管理，实施知识增值，并提供在广域网上高速横向跨库连接的电子存取服务。同时还包括知识产权、存取权限、数字安全管理等。它的特点是收藏数字化、操作电脑化、传递网络化、信息存贮自由化、资源共享化和结构连接化。其二认为：数字图书馆的准确定义应该是超大规模的、分布的，可以跨库检索的海量数字化信息资源库。

周和平（2000）认为：数字图书馆是采用现代高新技术支持的数字信息资源系统，是下一代互联网网上信息资源的管理模式。它从根本上改变目前互联网上信息分散、不便使用的现状。数字图书馆是超大规模的便于使用的没有时空限制的文献信息中心。

孙承鉴和刘刚（2001）对数字图书馆建设的描述是，以统一的标准和规范为基础，以数字化的各种信息为底层，以分布式海量资源库为支撑，以智能检索技术为手段，以电子商务为管理方式，以宽带高速网络为传输通道，将丰富多彩的多媒体传递到千家万户。它涉及数字信息资源的生产、加工、存储、检索、传递、保护、利用、归档、剔除等全过程。

于洪彬和李继成（2000）认为数字图书馆的形态特征应具有：丰富且具特色的信息资源，健全的社会信息资源管理系统，完善的信息提供系统，以人为本，以信息用户至上为根本的服务宗旨，开放友好的共享接口，安全可靠的信息服务。

南开大学信息管理系王知津（1999）教授在分析了与数字图书馆概念相近的“电子图书馆”“虚拟图书馆”“无围墙图书馆（library without walls）”之后提出：数字图书馆是建立在图书馆内部业务高度自动化基础之上，不仅能使本地和远程用户联机存取其 OPAC 以查询传统图书馆馆藏（非数字化的和数字化的），而且也能使用户通过网络联机存取图书馆以外的其他电子信息资源的现代化图书馆。

《大学图书馆学报》主编朱强（2000）认为：“对于数字图书馆这一术语，通常认为有两种理解，广义的理解是指数字信息的资料库，多被计算机界的人士所接受；狭义的理解是数字化的图书馆，多被图书馆界的人士所接受。我个人倾向于前一种理解，认为它更反映事物的本质，而且更能反映未来图书馆的发展趋势。”

2013 年川、吉、苏、冀、桂五省（区）图书馆学会学术研讨会上，国家图书馆的陈力副馆长在《对我国公共图书馆未来发展的思考》主旨报告中，认为“数字图书馆就是数字时代的图书馆”。在这个定义中他对图书馆的基本属性、性质及对数字图书馆的职能做了高度的概括（王锰等，2015）。

2. 数字图书馆概念多种理解与提法的分析

上述提法来自名人学者、专家教授及专业技术人员，代表着各个不同层次、不同岗位人员对数字图书馆的认识和看法，当然都具有一定的权威性。但是，对同一个事物的概念，竟有如此多的提法，势必会影响数字图书馆建设工作。因此，有必要对产生多种提法的原因进行分析。

（1）对新生事物的不同认识是产生对其概念多种提法的重要原因之一。我国数字图书馆正处于发展阶段，其特有的本质特征正在成长发展中，人们对它的认识同样处于发展阶段，在这一发展阶段，对它的认识不可能全面深刻（肖汀，2003），对数字图书馆这一概念内涵的理解和外延的把握难以形成共识。

（2）在数字图书馆的发展演进过程中，曾产生与其意义相近的若干概念，如电子图书馆、无围墙图书馆、虚拟图书馆、网上图书馆等。对于这些相近概念未加仔细区别而交替使用，是产生多种数字图书馆概念的另一原因。有的学者甚至认为，数字图书馆实际就是人们所说的电子图书馆、无围墙图书馆、虚拟图书馆，不同的称谓只是人们从不同的角度描述数字图书馆的特征，如黄宗忠（1998）教授认为“虚拟图书馆，又名电子图书馆、数字图书馆、无围墙图书馆”。

（3）数字图书馆明显的多学科性导致其概念的多种提法。数字图书馆涉及图书馆学、情报学、信息学、数字科学、计算机科学、网络科学、通信科学等众多的学科领域。每个领域的研究人员都有各自的学科背景和研究的视角，因此，难以给数字图书馆下一个明确的、完整的、规范的定义。

（4）不同行业的人士对数字图书馆的认识和理解不同而产生出不同的数字图书馆的概念。比如，图书馆界学者指出，对于数字图书馆通常有两种理解，广义的理解是指数字信息的资料库，多被计算机界的人士接受；狭义的理解是数字化的图书馆，多被图书馆界的人士接受。

3. 确定数字图书馆概念的依据及其分析

数字图书馆概念的多种提法容易导致概念混乱。我们也对产生多种提法的原因进行了分析，那么确定数字图书馆概念的根据是什么？

为探索解决这一问题，首先应重温“概念”一词的含义。“概念是反映对象的特有属性的思维方式。人们通过实践，从对象的许多属性中，抽出特有属性概括而成。”（辞海编辑委员会，1989）这里所说的特有属性就是事物的本质特征。

这里，我们试图通过考察以计算机为主体的现代信息技术在图书馆的应用历程，归纳出数字图书馆的本质特征。一般而言，图书馆都有较为明确的工作内容、服务对象，并按一定的业务规范，开展自己的业务工作。传统图书馆根据自己的工作内容、服务对象，有选择地收藏文献，并对文献进行加工、处理，形成自己的二次文献系统（书目、索引、文摘等），以方便读者对收藏文献的利用。图书馆非常重视以计算机为主体的现代信息技术的应用，数十年来，一直在创建、维护和使用着能用计算机处理信息的系统。20 世纪 70 年代以后，成千上万的图书馆开发并用联机目录逐步取代手工生产的目录卡片。通过联机信息检索服务和书目利用，图书馆通常都能分时存取大量的书目引文数据库、机读版的百科全书与指南和其他参考工具书以及大量的非书目型数据库；通过日益普及的互联网，能够检索政府机构、专业学会、大学、公司及其他图书馆的计算机中存储的海量信息；许多图书馆都购买了以磁带、CD-ROM（compact disc read-only memory，只读存储光盘）或其他形式销售的书目型和非书目型信息产品，并装配在自己的计算机系统中供读者使用。在这期间，图书馆主要是利用计算机对书刊资料的收集（采访）、编目、流通、典藏、检索等业务工作的自动化管理。人们习惯于把这一时期称之为“图书馆的自动化阶段”。

仔细思考一下图书馆自动化的发展历程，可以发现，由于受到计算机的处理速度、磁盘的存储容量及网络通信能力的限制，传统的图书馆自动化一直只能强调目录、索引等书目信息和查找工具的计算机化，而无法实现图书馆馆藏中图书、期刊及其他种类文献本身存储、管理、检索的计算机化。既然帮助确定馆藏的查找工具书不断地计算机化，那么作为图书馆自动化发展的逻辑顺序，下一步就是馆藏存储与检索的计算机化（数字化），这正是数字图书馆的本质特点。

从这个意义上讲，数字图书馆是一个庞大的数字化资料库，包括现有馆藏的数字化形式，新采购的封装型电子出版物、全文数据库，通过互联网采购或下载的网络电子出版物及其他免费资源等，以及与此相关的提供远程服务的信息检索系统。

1.2.2　数字图书馆和其他图书馆的关系

与数字图书馆的概念相对应，出现了电子图书馆、虚拟图书馆、无围墙图书馆、复合图书馆等。对于这些称谓之间的关系，可谓仁者见仁，众说纷纭。有的认为，这几个称谓是相同的概念，彼此可以替代；有的认为，它们之间有本质的区别，在概念上不可混淆。因此，我们有必要分析和探讨数字图书馆及其相关概念。

1. 数字图书馆与电子图书馆

在含义上，两者最为接近。国内外一般认为，电子图书馆是数字图书馆的早期提法，1992 年前大多使用“电子图书馆”，1992～1994 年这两个概念并行使用，1994 年后使用“数字图书馆”的逐渐多了起来。

“电子图书馆”一词最早出现于 1975 年克里斯蒂安（R. W. Christian）写的一本书《电子图书馆：书目数据库》。书中虽然只谈到以电子形式出版的资料库，但所提出的电子图书馆的概念却十分重要。

20 世纪 70 年代末 80 年代初，美国著名的图书馆学家兰开斯特（F. W. Lancaster）先生出版了两本专著《通向无纸情报系统》和《电子时代的图书馆与图书馆员》，引起图书馆界的广泛关注。在这两本书中，他描绘了电子时代图书馆的面貌和前景，但并未明确提出“电子图书馆”这一概念。最早对“电子图书馆”这一概念给出明确定义的是美国人道林（K. E. Dowlin），他在 1984 年出版的《电子图书馆：前景与进程》一书中指出：“所谓电子图书馆是一个尽最大可能提供信息存取的并通过电子技术扩大和管理信息资源的机构。”（王知津，1999）

而美国密西根大学的研究人员给出了一个较为抽象的数字图书馆定义：“一个‘数字图书馆’是若干联合结构的总称，它使人们能够智能地和实实在在地存取全球网络上以多媒体数字化格式存在的、为数巨大的且仍在不断增多的信息。”（Berry，1996）显然这种定义范围十分宽广，使我们多少有一种“数字图书馆”即信息高速公路的错觉。而 Fox 等（1993）则更为实际地认为“数字图书馆是一种有纸基（paper-based）图书馆外观和感觉的图书馆，但在这里图书馆资料都已被数字化并存储起来，而且能在网络化的环境中被本地和远程用户存取，还能通过复杂和一体化的自动控制系统为用户提供先进的、自动化的电子服务”。

也有部分学者认为数字图书馆中只存在数字化电子格式的信息而不包括任何传统意义上的文献，或者认为“数字图书馆是这样一种图书馆，其全部或大部分馆藏都是以计算机可处理的形式存在的，以此来补充并逐渐替代构成当前图书馆馆藏主体的传统印本文献或缩微资料”。可以看出这种局限于常规图书馆中的狭义观点，把数字图书馆的概念理解为传统图书馆的数字化和通过网络提供服务。

从图书馆学研究者的角度出发，我们对数字图书馆概念取狭义理解，认为狭义上的传统图书馆馆藏的数字化可以包容在电子图书馆的概念的内涵中。我们试图用一种统合的思维方式将上述从不同层面描述电子图书馆局部特征的概念整合起来，并给出一个较为完整的电子图书馆的概念：电子图书馆，是建立在图书馆内部业务高度自动化基础之上，不仅能使本地和远程用户联机存取其 OPAC 以查询传统图书馆馆藏（非数字化的和数字化的），而且也能使用户通过网络联机存取图书馆内外的其他电子信息资源的现代化图书馆。

由此可见，无论是狭义的理解还是广义的解释，都可以归结为：电子图书馆是一个发展着的概念，数字图书馆是电子图书馆的基本内涵的不同形式，从它们的技术基础及社会效益等方面来讲，都有相似之处。

2. 数字图书馆与虚拟图书馆

在许多场合下，两者可以等同使用。虚拟图书馆中“虚拟”一词源于计算机技术，是指用计算机来虚拟现实世界中的客观事物和环境，创造出和现实事物极其相似的镜像（和艳会等，2006）。虚拟图书馆是指图书馆服务不局限于本馆的物理意义上的馆藏，而是指通过通信网络连接各馆、各地区、全国乃至全球信息资源的逻辑意义上的馆藏，用户可在其中检索到比本馆馆藏多得多的信息。有人认为“虚拟图书馆”的概念最早是 1990 年提出来的。对于虚拟图书馆的概念，还有些不同的认识和定义。汪冰（1997b）认为，虚拟图书馆是电子图书馆概念的构成要素之一，它是电子图书馆环境下通过网络联结并传递的广泛信息源；北京大学的吴慰慈（2004），在《图书馆学基础》一书中认为，虚拟图书馆就是虚拟化的图书馆镜像，它以信息资源的数字化存储和网络化传递为基础，是实现信息资源共享的“大公共图书馆”“无围墙图书馆”“全球图书馆”；钱刚（1998）认为“虚拟图书馆不是一个具体的图书馆实体，也不是一个特定图书馆自动化系统进入到数字化阶段后实现的。虚拟图书馆是一个群体，是由连接上网的许多个数字图书馆，以及以图书馆形式出现的政府、科研、新闻出版等部门的信息中心，且被数字化的那一部分信息资源共同构成”；也有学者认为，虚拟图书馆不同于以实体形式出现的电子图书馆，它是根据特定的目标，选定信息资源的学科领域，对互联网上存储有相关信息的网站网页进行搜集，加以鉴定核实，并对核实后的网址进行合理的组织，使之能够提供检索、浏览和链接的信息集合，它是互联网上组织信息资源的一种有效而又经济的形式（陈光祚，2000）。

如上所述，数字图书馆和虚拟图书馆都强调信息传输的网络化、资源的广泛可得性和用户的感受等。信息传输的这一网络特性理所当然地是数字图书馆的内涵之一，而资源的广泛可得性在虚拟图书馆的概念中虽然极为重要，但它似乎并未突出实际的图书馆馆藏资源本身的数字化和网络化。可以认为，就虚拟图书馆而言，既然从图书馆的角度来加以认识，仅仅强调外部信息资源、图书馆馆藏查找工具的电子化和网络化是不充分的。这也是数字图书馆和虚拟图书馆之间的分水岭。从用户的感受来说，他们可以在各地各处（图书馆、办公室、教室、实验室、家庭等）利用网络终端查询一个或多个数据库，他们的感觉是自己可以任意调用信息，而不必知道信息存放在何处，就好像他们自己拥有一座巨大无比的图书馆一样。从这个意义上说，虚拟图书馆是用户感觉的，与用户有限的信息吸收能力和感知范围相比，虚拟图书馆应当是无所不包的“信息宇宙”。

3. 数字图书馆与无围墙图书馆

无围墙图书馆的概念主要是从用户感觉的角度来刻画数字图书馆的部分特征的，即网络化特征。例如，利用互联网打破了获取信息的地理障碍和时间限制，使用户觉得好像正在利用一个没有围墙、不规定借阅时间的图书馆。可见，无围墙图书馆反映了数字图书馆的部分特征，并不能代表数字图书馆的全部特征。所以，把数字图书馆完全等同于无围墙图书馆是片面的，不妥当的。

4. 数字图书馆与复合图书馆

英国的图书馆专家苏顿（S. Sutton）最早使用“复合图书馆”一词。1996 年，他在一篇题为《未来的服务模式与功能的融合：作为技术人员、著作者和咨询员的参考馆员》的文章中，将图书馆分成连续发展的四种形态：传统图书馆、自动化图书馆、复合图书馆和数字图书馆。在苏顿的“复合图书馆”设想中，印刷型与数字化信息之间的平衡越来越倚重数字型。他认为在复合图书馆中可以实现传统馆藏与数字馆藏并存，而且用户可以通过图书馆的服务器或网关自由访问跨地域的分布式数字化资源。

复合图书馆是指电子图书馆与传统图书馆之间的复合，包括如何组合不同媒体的管理方式，如目前传统图书馆的书目管理均以 MARC 处理，电子典藏又倡议用 Dublin core（都柏林核心集）处理（顾敏，2000）。

复合图书馆就是将传统图书馆与数字图书馆有机地结合起来，优势互补，信息用户在电子和印刷型资源并存的复合环境下查询信息（初景利，2001）。

故此，我们认为，复合图书馆是实体图书馆与数字图书馆优势互补的有机整体，它把各种相对独立的资源（包括信息资源、人员团队及其成果、技术与工作设施等）和服务整合为一个新的有机整体。强调资源、技术、管理与服务各层面的整合与功能集成。而数字图书馆建设有不同的发展阶段，复合图书馆也有不同的发展阶段，在 21 世纪的前半叶，恐怕仍是以图书馆为主、数字图书馆为补充的复合图书馆形态。21 世纪的后半叶，可能会逐渐转变为以数字图书馆为主、实体图书馆为补充的复合图书馆形态。

5. 数字图书馆与智慧图书馆

数字图书馆与智慧图书馆都是当前信息技术环境下的图书馆发展模式。数字图书馆是信息技术发展的产物，是传统图书馆与互联网相结合构成的信息系统。其主要特点是将各种实体文献转换为数字化的形式进行存储、组织和提供服务。数字图书馆使用起来比较方便快捷，不同地域、时间的用户都可以通过各种终端设备使用数字图书馆的文献资源。而智慧图书馆作为以数字图书馆为载体的具有更高科技性的图书馆模式，与数字图书馆既相互联系又相互区别。具体体现在以下几个方面（吴吉玲，2015）。

1）馆藏资源采集方面

数字图书馆在进行馆藏资源采集时，主要借助数字化技术对特定领域的文献进行数字化处理和存储。而智慧图书馆则采用智能感知设备，主动对馆藏资源对象进行整体感知，全面采集馆藏资源所在领域的完整资源，不仅能够实现对不同领域的资源的感知，还能实现前台和后台的关联，从而提高图书馆的智慧化程度。

2）网络组建方面

数字图书馆借助以太网建立了馆藏资源之间的联系，是一种相对局限的关联。而与数字图书馆相比，智慧图书馆还借助了物联网技术将图书馆的物理空间和设备等硬件设施也建立了关联，因此，智慧图书馆在一定程度上克服了数字图书馆网络组件的局限性，将不同领域、不同楼层、书籍、数字资源等都进行了关联，组建了网络，比数字图书馆建立了更为广泛的关联网络。

3）系统架构方面

数字图书馆作为一个系统其架构主要由物理层、网络层、数据层和应用层四个层次构成。而智慧图书馆则在数字图书馆的基础上增加了终端感知层，这一层的增加使得图书馆的信息采集更加智能、完整，克服数字图书馆的局限性。此外，智慧图书馆对数字图书馆其他各层也进行了一定程度的优化，如在应用层智慧图书馆将不同来源的信息进行互联融合，实现更为智能的应用。

4）使用方式方面

数字图书馆是对物理图书馆的数字化、网络化和虚拟化，数字图书馆主要借助各种终端设备提供各种应用和服务。而智慧图书馆可以使用的终端设备更加多样，借助这些终端设备可以提供更为个性化和智慧化的服务。

综上可以看出，数字图书馆和智慧图书馆既有区别又有联系，随着数字图书馆建设与发展的日益成熟，智慧图书馆必将成为未来图书馆建设的目标。但是，数字图书馆作为智慧图书馆建设的基础，当前，更应该站在智慧图书馆这一未来目标，审视和建设好数字图书馆（初景利和段美珍，2018）。

1.3　数字图书馆的特征

1.3.1　数字图书馆的特点

数字图书馆不同于传统意义上的图书馆，它通过利用新技术，以新的方式执行图书馆的功能，并表现出不同于传统图书馆的特征。

1. 信息资源的数字化存储

图书馆的基础是书刊文献信息资源，而数字图书馆的基础则是数字信息资源。社会的进步和科技的发展，导致了人们对信息的需求与日俱增。反之社会的进步又促使信息生产量飞速增长，网络的普及和电子出版物等新型手段使得信息的发布和使用更便利，而对图书馆来说，信息的收集量、处理量和存储量也在相应地不断增大。图书馆存储信息的度量单位由 KB、MB 到 GB、TB 甚至 PB 就是一个数字图书馆需要拥有海量存储的极好例子。

数字图书馆的存储介质由传统的纸质转变为多种媒体，数字信号可以处理多种媒体的信息，如文字、声音、图像、动画、三维体、虚拟空间等。对于不同的媒体可以采用不同的文件存储格式和压缩方式，目前常见的在电子图书馆采用的文件格式有 TXT、DOC、PDF、HTML（hypertext markup language，超文本标记语言）、SGML（standard generalized markup language，标准通用标记语言）、XML（extensible markup language，可扩展标记语言）、WAV 等。当前，数字化资源主要是数字化光盘、机读数据库和网上数字信息，既包括一次文献，也包括二次文献和三次文献。

2. 信息组织的网状化

有些媒体信息仅仅对其数字化是远远不够的，需要图书馆的专业人员对其信息内容再加工，根据各种媒体的特性进行标引、数据加工、限制、缩放等。数字图书馆存储了各种各样的媒体介质的信息，并且这些多种媒体信息之间存在着各种关系，如内容、事件、形状、次序、色彩、音调等相互勾连，这些相互关系使读者查找电子资源更方便和容易。信息的组织形式从原先纸张的顺序、线性方式转变为直接定位的、网状的组织方式。

3. 信息检索的智能化

简单地将传统的图书馆中惯用的检索手段如关键词、题名、布尔逻辑等查询方式应用于数字图书馆，远远无法解决数字图书馆中浩瀚的信息资源的查准和查全的问题。数字图书馆中存储的海量的多媒体信息需要有智能化的搜索引擎、交互式智能化而又简单易用的多媒体检索工具，让读者在数字化图书馆系统的各种数据库和知识库中获取有组织的、连续性的、真正所需的信息资源，让使用者不必预先了解或学习检索各种类数据库的技术和方法。但这就意味着数字图书馆必须有异构平台的统一检索界面的功能，并可根据读者的需求提供个性化的主动服务。数字图书馆在检索方法上的要求是以人工智能为基础，读者可以通过自己熟悉的自然语言，不断地与系统进行交互，逐步缩小搜索目标，并将检索结果予以知识化关联，最终获得确切的信息资源。检索的结果可以以多种形式显示、表达或演示，甚至构造虚拟现实。

4. 信息传播的网络化

目前图书馆利用互联网为各类读者提供网络化信息服务已成为一种趋势。图书馆可以利用超文本技术把信息相互联结起来，对网上信息以目录形式组织，使用户能按类目浏览，并方便地获取某一主题的相关信息。互联网上的类目编排形式实际上是图书馆最基本的服务方式，网上知名的图书馆主页均有通过分类目次索引提供访问著名大学、研究机构及信息机构的检索入口。因此，任何地区的大学图书馆和公共图书馆都是该地区文献信息中心，它提供 24 小时的科技信息查询、定题、预测、决策、查新等服务。可以说，网上图书馆的科技信息服务比传统的图书馆服务更优越、更方便。

5. 服务模式的以用户为中心

开发数字图书馆的目的是，方便用户高度灵活地获取和使用自己所需要的信息，因此数字图书馆的服务模式是以用户为中心的。当前数字图书馆的信息服务正向知识型服务和主动型服务发展（郑建明，2015）。用户通过数字图书馆提供的广泛的用户接口、良好的检索功能、直观易用的人机界面，随时随地访问数字图书馆根据用户的需要组织的信息资源。

数字图书馆系统还运用各种可能的技术方式实现了用户参与的信息资源选择与评价功能。用户根据个人需求对信息资源进行注释，同时，数字图书馆系统通过分析这些来自用户的选择、判断、评价、注释，提高智能检索与主动服务效率（毕强等，2017）。

1.3.2 数字图书馆特征属性的演变

数字图书馆发展的历史是人们对数字图书馆认识不断提高的过程，从认知的角度来研究数字图书馆的历史，可以将数字图书馆的发展划分为三个时代：以资源为中心的数字图书馆、以技术为中心的数字图书馆和以用户为中心的数字图书馆。三代数字图书馆在特征属性上存在差异，在时间上又存在交叉性。

1. 以资源为中心的数字图书馆

20 世纪 80 年代中期，随着现代信息技术的飞速发展及其在图书馆领域的运用，图书馆自动化系统取得了长足的发展，联机网络和自动化集成系统建成并联成一体，MARC 等标准的推行与书目数据库的建设，为第一代数字图书馆的研究准备了条件。1987 年开始实施的卡内基 • 梅隆大学数字图书馆计划，目标是实现 16 种期刊全文数字化存储和网络发布，开发了一套数字化生产系统，研究重点是 OCR（optical character recognition，光学字符识别）与标引技术。最引人注目的是 1989 年开始的"美国记忆"（American memory）实验计划，它选择对研究美国历史和文化有重要意义的收藏进行数字化处理并以数字化的形式发布，主要研究各种媒体资料（包括印刷品、底片、早期电影、录音等）的数字化处理与应用。

这个时期数字图书馆的主要特征是"以资源为中心"，具体表现为：在内容上，研究对象主要是传统图书馆的馆藏资料；在技术方面，研究工作紧紧围绕着信息资源的数字化处理进行，有些项目甚至只侧重数字化技术一两个方面的研究；建设目标是实现馆藏文献的数字化，建设数字化信息集合。

2. 以技术为中心的数字图书馆

进入 20 世纪 90 年代以后，随着互联网的迅猛发展及其应用的不断深入，国际社会对于数字图书馆的研究表现出极大的兴趣，人们对于数字图书馆的认识出现了变化。1994 年 9 月美国提出了数字图书馆先导计划（digital libraries initiative，DLI），目标在于改善数字化信息的收集、组织和存储方式，提供更快速、方便的信息传递服务。1995 年 2 月，八国集团提出了"G8 全球信息社会电子图书馆"项目，基本目标是"建立一个能促进数字图书馆领域国际合作的平台"，解决数字化标准、系统互操作性、全文检索、同意查询等问题。到 20 世纪 90 年代末，"以技术为中心"的第二代数字图书馆研究取得了丰硕成果，提出了许多模型，并成功开发出一些实验系统。

以技术为中心的数字图书馆研究的主要特点表现在：数字图书馆被定义为网络环境下的信息系统，数字图书馆是现代信息技术在图书馆中的全面应用；研究重点在于信息系统、平台、软件、工具以及数字化、分布式网络存取、异构系统互操作、统一查询等；仍然存在将传统图书馆的数字化等同于数字图书馆的倾向。

3. *以用户为中心的数字图书馆*

以用户为中心的数字图书馆是知识经济的产物。在知识经济时代，知识挖掘、整合与传播成为数字图书馆的基本职能，数字图书馆被各国视为信息基础设施建设、知识创新体系和创新能力的重要组成部分。这一时期的最早研究项目可以说是始于 1999 年春的美国数字图书馆先导计划第二阶段，该项目对当时及其以后数字图书馆的研究产生了深远的影响。其研究内容分三个方面，即以人为中心的研究、以收藏及其内容为中心的研究、以系统为中心的研究，核心是以人为中心的研究，目的是进一步认识数字图书馆在推进人类创造、搜寻和利用信息活动方面的潜力和作用，并推动以此为目的的技术研究；参与研究的除研究人员、开发人员外，还包括用户；研究目标之一是"创新方法、创造机会，使数字图书馆更好地为不同教育水平的现有的和潜在的用户群服务"。

随着大数据技术的飞速发展，图书馆界再次引发从传统大众化服务模式逐渐向个性化服务模式的深刻转变，数字图书馆服务方式和内容逐渐从由文献本位转移到用户本位，从第二线向第一线转移、从一般服务向个性化服务转移，以便图书馆用户更加有效地获取知识和便于信息资源进一步地优化配置（王连喜，2015）。以"用户为中心"的数字图书馆在强调资源建设与技术开发的同时，更强调对用户类型、需求特征、服务目标与服务模式的研究，试图从用户的角度出发，确立资源、服务与人三者之间的关系，构建有利于知识发现与创新的知识网络。此时，用户已经成为数据内容的主导者和知识组织者，用户的个性化知识组织需求亟须被重视（李树青等，2018）。

1.4　数字图书馆的功能

通过对数字图书馆产生背景、概念、特征的讨论，我们对数字图书馆的功能有了一个大概的了解。这里，我们将从数字图书馆的业务内容的角度，归纳并进一步探讨数字图书馆的基本功能，在此基础上，探讨其基本功能的社会实现形式——社会功能。

1.4.1　数字图书馆基本功能

数字图书馆包含的内容及特征可以从其主要功能中反映出来。美国数字图书馆联盟（Digital Library Federation）起初确定数字图书馆的功能有三个，后经国际商业机器公司（International Business Machines Corporation，IBM）细化为五个。我们将这五个功能描述为数字化信息的采集、数字化信息的存储与管理、数字化信息的访问与查询、数字化信息的传送与发布、数字化信息的权限管理，并且认为，这五大功能是数字图书馆的基本功能。

1. 数字化信息的采集

数字化的信息资源是数字图书馆的要素之一，只有数字化信息资源发展到一定规模，才有可能产生数字图书馆。信息资源数字化的建设是数字图书馆中的重要内容，是利用现代信息技术和网络通信技术，将各类传统介质的文献进行压缩处理并转化为数字信息。数字化的信息资源打破传统的空间概念，在互联网上传输，为远程读者服务，实现信息资源共享。信息资源数字化是前提，信息资源共享是目的。

目前数字图书馆的馆藏来源有三种途径：①把大量现已存在的以不同形式和载体存储的信息资料，如纸制品资料、图片、声像资料等转化成数字形式存储起来。②提供直接生成的数字化信息以便计算机直接使用，如购买电子出版物，图书馆自动化建设中直接形成的 MARC 格式的馆藏目录数据库及一些专题数据库等。③连接外部信息源。数字图书馆通过数据库系统、联机信息检索系统把外部信息连接起来，而互联网作为数字图书馆的网络环境，其网上资源也是数字图书馆连接外部资源的主体。网络环境下图书馆应利用各种电子出版物和网上信息资源，选择与本馆服务对象有关的品种和网站，重点掌握可免费获得并具有全文的电子期刊，建立便于读者利用网上资源的导航系统。

2. 数字化信息的存储与管理

与传统图书馆不同，数字图书馆的信息资源是存储在计算机、磁带、磁盘或光盘中，信息存储量是以存储多少 GB 来计算的。对数字图书馆来说，其存储量应该是几百个 GB，几千个 GB 或者更大，即海量信息。随着信息量的剧增，存储规模也越来越大，已用万亿（或太）字节来表示。存储这些海量信息主要涉及存储设备的容量，硬件随机读取的速度以及信息的组织与管理方法等存储技术。

当前，数字图书馆大多数采用客户机/服务器（client/server，C/S）模式，客户、图书馆服务器和对象服务器构成信息传递的核心结构。图书馆服务器主要管理数据的目录、索引和查询，而对象服务器用于管理数字化的对象。客户向图书馆服务器提出要求，图书馆服务器将客户申请转发给对象服务器，最后由对象服务器将检索到的数据送发给客户机。这种模式的好处在于：随着信息量的增加，存储规模的扩大，在需要时可随时随地增加对象服务器和客户机，而整个系统的工作并不受影响。例如，IBM 数字化图书馆用对象服务器扩展的媒体服务器（media server）来存放大量的图形、图像文件，用 VideoCharger 来存放大量的动态视频信息。

对数字化资料的管理也与传统图书馆对文献资料的管理方式截然不同。例如，为了保持存储信息的稳定性或防止意外事故对数据造成的破坏，要求不断地对数字资料进行备份；由于数字图书馆对通信网络系统的依赖，而计算机网络并不十分安全，如计算机病毒、非法登录等，现在普遍采用防火墙技术来防止网络系统的不安全因素。

3. 数字化信息的访问与查询

有效的文本数据库查询和多媒体资料查询策略是数字图书馆的重要技术。由于信息的多样性，原有的文本类型的文件检索、传统的基于关键字索引以及通过布尔表达式的查询方式已无法满足用户的查询要求，现在正向全文检索方向发展。新型的全文检索主要有三种实现方法：①自由文本查询，即用自己指定的关键字字符串直接与全文文本的一次数据高速对照进行检索，它的查询结果是一个按序列值排列的文件列表；②对文本内容中的每个词进行位置扫描，然后排序，最后建立以每个词（字）的离散码为标目的倒排文件；③采用基于 HTML 语言的超文本模型建立的全文数据库，使用户便捷地查看到查询结果。

为多媒体信息建立索引，便于用户快速和简便地对声音、图像等信息内容进行筛选和确定，这是当前研究的热点问题之一。直接针对图像、声音建立索引，可以根据颜色、形状、纹理等在图像中的位置对图像进行查找，如用颜色分布来索引纺织品的图案，利用平均色特性来查询图像中的主导色，按音乐的曲调旋律进行查询问题等。用同样的方法对数字化的音频、视频信息内容进行查找，是访问数字图书馆的关键技术。

用户访问和查询数字图书馆信息是通过用户界面来进行的。一个标准而友好的用户界面使读者不需要特殊训练就能应对各种信息源的检索操作，最快最好地获得信息。

4. 数字化信息的传送与发布

数字图书馆的信息资源是通过网络系统传送到用户面前，从而实现信息的发布的。当前的互联网就是数字图书馆现实的网络环境，它是一大批共同遵循 TCP/IP 协议[①]的计算机网络互联而成的庞大网络。今后的网络和通信环境是国际信息基础设施（national information infrastructure，NII）和全球信息基础设施（global information infrastructure，GII）。数字图书馆的传送主要涉及网络技术的应用，重点关注对图像、声频和视频等多种媒体信息的传输。多媒体信息传送要求较大的带宽，如 CD（compact disc，小型光盘）需要 1.4 Mbps 带宽，MPEG[②]需要 1.2～40.0 Mbps 带宽。在实际中，至少单向 1.4 Mbps 的音频、视频总带宽进行传输，才能看到质量较好的视频图像；还有最大的传输延迟为 60 ms 时，两个人之间的正常对话才能维持。其中实时音频和视频传送不仅对网络的速度有很高的要求，同时对提供信息的相关服务器的共享性也有很高要求。例如，IBM 数字图书馆支持各类平台的多通信技术，支持数字及模拟信息传送的 ATM（asynchronous transfer mode，异步传输方式）技术及网络管理软件，具有扩充先进网络的能力，包括实时音频和视频传递。

5. 数字化信息的权限管理

由于数字图书馆的主要结构原则是对不同类型开放环境的操作能力，为用户共享信息资源、获得信息服务提供了极大的方便，因此对数字图书馆来说，安全性显得非常重要。数字图书馆具有一般计算机网络系统的管理功能，旨在对访问权的控制，该问题在利用原有计算机读取管理技术以及域名管理技术的基础上已得到了较好的解决。更重要的是对知识产权的保护，通过采用技术手段来防止未经授权使用版权人的资源，用来保

① TCP/IP 协议表示 transmission control protocol/internet protocol，传输控制协议/网际协议。

② MPEG 全称 moving picture experts group，表示一种有压缩的数字视频文件格式。

护信息拥有者和最终用户的利益。IBM 数字化图书馆提供看不见的水印等加密技术、签订水印功能、记账服务等。目前国际版权组织正式成立一些小组研究有关数字化作品侵权控制和赔偿的办法。

1.4.2 数字图书馆的社会功能

数字图书馆的社会功能则是数字图书馆与外界环境相互作用的产物，是其基本功能的社会表现形式。从系统论的角度上看，数字图书馆的社会功能只有在其本身与环境的相互作用过程中，其社会功能才能得以发挥。其功能必须适应环境的变化，同时环境也会对系统功能进行选择。数字图书馆是传统图书馆的创新和发展，是传统图书馆自动化发展的最高阶段，其社会功能不同于传统图书馆的社会功能，包括以下几个方面。

1. 保存人类信息资源

对传统图书馆来说，保存人类文化遗产是其根本的社会功能，而数字图书馆，应该是保存人类信息资源。因为人类文化进化所需的载体有脑载体、实物载体、文献载体三种，传统图书馆只是最广泛、最完整地保存着记载人类文化进化的文献载体，对于数字图书馆而言，其保存的文献载体已是数字化的信息资源，而保存实物载体，数字图书馆不具备这一功能，而让位于博物馆、纪念馆、档案馆等机构。

2. 开展社会教育

开展社会教育，数字图书馆与传统图书馆最大的不同在于传递手段的数字化、网络化，即现在流行的网上教学、远程教育。数字图书馆存贮的知识信息，从横向看，几乎包括所有的学科专业；从纵向看，包括不同深度的内容。因此，能满足各种专业、职业、各种文化程度的读者需要，且不受时空限制，这是任何其他教育机构所无法比拟的。只要与数字图书馆网络连接，世界上每个角落每个人都同样享受同等的教育机会，使数字图书馆真正成为“无围墙的大学”。数字图书馆不仅是一种重要的社会教育机构，也是学校教育的重要组成部分，还将成为人们接受终身教育的理想课堂。

3. 传递适用信息

数字图书馆收藏的各种各样的信息，通过便捷的通信网络技术传递，且传递速度快。数字图书馆在传递信息的内容上十分广泛，包括政治、经济、文化、科技及生活等一般信息。还可通过对数字图书馆中的信息加以整理，开发信息产品，传递以下信息：①面向领导机关的决策信息；②面向生产技术、科研单位的科技信息（含工艺、标准、专利、图纸）；③面向投产、营销企业的市场信息；④面向城乡居民的投资、消费、商品质量信息；⑤面向农村农业发展、种养与加工技术信息。

4. 提供文化休闲

兴趣是驱动人们利用图书馆的重要动力。数字图书馆中的各种知识，可以满足各方面的兴趣。文学艺术类知识可以使人们获得审美效果，获得精神享受。还可利用数字图书馆听音乐、看电影，使读者获得精神愉悦。正如英国文化、传媒和体育部图书馆情报委员会在《新图书馆：人民的网络》研究报告中指出的那样："明天的新图书馆将继续向大众提供各种日常生活信息，并广泛地提供有价值的休闲和文化机会。"

5. 开发智力资源

数字图书馆收藏的信息资源是人类智慧的结晶，是一种智力资源。详细、全面地将各种知识信息充分揭示出来，为每一需要者提供准确、快速的服务，这是开发图书馆智力资源最好的方法。数字图书馆通过其信息服务，提高读者的知识水平、改变读者的知识结构、开阔读者的视野、培养读者的技能，这也是对读者智力——脑力资源的开发的最好途径。

6. 开展网络导航

当数字图书馆的信息资源通过网络连接千家万户以后，对于终端上的用户来说，他们关心的是如何获得而不在乎从哪里获得自己所需要的信息，用户需要通过多次复杂的查询才能从浩如烟海的信息资源中获得所需的知识。因此，必须要有网络指南以方便用户查询，数字图书馆帮助用户在浩瀚的信息网络中迅速寻找到所需的信息，起到了网络导航的功能。

7. 通信功能与宣传功能

网络的连接，使得用户不再受时空的限制，可通过网络发 E-mail、传真、参加 BBS 等，方便快捷地实现与他人交流。还可把数字图书馆作为一种媒体，向读者宣传时事、政策、法律、法规、社会道德规范，宣传企业，宣传地方文化特色等。

数字图书馆是时代的新生事物，它是人类实现接近理想状态资源共享的手段，随着人类对其功能研究的不断深入，数字图书馆定会有灿烂的明天。

1.5　数字图书馆与传统图书馆的业务比较

数字图书馆的出现，将引起传统图书馆工作内容和组织结构的深刻变化及某些业务活动的萎缩。早在 1982 年，美国情报学家兰开斯特就曾预测诸如分类和编目这样的技术服务工作将迅速减少，这一预测在美国、英国和日本等发达国家基本上得到了验证。一些图书馆的操作活动如装订与保护、上架、归架和核点书刊等在数字图书馆将会消失；传统图书馆的物理阅览空间会逐渐被网络虚拟阅览空间所取代；图书馆的馆藏将由实体馆藏转化为虚拟馆藏；工作的中心将从图书馆转移到用户（汪冰，1998）。

1.5.1　数字图书馆与传统图书馆的区别

1. 在物理形态方面

传统图书馆通常是一个城市或一个大学的标志性建筑。布局通常是书库、阅览、办公分区的封闭性结构，它是一个单一的、静态的收藏印刷型书刊资料的场所，服务模式“以馆藏为中心”，馆舍面积的大小，藏书的多少是其优劣的衡量标准，距离和时间成为读者信息检索与交流的障碍，人们对其认识只是表现在外在形象、服务职能、馆藏容量等方面上。数字图书馆已不再是传统意义上的藏书建筑物，而是一个动态多功能信息服务机构，“以读者需求为中心”，拥有超大规模信息资源的信息空间。也不再以实有性的建筑物作为标志，而是虚拟性与现实性并存。从技术角度讲，数字图书馆可以界定为一个网上运行的、由众多图书馆或信息中心组成的一体化分布式数字资源库，具有快速占有并便于提供信息资源的能力，使得用户对馆藏的利用不受距离和时间的限制，使分散于不同地理位置的信息资源得以共享。

2. 馆藏建设方面

（1）馆藏内涵。传统图书馆强调“实体馆采集来源局限于书店及出版发行部门”；典藏还局限于物理空间，是单一图书馆实体；馆藏范围以单一地点的图书馆或文献中心为限。数字图书馆强调“虚拟馆藏”；是以“读者”为中心；是动态实体收藏与虚拟收藏并存过渡；收藏对象发展到以电子文献为主；采集来源是通过计算机通信网络多渠道、全方位面向社会直接采集文本、声、光、图像影视等电子信息；典藏延伸到网络空间，实现了网络化资源共建；典藏范围是由实体和虚拟两部分组成，众多的“图书”不再孤立地散布于世界各地的图书馆中，而是永久性存贮在硬盘、软盘、光介质之中或流动在信息网络上。

（2）馆藏发展的目标定位。传统图书馆馆藏发展的指导思想是收集用户当前所需和将来可能需要的全部资料并在本馆加以存贮。数字图书馆要面对“快速变化的用户需求、研究兴趣、经济状况”这三种变化的挑战，因此馆藏发展将从根据用户的潜在需求收集资料转变为根据用户的现实需求来提供信息。

（3）馆藏质量的评价。传统图书馆的馆藏发展强调选书、书刊采访的质量，所评价的对象是文献本身。而数字图书馆评价馆藏质量就应该是评价图书馆在整个信息环境中为用户提供的选择性信息存取能力。

3. 业务工作方面

传统图书馆主要收藏印刷型图书资料，与此相对应其主要工作是书刊的采访、整理、入藏、流通、阅览。数字图书馆的建立给图书馆传统业务工作流程和组织结构带来了极大冲击：以编目为核心的内部业务失去了赖以生存的基础，逐步趋向萎缩和转变，以流通借阅为主的外部服务则为网上一体化数字式信息服务所替代；工作重心由以文献为重点转向以信息为重点，强调信息资源的开发和利用；业务职能由对文献的收藏变为对信息的生产开发；馆藏管理模式由封闭走向开放；范围由馆内延伸到网上空间，技术手段实现现代化，计算机技术、多媒体技术、网络通信技术等成为资源管理的基本手段；新型业务部门如数据采集与整理、数据库开发、信息导航、系统安全维护、网上知识产权保护、技术支持等部门相继出现并全面代替采编部、期刊部、流通部等传统业务部门。

4. 馆员素质方面

传统图书馆对馆员素质的要求是图书情报理论和技能为主，而数字图书馆是一种技术密集型信息机构，它需要运用大量的高技术电子设备和计算机网络技术，它对馆员的知识和技能均提出了新的要求。图书馆员不再是依附于图书的“图书馆里的职员”，而是信息资源管理者、信息分析者、信息提供和传播者、信息利用的导航者，并且应具有敏锐的信息意识。但目前我国大多数图书馆员知识结构单一，能力普遍较低，离数字图书馆对馆员的要求相距甚远。在新信息环境下，面对各种新知识与新技术，馆员应以积极进取的态度在实践中不断充实自己，及时调整优化自身的知识结构，既要掌握图书情报知识，还要熟练运用电子信息技术，努力使自己成为信息生产和信息服务的复合型人才。

1.5.2 数字图书馆是对传统图书馆的继承和发扬

1. 数字图书馆和传统图书馆之间是一种相互促进、相互弥补的关系

数字图书馆是寄生于互联网的在线图书馆，虽然在信息资源传播与提供方面具有比传统图书馆大得多的优势，但在信息资源采集、信息资源分类标引、知识产权保护、馆藏文献资源永久保存和图书馆借阅服务的文化氛围营造等许多方面并不具备与传统图书馆相媲美的优势。因此，只能说数字图书馆是对传统图书馆运作模式的“扬弃”，而不是全盘否定。凭借技术平台方面的优势，数字图书馆虽然已在某些方面展现出了巨大的诱惑和魅力，但作为一个需要长远发展的机构或实体，数字图书馆在文献资源建设、文献分类与编目、全面质量管理等许多方面离不开传统图书馆理论原则的支撑。本质上数字图书馆并未改变其作为图书馆的本质属性和社会内涵，它在很大程度上与传统图书馆有着同样的目标、功能和社会属性，它所拥有的数字化文献和所提供的数字化服务只不过是对传统图书馆工作内容的补充和延伸，是传统图书馆服务功能在网络环境下的发展。因此，我们认为，源于传统图书馆实践活动的一系列理论、原则与方法仍然可以用来指导数字图书馆的建设与工作，如“服务至上，读者第一”原则等。

2. 数字图书馆仅是图书馆在网络时代的代表形态之一，不能涵盖当今图书馆进步与发展的全部内容

随着信息技术的发展和图书馆领域内各种个性化服务的深入开展，必将出现多种图书馆形态并存的局面。除已有的数字图书馆、电子图书馆、虚拟图书馆外，还将可能出现在线仿真图书馆、数字缩微图书馆、掌上袖珍图书馆、远程可视图书馆等各种新类型。其中，数字图书馆可能在一定阶段代表着图书馆的主流发展方向，成为图书馆的一种主流形态。但在相当长的历史时期内，甚至在整个网络时代，都难以取代仍处于不断进步与发展之中的传统图书馆的主体地位。

3. 数字图书馆不是图书馆事业发展的终极目标

站在网络时代的入口，断定初露端倪的数字图书馆便是图书馆事业的最高境界和最终目标为时尚早。纵观图书馆学和图书馆事业的发展史，可以看到，社会上每一次重大的信息技术方面的进步都会给图书馆理论和实践带来巨大的震撼与推动，进而形成一些新的图书馆学观点和实战模式，但最终都无法使图书馆失去固有的、最根本的社会属性和组织方法。

通过以上分析，可以得出结论：传统图书馆是数字图书馆的基础。传统图书馆是数字图书馆信息资源的基础；传统图书馆为数字图书馆提供了信息资源组织的技术基础；传统图书馆是数字图书馆的人才基础。数字图书馆是在传统图书馆的基础上发展起来的。数字图书馆作为一种信息环境，如果没有传统图书馆的收藏、分类、索引、共享、传递等，数字图书馆在起步、维护、发展等各方面均需要巨大的投入。数字图书馆是传统图书馆的发展，数字图书馆发展了传统图书馆的馆藏资源；数字图书馆拓展了传统图书馆的服务空间和时间；数字图书馆拓展了传统图书馆的服务对象和服务领域；数字图书馆拓展了传统图书馆的信息组织手段；数字图书馆发展了传统图书馆的检索手段。数字图书馆具有许多传统图书馆所不具备的条件，从而在服务手段、服务质量以及提高信息的深度和广度等方面都比传统图书馆有了质的提高。数字图书馆长时期内将与传统图书馆并存互补，二者具有不可分割的联系性，因此二者并不互相排斥，二者必须进行有机的结合，才有发展前途。

第 2 章　数字图书馆的系统规划

现代计算机技术和网络信息传播技术的快速发展，信息资源的快速增长，用户获取信息渠道的多样化，以及用户检索行为的改变，使得用户对图书馆信息服务的期望不断提高，这不仅有力地推动了数字图书馆建设的发展，也对数字图书馆系统建设提出了新的要求。在这种背景下，数字图书馆建设的决策者常常面临这样的难题：我们究竟应当怎样建设好数字图书馆系统？数字图书馆系统应该包括哪些内容才能最大限度地满足用户的需求？它的整体架构是怎样的？建设数字图书馆系统时应该遵循什么样的原则和方案？而这一系列问题的解决，都离不开对数字图书馆系统建设的全局规划。数字图书馆系统规划是对数字图书馆系统制订的长期计划，是系统开发所必要的准备；规划的内容及好坏，直接决定后续开发步骤的方向和质量。因此，如何正确应用数字图书馆系统的规划方法、针对数字图书馆的具体特点和需求来进行长远谋划，已成为数字图书馆系统建设中的首要问题。

本章将从数字图书馆系统规划的相关概念、目标、方法等入手，结合系统建设需求特征和相关要求对数字图书馆系统体系结构做一个整体的规划，并在此基础上详细阐释系统的各组成部分的具体建设方案和内容。

2.1　数字图书馆系统规划概述

2.1.1　数字图书馆系统规划的内涵

规划是对复杂工程或重大活动做出的长期的、宏观的、全面的谋划。数字图书馆系统规划就是将数字图书馆的建设目标、支持目标所需的信息、提供必需信息的信息系统以及这些信息系统的实施等所有要素集成的信息系统方案，是面向数字图书馆系统发展远景的开发计划。

数字图书馆系统规划是关于数字图书馆系统建设的全局谋划，它主要解决以下几个问题。

（1）如何保证数字图书馆系统规划与数字图书馆服务及整体战略目标相一致？

（2）怎样设计出一个好的数字图书馆系统总体架构，并基于此架构来设计和开发应用数字图书馆系统？

（3）通常一个数字图书馆都有很多的应用服务项目和信息资源数量，应该如何拟定资源分配计划？

（4）面对前三个阶段的工作，应该如何选择并应用行之有效的方法论？

数字图书馆系统规划是数字图书馆系统生命周期中的第一阶段，也是数字图书馆系统开发过程中的第一步，规划的质量直接影响系统开发的成败。数字图书馆系统的开发是一项耗资巨大、开发周期长且技术复杂的系统工程，涉及多部门的协同合作和各种信息资源的合理配置。因此，数字图书馆系统的规划是非常重要的。

2.1.2 数字图书馆系统规划的特点

数字图书馆系统建设的复杂性和长期性决定了要成功建设数字图书馆系统，必须制订出切实可行的系统规划，而要制订出有效的数字图书馆系统规划，就需要充分认识数字图书馆系统规划的特点。总的来说，数字图书馆系统规划具有以下特点。

（1）全局性。数字图书馆系统规划是面向长远、未来和全局性问题，着眼于数字图书馆系统的长远建设，涉及数字图书馆系统的目标、战略、整体体系结构和资源分配，制订规划的主体也主要以高层管理人员为主，因此规划工作要立足于宏观和长远，宜粗不宜细。

（2）指导性。数字图书馆系统规划是在宏观上对数字图书馆系统进行描述，是为整个信息系统的建设确定目标、发展战略以及体系结构，并不解决数字图书馆系统在实际开发中遇到的具体问题。

（3）管理与技术相结合。数字图书馆系统规划是管理与技术相结合的过程，需要现代信息技术有效的支持和辅助管理决策。数字图书馆系统是建立在计算机和网络基础上的数字信息资源发布、检索、服务与管理系统，系统建设以信息技术尤其是以网络技术为基础，因此系统规划人员需要对数字图书馆系统的相关开发技术有清楚的了解，掌握有效的规划方法。

（4）环境适应性。数字图书馆系统规划是数字图书馆总体发展规划中的一部分，不仅要遵循数字图书馆的总体发展目标，同时还需要适应环境的发展和改变，如用户检索行为和信息获取渠道的变化等，做出及时有效的调整。

2.1.3 数字图书馆系统规划的目标

数字图书馆系统规划就是通过对数字图书馆建设目标、现状、战略及其发展的分析，制订出行之有效的系统建设方案。作为一项具有全局性、指导性的工作，它主要包括以下目标。

（1）明确数字图书馆系统发展的总体目标和战略规划。在进行数字图书馆系统规划时，必须要明确数字图书馆系统发展的总体目标和战略规划，它是实现数字图书馆系统建设的全局性谋划，对于数字图书馆系统的架构建设具有指导性意义。数字图书馆系统并无严格的定义，其建设也没有现成的模式可以遵循，然而当你要实际地建设一个数字图书馆系统时，必须在心中有一个明确的概念，必须首先回答“你要建设一个怎样的数字图书馆系统”。需要明确的一点是，“数字图书馆”一词的重心在“图书馆”而不在“数字”，作为 21 世纪图书馆发展的一种新形态，它仍然是一种文献资源保障机构，最基本的职能还是组织和传递文献信息，所以数字图书馆系统运行的总体目标就是以信息技术特别是网络技术为手段，让文献信息资源得到最大限度的利用。从这一角度来讲，在数字图书馆系统规划过程中，必须始终围绕这一总体目标来进行系统体系的建设，然后再在深入分析服务对象、数字资源、技术条件等因素的背景下，讨论具体的系统建设方案。

（2）基于数字图书馆系统发展的总体目标，识别广泛的信息需求，确定数字图书馆系统的基本体系结构以及具体的建设方案。传统图书馆向数字图书馆过渡涉及很多复杂的问题，如数字资源的加工、存储和管理，系统服务模式和内容，以及相关标准规范、软硬件支撑平台等，这就需要系统规划者在调查识别广泛的信息需求基础上，充分考虑到整个数字图书馆系统中的数据来源、数据性质、平台、技术实现手段等的差异，搭建一个开放的、基于标准的、灵活有效的数字图书馆系统体系框架，提供对分布式存储的信息的知识化组织、智能化访问和服务，解决现有数字图书馆系统之间的整合问题，满足用户多样化的信息需求。然后再根据总体发展目标对系统的体系结构进行细化和分解，制订各个子系统的具体建设方案。例如，分析数字化信息资源的有效组织结构，解决各个信息仓储的互操作性，实现馆藏资源的数字化、网络化和共享化，促进数字图书馆的馆藏资源建设；构建不同类型与层次的有针对性的服务，适应业务需求的变动，并且与技术发展相同步，以满足用户多样化的信息需求；研究制定数字图书馆系统相关标准规范，为数字图书馆资源建设提供系统化基础性的指导和约束，保证各类数字资源的长期可用性，保障分布资源和服务的互操作，促进数字图书馆系统的长期服务和可持续性利用等。

（3）预测未来发展，提供数字图书馆系统未来发展、研究的方向和准则。数字图书馆系统规划是面向长远、未来和全局性问题，着眼于数字图书馆系统的长远建设，因此需要在全面、深入地了解和把握数字图书馆系统建设的现状和需求的基础上，提出系统未来的发展方向、技术路线、实施步骤和资源配置等。世界上有许多国家进行数字图书馆系统的建设，但到目前为止，并不存在一个通用的数字图书馆系统结构，这是信息技术和相关标准不断发展的结果，怎么基于现有的技术并考虑到未来技术的发展，构筑一个灵活强大的数字图书馆系统体系结构，对于数字图书馆系统的建设来说是至关重要的，这需要我们时刻关注相关技术和标准以及数字图书馆的发展变化。

2.1.4　数字图书馆系统规划的意义

数字图书馆系统规划是关于数字图书馆系统建设的全局性谋划，它具有非常重要的意义。

数字图书馆系统规划是数字图书馆系统建设的起点，也是系统建设工作序列中不可缺少的重要环节。数字图书馆系统建设是一个复杂的系统工程，涉及因素众多、规模范围巨大，前期规划的质量将直接影响后期系统开发的成败，因此为了能够有效地开展建设工作，需要对数字图书馆系统的建设做出总体规划，使系统建设工作能够有条不紊地进行。

数字图书馆系统规划工作明确回答了规划工作内容中提出的问题，描绘出数字图书馆系统的总体架构及相关实施方案，为后续各阶段的工作提供了系统性的指导。数字图书馆系统规划着眼于数字图书馆系统的长远建设，涉及数字图书馆系统的目标、战略、整体体系结构和资源分配等，对于数字图书馆系统的架构建设具有非常重要的指导性意义。

合理有效的系统规划，可以为数字图书馆资源建设提供系统化基础性的指导和约束，保证数字图书馆系统建设过程中各类数字资源的完整性、一致性和长期可用性，保障分布资源和服务的互操作，促进数字图书馆系统的长期服务和可持续性利用。

数字图书馆系统规划并不是孤立地考虑如何建立具体的信息系统的过程，而应该与数字图书馆系统发展的总体目标和战略规划相衔接。数字图书馆系统规划的意义远远不只停留在系统建设过程中，它是一个复杂的社会过程，对于图书馆今后的发展、战略目标的确定来说都具有深远的意义。

2.2　数字图书馆系统规划的要点

通过对数字图书馆系统规划的基本内涵、特点、任务以及意义的讨论，我们对数字图书馆系统规划的重要性有了大致的了解。这里，我们将从数字图书馆系统规划的常用方法出发，归纳并进一步探讨数字图书馆系统规划的具体内容。

2.2.1　数字图书馆系统规划的方法

用于数字图书馆系统规划的方法有很多，比较典型的主要是战略目标集转移（strategy set transformation，SST）法、企业系统规划（business system planning，BSP）法和信息系统体系结构（information system architecture，ISA）法，下面简要介绍这几种方法。

1. 战略目标集转移法

战略目标集转移法是威廉·金（William King）在1978年提出的，他将整个战略目标看成是“信息集合”，由使命、目标、战略和支撑因素组成，其中，支撑因素包括发展趋势、管理的复杂性、面临的机遇和挑战、系统建设所面临的阻力等。战略目标集转移法的基本思想就是识别组织的战略目标，并把组织的战略目标转化成信息系统的战略目标。它的基本步骤如下。

（1）识别组织战略目标。组织战略目标是组织发展的宏观构架，它分为组织使命、组织目标、组织战略、支撑因素等四个方面。其中，组织使命是组织的存在价值和长远发展设想，它是组织最本质、最总体、最宏观的“内核”。作为21世纪图书馆发展的一种新形态，数字图书馆仍然是一种文献资源保障机构，最基本的使命还是组织和传递文献信息。组织目标是根据使命组织在确定时限内应达到的境地和标准；目标一般呈树形层次结构，由总目标、分目标和子目标构成。对于数字图书馆来说，它的目标主要是实现数字化信息资源的采集、存储与管理、访问与查询及传送与发布。组织战略则是为了实现既定目标所确定的对策和举措。支撑因素包括数字图书馆系统的发展趋势、机遇和挑战、管理复杂性、环境对组织的制约等。

（2）将组织战略目标转化成信息系统战略目标。战略目标转移法的第二步工作是把组织战略目标转化为信息系统战略目标。信息系统是为组织战略目标服务的，所以制定信息系统战略目标必须以组织战略目标为依据。信息系统有其目标、战略和约束条件。在确定信息系统目标、信息系统战略和信息系统约束的过程中，要逐一检查它是否对实现组织战略目标有利，并且要找出对组织战略目标有重大影响的因素重点予以考虑（卫红春等，2018）。战略目标转移过程见图 2-1。

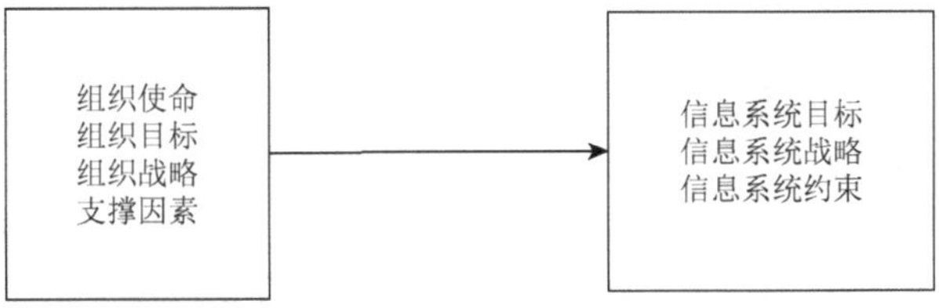

图 2-1　战略目标转移过程

2. 企业系统规划法

企业系统规划法是一种能够帮助规划人员根据企业目标制订出系统战略规划的结构化方法，通过这种方法可以做到以下两点：①确定未来信息系统的总体结构，明确系统的子系统组成和开发子系统的先后顺序；②对数据进行统一规划、管理和控制，明确各子系统之间的数据交换关系，保证信息的一致性。

企业系统规划法的优点在于利用它能保证信息系统独立于组织机构，也就是能够使信息系统具有对环境变更的适应性，即使将来组织机构或管理体制产生变化，信息系统的结构体系也不会受到太大的冲击。

用企业系统规划法制订规划是一项系统工程，其工作步骤主要包括以下八个方面（张珺等，2011）。

（1）准备工作。成立由最高领导牵头的委员会，下设一个规划研究组，并提出工作计划。

（2）调研。规划组成员通过查阅资料，深入各级管理层，了解组织有关决策过程、组织职能、部门的主要活动和存在的主要问题。

（3）定义业务过程。定义业务过程又称管理功能组，是企业系统规划法的核心。业务过程是指组织管理中必要且逻辑上相关的、为了完成某种管理功能的一组活动，如业务处理活动或决策活动。

（4）业务过程重组。业务过程重组是在业务过程定义的基础上，找出哪些过程是错误的，哪些过程是低效的，需要在信息技术支持下进行优化处理，还有哪些过程不适合计算机信息处理的特点，应当给予取消。

（5）定义数据类。数据类是指支持业务过程所必需的逻辑上相关的数据。对数据进行分类是按业务过程进行的，即分别从各项业务过程的角度将与该业务过程有关的输入数据和输出数据根据逻辑相关性整理出来归纳成数据类。

（6）定义信息系统总体结构。定义信息系统总体结构的目的就是要刻画未来信息系统的框架和相应的数据类，所以其主要工作是划分子系统。

（7）确定总体结构中的优先顺序。即对信息系统总体结构中的子系统按照先后次序排出开发计划。

（8）完成企业系统规划研究报告，提出建议书和开发计划。

3. 信息系统体系结构法

信息系统体系结构法指的是在全面考虑企业的战略、业务、组织、管理和技术的基础上，着重研究企业信息系统的组成成分及组成成分之间的关系，建立起多维度分层次的、集成的开放式体系结构，并为企业提供具有一定柔性的信息系统及灵活有效的实现方法。这种方法力图像建造楼房一样，采用系统性的方式开发信息系统，即描述出企业未来信息系统的整体框架。

如图 2-2 所示，信息系统体系结构由四个部分组成，分别是：战略系统、业务系统、应用系统和信息基础设施。这四个部分相互关联，并构成与管理金字塔相一致的层次。战略系统处在第一层，其功能与战略管理层的功能相似，一方面向业务系统提出重组的要求；另一方面向应用系统提出集成的要求。业务系统和应用系统同在第二层，属于战术管理层，业务系统在业务处理流程的优化上对企业进行管理控制和业务控制，应用系统则为这种控制提供可被计算机实现的手段，并提高企业的运行效率。信息基础设施处在第三层，是企业实现信息化的基础部分，相当于运行管理层，它在为应用系统和战略系统提供数据上的支持的同时，也为企业的业务系统实现重组提供一个有效的、灵活响应的技术和管理上的支持平台（彭雁虹和李怀祖，1999）。

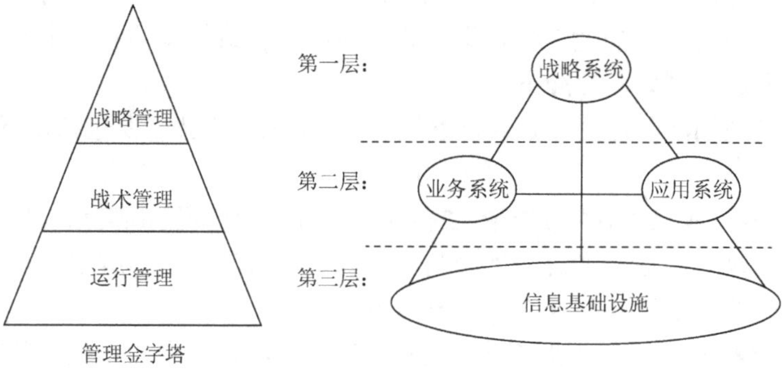

图 2-2　信息系统体系结构的总体框架

2.2.2　数字图书馆系统规划的内容

数字图书馆系统规划的内容主要包括数字图书馆系统的目标、约束和结构，组织现状评价和业务流程分析，以及相关信息技术发展预测三个方面。

1. 数字图书馆系统的目标、约束和结构

数字图书馆系统规划是面向长远、未来和全局性问题，着眼于数字图书馆系统的长远建设，涉及数字图书馆系统的目标、战略、整体体系结构等，因此在系统规划阶段，需要依据图书馆的战略目标、内外部环境等，来确定数字图书馆系统的建设目标、总体结构、约束条件以及具体的建设方案，为后期系统的开发提供系统性的指导。具体来看，它主要包括以下三个方面的内容。

1）数字图书馆系统的建设目标

系统的建设目标主要由组织的总体发展目标、系统建设的总体发展条件以及信息技术的发展决定，它规定了系统应该实现的功能，为系统的发展方向提供了基本准则。数字图书馆系统是一项涉及计算机技术、通信技术、网络技术等许多高新技术，特别是WWW（world wide web，万维网）技术与多媒体技术的高科技系统工程；从功能上讲，数字图书馆仍具有传统图书馆的收集、加工、整理、保存、服务的特征，可以说它仍然是图书馆（但并不是实体）。高科技的支撑使它摆脱传统图书馆实体的局限，并赋予这些功能更广的外延和更深的内涵，因此数字图书馆系统的建设目标就是推动收藏数字化、操作电脑化、传递网络化、信息存贮自由化、资源共享化和结构连接化，最终实现资源的全球化共享。

2）数字图书馆系统的约束条件

信息系统的约束条件包括系统实现的环境、条件，如管理的规章制度、标准规范及相关物力、人力等。数字图书馆作为一个宽带多媒体网络和海量信息管理系统，它所面对的管理对象、存储对象和技术领域远远超出了传统图书馆的范围，牵涉到大量的技术性管理问题，对于软硬件设备、通信网络、管理标准、人员素质等都提出了较高的要求，因此在前期的系统规划阶段应该充分考虑到这些约束性条件，促进数字图书馆系统的长期服务和可持续性利用。

3）数字图书馆系统的构成和结构

系统的构成和结构是数字图书馆系统规划的核心内容。它通过对图书馆当前能力和发展的分析，确定数字图书馆系统的基本功能、系统构成、信息资源结构和配置等内容，最终实现数字图书馆系统的发展目标和战略。信息系统构成和结构规划是在确定了信息系统建设目标的基础上制定出来的，主要包括信息需求分析、系统总体功能结构规划等内容。

（1）信息需求分析。组织的目标、战略、机构、制度、业务、技术、设备和人力资源等人流和物流都要通过信息流来体现和描述，信息是对组织运作和发展的反映。因此信息系统规划过程中需要确定信息系统所容纳的信息资源，以及信息资源的结构和布局。数字图书馆强调“虚拟馆藏”，典藏范围由实体资源和虚拟资源两部分组成，众多的“图书”不再孤立地散布于世界各地的图书馆中，而是永久性存贮在硬盘、软盘、光介质之中或流动在信息网络上。因此在数字图书馆建设中，信息资源的有效组织是一个非常关键的设计课题，直接影响着数字图书馆中数字化资源的存储、管理和检索方式。

（2）系统总体功能结构规划。数字图书馆是传统图书馆功能的扩展，它对信息进行搜集、转换、描述，并以计算机可处理的数字化形式存储馆藏数字化信息和网络数字化信息，以智能化的信息检索和统一友好的检索界面，利用先进的信息处理技术和互连的计算机网络，向用户提供多种语言兼容的多媒体远程数字信息，其基本功能主要包括数字化信息的采集、数字化信息的存储与管理、数字化信息的访问与查询、数字化信息的传送与发布、数字化信息的权限管理五个方面。因此数字图书馆的基本体系结构应该包括数字资源、网络服务、特色技术及相关标准规范等部分。

2. 组织现状评价和业务流程分析

数字图书馆系统建设目标的确定是在对图书馆的现状和发展前景进行深入分析及科学预测的基础上做出来的。因此在前期的系统规划过程中，需要对图书馆的定位、自身发展能力、管理、技术、业务流程、人力资源等方面进行系统地分析和评价，然后在此基础上结合系统建设的目标和战略，找出当前职能设置和业务流程中不适应数字图书馆系统建设的部分，并对这些职能和流程进行改革和重组，提出业务重组的具体规划。具体来看，它主要包括以下两个方面。

1）图书馆发展现状分析和评价

传统图书馆通常是一个单一的、静态的收藏印刷型书刊资料的场所，馆藏发展的指导思想是收集用户当前所需和将来可能需要的全部资料并在本馆加以存贮，因此它的服务模式是“以馆藏为中心”，馆舍面积的大小、藏书的多少是其优劣的衡量标准，距离和时间成为读者信息检索与交流的障碍，在现代信息技术快速发展的时代，这种服务模式显然无法适应用户急速增长的信息需求。因此，建设一个知识型信息的管理与获取系统就显得尤为重要。

2）业务流程的现状、存在的问题以及流程在新技术条件下的重组

传统图书馆主要收藏印刷型图书资料，与此相对应其主要工作是书刊的采访、整理、入藏、流通、阅览。数字图书馆的建立给图书馆传统业务工作流程和组织结构带来了极大冲击：以编目为核心的内部业务失去了赖以生存的基础，逐步趋向萎缩和转变，以流通借阅为主的外部服务则为网上一体化数字式信息服务所替代；工作重心由以文献为重点转向以信息为重点，强调信息资源的开发和利用；业务职能由对文献的收藏变为对信息的生产开发；馆藏管理模式由封闭走向开放；范围由馆内延伸到网上空间，技术手段实现现代化；新型业务部门如数据采集与整理、数据库开发、信息导航、系统安全维护等部门相继出现并全面代替采编部、期刊部、流通部等传统业务部门等。

3. 相关信息技术发展预测

信息技术是建设数字图书馆系统的基础，它制约着系统建设的水平和方向。由于计算机技术、存储技术、网络技术、信息处理技术的不断发展，计算机的性能不断提高。根据摩尔定律，计算机计算能力每 18 个月翻一番，即每 5 年增长 10 倍。但现代信息技术的发展已突破了摩尔定律，如计算机的三维图形性能、广域网的带宽、光纤传输容量、存储器的容量、信息处理技术、智能处理技术等都在以超常的速度发展，特别是这些技术在应用领域的广泛普及，为数字图书馆的建设与发展提供了现实技术条件和应用条件。作为一项涉及计算机技术、通信技术、网络技术等许多高新技术，特别是 WWW 技术与多媒体技术的高科技系统工程，数字图书馆系统的技术结构也深刻影响着未来信息社会处理、存储和应用数字化信息的方式。因此，如何基于现有的

技术并考虑到未来技术的发展，构筑一个灵活强大的数字图书馆系统体系结构，对于数字图书馆系统的建设来说是至关重要的，这需要我们清楚把握相关技术和标准，并对其发展做出科学的预测。

2.3　数字图书馆系统体系规划

数字图书馆的体系结构是建设数字图书馆系统的基础，是在网络和计算机技术上的具体实现。它的发展目标是符合下一代互联网的发展趋势，成为一个高度开放、方便实用的系统结构。然而，数字图书馆的体系结构是一个跨学科的综合性课题，数字图书馆的建设也必须由技术驱动转为需求驱动，关注新技术、新理论，因此数字图书馆的体系结构规划要充分考虑系统建设需求，力求做到完备性、灵活性、可扩展性和可理解性，促进数字图书馆系统的长期服务和可持续性利用。

2.3.1　数字图书馆系统体系需求

数字图书馆系统体系需求是构建数字图书馆系统的前提和基础，在进行数字图书馆系统体系规划时，应考虑以下三个方面的需要。

1. *数字资源组织建设需求*

数字资源是数字图书馆履行社会职能的主要物质基础，它对数字图书馆的重要性相当于图书对于传统图书馆的重要性，如果没有一个完善的数字资源建设策略，对构建数字图书馆的信息大厦来说是极为不利的。总的来说，数字资源组织建设需求主要包括以下几点。

1）坚持数字资源共建共享、协调一致

图书馆电子期刊、电子图书等电子文献大量涌现和互联网的飞速发展，使图书馆的馆藏结构发生了根本性变化，数字图书馆资源共建共享是发展的趋势和潮流，也是信息时代赋予数字图书馆新的管理模式。每个数字图书馆都要根据整个社会信息资源共建共享的计划来进行自己的信息资源建设，和其他馆分工协作、协调一致，把图书馆服务推向数字化、社会化、全球化。

2）合理选用数字资源，保证资源质量

数字图书馆资源建设是一个系统工程，涵盖了信息资源从选择、采集、组织、保存到管理的整个生命周期。数字图书馆资源建设的目标应当是使信息资源形成一个内容丰富、选择精良、查询便捷、方便利用的有序整体，使各种类型、各种来源、各种语种、分散异构的信息资源组成一个相互联系、相互依存、发挥整体效能的系统。因此在资源选用方面要突出学科性和特色性、平衡学术性和普及性、掌握前沿性和基础性、把握时代性和历史性。

3）遵循统一标准，规范资源组织

标准规范作为数字图书馆建设的基础，是开发利用与共建共享资源的基本保障，是保证数字图书馆的资源和服务在整个数字信息环境中可利用、可互操作和可持续发展的基础。数字图书馆资源建设标准规范主要针对数字图书馆系统的数字资源建设与服务中的需求，围绕数字资源生命周期为主线进行构建，包含数字内容创建、数字对象描述、数字资源组织管理、数字资源服务、数字资源长期保存等环节。

4）遵守法律法规，保护知识产权

基于网络的数字图书馆使数字资源的传输变得更为方便快捷，同时也变得更不容易受控。一方面，图书馆应自觉尊重和保护作品权利人的合法权益，采取多种技术措施和保护手段，尽一切努力保护权利人的知识产权；另一方面，图书馆作为保存文化遗产、传播文化科技信息的公益机构，代表着公众对信息的公共获取利益，是社会公众获取各种信息的重要渠道，要努力建立知识产权保护与信息资源共享之间的利益平衡机制。

2. 用户服务体系相关需求

服务是图书馆永恒的主题，它体现了图书馆的价值取向和社会责任。数字图书馆服务是基于网络进行的多样化的用户服务，是在数字图书馆中与用户进行交互、充分理解和满足用户需求、使数字收藏得到充分获取与利用的不可或缺的手段和途径，其目标就是为用户营造一个基于网络的虚拟图书馆环境，体现数字图书馆在互联网上存在的价值。因此在进行数字图书馆系统体系规划时，需要关注以下服务需求。

1）以用户需求为导向，提供多元化信息服务

“以用户为中心”已经成为数字图书馆界的共识。这一理念从数字图书馆兴起到现在得到不断的深化和践行。数字图书馆的服务架构于用户需求之中，通过网络把资源带到用户身边去，以此获得更大的发展空间。图书馆界大力开展数字图书馆服务的实践，将“我提供什么，用户接受什么”的传统服务方式变为“用户需要什么，我提供什么”的创新服务，信息服务由消极、被动转变为积极主动的服务，及时、高效地向用户提供内容多元化的信息服务。

2）信息服务的集成化、一体化

集成化服务是根据某一特定领域或某一特定用户的需要，把各种信息资源有机地链接成一个整体，使用户得到面向主题的信息服务。数字时代图书馆的集成化要做到：信息资源的集成、信息内容的集成和信息技术集成。数字时代图书馆要实现检索、采集、分析、加工和提供的无缝链接，实现各种服务方式之间的有机结合。开展一体化服务，要树立大服务的观念，做到横向联合、内外联合、资源共享，全方位满足用户的要求。

3）信息服务的高层次化

数字图书馆的服务将不再是以文献借阅、参考咨询为主的浅层次服务。知识增值与智能重组、提供个性化主动服务是数字图书馆的主流服务。数字图书馆将实现由文献传递单一服务向文献与知识信息重组的服务内容的转变，即实现以书本为单元的低层次服务向以知识为单元的高层次服务。数字图书馆信息提供的知识化，将会为广大用户提供“知识仓库”“学术银行”。信息加工的知识化、智能化和完备的检索系统的建立，使数字

图书馆能够为用户一次性提供所需某一主题的各种知识信息，由信息提供的分次满足转变为信息提供的一次满足。

3. 安全性需求

由于数字图书馆的主要结构原则是对不同类型开放环境的操作能力，为用户共享信息资源、获得信息服务提供了极大的方便，因此对数字图书馆来说，安全性显得非常重要。

1）数字信息安全管理

随着数字图书馆信息量的增多、数字化资源管理和服务的深化，数字图书馆带给人们信息共享服务的同时，其安全问题也凸显出来，如数据丢失、信息泄密、系统瘫痪、网络堵塞等，严重影响着数字图书馆建设与发展。作为一个信息系统，信息资源是数字图书馆的支柱。信息安全是数字图书馆正常运行发展的关键，也是其顺利提供服务的保证。所以如何保障数字图书馆信息安全已成为数字图书馆建设和发展的核心问题之一。这就要求管理者全面、细致地考虑每种因素，注重发现并解决信息安全的薄弱环节，同时采用各种高处理能力的安全产品和技术，如数字签名技术、防火墙技术、信息过滤技术等，构建系统性的信息安全保障体系，最终达到数字图书馆信息处理和传输过程中的保密性、完整性、可靠性、可用性、可控性和不否认性。

2）知识产权的保护

当下，以资源数字化、传递网络化、信息共享化为特征的数字图书馆强烈地影响着传统图书馆的未来发展方向。在发展的过程中，如何保护自己的权益不受或少受侵犯，如何保证不对他人的知识产权产生侵犯，是数字图书馆系统建设过程中不容忽视的重要问题。只有对权利人的智力成果及其合法权利给予及时全面的保护，才能从根本上调动起人们的创造主动性，促进资源的优化配置。一方面，有必要完善相关的知识产权法律法规，让数字图书馆知识产权保护有法可依；另一方面，还需要采取更有效的技术防范手段，如权限管理、数据加密技术、客户认证技术、数字水印技术等，防止不法分子未经授权地使用其计算机程序入侵系统，损害权利人的智力成果。

2.3.2　数字图书馆的技术体系结构

数字图书馆的技术体系结构是建设数字图书馆系统的基础，是数字图书馆在网络和计算机技术上的具体实现，是未来信息社会处理、存储和应用数字化信息的基本构架。它的发展目标是符合下一代互联网的发展趋势，成为一个高度开放、方便可用的体系结构。在数字图书馆的建设中，如何采用国际先进技术，对实现数字图书馆的体系结构、信息组织方法、系统实现模型和开发技术是非常重要的。

1. 三层体系结构

1）三层体系结构概述

以 Web 为中心的浏览器/Web 服务器/数据库（B/S/D）模式是由以网络为中心的 C/S 模式发展演变而来的。在 C/S 模式中由客户机向服务器发出请求，服务器进行处理后将结果返送回客户机，服务器通常只负责数据库的管理与检索，使得客户机负荷较重。因此客户机不仅需配备大量的客户机软件和应用程序，而且对硬件也有较高要求。

如图 2-3 所示，三层体系结构指的是组成一个应用构件的三个逻辑层面。客户机为显示层或表示层，处于数字图书馆系统的最高层，是各种数字图书馆用户的高层应用的表现。客户机通过各种网络实现与 Web 应用服务器的连接，通过浏览器访问 Web 应用服务器提供的各种功能和丰富的数字化馆藏。Web 应用服务器是业务逻辑层，也称事务处理层或功能层，负责实现数字图书馆各种管理和服务功能，是实现数字图书馆最主要的部分。该层完成事务逻辑、数据存取，主要接收客户机的查询请求，进行数据处理和处理结果的发送，管理 HTML 构成的信息空间，提供对数据库的接口。数据库服务器为数据存取逻辑，也称数据层和存储层，处于数字图书馆的最底层。数据库服务器主要负责管理数字化馆藏，包括全文数据、多媒体数据、标准书目数据、二次文献数据、事实数据，它通过接收 Web 应用服务器的请求，对数据进行处理，然后把处理结果传送给 Web 应用服务器。其中客户不能与数据直接发生联系，必须通过 Web 应用服务器，这样就保证了数据的安全性。同时一个具体应用可能是由多个这三种类型的构件组成，数字图书馆的应用构件可以被多个物理系统所共享使用，应用构件之间使用一种能隐藏内部功能的抽象接口来通信。

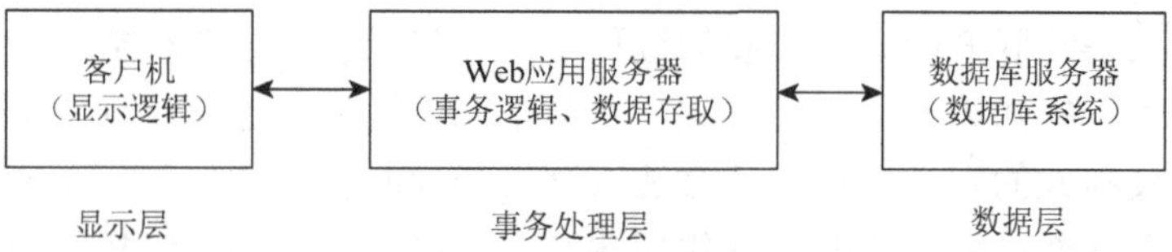

图 2-3　三层体系结构

2）三层体系结构的优点

在三层体系结构中，系统的主要工作是由服务器来承担，这将传统单一的服务器分成两部分：Web 应用服务器和数据库服务器。Web 应用服务器负责 Web 页面的管理、组织、传递和数据库查询请求的提出，而数据库服务器则负责接受 Web 应用服务器的查询请求并提出运算处理结果。因此，在这种模式中，客户机负荷较轻，只要配备操作系统、网络协议和浏览器等软件即可。浏览器的作用只是从 Web 应用服务器下载 Web 页面。Web 模式在资源配置、系统安全等方面比简单的 C/S 模式要好得多。客户机提交数据量减少，同时 Web 应用服务器可以同时在多台计算机上运行，使得客户机的请求在不同的计算机上分散，因此极大地提高了网络性能。数字图书馆应用的运行更加中心化，易于管理和维护，使得维护工作可以只是对少量的应用服务器进行修改而不是大量的客户机程序。三层体系结构取代传统 C/S 技术而成为具有高度可扩展性的应用体系结构。

3）数字图书馆的三角体系结构

如图 2-4 所示，三角体系结构是三层体系结构的一种变形，它采用了 C/S 模型，服务器由图书馆服务器和对象服务器组合承担。数据层的数据直接返回客户机，无须中间的传递过程，用户只能访问图书馆服务器，保证了数据的安全性，同时减少了数据复制和传输的次数，提高了系统性能。在数字图书馆系统中，图像、音频和视频等数字对象的数据量比较大，数据量大且频繁使用的数字对象可以放置在接近用户的地方，以减少数字对象复制和传送的次数，减少网络的数据传送量，提高系统的性能。图书馆服务器和对象服务器分离有利于系统各部分的独立性，也有利于系统的扩展性。少量的数字对象使用一台对象服务器就可满足系统的要求，当数字对象持续增加时，只要增加相应的对象服务器即可，而不影响系统的体系结构。

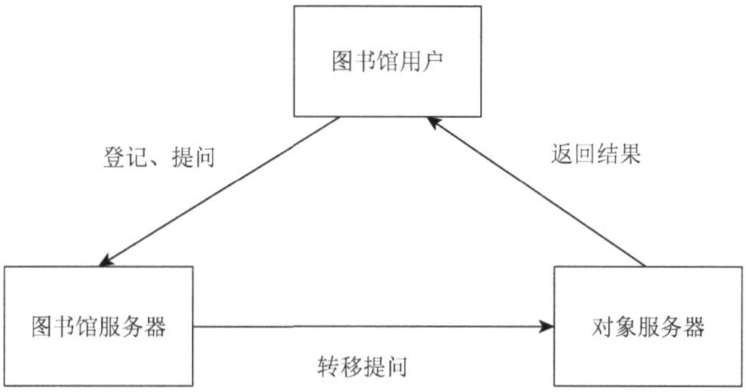

图 2-4　数字图书馆的三角体系结构

2. 分布式结构

分布式数字图书馆可分为基于分布式数字对象的数字图书馆和基于外部协调的分布式数字图书馆两种类型。这种结构对分布式数字资源的收集、存储、发布、检索等服务给予可靠的管理机制。

1）基于分布式数字对象的数字图书馆结构

分布式数字图书馆体系结构由数据库资源的描述、用户接口、调度系统、查询系统和对象库五部分组成，或者说是由数字对象、资源库、索引服务器、收集服务器、代理服务器、用户界面、句柄服务器等七部分组成。该体系结构在 NCSTRL（Networked Computer Science Technical Reference Library，网络计算机参考图书馆）和 NSDL（National Science，Technology，Engineering，and Mathematics Education Digital Library，国家科学、技术、工程和数学教育数字图书馆）等项目中得到了具体运用。

（1）NCSTRL。其是一个以 Dienst 体系结构为基础，用于搜集计算机科学研究资料，特别是技术报告的分布式图书馆，有 160 多家学术机构参与了该项目。NCSTRL 提供对 120 个机构的 24 000 种计算机科学研究报告的访问，这项服务涉及 40 个通过 Dienst 协议通信的服务器和运行文件传输协议（file transfer protocol，FTP）和超文本传输协议（hyper text transfer protocol，HTTP）的代理服务器。NCSTRL 以分布式数字图书馆的康奈尔参考结构为基础（图 2-5），功能包括对象命名和存储、对象发现和用户访问，由于采用开放结构，其他功能组件可以方便地集成进来。NCSTRL 所收藏的资源被合理和有效地分成若干组成部分，每个部分在各自的子收藏仓库中控制文献资源的增加和管理；随后，这些仓库中的每个文献资源的元数据（如标题、作者、文摘等）由一个或多个索引服务器进行索引，这些元数据允许通过 Dienst 协议对各自的仓库进行访问，Dienst 协议允许将这些元数据索引和仓库集成为一个统一的收藏服务，这样就形成一个可集成的分布式数字图书馆资源。NCSTRL 主要由三个部分组成：支撑结构，这是一种分布式数字对象服务的基础结构，包括数字对象、命名系统和通用存储访问协议；服务与接口，包括存储服务、索引服务、收藏服务、用户接口服务等四个主要组件和功能，其中每个用户接口都通过与代表资源收藏的收藏服务互联，并以用户友好的界面提供对一个或多个资源收藏的访问，该协议包括描述资源收藏的各种类型的元数据之间的转换；互操作性，NCSTRL 是基于分布式组件的数字图书馆结构，异构系统的互操作的一种较好的解决方法是通过数据驱动结构，它允许异构系统的集成。NCSTRL 定义了数字图书馆所提供的服务：命名服务、仓储服务、索引服务和馆献服务。

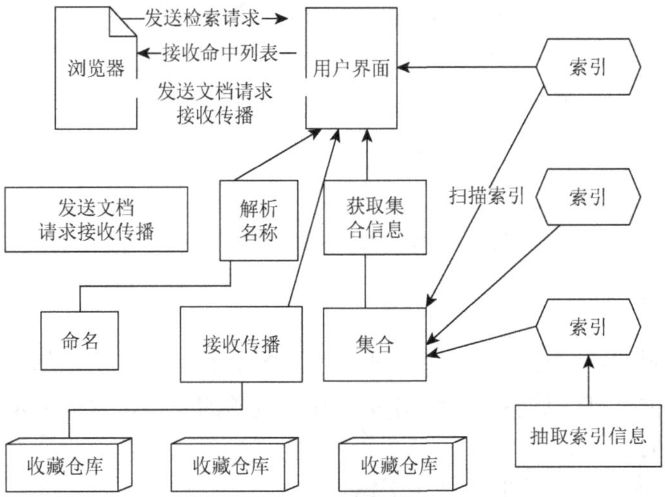

图 2-5　NCSTRL 体系结构

（2）NSDL。NSDL 是美国国家科学基金会（National Science Foundation，NSF）资助的、由多家单位来实施的数字图书馆项目，共包括 64 个子项目，其目的是支持科学、技术、工程和数字教育提供广泛接入和方便使用的分布资源网络与学习机制。NSDL 一期工程已于 2002 年底为公众提供服务，它是目前规模最大的数字图书馆项目。为了让各种用户共享不同的信息，NSDL 体系结构的设计就是共享元数据，并利用元数据开发核心服务。在其体系结构中，采用公共的核心元数据来实现异构系统间的资源发现，核心元数据与具体领域的扩展元数据相结合，以元数据为基础实现跨库搜索并创建更丰富的服务，早期采用分布式元数据库，现在改成集中式。NSDL 的互操作性是通过联合、开放应用软件接口（open application interface，OAI）采集、搜索三种方式来实现的，主要通过 OAI 元数据采集来实现互操作。2001 年初，NSDL 确定支持八种标准元数据格式（Dublin core、Dublin core with DC-ED extensions、MARC21 等），这八种元数据之间的互换通过 Dublin core 核心元数据集过渡。

2）基于外部协调的分布式数字图书馆

基于外部协调的分布式数字图书馆是以大量的分布式异构系统为基础，通过各类中间件来提供转换和协调机制，屏蔽各分布异构系统在信息组织方式、服务类型、交互协议甚至语言方式等方面的差别，实现系统与数据的互操作。通过向用户提供统一的服务界面，进行跨仓储的统一检索。英国的摩托行业协会、斯坦福大学的 InfoBus 和中国试验型数字式图书馆等均采用了这种体系结构。

（1）总线式的 InfoBus。总线式的 InfoBus 是斯坦福大学的数字图书馆项目。InfoBus 是用图书馆服务代理这样一种公共对象请求代理结构进行的在线服务，由图书馆服务代理器、信息资源、信息处理服务、图书馆服务和用户界面五部分组成的分布式对象系统，主要目的是解决现存系统的互操作性问题。InfoBus 的体系结构如图 2-6 所示，图中符号的含义分别是：PM——协议机（protocol machine）；IC——客户接口（interface for customers）；LS——图书馆服务（library service）；IS——信息系统（information system），IPS——信息处理系统（information processing system）。网络信息环境中广泛分布着不同的信息资源库和服务，在 InfoBus 中各个仓储仍由本地维护，各种服务无须改变，所要求的只是分布的、异构的仓储和服务遵循共同的数字图书馆互操作协议（digital library interoperation protocol，DLIOP）便可以相互交互，合作起来向用户提供一致的接口，屏蔽各仓储和服务间的差别，实现跨仓储的访问和检索。InfoBus 采用的关键技术有分布式对象技术、互操作协议、封装和代理、文档对象化。InfoBus 为数字图书馆提供了一个灵活的、可扩展的框架，异构的仓储、服务和用户界面如插件一样可插入到 InfoBus 中集成在一起，此外 InfoBus 为吸收未来的信息仓储和服务预留有空间。

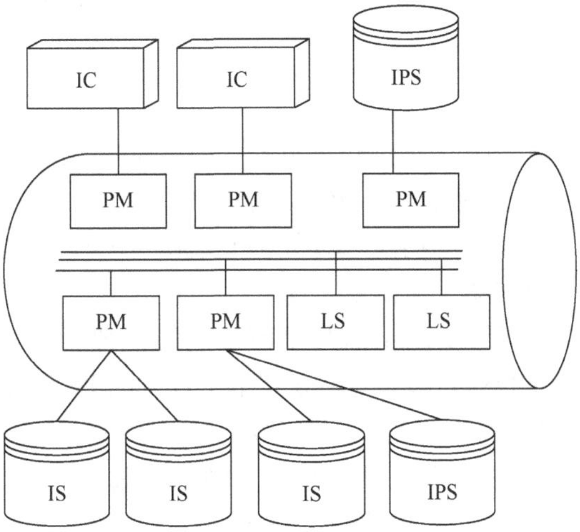

图 2-6 InfoBus 的体系结构

（2）中国试验型数字式图书馆项目。该项目的目标是建立一个多馆协作、互为补充、联合、一致的中国试验型数字式图书馆，实现由多类型、分布式、规范化资源库组成的一个试验型数字式图书馆，为我国建设规范化数字图书馆提供初步成形的、实用的实现技术。项目计划开发一套与国际接轨的数字式图书馆实现技术，包括：建立以 SGML 为基础的对象描述和编辑系统；建立统一的元数据及元对象库；组织开放体系结构的数字式对象库，建立通用的库访问协议；试验建立分布式不同源数字式对象的调度系统；设计并实现方便的网络用户界面与实用的系统管理界面；数字式对象的描述方法要支持不同源的分布式查询和检索；初步实现对超大容量数据库的快速检索，支持中英文屏幕界面，试验建立多种类型的规范化信息库等，以使该项目在互联网上提供试用性的服务等。该项目的技术体系结构如图 2-7 所示。

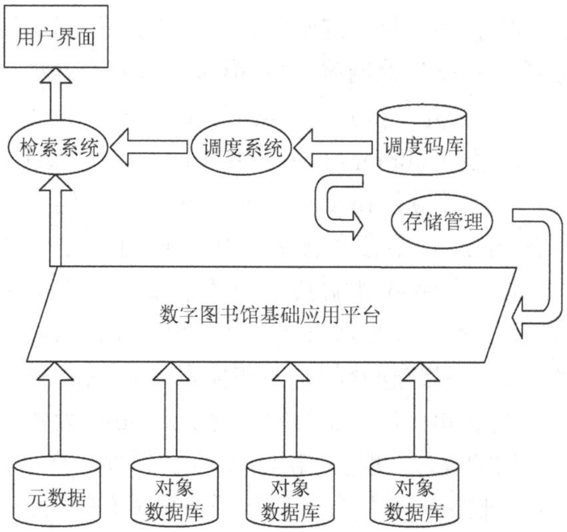

图 2-7　中国试验型数字式图书馆技术体系结构

3. 新一代体系结构

上面阐述的分布式体系结构本质上还是集中式中央控制的。该种体系结构在扩展性、伸缩性等方面表现不足。于是很多学者纷纷提出数字图书馆下一代体系结构，其主要目的是将这种集中式中央控制的体系结构向可动态进行资源、服务联邦配置的虚拟结构迁移。

1）基于网格的虚拟数字图书馆体系结构

网格是为了解决广域网络资源全面共享而提出的一种全新的基于互联网的应用技术，数字图书馆网格是运用网格技术和 Web 技术于数字图书馆，为信息用户提供一个资源位置透明和服务操作透明的虚拟数字图书馆。网格体系结构就是关于如何制造网格的技术，它给出了网格的基本组成与功能，描述了网格各组成部分的关系以及它们集成的方式和方法，刻画了支持网格有效运转的机制。

随着网格实践和理论研究的发展，国际上主要存在两种网格体系结构标准。一个是面向协议的五层沙漏结构，另一个是面向服务的开放式网格服务体系结构。五层沙漏结构是基于分层协议的结构，将系统分成构造层、连接层、资源层、汇聚层和应用层。其中，资源层与连接层是协议层次结构中的最核心部分，它支持上层协议向核心协议的映射，同时实现核心协议向下层协议的映射。

在五层沙漏结构广泛应用时期，网格主要是针对大规模数据与计算问题的解决展开研究的，五层沙漏结构正好满足了这种发展的要求。随着网格在科学研究的成功应用，网格的应用逐步扩展到电子商务、电子政务和海量信息数据处理等各方面，网格的体系结构也发生了相应变化，采用了服务这种可以组合的概念来构建网格系统结构。

2002年6月全球网格论坛开放网格服务基础设施（open grid services infrastructure，OGSI）工作小组制定了开放网格服务体系（open grid services architecture，OGSA）。在OGSA框架中，将一切网络上的实体都抽象为Web服务，包括计算机、程序、数据、仪器设备等，这有利于通过统一的标准接口来管理和使用网络实体。Web服务技术采用XML定义一组Web服务协议栈，以Web服务安全机制保证服务交互过程中的安全性，通过简单对象访问协议（simple object access protocol，SOAP），Web服务描述语言（Web services description language，WSDL），通用描述、发现与集成（universal description discovery and integration，UDDI）等开放协议和标准，提供了面向互联网应用的统一服务注册、发现、绑定和集成机制，成为广域环境下实现互操作的一种主要机制。OGSA将Web服务技术引入网格体系，利用Web服务技术定义开放的接口。Web服务技术极大地增强了网格协议和服务的互操作性，为网格应用提供了一种统一的功能扩展机制。

2）面向服务的分布式的数字图书馆体系结构

面向服务的体系结构（service-oriented architecture，SOA）准确地说是一个组件模型，它将应用程序的不同功能单元（也称为服务）通过彼此之间定义良好的接口和契约联系起来。接口采用中立的方式进行定义，并与实现服务本身的硬件平台、操作系统及具体编程语言等无关，这种具有中立的接口定义的特征称为服务之间的松耦合。SOA是在面向服务体系结构基础上扩展的新体系结构，形成SOA的基本元素是服务。服务是组件的封装体，相对于组件来说，服务是更高一级的抽象级别。服务在实现时不需要从一个请求到另一请求的信息或状态，也不需要依赖于其他服务的上下文和状态，以一种“松耦合”的模式来促进系统的灵活性和敏捷性，实现整个体系架构对业务需求的快速响应。

基于SOA的数字图书馆体系结构的优势在于：在众多分布、异构和自主的信息资源系统组成的开放环境中，数字图书馆可以敏捷地根据具体的信息需求如用户的个性化需求，发现、解析和调用所需要的资源和服务，按照个性化的服务流程和业务逻辑将信息资源或服务灵活组织起来构成新的服务，从根本上解决业务功能上的“重用”和“互操作”问题，实现数字图书馆服务的动态定制（邹凯和陈添源，2007）。

3）基于Web的集中式文档协作体系结构

该结构的典型代表是COLLATE系统，它是为分布式用户群而设计的基于内容和注释工作的知识工作环境。它既支持单个用户操作模式，也支持某一领域专家之间的资源共享和合作研究模式。COLLATE系统基于模型的模块化设计原则，使得其基础框架也适合于其他领域资源的服务和项目开发。该系统支持协作行为，如建立联合出版或集会，建立虚拟的展览材料，发布未刊出的注释和评注等。COLLATE系统能为文档中的文本与图表分别建立索引。作为深度分析的一种手段，注释可以单独创建也可以合作创建。通过注释，用户可以了解文档的路径等相关信息。COLLATE协作是集中了很多功能的多功能软件包，它被看作是分布式的、面向服务的数字图书馆体系结构原型，它的文档注释机制为信息访问提供了一种新的方法。

4. 云计算体系结构

云计算是对分布式处理、并行处理和网格计算及分布式数据库的改进处理，其前身是利用并行计算解决大型问题的网格计算和将计算资源作为可计量的服务提供的公用计算，在互联网宽带技术和虚拟化技术高速发展后萌生出云计算。

基于云计算的数字图书馆平台是一个系统的服务平台。平台通过利用分布式、虚拟化、并行计算等技术扩展硬件设备和软件设施的功能，将异地操作平台不相同的数字图书馆软硬件资源有效结合在一起，提供超级计算和存储能力。基于云计算的数字图书馆可以采用如图 2-8 所示的参考架构（孙仙阁，2016）。

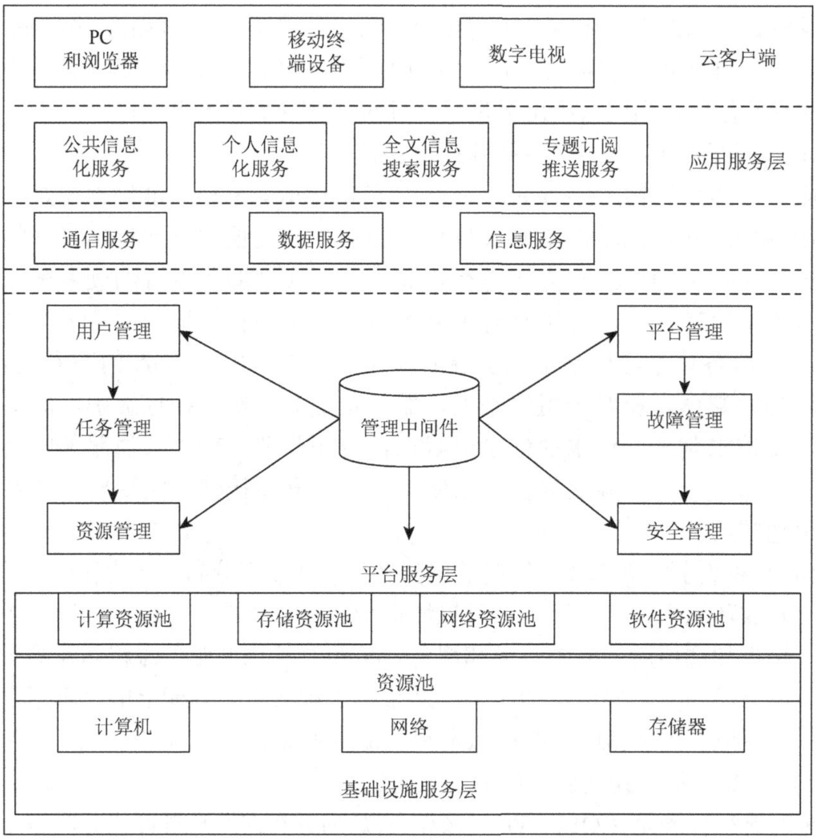

图 2-8　基于云计算的数字图书馆体系结构

1）基础设施服务层

基础设施服务层是云计算数字图书馆提供云服务的基础，位于整个体系架构的最底层，它是经过虚拟化技术后的硬件资源和相关管理功能的融合。主要包含两个方面的内容：一方面，通过对计算机、存储器、网络等硬件设备进行分布式集群、抽象化和虚拟化处理，将其虚拟化集群到一起，构成整个云计算与云服务的基础设施，使对外看上去就像一个统一的整体，用户在使用时不需要关心具体使用的是哪台设备，只需发出约定的设备调用指令就可以获得自己想要的“云”硬件资源；另一方面，在基础设施硬件分布式集群、抽象化和虚拟化处理的基础上，提供可供调用的数据存储管理、计算服务管理、负载管理和备份管理等的接口服务功能，为数字图书馆提供动态灵活的基础设施层服务。

2）平台服务层

平台服务层是数字图书馆云计算服务体系架构的第二层，也被称为“管理中间件层”，负责信息资源管理、程序运行管理、读者管理和网络安全管理等工作。其中，信息资源管理负责均衡地使用云计算信息资源节点，监测信息资源节点的故障，一旦某个节点发生故障，中间件层会使其恢复或者进行屏蔽，并对资源的使用情况进行统计；程序运行管理是执行读者或应用提交的任务，包括完成用户任务映像的部署和管理、程序调度、程序执行、程序回馈管理等；读者管理是实现云计算数字图书馆的一项不可缺少的内容，包括提供用户交互接口、管理和识别用户身份等；网络安全管理主要保障云计算设施的安全，避免受到黑客攻击。

3）应用服务层

应用服务层位于数字图书馆云计算服务体系架构的第三层，是整个数字图书馆云服务体系的核心。应用服务层提供数字图书馆所需的应用软件和服务。数字图书馆通过开展软件服务的应用，根据用户的需求，将软件或者应用通过租用的形式提供给联盟馆和读者使用，提供数字图书馆的核心服务项目。用户权限计费接口模块主要完成对用户管理、权限论证、平台计费与平台支付接口的支持。系统管理和业务支撑模块主要完成对系统的管理和业务的支撑，保证系统正常稳定地运行。

4）云客户端

云客户端位于整个数字图书馆云计算服务体系架构的最上层，是与云服务器进行通信的工具，是用户使用云服务的现实载体。它不再局限于计算机，可以是任何能访问云服务网络的 PC、浏览器、各种移动终端设备和数字电视等设备。

5. 体系结构评价标准

1）开放性

数字图书馆体系结构应该是一个开放的结构，对内各模块如仓储和服务可以随进随出，对外能和其他的系统交互，取长补短。这种开放性要求数字图书馆体系结构设计简单化，功能模块化，选择成熟通用的标准和协议。

2）互操作性

即一致性，通过屏蔽分布的、异构的各个数字图书馆之间的差别，向用户提供一致的检索和服务。异构仓储互操作的实现，可通过一定的标准规范让不同的收藏品遵循相应的元数据标准，并通过元数据的共享或互换，实现资源间的共享。信息系统之间的互操作随着中间件和代理技术的发展有了较大进步。此外，Web 服务技术为网络软件的共享和互操作提供了新的机制，如 InfoBus 就具有较强的互操作性。

3）扩展性

数字图书馆的体系结构应该是灵活的和可扩展的，能随时接纳新的仓储和服务，而无须做大的变动，因此要求数字图书馆体系结构应是模块化的，基于构件的。NCSTRL 便有着良好的扩展性。NCSTRL 的成员单位比较分散，且新的成员单位和用户陆续加入的特点，使其最终选择了把数字图书馆划分成不同的区域，这样不但适应了数字图书馆不断延伸的特点，而且还能为本地用户提供及时的、具有本地特色馆藏的服务。

4）可伸缩性

各数字图书馆建设单位在经济、技术、馆藏资源、用户需求等方面所存在的不平衡性，使得不同数字图书馆的建设规模有所区别。一个好的数字图书馆体系结构的设计必须能够适应不同规模的系统，使不同规模的系统都能够获取最佳的效率。

2.3.3　数字图书馆系统的关键技术

数字图书馆的关键技术主要是指多媒体信息的数字化，图像、声音、文本等多媒体介质的检索技术及超媒体信息的存储、管理及检索技术，还包括研究 Web 服务器与多媒体数据库的接口及数字化文献的安全等问题所涉及的技术（过仕明和杨晓秋，2006）。

1. Web 技术

1）Web 技术的概念

Web 是一种特殊的结构框架，它的目的是访问遍布在互联网主机上的链接文件。尽管 Web 非常流行，但目前尚无公认的准确定义。我们可以这样理解；Web 是建立在 C/S 结构之上，以 HTML 和 HTTP 为基础，能够提供面向各种互联网服务的、一致用户界面的信息系统。

Web 上的海量信息是由彼此关联的文件组成，这些文件称为主页（home page）或页面，它是一种超文本（hypertext）信息，而使其连接在一起的是超链接（hyperlink）。Web 的内容保存在 Web 站点（Web 服务器）中，用户可通过客户机（Web 浏览器）访问 Web 站点。

2）Web 体系结构

Web 的本质是一个建立在互联网基础上的超文本信息传递系统。Web 服务器、Web 浏览器、服务器与浏览器之间的通信协议 HTTP、Web 文档语言 HTML 以及用来标识 Web 资源的 URL（uniform resource locator，统一资源定位器）是构成 Web 体系结构的五大要素。

（1）C/S 结构：Web 是基于 C/S 的一种体系结构。客户机和服务器是相互通信的一对程序。客户机连接到服务器上发出请求，要求执行某项任务。服务器的任务是等待客户机的连接，听取客户机的请求并为这些请求提供服务。Web 客户程序叫浏览器，而浏览器程序基本都是标准化的，因此，Web 体系结构可以称为浏览器/服务器结构。在 C/S 模式中，客户机和服务器之间必须有统一的协议，才能相互传递数据。Web 的基本协议是 HTTP。通过 TCP/IP 网络，浏览器利用 HTTP 与服务器建立连接，然后发出客户请求，Web 服务器做出响应，回送应答数据，最后关闭连接。Web 浏览器能够理解多种协议，也能够理解多种文档格式，如 HTML、Text、JPEG；Web 服务器不仅能够提供 HTTP 服务，还能提供其他服务，如 FTP 服务。Web 服务器还可以作为代理服务器，从其他服务器上取文件给自己的客户。

（2）统一资源定位器——URL：URL 是一种重要解决方案。URL 是 Web 的基本工具之一，是 HTML 文件地址命名方法。URL 指出的可以是超文本链接的目的地址或是完成客户与服务器交互的公共网关接口（common gateway interface，CGI）程序名，还可以指定 FTP 文件传输，寻找新闻信息，定义用户的 E-mail 等。URL 有三部分：协议（机制）、页面所在机器的域名、页面标识。例如，http://www.baidu.com/index.html，这个 URL 由三部分即协议（http）、主机域名（www.baidu.com）、文件名（index.html）组成，由特定的标点分隔各部分。

（3）HTTP：HTTP 是专门为 Web 设计的网络协议，它是 Web 的核心，HTTP 是 TCP/IP 协议中的一个应用层协议。它支持浏览器与服务器之间的通信，相互传送数据。一次 HTTP 操作称为一个事务，HTTP 定义了简单事务处理。简单事务处理由下列四步组成：第一步，浏览器与服务器建立连接；第二步，浏览器向服务器提出请求，HTTP 1.0 版本的请求由多行组成，其中第一行请求包括方法、URL 和协议版本号，其余行依次是一般信息头、请求头、应答头、实体头；第三步，如果请求被接纳，则服务器送回一个应答，应答中一般包括协议的版本号、状态代码和状态说明的状态行和该文件内容，客户端浏览器上显示客户所要的内容；第四步，断开连接，完成一次请求后，客户的服务器之间的连接断开。

（4）Web 与数据库技术：数据库技术是数字图书馆的一项支撑技术，在数字图书馆的建设中占有重要的地位。一个 Web 应用系统一般采用 Web 浏览器/Web 服务器/应用服务器模式实现。对于数据库应用系统而言，应用服务器就是数据库服务器，因而 Web 访问数据库的关键是应用系统与数据库服务间的接口。访问数据库的接口有数据库系统自身提供的专用驱动接口和公用数据操作接口。在 Web 应用系统中，通常的数据库接口技术有 CGI、ODBC（open database connectivity，开放数据库互联）、JDBC（Java database connectivity，Java 数据库互联）等。

2. 中间件技术

1）中间件的基本概念

中间件是软件构件化发展的一种表现形式。中间件是一个用应用程序接口（application programming interface，API）定义的软件层，是具有强大通信能力和良好可扩展性的分布式软件管理框架。它的功能是在客户机和服务器或者服务器和服务器之间传送数据，实现客户群和服务器群之间的通信。其工作流程是在客户机里的应用程序需要驻留网络上某个服务器的数据或服务时，搜索此数据的 C/S 应用程序需访问中间件系统，该系统将查找数据源或服务，并在发送应用程序请示后重新打包响应，将其传送回应用程序。

国际数据公司（International Data Corporation，IDC）对中间件做了一个简单的描述：中间件是一种独立的系统软件或服务程序，分布式应用软件借助这种软件在不同的技术之间共享资源。中间件位于客户机服务器的操作系统之上，用来管理计算机资源和网络通信。一般，可以把中间件理解为介于操作系统和应用软件之间可复用的基础软件层。由此可见，中间件是一个比较宽泛的概念；从一个单机上的 COM（component object model，组件对象模型）组件，到复杂的企业应用服务器都可以看成中间件的范畴。

2）中间件技术简介

（1）信息搜索中间件：由于数字图书馆本身普遍的分布性和异构性，其提供的搜索工具和所能够提供的电子信息内容也将具有普遍的分布性和异构性。不同的数字图书馆所能够提供的信息种类各不相同，各种搜索工具提供的查询接口也千差万别，而且每一种搜索工具根据查询对文档进行相关性排序的算法也互不相同，并且彼此不能兼容。如果能够提供一种统一的查询接口，将用户查询转换到不同的搜索工具接口，这样用户看到的将不再是分布异构的数字图书馆，而是一个统一的数字文献资料库，这对于数字图书馆的最终用户来说无疑将带来工作效率的巨大提高。因此就有了称为搜索中间件的东西。搜索中间件涉及的一些协议和相关的软件包能使搜索者很容易地获得信息。搜索中间件主要负责传输查询和结果以及协调各种参数。

（2）搜索中间件 Z39.50 协议：Z39.50 是一个 C/S 结构的网络应用层协议，它规定了客户机查询服务器上的数据库可访问到的结果记录等过程所涉及的数据结构和数据交换规则，通过制定规范和编码构筑与不同的信息系统之间的连接与通信。Z39.50 也是一种网络信息检索标准，用户无须具备或掌握远程系统的语法、检索策略以及数据内容等相关知识，只要使用自己所熟知的一个计算机系统的界面就可检索基于不同软硬件平台的远程系统的数字信息资源。其实现方式是：Z39.50 通过描述访问点的属性集和描述从服务器向客户实际传送记录格式的记录语法这两个概念与被检索的数据进行语义上的连接。由于这两个概念均被定义在数据库的逻辑结构这一层，与数据库的具体实现无关，所以 Z39.50 能够提供完全独立于下层数据结构的信息检索服务。Z39.50 的大量应用在一定程度上有效地克服了网上数据源的异构性，为网络中异构平台的异构信息之间的信息检索和传输提供了条件，解决了与其他具有标准接口的书目数据之间的检索接口问题，使每一个数据源都能以一种统一的界面提供检索。

3. 数据仓库与数据挖掘技术

1）数据仓库技术

数据仓库不是简单的数据库产品，而是一种解决方案，它是对原始的操作数据进行各种处理并转换成有用信息的处理过程。用户可以通过分析这些信息做出策略性的决策。数据仓库是用于支持管理决策过程，面向主题、集成、随时间变化但信息本身相对稳定的数据集合。数据仓库的关键技术可分为数据抽取、存储与管理以及数据表现等三个基本方面。①数据抽取：数据抽取是数据进入数据仓库的入口。由于数据仓库是一个独立的数据环境，它需要通过抽取过程将数据从联机事务处理系统、外部数据源、脱机的数据存储介质中导入到数据仓库。数据抽取在技术上主要涉及互连、复制、增量、转换、调度和监控等方面。②存储与管理：数据仓库的真正关键是数据的存储和管理。数据仓库的组织管理方式决定它有别于传统数据库，同时也决定了其对外部数据的表现形式。③数据表现：数据表现实际上相当于数据仓库的门面，其性能主要集中在多维分析、数据统计和数据挖掘方面。

2）数据挖掘技术

数据挖掘的基本思想是从数据中抽取有价值的信息，其目的是帮助决策者寻找数据间潜在的关联，发现被忽略的要素，而这些信息对预测趋势和决策行为是十分有用的。

从决策支持的角度看，数据挖掘是一种决策支持的过程，主要基于人工智能、机器学习、数据库技术等多种技术，能高度自动地分析企业原有的数据，进行归纳推理，从中挖掘出潜在的模式，预测客户行为，帮助决策者调整市场策略，从而减少风险，做出正确决策。

从数据库的角度看，数据挖掘就是从数据集中识别出有效的、新颖的、潜在有用的以及最终可理解的信息的高级处理过程。从定义中可以看出，数据挖掘是一个高级的处理过程，它从数据集中识别出用模式表示的知识。一个多步骤数据挖掘的模式有多种，按功能可分为两大类：预测型（predictive）模式和描述型（descriptive）模式。预测型模式是可以根据数据项的值精确确定某种结果的模式，挖掘预测型模式所使用的数据也可以明确知道结果。描述型模式是对数据中存在的规则做一种描述，或者根据数据的相似性把数据分组。但在实际的应用中，往往又会根据模式的实际作用细分为分类模式、回归模式、时间序列模式、聚类模式、关联模式和序列模式。

4. 数字图书馆的集成技术

系统集成指的是根据应用的需求，将硬件平台、网络设备、系统软件、工具软件及相应的应用软件等集成为具有优良性能价格比的计算机系统的全过程。数字图书馆系统的集成涉及多个应用系统之间实现无缝集成，使它们就像一个整体一样。系统集成的内容包括数据集成、业务过程集成、服务集成。

1）数据集成

数据集成发生在应用领域内的数据库和数据源级别，通过从一个数据源将数据移植到另一个数据源来完成数据集成。数据集成重点解决不同应用和系统之间接口级的转换以及数据交换，这是目前集成应用的最常用方法。数据集成采用的主要数据处理技术有数据复制、数据聚合（数据联邦）和接口集成。

数据复制的目的是保持数据在不同数据库间的一致性，而数据库可以是同一厂商也可以不是同一厂商的，甚至可以是采用了不同模型和管理模式的数据库。对于数据复制的基本要求是数据必须能够提供的一种数据转化和传输的基础结构，以屏蔽不同数据库间的数据模型的差异。

数据聚合是将多个数据库和数据库模型集成为一种统一的数据库视图方法。也可以认为数据聚合是一种虚拟的业务数据库，它包括多个实体的物理数据库。数据聚合的方法是在分布的数据库和应用之间放置一个中间件层，该层与每一个后台的数据库用其自带的接口相连，并将分布的数据库映射为一种统一的虚拟的数据库模型。而这种虚拟的数据模型只在中间件中存在，应用程序就可以使用该虚拟数据库访问需要的信息。同时，该数据聚合软件也可以通过相关的数据映射导入实体数据库，进行数据库更新。

接口集成主要用来集成通用软件，它利用良好定义的应用接口实现应用包和客户应用的集成。

2）业务过程集成

业务过程集成包括业务管理、进程模拟以及综合任务、流程、组织和进出信息的工作流，还包括业务处理中每一步都需要的工具。当对业务过程进行集成时，必须在各种业务应用系统中定义、授权和管理各种业务信息的交换，以便改进操作、减少成本、提高响应速度。面向过程的集成是数据集成的一种抽象，重点解决业务流程中遇到的问题。过程集成与数据集成的区别是：过程集成需要跨越多个数据集成，而数据集成重点在多个系统之间进行信息交换，解决具体的技术问题和节省业务操作时间，过程集成重点在实现业务集成的策略。过程集成的优势在于使业务过程可视化，利用业务规则决定如何进行交互和业务的处理，如实时监控关键业务的状态与性能。

3）服务集成

服务集成主要通过框架、事务、分布式对象以及其他机制，目前主要方向是通过 Web 服务器机制来提供内外应用集成业务，是基于服务的集成，允许动态的应用集成。服务集成具有公共业务逻辑的大规模伸缩性，可以通过互联网，或者分布式服务器、中心服务器访问等方法实现。Web 服务器依照 UDDI（Universal Description，Discovery，and Intergration，统一描述、发现和集成）标准通过名称和目录来定位服务，服务描述使用 WSDL 语言规范，而这些消息对象采用 SOAP 标准协议。

5. 数字图书馆系统的安全技术

数字图书馆建设涉及数字图书馆的建设者、数字资源的生产者、数字运作和健康发展，为了保护好各方的利益，除了制定完善的相关法律外，还必须保证数字图书馆的信息安全。数字图书馆涉及的安全技术很多，一般来说主要有以下几类。

1）身份认证技术

身份认证主要是通过标识和鉴别用户的身份，防止攻击者假冒合法用户获取访问权限，当前主要的方法是设置口令字，这种技术较简单，但安全性不足。在安全性要求较高的系统中可以通过物理技术（智能卡）甚至生理特征（如指纹）来识别。

登录密码技术是目前使用最为广泛的系统安全保护手段，对数字图书馆网络系统而言应建立以下三层次的用户登录口令。

（1）开机口令。目前使用的大多数微机，都可以通过主板上的 CMOS（complementary metal-oxide-semiconductor，互补金属氧化物半导体）设置一个开机口令，只有正确回答口令后，才能完成系统引导，确认该用户有使用该机的权限。

（2）网络用户登录口令。网络系统管理员，根据网络运行需要，可以建立或取消业务用户的登录口令，并利用 Windows NT 提供的对注册口令的限制，设定账户使用的有效期限或在一段时间后强制改变口令；设置有效登录时间或登录次数，如在限定范围内不能有效登录系统，就终止该用户与网络中所有服务器的连接，直至系统管理员来恢复使用。网络合法用户可随时更换自己的登录口令，以防他人冒用。

（3）应用系统用户登录口令。成熟的数字图书馆管理集成系统以账户管理的方式，对图书馆各业务工作站的用户，均可根据其不同的业务范围，设置用户账户及口令，以加密状态存储于文件服务器中。只有在登录了正确的用户名及口令的情况下，才能使用应用系统进行有效的工作。

2）防火墙技术

防火墙技术是一种将内部网与公众网络（如互联网）分开的方法，它实际上是一种隔离技术。它是在两个网络通信时执行的一种访问控制手段，它能允许你同意的人和数据进入你的网络，同时将你不同意的人和数据拒之门外，最大限度地阻止网络中的黑客来访问你的网络，防止他们更改、复制和毁坏你的重要信息。防火墙技术主要包括数据包过滤技术和代理服务技术。

数字图书馆的信息资源包括自身网络内的数字馆藏和其他数字图书馆的数字馆藏。其用户既有本网络内的系统管理员和信息需求者，又有网络外的用户。网内用户和网外用户对数字图书馆网络系统破坏的可能性大小不同，一般而言，网外用户破坏网络系统的可能性要大于网内用户。所以，首先要用防火墙技术把网内用户和网外用户隔离开来，将有攻击意图的访问者拒绝在门外。

数字图书馆网络系统应用防火墙不应仅仅依赖其中一种办法，而应把包过滤与代理服务相结合，实现网络安全性能和透明度的优势互补。在数字图书馆的存储层用代理服务，在应用层用包过滤防火墙。代理服务的安全性高、透明度差，给开发者、管理人员和最终用户带来相当的不便，但它们不直接与存储层交流，从而避免了代理服务的这一缺点。代理服务的高安全性可在最大程度上保证数字图书馆服务器中元数据和对象数据的安全。

3）入侵检测技术

入侵检测就是当系统受到攻击时，安装在系统中的入侵检测系统可以检测受到的攻击，并做出反应。入侵检测系统可以检测防护部分阻止不了的入侵，检测出入侵的前兆，对入侵事件进行阻拦，评估网络受威胁的程度，最后恢复系统的正常运行。入侵检测系统主要有基于主机的入侵检测系统、基于网络的入侵检测系统和基于应用程序的入侵检测系统三类。

（1）基于主机的入侵检测系统。它处理的信息来源于一台计算机系统里，这一特点使它可以非常可靠和明确地分析主机上发生入侵的时间，正确地指出系统上的哪些进程和用户包含在一起入侵事件内，所以应把它置于数字图书馆的管理系统中。

（2）基于网络的入侵检测系统。它通常介于数字图书馆网络体系的功能层和应用层之间，通过监看整个网段的流量，可以监控并分析该系统网段发生的事件，从而可以保护该网段的所有主机。基于网络的入侵检测系统包括一组分布在不同网段的传感器，这些传感器有许多对付攻击的安全措施，从而保证入侵者一进入数字图书馆的应用层就被发现，并及时采取相应的安全措施。

（3）基于应用程序的入侵检测系统。它是基于主机的入侵检测系统的一种特殊子集常用的信息源，是应用程序生成的记录文件，它可以发现用户超越自己权限的可疑行为。所以它一般置于数字图书馆网络体系的应用层，这样就可以监控应用和用户之间的操作，能够检测出哪个用户超越系统的权限。

4）虚拟专用网技术

虚拟专用网（virtual private network，VPN）技术是指并没有一个专用的物理网，而是通过虚拟专用技术，采用专用的网络加密和通信协议，使用户在公共网络上建立虚拟的加密通道，构筑用户自己的安全虚拟专用网络。这种逻辑上的网络可以让使用它的客户得到和专有网络所能提供的一样的服务和功能，而实际提供这种服务的承载网却是公众网络。

2.4　数字图书馆馆藏资源建设规划

数字图书馆馆藏资源是指数字图书馆所拥有和存取的所有电子资源，它是图书馆赖以存在的物质基础与开展服务工作的前提，也是满足读者需求的根本保证。馆藏资源建设在数字图书馆系统建设中有着至关重要的核心地位，它是一个系统工程，涉及数字资源的采集、加工、组织、管理、保存和服务等整个生命周期，资源建设的质量直接影响着数字图书馆的服务效能。数字图书馆馆藏资源建设的目标应当是使信息资源形成一个内容丰富、选择精良、查询便捷、方便利用的有序整体，使各种类型、各种来源、各种语种、分散异构的信息资源组成一个相互联系、相互依存、发挥整体效能的系统。因此在系统规划阶段，应该确立数字图书馆馆藏资源建设的基本原则、途径、资源的存取方案和管理发布方式等，为数字资源建设工作提供宏观指导，保证资源建设有计划、有步骤地进行。

2.4.1　数字图书馆馆藏资源建设的基本原则

数字图书馆馆藏是存贮在图书馆服务器上的所有资源，或者是所有能通过图书馆界面实现访问的资源，即使这些资源在物理位置上是分布式的。换句话说，数字馆藏资源即数字信息资源，它是构成数字图书馆的要素之一。数字馆藏建设的基本目的是为用户提供信息，完成社会所赋予的传递信息的基本职能。

数字图书馆馆藏资源的建设应遵循以下若干原则。

1）整体性原则

从宏观上来考虑，微观数字图书馆仅仅是宏观数字图书馆众多节点中的一个节点，它是宏观数字图书馆的组成部分，因此每一个数字图书馆的馆藏建设无疑应该融入整个数字图书馆信息资源建设的整体规划中。传统图书馆可能因为地理位置不便、行业系统隔阂等原因，“小而全”“大而全”，而现在数字图书馆还追求这些不但没道理，而且失去了存在的价值。因为对整个数字图书馆来说，不需要重复建设，所以整体性原则是微观数字图书馆馆藏建设的重要原则之一。每个数字图书馆都要根据整个社会信息资源共建共享的计划来进行自己的信息资源建设，和其他馆分工协作，从而确定其信息资源的收藏范围。遵循整体性原则，各馆的馆藏建设也必须具有特色，要保证所建立的数据库的数据具有唯一性，才不会和其他数字图书馆重复。但遵循整体性原则，主要着眼点是在分工协作方面，保持特色仅仅是分工协作的一个方面。应该说大部分数字信息是不具有特色的，如一个时期的小说，某学科工具书、参考书等，都要遵循整体性原则通过分工协作来进行。为了使各个数字图书馆都能有效地遵循整体性原则，统一规划、管理各个数字图书馆是必要的。可以设想，在发展本馆的信息资源时每个馆都把大量的印刷型文献转化成数字化文献，如果不进行分工协作，重复建设是必然的。

2）选择性原则

数字馆藏的信息内容的选择也很重要，其好坏将直接影响数字图书馆的质量。在选择的过程中，首先，内容要新颖，数据源能及时反映并涵盖国内外该学科的最新研究的动态和研究成果；其次，内容要有针对性，一方面要考虑到读者的需要，另一方面要考虑内容的现实意义和对社会的作用；最后，保证数据的完整性，数据库的数据收集要全面，有关书目数据著录要全面，各馆必须首先确定本馆的馆藏特色。在确定馆藏特色范围后，先将本馆有特色的印刷型文献逐渐转换成数字化文献，再到网上寻找有关网络信息，将其下载到本地，经过长期积累，才能形成有选择性的完整的特色馆藏。

3）“用户至上”原则

这是图书馆的一贯原则，不能满足用户需要的数字图书馆，无论如何特色也是无济于事的。以往传统的图书馆用户相对来说是固定的，而数字图书馆的信息，都可供计算机处理，通过网络进行传播，打破了行业系统的差距和地域的限制，用户的范围变得难以确定，因此要对用户尤其是网上用户进行调查，只有了解用户的需求，才能确定收藏的范围。

遵循用户至上原则，要使收集到的数字信息具有针对性、新颖性、可获取性等特点，这样才能符合用户的需要。数据库建设要注意标准化，标准化的内容主要有数据格式的标准化，描述与标引语言的标准化等。数据格式是数字化信息的基本结构描述。只有格式符合大家公认和遵守的统一标准，才能在不同的计算机系统间交换数据，这样建成的数据库能适应各种通用的软硬件，既能在本地供用户使用，又能使用户通过网络使用。

4）科学性原则

数字图书馆的信息资源建设和传统图书馆的区别主要就在于需要对网络信息资源进行采集。和正式出版的印刷型文献相比，网络信息资源具有产生速度快、数量大、信息发生源固定性差、知识产权复杂性等特点。因此，数字图书馆的信息资源建设尤其要遵循科学性原则。一是要用科学方法来研究网络信息的分布规律；二是必须用科学的态度对那些网络信息资源进行鉴别，从中选出有价值的信息来。

5）多维揭示原则

多角度地揭示数字化馆藏，是数字图书馆提高信息检索与利用效率的基础，揭示信息对象从多种角度进行。例如，文字信息，可以从作者、题名、出版者等角度反映，数字化信息是多媒体的，除了文本外，还有声音、图像等，传统的标引方法对此无能为力，但借用现代技术就可以进行描述与组织。

2.4.2 数字图书馆馆藏资源建设的途径

数字图书馆馆藏资源是数字图书馆所拥有和存取的所有电子资源，从存储的地理位置来看可以分为实体馆藏与虚拟馆藏。实体馆藏是本馆所拥有的数字化文献资源，是置放于本地的信息资源，包括数字化的馆藏信息、已收藏的电子出版物和数据库以及从网上下载到本地的网络信息资源；虚拟馆藏是指必须通过计算机通信网络才能获取的数字化文献信息资源，是置放于异地的信息资源，包括购买或租赁使用的远程数据库和与本地服务器实现了连接的网上资源。数字图书馆馆藏资源建设的途径主要有以下内容。

1. 馆藏文献数字化

1）馆藏文献数字化的含义

馆藏文献数字化，就是以计算机为工具，运用电子扫描、键盘录入、手写识别、语音识别等技术，将馆藏的书刊、报纸等印刷型、缩微型、音像型文献转化成计算机可以识别、处理的数字信息，再经过整理、组织后存储在计算机硬盘或磁盘阵列等存储设备中，并提供网上检索、下载等服务的过程。

2）馆藏文献数字化的意义

在网络时代，馆藏文献数字化有其重要意义。一是它丰富了数字图书馆的信息资源，发挥了图书馆的资源优势；二是它能长久保存原始文献，尤其对珍稀文献起到了保护作用；三是它满足了多用户对同一文献的同时需求，加快了文献利用和信息传递，提高了文献的利用率，也扩展了图书馆的服务范围。另外，它也是图书馆特色数据库建设的基础和前提。

3）馆藏资源的数字化技术

全息化制作技术的出现，实现了印刷型信息向数字信息的轻松转变。采用全息数字化技术处理后的内容不仅能保持原印刷型出版物的所有信息原貌，包括文字、版面信息、色彩等，而且还能对处理后的文本信息进行编辑、打印，用题名、作者、关键词、出版单位、摘要、全文等进行检索。常用的全息化数字转化技术方法如下所示。

（1）OCR：OCR 技术是通过光学技术对文字进行识别，将纸质文献转换成标准的电子文本格式文献。该技术对文字识别准确率可达 99%以上。优点是可提供全文检索、节省空间、便于网络传送等。缺点是制作成本高、速度慢，需要花费大量的时间和精力校对，而且不能完全保持原貌。

（2）光学扫描压缩存储的图像处理方法：该方法是在保证一定图像质量的前提下，将数据量压缩到最小，其分无损压缩和有损压缩两种。位图是最基本的一种图像存储方法，是指在空间和亮度上已经离散化了的图像。图像的存储格式有 JEPG、GIF（graphics interchange format，图形交换格式）等。国内较好的解决方案是北京世纪超星信息技术发展有限责任公司研制的 SSRreader 3.4 版，它扫描图像的速度快、扫描存储的图像清晰度高、压缩比高，但缺点是采用图像方式存储而不能支持全文检索。

4）馆藏数字化的方法

对需要数字化的原始馆藏资源进行定位后，可采用建立“书目数据库”的方式组织这些数字化后的信息资源，按 MARC 记录格式对数字化后的信息进行分类、编目、标引，将信息的题录和检索方式添加在 MARC 记录中的字段中，通过这些字段实现“书目记录”与数字化的原文信息资源的链接。

2. 自建数据库

目前，图书馆自建的数据库主要有书目数据库和特色数据库两类，包括书目、文摘、题录、全文等形式。

1）书目数据库的建设

书目数据库是图书馆最基本的信息资源，也是图书馆自动化的基础和数字化的起点。目前，几乎所有高校图书馆都已完成了书目数据库的建设，而且回溯建库率达到 80%以上。利用联机编目方式，实现了书目数据的标准化、共享化。各馆还建立了在线书目查询系统，可以说书目数据库的建设已经达到了高级水平。但书目数据库还有待进一步建设。

（1）提高数据库的质量。为使书目数据具有通用性，首先必须做到著录格式的准确性，采用标准的 MARC 格式，还要做到著录数据的准确性、完整性，要充分揭示文献，保证检索字段全面、准确。建立审校制度，对数据严格把关。

（2）进一步加强共建共享。目前的书目数据库建设已从自建走向共建，国家图书馆、中国高等教育文献保障系统（China Academic Library & Information System，CALIS）的全国性联机编目就是共享编目的例子。但还应继续扩大成员馆的范围，使更多的图书馆，尤其是小型图书馆加入进来。

（3）加强数据库相关链接。除提供书刊题录、摘要外，还应将相关的多媒体光盘、各种配书光盘、电子书刊等资源与书目库链接，使读者在检索书目记录的同时，可在线阅读、下载相关的多媒体目录和全文。

2）特色数据库的建设

同上面馆藏数字化的方法一样，特色数据库的定位可先从读者迫切需求的资源入手，如地方文献、特藏文献等进行深度开发，达到较高的社会效益或经济效益，如国家图书馆建设的中国年鉴数据库、中国博士论文数据库、方志类数据库等，上海图书馆的家谱数据库，中国人民大学的报刊资料索引数据库等。高校根据本校的学科、专业特点以及图书馆的馆藏特色，都分别开展了自己的特色数据库建设，如古籍数据库、地方志数据库、本校博硕士学位论文库、光盘库等。

建立特色数据库前必须进行认真分析和论证。根据国内外建库实践，应遵循共建共享原则、整体性原则、系统性原则、标准化原则。原则问题是关系到数据库建设成败的关键因素。

3. 购买数据库

商品化大型数据库的出现，使得图书馆不必自己去开发、录入，甚至不必投入专门设备，直接购买即可使用。这些网络数据库或光盘数据库都具有完整性和系统性的特点，而且性价比合理，还提供了多种检索方法和售后服务。一经链接即可成为图书馆的有效馆藏，为读者所利用，节省了大量的人力、物力。

图书馆在购买数据库时主要从以下几个方面考虑。

（1）从国家、地区大局出发，通过馆际合作、联合采购等形式，避免重复订购。根据本校的专业设置、重点学科、馆藏特色来购买数据库资源，力求做到重点专业全部购买，其他专业兼顾，扩大合作范围，努力满足读者的需求。

（2）可根据存储的实际情况选择镜像或网上包库形式，包库形式的缺点是流量限制大，优点是无须配置存储设备和服务器，而镜像因为数据安装在本地服务器上，所以要求配备专门的存储、运行设备来维护数据，但相对访问速度高。

（3）购买各种电子出版物，包括企业厂商的产品目录及介绍、电子期刊、电子图书等，其中电子图书所占比重最大。

4. 网络信息资源建设

网络资源开发是数字图书馆资源建设的一个重要组成部分。虽然互联网是一个国际性的信息宝库，但网上信息的无序、分散、重复及搜索引擎检索质量的局限性，使得搜索结果难以满足人们的需求。所以，图书馆员必须根据用户需求及科研需要，对网上资源进行精心筛选、分类、标引、注解，将分散的网上信息进行合理的组织和整合。

1）网络信息资源的选取标准

互联网上信息资源浩如烟海且质量不一、真伪难辨，选取高质量的信息资源必须遵循以下原则。

（1）内容的正确性、权威性、实用性：图书馆选择网络信息是为了为读者所利用，所以必须保证其正确、可用。正确性指信息内容准确、真实、健康，无语法错误和错别字等；权威性指信息的作者或提供者是具有一定的地位或身份的专家或学者；实用性指坚持“以人为本”，通过征询各类专家的意见，充分了解读者需求后，以本单位工作重点为核心收集信息。

（2）内容更新及时：网站的更新频率、信息内容的新颖程度是衡量信息质量的重要因素。所以图书馆应选择内容更新及时的网站，尽量避免那些从未更新或很少更新的网站。

（3）网站稳定性高：互联网上的网站差别很大，图书馆应选择链接那些能长期地提供信息，且信息内容、范围稳定、能定期维护并增加新信息的网站，如政府机构、学术团体、图书馆、出版社、大型网络公司、数据公司等。

（4）易用性：是指资源能否被使用者有效、方便地利用。首先是资源的传输速度与传输质量，主要影响因素是网络带宽；其次是检索性能，如资源的分类要科学、清晰，检索途径要齐全，应支持高级检索、模糊检索、二次检索等检索，界面要友好，页面设计应简单美观、易于查找，而且页面结构平衡，层次清晰。

2）网络信息资源建设方法

（1）直接下载并链接到图书馆网页上：这种方法简单快捷，而且维护工作量小，是最初级的网络资源建设方式。例如，下载一些常用的工具和软件，如汉字输入法软件、压缩工具、各种浏览器、媒体播放工具等，链接到图书馆网页上。

（2）建立网络导航、学科导航或专题资源库：建立网络信息资源导航，就是图书馆员对互联网资源进行有目的的搜索、选择、挖掘、组织、标引、动态链接等，帮助用户在尽可能短的时间内获得尽可能多的有价值的信息。这是利用最多、最简单又直接的网络信息开发模式。可以链接一些免费的网络出版物，如网络工具书、网络期刊、图书、报纸、地图、百科全书以及其他二次文献，或国内外其他高校、图书馆、出版社、网上书店等等。

（3）自我开发搜索引擎：搜索引擎是人们查找信息最常用的工具，但大都是基于关键词的布尔逻辑匹配，且人工干预的成分小，查询结果太泛。目前，除 Yahoo、Google、搜狐、百度等传统的搜索引擎外，互联网上还出现了一些专为教学科研人员建立的全新的搜索引擎。例如，加利福尼亚大学的 Infomine，它减少了很多冗余信息，为广大科研人员提供了方便。当然，这种方式要求图书馆具备一定的技术队伍。

5. 信息门户建设

信息门户，是指在有效的网络环境下，将图书馆的信息资源和服务集成为整体，实现虚拟和实体馆藏资源的无缝链接，并能根据用户需求和使用特点提供个性化的、方便的跨库统一检索平台和服务。

信息门户不仅实现了信息安全和信息整合，用户只需一次检索，就能查找到图书馆所有的资源，包括馆藏和虚拟的。而且，信息门户还能跟踪用户使用情况、保存检索历史、满足用户的定制需求，提供从界面到内容的完全个性化服务，并提供交互平台，使图书馆和用户、用户彼此之间实时交流。目前谈及最多的是学科信息门户的建设，世界范围内已达到上百个。

信息门户的建设应把握以下几点。

1）资源对象

信息门户建设应针对图书馆所有的信息资源，包括自建数据库、购买的数据库、网络信息资源等，涵盖馆藏和虚拟的资源，从书目到全文等各种类型的数据库都是整合的对象。

2）资源的描述和组织

根据著录的详细情况和程度，对信息门户中链接的网站可分为只提供网址目录，不作任何评价和说明，对网站做简略的说明或内容揭示（如题名、网址、资源简介、语种等），除了简介还提供网站的评价。

3）资源的组织方式

应以传统的《中国图书馆分类法》为基础，具体到某一局部范围时，则可依据网络资源的特点进行分类，运用超文本链接制造主题互见和交叉链接等，建立起既符合传统分类又便于网络用户查找的分类体系。

4）统一检索平台

检索平台应包括分类检索、简单检索和高级检索系统。同时要求资源导航库具有自动跟踪网页资源变化，自动删除重复网页和无效链接，做到实时更新（胡渊，2006）。

2.4.3　数字图书馆馆藏资源的存取方案

对数字信息的存取也是数字图书馆资源建设的重要课题之一。一方面，需要把大量现已存在的以不同形式和载体存储的信息资料，如文件、图片、声像资料等转化成能够为计算机处理的数字化信息，直接用于该任务的技术包括图像的扫描与处理，文字、图像和语音的识别，以及对数字化初始信息的各种再加工技术；另一方面，则是提供直接生成数字化资料方法，以便为计算机直接使用。而要对数字资源进行存取，先要为其建立模型。

1. 文献的结构模型

文献的结构模型可分为物理结构模型和逻辑结构模型。从外表看，一篇文献一般由卷、期、封面和连续的页码组成。文献的内页又是由页边距、页脚和页眉、正文等组成，它们均可视为块，块内是符号序列构成的行，由此组成的结构称为文献的物理结构。逻辑结构主要是针对文献的内容而言的，它通过逻辑元素来表示文献内容的逻辑关系。逻辑元素类型有多种，常见的类型有：篇名、著者、章、节、一级标题、二级标题、段落、插图、注释等。这些逻辑元素把文献分割为在内容上相关的若干部分，以帮助读者确立当前读到文献哪一章、哪一节。当需要反映参考文献或参照符号时，可以将参照关系添加到树形结构中，就构成链路模型，链路模型可以看成层次模型的扩展，是超文本系统的基础。这种结构化方法不仅适于文本文献，而且也适合有表格、公式、图形、图像等含有文本元素的文献。

描述文献模型的语言很多，其中应用最广泛的是 SGML，SGML 就是将一些标识符号添加到文献中，用来划分结构元素的界限，并说明元素的类型和属性，用 SGML 标识的文献可成为不同应用程序的数据源。HTML 是 SGML 最著名的应用。它主要是为 Web 网页显示及浏览而设计的简易标识语言，是目前在 Web 上制作网页的标准语言格式。

2. 数字信息资源存取的难点

1）双重性问题

对传统图书馆来说，保存好文献就是保存其载体，即纸张，只要纸张完整无缺，没有损坏，那么上面的文字、图形内容自然不会丢失。对于数字信息资源人们做到的不仅仅是保存好它的载体，如磁盘、磁带、光盘等，还要注意保存好贮存在其中的数字信息。如果保存数字信息的载体破损、断裂，那么数字信息当然会丢失。有时，磁盘、磁带、光盘的外表没有损坏，但是由于被磁化、挤压、高温等原因，贮存其上的数字信息依旧会丢失。所以人们把光盘的寿命分成两部分：一是存储介质本身的寿命，称搁置寿命；二是存储在光盘上的数字信息长期保存的时间，称存档寿命。显而易见，载体外表的完好无缺不完全说明贮存其中的信息也是完好无损。

2）隐蔽性问题

数字信息必须借助于计算机才能被人们获取，数字文献的保存就相对麻烦。为了长期维护数字信息，人们每隔一段时间要对数字信息进行复制或迁移。日积月累，备份的数量越来越多，但谁也不能保证贮存在备份中的数字信息都没有丢失，如果要把数字信息的所有备份每隔一段时间又重新输入到计算机浏览，费时费力，就是丢失了信息，也不一定知道。

3）信息海量问题

信息贮存的一个问题是对海量信息的管理。对于数字图书馆来讲，存储量应该是几千个 GB，或是更大，其必然涉及存储容量、硬件随机读取的速度、数据集中与分布存储等问题。对于海量信息来说，可能集中在某地，也可能分布在不同地点，由于这些信息量极大，不可能一存入就固定其存储位置。因为这些信息的使用频率极不相同，必须具有按使用频率调动存储位置的能力，才能保证响应速度。

4）可靠性问题

在数据信息保存的问题中，这个问题是最令人感到棘手的。数字信息不像贮存于纸张或缩微品上的信息那样是固定不变的，数字信息可以完美地被复制，也可以不留痕迹地被修改或删除，尤其在联机的环境中，这种修改和删除更是难以防范的。

3. 数字图书馆馆藏资源的存取策略

1）更新

更新就是通过复制，拷贝到新的媒体上，即备份。这是目前开展较为普遍的数字信息保存工作。信息资源可以复制到软盘上、光盘上、缩微胶卷上等。相对而言，光盘的寿命较长，且对环境的要求也很宽松，所以在采用更新方法保存数字信息时，用光盘比较合适。光盘存储信息需要有文字—数字编码—压缩—存储这样的过程。光盘具有存储内容多、价格低廉、检索快速等优点。但是，保真度不如缩微技术，所以对于不同的信息资源要用不同的存储方法，既可单独用缩微或光盘，也可以二者相结合，尤其是对那些需要永久保存、利用率又比较高的文献，可先拍成缩微品同时录入光盘，这样，既可以达到文献永久保存的目的，又能方便用户检索利用，目前国外倾向这种方法。

2）迁移

迁移主要指将数字信息从稳定性低的媒体迁移到稳定性高、易管理的媒体上，也是数字信息资源存取较常使用的方法，它能保存数字信息的完整性，保留用户对数字信息的检索能力、显示能力及其他利用能力。在保护数字信息的完整性方面，迁移比更新更有成效。

迁移工作应该注意两个问题，一是迁移到不同操作系统时，常常意味着拷贝不是原件的“精确”复制品，因而利用迁移技术时，宁可复制件和原件在格式外观上有所不同，也要使它们在信息内容与功能方面完全相同。二是迁移技术最关键的问题是迁移时机的选择，需要预测哪些文献在何时需要迁移及迁移和兼并的路径等。这也是迁移技术的不足之处，而这种预测有一定难度。

3）网络信息自动控制技术

网络信息分布广泛，数量大，动态性强，这些特点为网络信息的保存带来麻烦，搜索引擎就是为了达到有效获取网络信息而研制出来的。为了防止动态数字信息的变化给信息的获取带来困难，目前国外正在研究用软件技术来自动控制并保存网络信息，其目的在于改进数字图书馆保存网络信息的自动控制技术，把描述性控制和维护工作与存储技术联系起来。

4. 海量信息的存储

数字图书馆是一个浩瀚的海量多媒体数据库。海量数据的存储是数字图书馆的关键问题之一，传统的二级存储器（主存储器和磁盘）难以容纳庞大的数字图书馆数据，对于海量数据需要使用三级存储器（主存储器、磁盘存储器、光盘库和磁带库等）来存储。

三级存储器系统包括两个部分。一个部分是三级存储器硬件，另一部分是三级存储器管理软件。三级存储器硬件结构可以逻辑地看作如图 2-9 所示的树，称为三级存储器树。三级存储器树的根是主存储器。主存储器节点具有一个或多个子节点。主存储器的每个子节点是一个第二级存储器，一般为磁盘存储器。每个磁盘存储器节点具有一个或多个子节点。磁盘存储器节点的每一个子节点是一个第三级存储器，如光盘库和磁带库等。

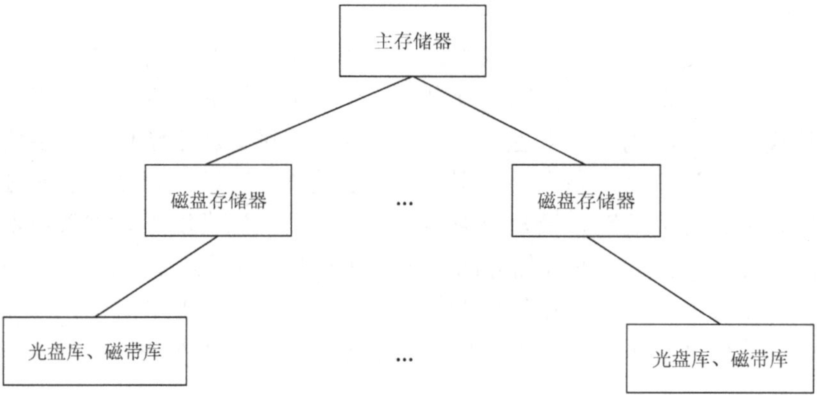

图 2-9　三级存储器硬件逻辑结构

三级存储器硬件系统可以与一个独立的计算机系统连接，也可以与网络上的多个计算机系统连接。同时，三级存储器树的每个从根到叶的不同路径可以与不同的计算机系统连接。逻辑地说，三级存储器中数据流动的方式是沿着从根到叶或从叶到根的路径逐级上下流动，即由第三级存储器到第二级存储器，再到第一级存储器，或反之。事实上，三级存储器中的数据可以跨级流动。例如，第三级存储器中的数据可以直接移动到第一级存储器，当第三级存储器属于一个计算机系统时，三级存储器通过数据通道连接在一起，数据在三级存储器之间的流动必须通过主存储器缓冲区进行。三级存储器的实际连接方式，也是三级存储器中数据流动的实际过程，如图 2-10 所示。

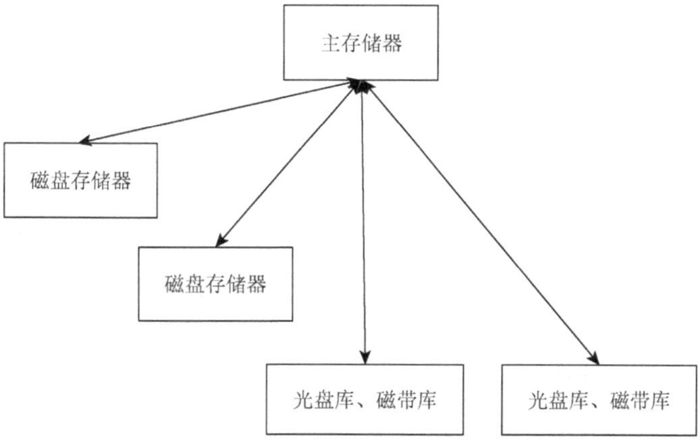

图 2-10　三级存储器数据流动过程

当磁盘中的数据流向第三级存储器时，这些数据首先被读入主存储器的磁盘缓冲区，然后写入第三级存储器。当第三级存储器中的数据流向磁盘时，这些数据首先被读入主存储器的第三级存储器缓冲区，然后写入磁盘。在实际应用中，访问频率最高的数据存放在主存储器中，经常访问的数据存放在第二级存储器中，其他数据存放在第三级存储器中。数据被访问的频率是随时间而变化的，所以，三级存储器中的数据是经常交换的。三级存储器间的数据交换是由缓冲区处理程序控制的。在三级存储器中，需要三类数据缓冲处理程序：第一类缓冲处理程序负责控制管理磁盘与主存储器之间的数据移动；第二类缓冲处理程序负责控制管理第三级存储器与磁盘之间的数据移动；第三级缓冲处理程序负责控制管理第三级存储器与主存储器之间的数据移动。

三级存储器管理系统软件包括八个软件构件，即数据存储管理器、主存储缓冲管理器、磁盘缓冲管理器、第三级存储器缓冲管理器、数据移动管理器、存储结构与存取方法、I/O（input/output，输入/输出）调度器、存储设备管理器。

数据存储管理器负责实现各种数据集合在三级存储器上存储的各种策略，完成下列功能。

（1）确定每个数据集合的存储结构。

（2）确定每个数据集合如何在三级存储器之间分布，如存储在磁盘上，存储在第三级存储器上等。

（3）确定每个数据集合在每级存储器上的分布策略。

（4）确定每个数据集合的数据缓冲存储器，即第一存储器或第二存储器。

（5）根据前面确定的策略，通过存储设备管理器为数据集合分配存储空间，并通过 I/O 调度器和存储设备管理器，把数据集合存储到三级存储器中。

主存储缓冲管理器管理主存储器中的缓冲区集合。当数据库或文件系统需要读写第二级或第三级存储器中的数据时，主存储缓冲管理器首先检查读写数据所在的数据页是否在主存储的缓冲区中。如果所需数据页在主存储的缓冲区内，主存储缓冲管理器代理数据库或文件系统在缓冲区中完成相应的读写操作。如果所需数据页不在主存储缓冲区内，主存储缓冲管理器将执行下列操作。

如果所需数据页在第二级存储器，则要求磁盘缓冲管理器从磁盘读取所需数据页，送入主存储的缓冲区，并代理数据库或文件系统在缓冲区中完成相应的读写操作。

如果所需数据页在第三级存储器，则要求第三级存储器缓冲管理器从第三级存储器读取所需数据页，送入主存储的缓冲区，并代理数据库或文件系统在缓冲区中完成相应的读写操作。

由于第二级存储器或第三级存储器上的数据集合具有多种存储结构和数据分布方法，不同的数据集合具有不同存取方法，存储结构与存取方法模块可以根据不同数据集合所需要的存取方法，把数据集合上的数据操作转换为磁盘或第三级存储器的一组 I/O 请求，提交给 I/O 调度模块调度执行。

磁盘缓冲管理器负责把主存储缓冲管理器提出的磁盘数据页读写操作转换为磁盘上对应文件的读写操作，调用存储结构与存取方法模块完成磁盘页的读写。第三级存储器缓冲管理器负责把主存储缓冲管理器提出的第三级存储器数据页读写操作转换为第三级存储器上对应文件的读写操作，调用存储结构与存取方法模块完成第三级存储器的数据读写。

I/O 调度器的功能是对给定的 I/O 请求集合进行优化处理，产生一个优化的磁盘或第三级存储器上的操作序列，并调用存储设备管理器执行该操作序列中的每个操作。

存储设备管理器主要包括两个功能。第一个功能是管理磁盘或第三级存储器的存储空间，如存储空间的分配与回收等。第二个功能是存储设备驱动，即物理的执行调度器提交的磁盘操作或者第三级存储器操作。

2.4.4 数字图书馆馆藏资源的管理发布方式

1. 数字信息资源管理的难点

与传统印刷型文献相比，数字信息资源在管理方面有以下困难之处。

1）载体的特殊性

印刷型的文献作为一个整体其物质形态决定了文献组成部分间的关系，而在数字化环境中，一系列相关信息资源有时汇集在同一主页下或是一个大型数据库中的一个组成部分。此外一张光盘可以贮存 1000 册左右的图书信息资源，而大容量的硬盘可以贮存几十张光盘信息资源。数字化文献的这些特点给文献的标引和著录带来困难，标引和著录是以整体为对象还是以具体某个单位的数字化文献为对象，如以一张光盘还是以光盘内的一本图书为对象，这个确实让人难以处理。

2）存储信息具有动态性

一是载体内存储的信息不断更新，如那些属连续性出版物性质的电子出版物每隔一段时间就要增添新的内容，所以往往是新出版的出版物的内容覆盖了以前出版的出版物内容。二是网络信息会随着时间的推移而发生变化，需要不停地重新删除存储，久而久之，数据库中将会出现大量重复、冗余的数字记录。

3）网络信息是交互式的

交互式的状况指在网络上各种异构数据库的数据在超文本系统中能互相交汇，也就是在同一平台上能获取各种数据库里的数据。数字信息资源与传统文献及存在方式完全不同。传统文献是按线性顺序排列的，两本不同分类的图书，就会放在不同地方。因此，对网络信息管理时信息的交互式就应该重视。

4）数字信息资源运行环境复杂

传统文献只要拿来就可以阅读，利用数字信息，则需要硬件设备、计算机、宽带网等，就是对软件也有要求，如数字文献的文件格式多，如 ASCII（American standard code for information interchange，美国信息交换标准代码）、Text、HTML、Word、GIF、JPEG、WordPerfect 等，不同格式对软件环境要求也不同。因此，对于数字信息必须注明利用该信息所需要的软硬件的要求，不然会影响用户利用数字化信息。

5）载体形态和篇幅难确定

数字资源的载体形态有光盘、软盘等。如果是通过网络获得的信息，则很难断定是存储在什么载体上。这样就给管理数字资源带来问题。一是载体类型、规格不同；二是如果是网络信息就只能用“网络版”表示。另外现在以字节数来反映文献的篇幅，但是标有字节数的地方并不是时时能找到。如果以整体（如数据库、光盘等）为对象，还要将字节数相加，不同操作平台处理同一文献，可能显示的字节数也不同，这都是文献资源管理的难点。

6）贮存地点多样化

传统图书馆中图书放在书库或阅览室中，一般都可以获得，不难查找。数字资源就不同了，相似的信息可能来自数据库也可能来自网络，所以对数字信息的地址要求就要绝对精确，任何微小的失误都会造成地址无效，查询不到所需要的信息，给用户利用数字图书馆带来障碍。

2. 数字图书馆馆藏资源的管理策略

数字图书馆馆藏资源的管理不同于传统的以纸张为载体的信息，如果仍然沿用传统的分类管理的方式，这些数字信息将无法有效地利用，造成了信息的巨大浪费。

全文检索的出现，彻底改变了传统的信息处理模式。全文检索的基本原理就是以各类数据，诸如文字、声音、图像等为处理对象，提供按照数据资料的内容而不是外在特征来实现信息的检索。它能提供快捷的数据管理工具和强大的数据查询手段，通过快捷的数据管理工具，能够帮助人们进行文档资料的整理和管理工作，其强大的数据查询手段，使人们能很方便地查到他们想要的任何信息。全文检索是指以全文本信息为检索对象，建立全文数据库，除了具有布尔逻辑检索的功能外，还具有文本检索功能，并允许用户以自然语言检索，直接获得原文中的有关文章和句段，计算机信息检索是利用计算机存储容量大和查找快速的特点发展起来的一种计算机应用技术，它主要用于信息管理，如图书馆、档案馆。计算机信息检索系统能存储大量的信息，并对信息条目进行分类，编目或编制索引；还具有根据用户要求从已存储的信息库中抽取出特定的信息，并提供插入、修改和删除某些信息的能力。

计算机信息检索系统的构成，可分为逻辑构成和物理构成两方面。

1）逻辑构成

信息检索的逻辑构成主要指它所包含的功能模块或子系统及其相互关系。一个完整的信息检索系统，通常由以下几个功能模块组成。

（1）信息源选择与采集子系统：信息源是信息检索系统的信息或数据来源。目前，信息检索系统中的数据主要来自各种公开文献，如一次文献中的期刊、图书、会议论文等，二次文献中的文摘、索引和目录，三次文献中的百科全书、指南、手册等。本功能模块的任务是：根据系统的经营方针和服务对象需要，以快速、经济的手段，连续不断地采集各种信息资源，为系统提供充足而实用的数据来源。

（2）标引子系统：标引就是根据一定的规则和程序，对文献的内容进行分析，然后赋予每篇文献以一定数量的内容标识，作为存储与检索的依据，这是分析解释文献主题特征，并使之显性化的过程。标引作业通常与文献编目和文摘工作一起进行，然后把标引结果和其他描述事项填入工作单，再录入计算机中。

（3）建库子系统：它的任务是建立和维护可直接用于计算机检索的数据库。作业内容主要包括数据库录入、错误检查与处理、数据格式转换、生成并定期更新各种文档。怎样建库，建什么样的数据库取决于系统要提供哪些检索功能和服务。如果只需要提供定题检索服务，那么只要建立能支持顺序检索的数据库就行了。若要支持回溯检索，则需要建立各种倒排档和索引文档。

（4）词表管理子系统：主题词表是控制标引用词和检索用词，使二者尽量取得一致的有效工具。词表管理子系统的主要功能是管理维护系统中已有的主题词表，使它与标引、建库等子系统相连接，支持用户的各种词汇查询操作，从提问、对话或其他文本中采集新的词汇信息，以及输出用户各种形式的词汇数据或词表产品，在信息检索系统中，此子系统既可以独立存在，也可以和建库子系统中的词典文档合并在一起。

（5）用户接口子系统：它的全称是“系统-用户接口”，简称用户接口，是面向系统用户的一种人机接口。它承担用户与系统之间的通信功能，是二者之间实现通信不可缺少的连接系统。通常由用户模型、信息显示、命令语言和反馈机制等部分构成。

（6）提问处理子系统：它负责处理用户输入的检索词或提问式，并将它们与数据库中存储的数据进行比较运算，然后把运算结果输出给用户，该模块主要由检索程序构成。

2）物理构成

从物理构成来考虑，计算机信息检索系统主要由硬件、软件和数据库三部分组成。

（1）硬件：它是系统采用的各种硬件设备的总称，主要包括具有一定性能的主计算机、外围设备以及与数据处理或数据传送有关的其他设备。①主计算机要适应信息检索的需要，需要较大的内存，能处理大量的文献或数据，具有较强的逻辑运算能力和较快的响应速度。联机检索系统的主机还必须具有分时多任务处理的功能。②外围设备包括外部存储器、输入输出设备等。③输入输出设备包括各种必要的数据录入装置和输出装置，如键盘、鼠标、打印机、显示终端等。

（2）软件：它是信息检索系统中有关的程序和各种文件资料的总称，包括系统软件和应用软件。系统软件一般包括操作系统、输入输出控制程序、作业控制与记账程序、报表生成程序等；应用软件通常包括数据库管理系统、建库程序、数据输入输出程序、自动标引程序等。

（3）数据库：根据《文献情报术语国际标准（草案）》（ISO/DIS 5127），数据库被定义为“至少由一种文档组成，并能满足某一特定目的或某一特定数据处理系统需要的一种数据集合”。按照国际通用的分类方法，数据库一般分为参考数据库和源数据库。其中，参考数据库是指引用户到另一信息源以获得原文或其他细节的一类数据库，它包括书目数据库和指南数据库。书目数据库存储某个领域的二次文献，也称二次文献数据库。指南数据库存储关于某些机构、人物、出版物、项目等对象的简要描述，指引用户从其他有关信息源获得更详细的信息的一类数据库，也称指示性数据库。而源数据库是指能直接提供原始资料或具体数据的自足性数据库，用户不必再查阅其他信息源。

3. 数字图书馆馆藏资源的发布指标

1）稳定性

网络上的信息源也有固定和非固定之分。固定信息源就是那些能长期提供信息，信息内容范围较为稳定并能不断维护、更新的网站，如各大门户网站及数据公司、政府机构等。非固定信息源是指提供信息内容范围经常会变化，或生产信息随意性很大，随时可能会消失的网站，如一些个人网站、试运行网站等。对数字图书馆来说，应选择固定信息源。因为固定信息源可信度较高，信息内容基本稳定，符合数字图书馆信息资源建设系统性原则的要求。

2）内容是决定因素

无论主页多么精美，界面多么友好，决定馆藏信息价值的核心是内容，信息内容必须符合以下要求。

（1）正确性。内容必须准确、真实，那些没有证实的资料、假信息、炒作信息都不可取。

（2）权威性。这比正确性更进一步，要求信息具有权威性。这就对信息制作者和提供者的地位、身份提出了要求，谁是该网站信息的提供者？维护者？他们是否是该方面的专家或专业机构？就像印刷品一样，作者、出版者的背景或声望也是评价资源品质是否具有权威性的指标。

（3）独特性。网络信息资源竞争激烈，选题要有针对性，面对数字图书馆的读者群，主题的切入角度、内容筛选组织、有什么特别可取之处等都是独特性的体现。

（4）更新速度。网站的信息新颖与否与其内在质量有绝对的关联性，网络信息资源随时可更新的优势是印刷品难以相比的。如果网站信息更新得慢，其质量就不算好。

3）检索性能好

首先，检索途径多，可通过主题检索、关键词检索、全文检索、作者姓名、文献题名等多种检索途径进行检索；其次，网站信息资源的分类体系结构要具有科学性和逻辑性，层次清楚，要符合用户检索习惯。

4）可用性和可得性好

资源发布是否便利，是否能被读者有效利用，这是数字资源评价的一大重点。一般考虑以下几点。

（1）传输速度与质量。传输速度慢和传输质量不高会影响读者对信息的利用。影响传输速度与质量的因素很多，如网络通道窄、图形档太多等。如果数字信息资源发布需要长时间甚至要读者自己使用软件运行转换才能利用，这样的信息发布方式应该立即改进。

（2）链接。WWW 文件的特色之一是具有超文本链接的功能，使用者可以从一个站点链接到其他许多站点。

（3）发布界面必须友好，这将会提高信息的使用价值。

5）交互性好

数字信息资源具有交互性的特点。这也是数字信息不稳定的原因之一。但正因为数字信息资源的交互性，使用户能把自己的要求或意见直接传递给信息的制作者和提供者，这样就能使数字信息资源的发布更有针对性。

2.5　数字图书馆服务体系规划

随着社会需求的不断更新以及网络信息技术的发展，图书馆的服务也已不再是单纯的借书和还书的简单形式。数字图书馆服务是基于网络进行的多样化的用户服务，是在数字图书馆中与用户进行交互、充分理解和满足用户需求、使数字收藏得到充分获取与利用的不可或缺的手段和途径，其目标就是为用户营造一个基于网络的虚拟图书馆环境，体现数字图书馆在互联网上存在的价值（肖珑和陈凌，2005）。数字图书馆服务体系规划应该在充分考虑数字图书馆的特点、了解服务对象需求、借鉴国内外先进经验的基础上制订，以保证高质量的服务和良好的服务效果，从而促进数字图书馆的长期服务和可持续性发展。

2.5.1　数字图书馆用户需求特征

数字图书馆的建设目的是利用先进的技术为更多的用户提供更好的服务。用户是数字图书馆建设的出发点，也是数字图书馆赖以生存和发展的基本条件之一，关注用户，充分了解用户需求特征，是科学制订数字化服务规划和服务模式的依据，也是数字图书馆各项服务功能得以充分发挥的前提。

传统的图书情报服务大多限于文献检索、书刊获取、参考咨询和专题文献服务等。数字图书馆条件下，信息资源的组织机制和管理模式已发生根本性变化，影响着用户信息需求的满足方式和信息交流与利用的社会形态，从而促使用户对信息及信息服务的需求发生变革，主要表现以下几种需求特征。

1）多元性与专业性

数字图书馆的用户数量大、地域分布广、涉及各种行业，对信息需求的内容不同；而用户计算机网络知识、受教育程度等差异，也决定了对信息的层次需求有所不同。因此，用户对信息需求表现出多元性的特点。同时，由于数字图书馆用户多为高校学生、相关专业学者或科研人员，对文献资源需求具有明显的学科专业性，对专业数据库资源也具有较高的利用率，用户需求与传统图书馆相比也更具有专业性。

2）系统性与时效性

随着科学技术的发展，不同学科也逐渐交叉渗透，学科发展的综合性与整体性越来越强，数字图书馆用户（尤其是专业学者和科研人员）往往需要获得较为全面的、系统的信息，片面的、单一的信息已不能满足需求。而且知识更新速度也越来越快，用户不仅需要获得大量的信息，还需要及时了解学科发展动态和前瞻性信息，对信息需求存在很强的时效性。

3）准确性与动态性

数字图书馆的信息资源数量大、更新快，但同时也混杂许多错误或无效信息，许多科学研究结果、结论和分析缺乏准确性和科学性，用户希望能够从大量的信息中筛选出准确信息，减少时间和精力的消耗；同时随着技术飞速发展，信息有效期不断缩短，要求数字图书馆必须适应这种变化，及时保存和更新有价值的信息，为用户提供分析、归纳、综合过的，以解决问题、形成方案为目标的动态性网络信息服务。

4）高效性与多渠道性

数字图书馆的信息非常丰富，包括各种数据库资源、网络信息资源和数字化的馆藏纸质资源。虽然这能够很好地满足用户的需求，但是面对海量信息，要精确找到有用信息也存在一定的难度，用户希望能够通过多种有效的渠道快速地找到所需的信息（吴金仲，2009）。

2.5.2　数字图书馆服务的特点、模式

数字化服务是基于网络进行的多样化的用户服务，是在数字图书馆中与用户进行交互、充分理解和满足用户需求、使数字收藏得到充分获取与利用的不可或缺的手段和途径，其目标就是为用户营造一个基于网络的虚拟图书馆环境，体现数字图书馆在互联网上存在的价值。数字图书馆建设的最终目标是为用户提供数字化服务，数字化服务是数字化图书馆的核心业务之一。数字图书馆提供的服务不仅包括传统图书馆服务在数字环境中的实现，如在线阅读与下载、电子文献传递、离线阅读与打印，以及以网站服务形式提供的服务，如浏览、查询、最新信息报道服务等；它还可以提供包括信息库、教育环境、参考服务、个性化服务等在内的服务平台。

1. 数字图书馆服务的特点

与传统图书馆相比，数字图书馆服务由于高技术的支撑，在服务对象、服务内容、服务方式手段等多方面都具有了新的特点（曲悦，2013）。

1）服务对象全球化和开放化

数字图书馆与传统图书馆最明显的区别就是其服务对象由到馆人员扩展为网络所能连接到的任一地方的任一用户，面向全球向用户提供网上服务，网络的连接让其服务对象更加全球化、开放化。数字图书馆借助网络传播的优势，通过智能检索传递流通信息资源，提供查询优势，实现信息资源的全球共享，甚至也可以不分地域、不分年龄、不分职业、不分时空距离的远近，只要用户手中拥有一台可以连接网络的计算机终端，就

可以从数字图书馆中获取任何想要获取的信息。数字图书馆的使用人数已经远远超过了传统图书馆的使用人数，并且呈现出社会开放的状态，不仅如此，其服务范围，也从单纯的馆内珍藏文献资源转向了整个社会的各个类别的信息资源，且呈开放式状态，实现了用户群体的全球化和开放化。

2）服务内容数字化和多样化

数字图书馆在传统的图书馆的服务内容上有所扩展，且更为多样化，也更加数字化。这是由数字图书馆本身的技术优势所决定的。在数字图书馆中，计算机管理着所有的信息资源，各种各样载体的信息都通过计算机技术统一管理、统一存储，它通过 Web 发布数字化信息，供用户进行信息查询以及获取信息资源，以此为用户提供更为方便快捷的服务，这是由于其服务内容的数字化决定的。同时，这种快捷的数字化服务，也囊括了更为多样化的数字资源。因为数字图书馆是利用计算机数字技术将信息资源转化成数字形式，并且统一传输，这就使得数字图书馆可以共享所有网络上可以享用到的信息资源，不仅包括数字图书馆自身所采集的信息资源，更包括网络和多媒体技术所涉猎到的各种资源链接信息等。在内容上，数字图书馆可以提供网上检索、预约和借阅情况查询以及书刊报道服务、原文传递服务、馆藏特色数据库服务、网络信息导航、咨询服务和网上教室等多个方位、多种形式的服务，以便满足各层次用户及各类用户对数字图书馆的各种不同需求。

3）服务项目多元化和深入化

传统的图书馆以文献借阅、查询等为主要服务功能，随着网络技术的发展，数字图书馆在传统图书馆基础上，提供了更多更具特色的服务，如推送服务、个性化服务、信息集成服务、馆际互借服务、自助式信息服务等主流性的服务模式。这些特色服务也将是未来图书馆研究的主要趋势，也将随着网络与知识发现等技术的产生与应用，更加多元化地满足用户需求。而数字图书馆提供的这些知识化的特色服务，也让其服务项目更加深化。由于信息的知识化与数据挖掘的深化，这些服务为广大用户提供“知识仓库”“学术银行”，更为深入地满足用户对信息资源的需求，使数字图书馆服务项目呈现深入化趋向。

4）服务手段网络化和高效化

网络的高速传播为信息服务带来了崭新的变革，也为图书馆的数字化发展带来了强大的发展动力，使其增强了服务功能，提高了服务效率。而数字图书馆也利用网络，高效快捷地进行数字化信息资源的宣传推广以及信息的整合传播。数字图书馆的读者也利用网络手段，从事网络信息资源的查询、整合、咨询、培训，各种需求的处理，以及数字资源的转换等工作。尤其是馆际之间的交流与信息资源的共享，使得图书馆的服务更加具体而高效。网络拉近了图书馆与读者之间的距离，网络也使服务变得更加具体，更加便捷，更加高效。

5）服务模式多样化和主动化

数字图书馆发展的参考咨询、信息导航、推送服务、个性化服务以及虚拟导航服务等服务模式，使数字图书馆的服务走向了多样化的模式，这样用户便可以根据个人需求定制各种服务，甚至不必定制便可通过网络查询，就能够获取到自己想要的信息资源。这是数字图书馆相比传统图书馆发展的一个新的跨越，也是传统图书馆需付出更多人力物力等资源来达到的一种服务目标。而数字图书馆所依据的数字化网络技术，可以以读者为中心，根据读者需求来设置具体的服务项目和服务模式，为读者提供个性化服务，同时又可以随时更新、整合各类信息资源，不断且主动地满足用户需求，将服务模式变被动为主动。

6）服务资源共享化和可选化

一般情况下，读者进入传统图书馆所能享受的服务是信息的查询与书籍的借阅，而这样的服务大多是小众小范围享用。但数字图书馆经过网络的传播与互联，使传统的小众共享，变成了大众共享。用户可以根据个人需要，随时随地共享各类信息资源，并且可以随时下载打印所需信息，更不会出现读者需求满足冲突性的现状。数字图书馆允许多个用户同时共享使用存储同一信息，这种信息资源的共享，将其服务模式走向了共享化，也更好地服务于用户需求。同时，数字图书馆改变了以往馆藏资源的实体化，具备广泛的可存取性，为用户需要找到合适的资源和使用途径，能给用户提供信息存取的可能性，使用户需求实现可选化。这也是数字图书馆的一个重要特征。

7）服务流程一体化和快捷化

一体化信息服务是网络环境下信息服务普遍追求的一种服务模式。对于用户来说，这种一体化的服务更能够满足其一次性快捷而高效的服务需求，可以说是最理想的服务方式。数字图书馆在这一点上，便是集成了信息参考咨询、导航、传播等于一体的服务模式，可以根据用户需求，后台经过数据转换整合资源后，将查询结果反馈在用户的计算机上，在用户的终端上完成这一服务，满足了用户一次性便捷的服务需求。服务流程一体化和快捷化，是数字图书馆在传统图书馆服务流程方面最为显著的变化，也是数字图书馆提供服务的进步与发展。

8）服务方式产业化和商业化

数字图书馆可利用其本身信息资源的优势和快捷便利的服务方式，实现信息服务商业化、产业化。图书馆也不再是传统的公益性的组织，发展衍生出了很多独具特色的个性化服务，变成了拥有多种信息资源、数据库以及服务手段模式于一体的现代化的信息产业中心，具备了服务产业化的基本要求。比如，万方、中国知网等数据库知识服务平台，就是数字图书馆服务方式商业化的体现。这种市场化观念的引入，将图书馆的发展变成了产业化中心，也必定带来很多经济效益，也会促进数字图书馆的竞争环境的良性发展。

2. 数字图书馆的服务模式

可持续发展的数字图书馆服务不仅要继承传统的图书馆服务功能，还要发展、创造适应网络环境和新时代用户需求的新功能。数字图书馆可持续发展的信息服务模式主要有集成化、个性化、多元化、协作化、创新型等类别（王知津和侯延香，2005）。

1）集成化模式

集成化模式是指根据某一特定的主题，将不同地理位置、服务厂商、数据结构等相关信息资源有机链接成一个整体，借助于网络技术和应用软件的支持，为用户提供访问利用。集成化模式主要包括以下三个层次（图 2-11）。

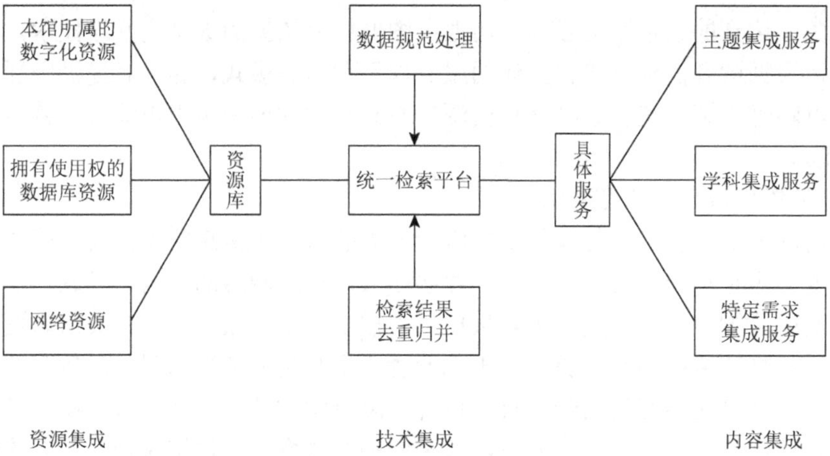

图 2-11　集成化模式示意图

（1）资源集成。数字图书馆的馆藏主要以分布式的数字化信息为馆藏资源，因此，资源集成主要是指本馆所属的数字化资源、拥有使用权的数据库资源与网络资源的集成。

（2）技术集成。其主要是指基于异构数据的统一规范、组织、检索、归并、去重、统一输出等技术融合。

（3）内容集成。其主要指按照主题、学科、读者需求，对原始信息进行加工、综合，提供特定主题、载体多样化的信息内容服务。

2）个性化模式

个性化模式是指根据用户的信息使用行为、习惯、偏好及其特定需求提供个性化的界面、信息内容和功能的服务方式。按照服务方式的不同，个性化信息服务又可以分为个性化界面定制、信息推送、智能代理检索、数字化参考服务等。

（1）个性化界面定制服务：是指根据用户的信息使用习惯和特定范围的信息需求，提供界面外观设计选择、界面栏目选定、个性化信息存储管理、检索历史保存、专题的动态消息和更新链接选择等，最终由用户完成个人界面或简或繁，或明或暗，或多彩或单一的界面总体设计。目前，一些数据库提供的“我的图书馆”是个性化界面定制的雏形，尚需不断完善。

（2）信息推送服务：是指按照用户指定的周期或事件发生时间，将用户需要的信息内容自动推送给用户的新型服务，是对传统定题情报提供的继承和发展。目前，信息推送服务或藉由智能软件全自动化完成，或借助于电子邮箱人工参与完成。推送形式可以采用频道推送、电子邮件推送、网页推送或专用式推送。推送内容可以是资源更新通报、定制信息推送、检索结果推送等。

（3）智能代理检索服务：是指通过跟踪用户在信息空间中的活动，自动捕捉用户的兴趣爱好，主动搜索可能引起用户兴趣的信息并提供给用户的服务。智能代理一般由用户代理和系统代理两层智能体结构组成。用户代理跟踪用户行为，自动获取用户访问数字图书馆的时间、次数、所使用的关键词或主题词等信息，学习、记忆用户兴趣，通过描述用户的兴趣特征来建立个性化用户模型。系统代理则将个性化信息从全局信息空间中分离出来，构建个性化信息模型，同时与用户代理进行后台交互，最终向用户提供个性化的信息检索服务。智能代理可实现以下功能：管理用户个人资料；信息自动通知；浏览导航，提供建议性的页面和链接；智能搜索；动态个性化页面。

（4）数字化参考服务：也称虚拟咨询服务，是指数字图书馆通过网络向用户提供的参考咨询服务。按照服务内容和服务人员的层次，可分成专家咨询、专业咨询、一般咨询等。可持续发展的数字图书馆提供的数字化参考服务，应该允许用户根据个人的信息需求层次进行咨询领域、级别、咨询专家、咨询形式等的选择。主要有虚拟咨询台、合作数字化参考、实时参考咨询等实现方式。

3）多元化模式

由于职业、专业、受教育程度的差异，用户信息需求的内容、信息量、载体形式、服务方式呈现多元化特点。可持续发展的数字图书馆服务，既要满足重点用户、一般用户的信息需求，还要满足少数用户的个别信息需求。既要提供一般性的信息服务，更要提供深层次的增值信息服务，最终建立以用户为中心，以用户需求为导向的多元信息服务体系（图 2-12）。

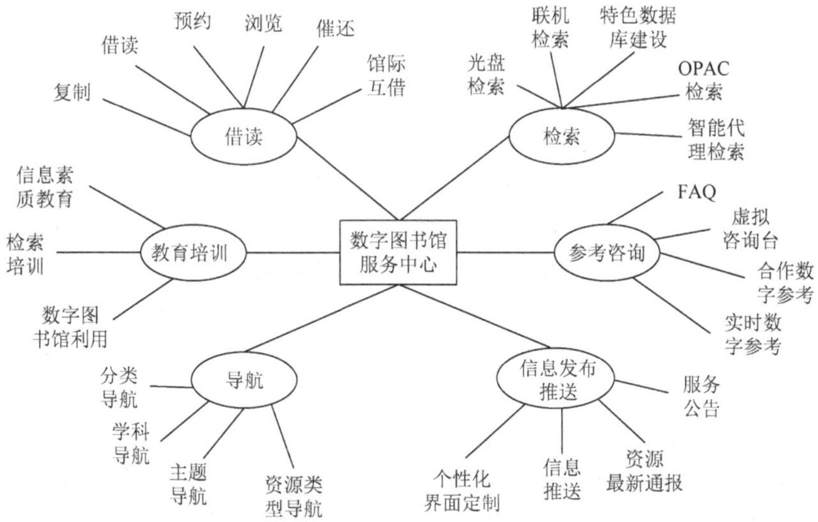

图 2-12　多元化模式示意图

FAQ 表示 frequently asked questions，常见问题解答

该服务体系要有网上借阅、复制、检索、浏览、代查、代检、代译、信息通报、知识导航、馆际互借、信息定制、信息推送、数字参考咨询、用户教育培训等多种功能。具体到不同的服务，又应进行多元分化，如检索服务，要既提供电子图书检索，也提供电子期刊检索；既提供全文检索，也提供文摘、目录、引文检索；既提供联机检索，也提供光盘检索、特色数据库脱机检索等。

4）协作化模式

协作化是数字图书馆发展的必然趋势。数字图书馆服务只有建立在协作化的基础上，才能生生不息。按照协作范围与规模的大小，数字图书馆的协作模式有：国际协作、国内协作、地区协作和其他协作方式。数字图书馆协作式服务主要是在联合采购、联合编目、馆际互借、公共检索、资源导航、合作咨询、联合培训等方面充分共享资源，合作发展。

5）创新型模式

创新型模式是针对用户信息需求，依托馆藏特色资源，开展特色数据库检索、专题咨询、垂直门户服务、专题导航等服务。创新型模式首先要进行特色资源定位，进而依据用户需求制订特色化服务规划，进行技术、人力、资金等可行性调研后，方可着手实施内容或服务方式创新。

2.5.3　数字图书馆服务体系的内容

数字图书馆服务体系是由诸多服务构成的多功能、多层次的有机整体。这个体系包括数字参考服务（digital reference service，DRS）、主动推送服务、定题服务（selective dissemination of information，SDI）、个性化信息服务、用户培训服务等。各种服务都有其相对独立的功能、效果和适用范围，而作为整个服务方法体系的组成部分，各种方法之间是相互联系、相互补充、相互渗透、紧密结合的。

1. 数字参考服务

1）数字参考服务的概念

数字参考服务或称虚拟参考服务、网络参考咨询服务，是一种基于互联网（或 Web）的帮助服务（help services）机制。通过它，用户可以以电子的方式（E-mail、Chat、WebForm 等）提出各种问题，请求网上的“信息专家”给予回答，而信息专家的回答也以电子的方式反馈至用户。因此数字参考服务是一项基于互联网服务，不受系统、资源和地域等条件限制，能利用相关资源通过专家为用户提供 24 小时不间断服务，并能使用户在限定的时间内获得可靠答案的新型虚拟咨询服务。其实质是通过网络化、数字化的手段为用户提供咨询服务，帮助用户获得所需信息。

数字参考具有两个明显的特征：首先，区别于传统图书馆参考服务中用户与参考馆员直接面对面的或电话式的信息传递方式，数字参考中用户的提问和专家的回答采用了当今主流的网络信息交流工具；其次，区别于一般网络信息搜寻过程，数字参考是以多主题领域的信息专家直接响应用户的各种提问，是一种人工协调的问答服务（question-and-answer service）。专家对用户提问的回答可以是直接、事实性、知识性的最终答案，也可以是印刷版、数字化的源信息的指示线索，或者是两者的有机结合。

2）数字参考服务的模式

数字参考服务的一般模式有如下几种。

（1）静态的网上咨询服务。该方式中咨询服务的提供者与接受者之间不发生实时的动态“接洽”，虽然有时一些服务的提供方会定时或不定时地更新其服务内容，但主要服务方式并没有改变。内容包括借阅须知、书目查询、查找资料、网上新书通报、图书馆布局、常用资源介绍、学科导航、读者服务与读者指南、FAQ 数据库等。

（2）基于电子邮件的数字参考服务。这是数字参考咨询最早、最简单也是最流行、最易实现的模式。美国佛罗里达大学（University of Florida）的 George A. Smathers 图书馆于 1989 年秋季首创电子邮件咨询服务，以后几年里逐渐在大学图书馆和公共图书馆流行。这种模式表现形式不尽相同，其形式为通过链接直接进入 Microsoft 的 Outlook E-mail 应用页面，收件人地址是系统默认的，读者根据自己的需要，如同和一般人交流那样书写信件内容，发送即可。接受咨询的一般为参考咨询部门，参考咨询部门收到提问后，通过各种途径，将取得的直接结果信息或者是获取这些信息的途径与方法仍然通过 E-mail 传递给读者。

（3）基于实时交互技术的数字参考服务。由于基于电子邮件的数字参考咨询不能实现传统面对面咨询中实时交互的功能，人们开始寻求用新的技术和方法来提供能够实现实时交互的数字参考服务。据美国研究图书馆协会（Association of Research Libraries，ARL）2001 年对其 70 个成员馆的调查报道，其中有 20 个图书馆（占 29%）已提供实时虚拟参考咨询服务。采用的应用技术主要是网络聊天室（internet chat）、网络共享白板（shared whiteboard）、网络会议（video conferencing）和网络呼叫中心（call center technology）。

（4）网络合作化的数字参考服务。这是由多个图书馆情报机构联合起来形成一个分布式的数字参考服务网络，面向更大范围的网络用户提供的一种数字参考服务。它以浩如烟海的互联网资源及丰富的图书馆藏资源为依托，以全球图书馆及相关机构的数字网络为桥梁，以一批参考咨询馆员和主题专家为后盾，通过一定的咨询服务系统，为在任何时间、任何地点提问的任何读者提供参考服务。

2. 主动推送服务

1）信息推送技术

推送技术（push technology）又称网播技术（webcast technology），是网络服务器实现主动向客户机传递信息的一种新型服务方式，它克服了以往网络信息采取拉取技术（pull technology）的被动服务方式。拉取技术的网络信息传输方式是浏览器发送服务需求。在所属数据库中进行检索，查找到用户所需的信息后再把信息传送给浏览器所属的计算机。推送技术应用于浏览器/服务器①（或 C/S），是服务器主动向客户机传送信息。推送技术实质上是指一系列的软件，这种软件可以根据用户提交的用户轮廓数据（user profile），自动搜集用户最可能感兴趣的信息，然后根据用户指定的时间间隔，将信息报送到用户的计算机上。

推送技术的核心思想是建立一个信息代理机制，把由客户端担负的责任转给服务器，由服务器将用户定制好的感兴趣的网上信息用推送或网播的方式直接传送到用户面前。推送客户机软件要求用户必须预先在代理服务器端注册，进行信息的初步定制，并向服务器提交个人需求信息。用户在初次使用时，要设定自己所需的信息频道，定制信息将通过 Web 自动传播给用户。服务器端主要由一个网络信息搜集器和基于内容的缓存系统来管理网上的动态信息，同时利用自动分类、信息过滤和推送技术为不同的用户整理和提交富有特色的各类信息。当一个服务器通过使用推送软件向客户端推送信息时，推送中介软件（链接推送服务器到客户端的软件）会通过网络的一致性、可靠性、安全性完整地传送信息。

① 浏览器/服务器为 Browser/Server，可简写为 B/S。

2）数字图书馆中的推送服务

在数字图书馆中利用推送技术可以改变其服务方式，推送技术可将实用的信息“推”给感兴趣的用户，使用户可以坐等信息到来，它可以实现数字图书馆信息的传播与发布，从“读者找信息”转变为“信息找读者”的服务方式。信息推送服务的功能具有将信息及时传递给读者，信息源直观、易掌握，同时，信息资源处于滚动式动态存储和释放。

采用了“推”技术的数字图书馆不仅可以主动地面向整个网络用户服务，还可以从技术上主动锁定一批特定用户群，为他们提供专题信息服务。这不但提高了信息服务的效能，还节省了用户在网上漫无目的地查询信息的时间。对于一个数字图书馆的 Web 站点，只要建设一个专业信息服务频道，就能够面向自己的用户开展具有很强针对性的主动信息推送服务。

数字图书馆的信息推送服务的一般工作原理如下。

（1）用户初次登录到数字图书馆站点，提出获取主动推送信息服务申请。

（2）数字图书馆的网络服务器发送一个申请表单给用户，具体项目包括：用户名、密码、所需信息的主题、关键词、推送信息的地址、推送周期等。

（3）用户填好申请表后，提交给数字图书馆网络服务器，服务器将用户的特征信息、查询要求等传送“推送服务代理”。

（4）“推送服务代理”根据用户的请求信息，在用户特征信息库和用户信息查询中分别增加一条记录。

（5）“推送服务代理”根据用户要求，定期将用户的查询要求传递给“查询代理”。

（6）“查询代理”根据“推送服务器代理”传送的用户要求，定期检索相应的数据库，并将查询结果返回“推送服务代理”。

（7）“推送服务代理”按照用户的要求，定期将最新信息推送到用户指定的地址。

3. 定题服务

1）数字图书馆定题服务的概念

数字图书馆的定题服务是用户通过网络形式给出所需信息主题，由图书情报人员通过多种途径，运用多种技术方法提供给用户需求的信息服务过程。在这个服务过程中，图书情报人员是信息检索和完成的主体，用户只提供一定的内容和范围，这种服务是对工作人员的专业知识、网络知识、检索知识和分析、筛选、归纳、总结能力等综合素质的全面考察。

数字图书馆的定题服务在资源提供的丰富性与服务手段的方便、快捷、智能化等方面，具有传统图书馆不可比拟的优越性。它主要采用电子邮件式报送、网页式报送、专用信息发送与接收软件报送等互联网信息推送技术向用户定期提供事先选定的专题信息。

2）数字图书馆定题信息服务的实现过程

数字图书馆中定题信息服务的实现过程可表示为：用户给出信息需求→数字图书馆在线服务部接收需求→确定检索词→搜寻相关网页→确定并进入相关网页→下载相关信

息资源存于本站点→形成用户所需信息资源→以一定的语言、格式将这些资源进行有序化整理，编辑成一个或多个方案→传给用户。

这个信息资源服务过程是对纷繁复杂的网上信息（也包括一部分尚未上网的网外信息）进行分析、筛选，找出其中的有用知识，再对这些知识进行智能重组的过程。

以上是数字图书馆为特定用户提供定题服务的一般过程，作为一个服务项目，还需注意以下问题。

（1）定题服务用户的选定。即使有现代网络环境的支持，馆员不可能也不必要对每个用户都提供定题信息服务，而应根据其服务宗旨，有目的地选择有价值的用户群。为了正确制定检索策略，需要了解用户的职业、研究领域、信息需求等情况。

（2）课题的选择。选题恰当是保证定题信息服务成功的关键，走好这一步必须做深入细致的调查研究，掌握课题的价值。例如，高校图书馆可对全校的科研课题做一个深入细致的调查，了解哪些具有攻关性，哪些关系到领导决策，哪些是需要提供定题服务的。

（3）建立用户提问档，分析所获信息。利用网络通信技术，对所获信息。尤其是用户的信息需求建立用户提问档，包括用户账号、姓名等个人资料、提问词及提问词构成的布尔逻辑表达式等，以便进行存储、分类和检索。对用户的相关信息，如要求提供服务的形式（如文摘、索引）、喜欢的网上站点、经常使用的数据库等进行搜集、分析，制定合理的检索策略。

（4）注意反馈信息的收集。定题服务不仅需要搜集相关资源，利用网络通信技术，及时提供符合用户需求的网上信息资源，使用提问档得到检索结果，传递给用户。同时还要通过网络收集用户反馈信息，主要包括用户提问档的更改意见以及其他建议等。并且利用存储过的提问档，对更新后的信息资源（包括更新的数据库）进行检索、分析，再把检索结果传递给用户，实现信息跟踪服务，不断满足用户信息需求。

4. 个性化信息服务

1）数字图书馆个性化信息服务的内涵

个性化信息服务就是根据用户的知识结构、信息需求、行为方式和心理倾向等，有的放矢地为具体用户创造符合个性需求的信息服务环境，为其提供定向化的预定信息与服务，并帮助用户建立个人信息系统。

数字图书馆的个性化信息服务是以网络为依托，以用户为中心，围绕用户的兴趣、爱好、习性、专长等个性需求而开展的动态的特定信息服务活动。

个性化信息服务的根本就是要以用户为中心，尊重用户，研究用户的行为和习惯，为用户选择更切合的资源。它具有两个目的：一是用户根据自身的兴趣、爱好和需求定制自己所需要的信息和服务；二是信息提供者针对用户的个性和特点主动为用户选择并传递最重要的信息和服务，并根据需求变化，动态地改变所提供的信息资源。

数字图书馆的个性化信息服务应包括三个方面的内涵：其一，个性化信息服务的基础是读者总能很容易地登录与自己需求相近的所有数字图书馆系列，即数字图书馆馆藏的个性化；其二，读者可以根据自己的习惯、兴趣、爱好和信息利用任务，制定个性化的界面，完整、准确、便捷地获取自己所需的信息资源和服务；其三，数字图书馆（包括其工作人员）针对读者的个性和特点，主动地为读者选择并传递重要的资源和服务，并根据读者的需求变化动态地更新信息服务。

2）数字图书馆个性化信息服务的体现

数字图书馆的个性化信息服务可以从如下几个方面体现。

（1）个性化的界面设置。个性化的界面设置主要包括个性化网页外观定制、栏目布局和内容模块的选择等。个性化网页外观定制主要是定制网页和主题的颜色、网页字体、问候语和网页刷新频率等；栏目布局是确定所选栏目在个性化网页上的布局方式和排列顺序，如在“My Yahoo”中，可选择按两列或三列方式布局，可设定栏目的上下左右位置和顺序；内容模块的选择主要是对各项信息和服务模块的具体内容进行定制。

（2）个性化信息环境。要真正实现个性化信息服务，数字图书馆就必须站在信息提供者的角度，为用户主动创建一种个性化的信息环境。个性化信息环境是指在数字图书馆环境下，读者可借助数字图书馆提供的一套工具和机制来构建自己的个人馆藏，从而满足特定读者和特定任务的需求，同时提高检索效率。在数字图书馆个性化信息环境下，读者向某个数字图书馆申请一个账号，读者登录到个性化界面后，可以提交自己的多个检索策略，形成自己的描述文件，数字图书馆会通过一套软件或工具将资源库中满足需求的信息资源创建成特定用户的个人馆藏，并定期检索更新信息资源，将检索到的信息自动分配到发出请求的个性化信息环境中。

（3）个性化的信息快报。个性化的信息快报就是数字图书馆按用户提供的检索条件将资源库中的最新信息及时通知用户的一种服务。数字图书馆的个性化信息快报服务能为用户自定义检索条件提供方便。因为在检索过程中，不同的用户有检索习惯和检索技能的差别，他们可能用不同的词汇来表达同一专业概念，对检索结果的选取原则和排序方法也可能不同，这些都是用户个性化的具体表现。因此，个性化的信息快报服务在接收用户档案文件时应充分支持用户在检索策略、检索方法和检索结果处理方面的个性化。

5. 用户培训服务

数字图书馆是一个新生事物。如何使其被充分了解并得到广泛应用，是数字图书馆能否健康发展的关键。进行数字图书馆用户培训，一方面要使用户正确使用它；另一方面，要让更多的人了解它，即把潜在用户转变为现实用户。下面介绍几种有效的培训方法。

1）当面辅导培训法

这是指数字图书馆工作人员在接受用户提出的询问时，结合当时情况，当面给用户讲解有关的知识和使用方法、技巧，举一反三，让用户得到服务和信息的同时也掌握了一定的使用方法。这种结合实际的用户培训方法简单易行，行之有效。它既不需要专门的培训组织，又不需要很多的培训人员和设施；它既可以个别辅导，又可以集体辅导；既是对当前情况的辅导，解决当前问题，又是对将来的指导，让用户避免将来遇到同样的问题。当然，这种方法对数字图书馆工作人员的责任心、业务素质、职业道德等方面有很高的要求。

2）书面辅导培训法

这种方法是指有关部门把事先准备好的书面材料（教材、使用说明、服务简章、用户手册或其他辅助材料）分发给用户。用户通过自学得以对数字图书馆全面了解。这种方法对有相当自学能力，具有一定的信息活动体验的现实用户是有效的。

3）办班集中培训法

这种方法是根据用户的不同类型，分别举办专门的短期学习班、讲习班等。研讨班、训练班、强化班等各种形式的培训班，可以让用户在短时间内掌握数字图书馆的使用方法，并能够通过利用数字图书馆提高自己的业务工作。这是用户培训活动中常常使用的方法，这种方法的主要优点是能够在短期内有效地培训更多的用户。

4）用户交流培训法

与前几种方法不同，这种方法的培训者和培训对象都是用户，通过用户间的交流，相互学习、相互帮助，达到对数字图书馆的全面认识。像组织用户经验交流会和报告会、用户协会、用户联谊会、有奖竞赛等，都可以成为用户交流培训的具体形式。这种方法的优点是培训形式灵活多样，往往会收到意想不到的效果。

5）媒介培训法

这种方法是通过运用某种媒介向用户进行宣传教育，如电视讲座、广播讲座以及融教育性与艺术性于一体的公益广告等。媒介培训法因其受众面广，对某方面知识的普及提高有很强的功效。

6）参观培训法

参观培训法是指有关机构根据用户培训的教学要求组织用户到数字图书馆的现场，观察其内部结构和运行机制，以获取相关知识的一种方法。该方法的优点在于：首先，能提高知识信息的传递速度。多项研究表明：看与听相比，通常可多记住一倍以上的内容。在视觉信息传递中，看实物比看图像要快三至四倍。通过实地参观，能获得正确、鲜明、切实的感性知识。其次，用户可以了解到最新的进展情况。现场参观比使用教材更能够紧跟发展动态，它可以避免教材的滞后性。

7）网上实时帮助

用户在使用数字图书馆查阅资料时，实时帮助系统根据其信息需求内容分析出最佳检索词，构建最佳检索表达式，久而久之，培养出用户独立检索的能力。这种方法易于被用户接受，在帮助用户解决实际问题的同时，也对用户进行了培训。

2.6　数字图书馆标准体系规划

数字图书馆是一个复杂的数字信息系统。为实现数字信息资源的可获得性、可互操作性和可持续性，实现不同软硬件系统的兼容性，便于数字信息资源的建立与使用、整合与检索，需要制定数字图书馆建设所涉及的各个方面的标准。这些标准包括基础标准（编码、格式、元数据等）、网络标准、系统软件标准、应用支撑平台标准、应用与服务标准、接口标准、信息安全标准、管理与测试标准及软件工程标准等。数字图书馆需要所有这些标准之间相互联系业务和协调，从而形成一个有机的整体，即数字图书馆标准规范体系，在此基础上，实现各个数字图书馆的互联互通，信息资源的共建共享，资源管理的可靠有序，信息利用的便捷迅速。因此，在数字图书馆系统建设中，应确保标准规范建设先行，坚持科学化、系统化和规范化相结合，采取合作、开放与共享的方式进行数字图书馆标准规范体系的规划和建设。

2.6.1 数字图书馆标准体系建设的意义

标准体系是一定范围内的标准按照其内在联系形成的科学有机整体。一定范围的标准体系是由两个以上的标准成分体系组成，它体现了人们对客观规律的认识。标准体系是按照一定的结构形式结合起来的，包括层次结构和序列结构。它是一个动态系统，具有随着时间的推移而变化、发展和更新的特性。标准体系框架充分考虑将来的发展，为将来增加新的标准留有余地。对于尚未成熟的新技术在标准体系表中也应给出相应的位置，以便于将来推广。标准体系应该能够适应现代社会对信息标准的需求，强调并突出发展现代社会需要制定和推广的关键的信息标准，并能指导信息标准化的发展方向。

数字图书馆作为基于网络环境提供数字信息资源和服务的系统机制，需要建立和遵循关于数字化加工、资源描述、资源组织、资源互操作和资源服务等方面的标准和规范，需要采用和遵循内容编码、数据通信、计算机系统、安全、管理、知识产权、服务运营等方面的标准和规范，这样才能保证所建立的资源和服务的可使用性、互操作性和可持续性。

（1）可使用性，是指所建立的资源或服务能够在广泛的网络环境和复杂的技术条件下方便地被用户使用。

（2）互操作性，指所建立的资源或服务能够在更大系统范围上、能与其他资源或服务方便、有效的交换、转换、整合，从而为用户提供逻辑上集成的服务。

（3）可持续性，指所建立的资源或服务能够在变化的技术与运行机制下长期保存和使用，能够被集成未来的资源与服务环境。

在开放和分布的网络环境下，任何一个数字图书馆只有按照整体环境的标准与规范来组织资源、提供服务，才能保证系统的可使用性、互操作性和可持续性，才能有效利用其他资源与服务来提高自己的服务能力和效率。在网络环境下，任何孤立、封闭的数字图书馆系统都将失去生存和发展的能力，而实现开放、互操作和集成的基础则是标准与规范。

2.6.2 数字图书馆标准体系建设的原则

数字图书馆标准规范建设应该系统性和实用性相结合，采取合作、开放、工程化和规范化的方式。具体如下。

1）系统性

根据数字图书馆资源建设生命周期形成数字图书馆标准规范框架，按照数字信息资源与服务的可使用性、互操作性和可持续性的要求来选择、规划和实施具体的标准规范建设内容，从而形成相对完善的标准规范系列及其应用和发展支撑体系。

2）实用性

根据数字图书馆标准规范应用实践，从积极促进标准规范的方便、规范和广泛应用的角度，从有效支持标准规范的开放描述、开放应用和可持续发展的角度，建立健全支持标准规范实际应用的操作方法、技术工具、支撑系统和管理程序的体系，确保研究成果是具体、可操作、经过实践验证还可以被方便应用的。

3）合作

数字图书馆标准体系建设过程中要广泛联合各个图书情报系统和其他相关领域的单位和专家参加，既通过研究活动中的联合与合作，又通过应用试验、评价和应用推广中的协作、开放和第三方参与等方式，充分保障信息发布与交流，充分调动各方面的积极性，充分吸纳各方面的知识和经验，提高建设的质量，加快标准规范成果的推广应用。

4）开放

一方面要密切跟踪国内外数字图书馆和相关领域的标准规范建设的发展，积极采用国际标准和业界通行标准，有效保障本项目所建设的标准规范与国际主流和数字图书馆发展趋势的接轨；另一方面，在数字图书馆标准体系研究中的组织、研究实施、成果发布、推广应用等都要采取开放的方式，不封闭研究内容和研究成果，开展开放试验和应用，建立开放交流机制，形成可持续发展机制。

5）工程化

数字图书馆标准体系建设过程本身应按照建设目标建立规范的任务体系、组织体系、工作流程与协作机制、交流机制、检查评估机制、推广应用机制、系统支持机制等，保证建设过程本身的高效与经济。

6）规范化

标准体系研究过程的组织与控制、研究成果形式、研究成果交流与发布、研究成果应用等都按照规范方式和程序操作，保障研究的有效性和一致性，促进标准体系的开放性和可持续性。

2.6.3　数字图书馆标准规范总体框架

从数字图书馆建设和服务应用的角度，根据我国数字图书馆建设以及数字图书馆支撑技术领域及相关领域的实际情况，我国数字图书馆标准规范的总体框架主要分以下三个层次。

1. 数字资源生命周期及标准规范

数字图书馆依赖数字信息资源来提供服务，但仅仅局限于数字资源加工和描述并不能完整地支持数字资源的服务；尤其是分布、异构和自主的数字资源不断涌现，数字图书馆越来越依赖开放环境来集成各种分布的数字资源的时候，需要有更广泛、更系统的视角来认识和组成数字图书馆标准规范。因此，人们提出了数字资源生命周期思想，围绕数字资源创建、描述、组织、检索、服务和长期保存的整个生命周期来规划、设计、组织标准规范，一方面针对图书情报领域的数字图书馆资源建设提供系统化基础性的指导和约束；另一方面保证各类数字资源的广泛可使用性，保障分布资源和服务的互操作性，促进数字资源的长期保存和可持续利用。

参考英国公共图书馆领域项目标准与指南、英国分布国家电子资源项目标准体系、加拿大文化在线项目标准与指南、美国数字元资源建设指南卡及美国数字元元化指南等标准规范框架，美国国家信息标准局（National Information Standards Organization，NISO）最近发表的图书馆系统标准指南也属于这类框架。这类框架一般都将数字资源生命周期所涉及的标准规范分为多个层次，形成标准规范的层次结构。可以将数字信息资源建设设计的标准规范分为数字内容创建、数字对象描述、资源组织描述、数字资源系统服务、数字资源长期保护等。具体如下所示。

1）关于数字内容创建的标准规范

数字内容包括由传统载体数字化而形成的数字对象，也包括原生数字形态的内容对象。数字内容创建的标准规范涉及内容编码、资料格式、内容标识以及复合数字对象的建立与封装等方面。

2）关于数字对象描述（元资料）的标准规范

元资料是所有数字信息资源建设项目的重要基础，包括元资料开放机制建设、元资料选择应用原则以及关于内容主题描述语言的选择等方面。

3）关于资源组织描述的标准规范

数字对象按照一定的主题、资源类型、用户范围、生成过程以及使用管理等因素被组织成资源集合，成为数字图书馆提供服务的基础。设计资源集合及其组织过程描述的标准规范主要包括对资源集合的描述要求、资源集合知识组织体系描述规范、管理机制描述规范以及资源组织过程。

4）关于数字资源系统服务的标准规范

随着网络化的发展，数字资源系统服务不再局限于本地化。利用标准规范约束数字资源系统的服务机制，能够有效保障数字图书馆服务的可使用性和各系统之间的互操作性。数字资源系统服务标准规范主要涉及以下内容：关于接入条件、传输条件和资料应用条件的标准规范，关于检索条件的规范标准，关于信息服务业务过程的标准规范，关于分布数字信息服务机制的标准规范。

5）关于数字资源长期保护的标准规范

数字资源长期保护涉及保存数字比特流、信息格式、信息处理环境、信息内容验证管理机制、信息组织机制等相关内容，包括信息格式标准、政策法律机制、基础技术体系、保存责任体系、知识产权措施以及经济支承方法等。数字资源长期保护标准规范主要有以下几个方面的内容：数字资源长期保存的基本框架，开放存盘系统参考模型，数字资源长期保存的元资料。

按照数字资源生命周期来规划和建设数字图书馆标准规范，便于更为系统地认识和组织从数字资源创建到长期保存的整个进程中的各种标准规范，促进这些标准规范的相互支撑和互操作，从而保障数字资源以及建立在数字资源上的服务（而不仅仅是元数据或某种特定的裸数据）在网络环境和整个生命周期中的实用性。同时，这种认识和组织数字图书馆标准规范的做法并不是将诸如网络通信、计算机系统与数据库、安全、知识产权等更基础的技术或政策标准排斥在数字图书馆标准体系中，而是承认这些技术或政策标准主要由非图书情报领域的有关机构制定，在图书馆建设中对这些标准的选择与应用主要是由系统平台提供方、内容资源提供方和数字图书馆建设方协调进行。

2. 数字信息系统互操作体系

数字图书馆作为网络环境中的数字信息系统，其可使用性、互操作性和可持续性不仅涉及信息资源的组织、描述、利用和保存，还必然涉及网络通信、计算机系统与数据库、安全机制、知识产权管理机制、服务管理机制等多方面的标准和规范，因此，必须全面建立数字信息系统的互操作的标准规范体系，支持网络化、数字化的信息交流与服务。以下三个方面的互操作体系可以作为这类标准体系的典型参考。

1）电子政务领域的有关标准框架

例如，电子政务领域的有关标准框架有英国电子政府互操作框架（UK e-GIF）、新西兰政府电子政务互操作框架（NZ e-GIF）、中国香港特别行政区电子政务互操作框架（HKSAZ e-GIF）、澳大利亚电子政务互操作框架（AU e-GIF）等。其中，UK e-GIF 是第一个系统化的电子政务互操作框架，也是后来各类电子政务互操作框架的主要参考标准，它全面描述了电子政务中需要考虑的互操作层面，将响应的标准规范分为系统互联、数据整合、信息获取三个方面，包括了通信协议、安全机制、数据编码、数据标记、元数据、数据转换、数据交换格式等层面。它从信息系统角度，对各个层面应该遵循的标准化原则，甚至应该采用的具体标准进行了仔细规定，并对需要进一步建立或扩展的标准规范进行了界定，从而形成了相对完善的标准体系及其应用规范。

2）电子商务领域的有关标准框架

例如，电子商务领域的有关标准框架有由联合国贸易便利化与电子商务中心和结构化信息标准促进组织共同推进的 ebXML 电子商务标准体系。ebXML 的标准描述文件，对电子商务过程中的商务对象、商务协议、商务过程及信息交换服务、基本商务过程模式、基本商务文件模式，以及其中应该遵循的标识、通信、安全等规定进行了详细描述。还建立了 ebXML 注册机制来注册按照上述标准描述的商务对象、协议、过程和文件，以便第三方商务对象或过程按照标准方式查询所需要的商务对象或过程，并按照所获得的描述文件来配置自己的电子商务系统界面。ebXML 的特点是基于 XML 开放语言，针对信息处理过程（电子商务实际上就是对有关商务信息进行处理的过程），建立了覆盖这个过程各个方面的描述规范。而且，这些规范作为互操作的基本工具，作为标准化的广义元数据，封装了各个具体商务对象自己系统的异构性（包括系统平台、程序软件、业务过程、内容文件等方面的异构性），为开发环境下灵活的互操作提供了有益的参考。

3）多媒体出版领域的有关标准框架

例如，多媒体出版领域的有关标准框架有 MPEG-21 多媒体框架（ISO/IEC 21000 系列）。MPEG-21 多媒体框架致力于定义用户（包括对作品进行创作，编辑出版，发行销售，使用，摘取或汇编，再创作，以及对上述过程进行认证、评鉴、审计等的对象）对多媒体数字对象（包括文字、图像、音乐、视频图像、计算机软件、多媒体集成对象等）进行获取、交换、交易、使用，以及其他形式处理的过程中所涉及的互操作要求和相应的标准规范。MPEG-21 多媒体框架包括了一个总体框架［ISO/IEC 21001—1：2001（E）］及数字对象标识与描述，建立一套对各类数字对象进行唯一标识和灵活描述的规范。例如，①内容处理与使用，定义支持对数字对象进行创造、加工、检索、获取、存储、传递和复用的界面和协议；②知识产权管理与保护，建立知识产权保护框架以及相应的权利词典，权利描述语言和认证与授权机制；③终端与网络，建立关于终端设备和网络对数字对象进行处理所需要遵循的标准规范；④内容表示，建立根据终端环境、网络条件、用户要求等来表现数字对象的有关协议；⑤事件报告，建立标准的度量机制和界面来检测各类互操作事件，并支持对非 MPEG-21 多媒体框架的过程的互操作。虽然 MPEG-21 多媒体框架的多数标准规范还正在建设过程中，但由于 MPEG-21 多媒体框架覆盖内容广泛、深入涉及数字图书馆领域包含的许多数字对象及其处理，对数字图书馆的标准规范建设有直接的借鉴意义。

根据数字图书馆建设实际，可以按照数字资源生命周期中的数字内容创建、数字对象描述、资源组织描述、数字资源系统服务和数字资源长期保存等几个阶段来分别描述相应的标准规范。参考电子政务、电子商务以及多媒体出版领域的有关标准框架，可以将数字信息系统互操作体系参考模型划分为以下三个层次。

（1）信息获取，包括检索、搜索与集成协议，应用资料交换协议，基本文件格式等。

（2）资料整合，主要涉及以下几方面内容：词表/知识本体/NKOS，UML/RDF、元资料、内容编码体系，XML/XML Schema/XSLT，国际编码、统一资源标识[①]。

（3）系统互联，包括 Web 服务、网络安全、基础网络服务（如邮件、名录、文件传输等）以及基本网络通信协议（如 IPv6）。

3. 技术标准规范体系

网络技术以及计算机技术的发展使得数字信息在计算机内组织并通过网络加以利用，并带有选择信息、组织信息、存储信息和发布信息的程序。作为保障数字图书馆可用性、互操作性以及集成性的支撑基础，技术标准规范的选择是否恰当直接影响到数字图书馆的实现以及将来的运行和维护。

数字图书馆的技术标准规范主要涉及计算技术、网络技术、Web 技术、数字对象和数据库以及信息安全等几个领域。

（1）计算技术领域标准规范主要包括并行计算技术标准规范、分布式计算技术标准规范、移动计算技术标准规范以及网络计算技术标准规范。

（2）网络技术领域标准规范主要有 IPv6、宽带网格技术标准、无线网格技术标准、网络存储技术标准规范以及信息资源检索协议等内容。

（3）Web 技术领域标准规范主要有基本 Web 技术、动态 Web 技术、Web 服务器以及 Web 知识发现等方面的技术标准规范。

（4）数字对象和数据库领域标准规范主要包括字符编码、多媒体信息编码、数据元素、标记语言、元资料、数据库技术以及资料挖掘等方面的标准规范。

（5）信息安全领域标准规范的内容主要包括私钥加密、公钥加密、数字签名、认证技术、数字版权管理、数字水印、安全传输标准以及 XML 安全机制等。

---

① NKOS 表示 network knowledge organization system，网络知识组织系统；UML 表示 unified modeling language，统一建模语言；RDF 表示 resource description framework，资源描述框架；XML Schema 表示 XML 模块；XSLT 表示 extensible stylesheet language transformation，可扩展样式表转换语言。

第3章　数字图书馆系统的设计与开发

数字图书馆系统指建立在计算机和网络基础上的数字信息资源发布、检索、服务与管理系统。数字图书馆系统具有标准化的信息资源组织和发布、分布式数据和平台、跨系统连接、内容级服务、系统的协作开发和资源共享、资源访问级别和权限控制、数据保护和知识产权等特点。作为一种软件系统，数字图书馆系统的设计与开发遵循系统开发的基本方法和原则。图书馆等机构可以根据自己的实际情况，选择独立开发数字图书馆系统，或者委托其他专业软件公司进行开发或与其进行合作开发或购买一些商用数字图书馆开发平台等。但不管通过何种方式开发数字图书馆系统，都要充分考虑到整个数字图书馆系统中的数据来源、数据性质、平台、技术实现手段等的差异，在建立子系统时需要充分考虑到整个数字图书馆体系的结构，制定统一的数据标准和接口规范，合理规划和部署数字图书馆系统的目标、计划和开发步骤。

本章主要从系统开发的基本知识、数字图书馆系统的构成和数字资源整合管理系统等方面介绍数字图书馆系统设计与开发的基本知识。

3.1　系统开发的基本知识

在此我们主要介绍系统开发的基本方法和主要开发阶段的工作内容，让大家了解系统开发的一些基本知识。

3.1.1　系统开发的基本方法

1. 结构化开发方法

结构化开发方法是自顶向下结构化方法、工程化的系统开发方法和生命周期方法的结合。概括起来说，就是自顶向下、逐步求精，分阶段实现的软件开发方法，是一种先整体后局部的信息系统开发方法，也是迄今为止开发方法中应用最成熟的一种。结构化开发方法把开发过程严格分为系统分析、系统设计、系统实施三个阶段，前一阶段工作完成，方可进行下一阶段工作，注重开发过程的整体性和全局性。

2. 原型法

原型法是软件开发人员按照用户需求先建立一个原型，在这个原型中展示系统能够实现的功能和性能，并根据用户的反馈意见不断修改系统软件直至用户满意的一种开发方法，其开发过程如图 3-1 所示。由于系统原型改进过程中可能有几个中间版本，这种开发方法又被称为进化模式。原型法通常用于处理过程明确、涉及面窄的软件项目的开发。

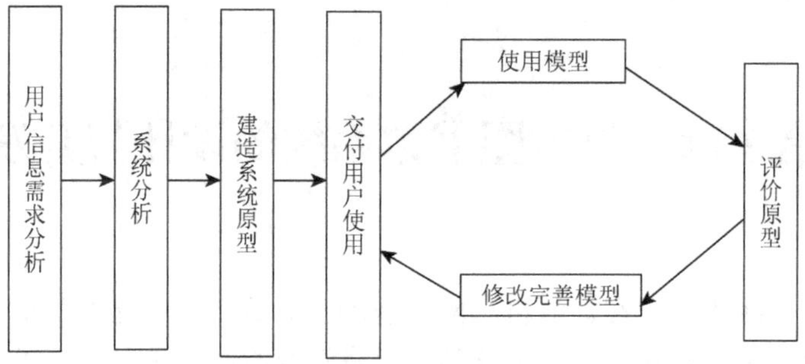

图 3-1　原型法

3. 智能法

智能法也被称作基于第四代技术（fourth generation technology，4GT）或基于知识的开发模式。它是基于第四代语言（fourth generation language，4GL）以及相应工具的软件开发模式，能够让设计者根据用户需求规范成符合 4GT 工具要求的软件规格说明，自动生成大部分程序代码。由于减少了在程序设计和编写阶段的工作，这种方法能够节约成本和时间。但是这种方法需要以一定规模的知识库为基础，专用性比较强，故适用范围受到限制。

当然，在现实系统开发中，要根据实际情况选择合适的开发方法，有时候甚至要综合使用不同的开发方法。

3.1.2　系统开发阶段

根据《信息技术软件生存周期过程》(GB/T 8566—2007)，软件系统开发主要由可行性分析、系统分析、系统设计、系统实现、系统测试和系统维护等阶段构成。

1. 可行性分析

可行性分析主要是明确系统开发具有的资源并对这些资源进行可行性分析。数字图书馆系统建设可行性分析的内容主要包括经济可行性分析、技术可行性分析、法律可行性分析等。

1）经济可行性分析

主要是对系统的经济效益进行评价。经济可行性分析的内容包括系统成本分析与系统收益分析。

（1）系统成本分析。系统开发运行成本主要包括系统的软硬件费用、软件系统的开发费用、系统安装测试运行费用、数据转换和维护费用以及人员培训费用。成本分析可以从经费预算开始来框定将要实现的系统功能和性能，但是使用更多的是从系统出发来做分析。

（2）系统收益分析。主要包括本系统完成后所能够产生的经济效益和社会效益。与大多数软件项目的可行性研究不同，数字图书馆系统更多地需要考虑社会效益。对于社会效益的评估可以事先通过对最终用户进行问卷调查，设定系统运行后的评价指标等方式实现。

2）技术可行性分析

技术上的可行性主要从系统的技术方面来分析实现系统功能和性能要求的硬件设施和软件平台，需要采用的技术、方法以及类似系统的开发过程中采用的技术、实现的功能、新系统对现行业务工作流程和图书馆系统产生的影响等。对于由于经费短缺或项目比较庞大而需要分步实施的系统，必须对其进行分解并考虑分步实现的技术方案。如果进行技术可行性分析后发现系统性能或者功能无法实现，就需要和用户交流进行需求更改或者放弃该项目。

3）法律可行性分析

资源数字化是数字图书馆的一大特点。在资源数字化和提供服务的过程中，数字图书馆面临很多法律问题，如知识产权问题等。因此一定要考虑法律上的可行性，预先考虑这些问题的解决方案。

2. 系统分析

系统分析又称需求分析，它的作用是在用户和程序员之间建立一个桥梁。需求分析的主要目的是让用户对将要开发的系统在数据、功能、性能、行为、使用范畴等方面有正确的理解，细化用户的需求并形成软件规格说明书。

需求分析要把用户对系统的功能、性能、资源、成本、可靠性、进度等各方面的需求转化为程序员能够理解和实施的计算机结构与流程（软件规格说明书）。主要的任务是消除与用户在需求理解上的歧义，分析整个系统结构和数据流，明确各结构间的接口，确定系统架构、用户界面、用户行为模式，编写软件规格说明书并以此作为系统完成后验收的依据。需求分析也为下一步系统设计打好基础。

需求分析主要有三个阶段：问题分析、需求描述和需求评审。

1）问题分析阶段

系统分析员在这个阶段主要对用户需求中的相关问题进行分析。用户和系统分析人员的视角不完全相同，有些来自用户出发点和角度的需求用技术手段无法建立模型，有时用户的需求不能被分析员充分理解，有时用户的需求不能准确表达，有时甚至不能被意识到等。这就要求分析员在这个阶段中经常与用户接触，如发放调查表、召开讨论会、与用户直接交流等，来了解用户具体工作环境和流程，挖掘用户潜在的尚未被用户认识到的需求。经过多次交流与修改确定的需求说明会比较符合用户的实际需求。

2）需求描述阶段

这个阶段主要是按照需求对问题进行抽象、分解和分析，建立系统逻辑模型。结构化分析方法是这个阶段常用的方法。可以利用数据流程图、数据字典、结构化语言，以及描述处理逻辑的工具如判断树、判断表等抽象出系统的逻辑模型，反映出系统内部数据传递、转换关系，形成整个系统的逻辑方案。

3）需求评审阶段

在进行了系统分析并提出了软件规则说明书后，用户与开发者需要对分析结果进行认真仔细的评价，检查在数据流、功能、界面等方面是否有遗漏和错误。

3. 系统设计

需求分析的结果是产生新系统的逻辑模型，确定新系统的逻辑方案，为系统设计打好基础。系统设计一般分为总体设计和详细设计两个部分。

1）总体设计

告诉用户系统具体将要做什么。一旦用户同意了这个总体设计，将这个总体设计转换为更加详细的文档。

模块化是软件设计和开发的基本原则和方法，是系统总体设计的主要工作之一。将系统设计成由相对独立、单一功能的模块组成的结构，能够简化系统开发工作，防止错误蔓延，提高系统的可靠性。在模块结构图中，模块之间的调用关系非常明确、简单，每个模块可以单独被理解、编写、调试、查错与修改。

2）详细设计

主要是让系统建设者了解要解决用户的问题所需要的硬件和系统。主要描述系统的硬件配置、系统代码、人机界面、输入和输出、数据库、程序设计和网络体系结构设计的内容。也就是说，详细设计是系统说明的一个技术层面上的描述。

程序设计主要是对模块内部各功能之间的设计以及与外部模块的接口设计。通常程序设计采用自然语言结合图形（程序流程图、方块图、层次结构图等）及图表工具实现。程序设计完成后的产品是“程序设计说明书”，确定程序结构、功能、输入输出项、算法、接口等，为下一步“程序实现”做好准备。同样，“程序设计说明书”也需要复审。

4. 系统实现

系统实现就是按照系统设计说明书的要求，通过编程、物理系统的安装与配置、系统测试等把系统设计阶段产生的物理模型转换为现实的、可用系统的过程。这个阶段中，程序实现是一个主要的工作。

系统实现后，要对系统进行相关的功能测试、程序测试和性能测试。在系统日后的运行中，还要进行系统的长期维护工作。

5. 系统测试

测试是软件开发生命周期中的质量保障过程之一，通过使用各种测试方法和工具，对软件进行验证和确认，以发现和纠正潜在的缺陷和错误。测试阶段包括单元测试、组装测试、系统测试、确认测试和回归测试等不同层次与类型的测试，以确保软件的正确性、可靠性、可用性、安全性等方面达到预期的质量标准。单元测试是对软件中单个模块或组件进行测试；组装测试是对不同的模块或组件进行集成测试；系统测试是对整个软件系统进行测试；确认测试是由用户或客户进行的测试，以确认软件是否符合用户需求和期望；回归测试是在软件修改后重新执行的测试，以确保软件修改不会影响原有的功能和性能。测试阶段的目标是尽早发现和纠正软件缺陷，以减少后续维护成本和风险，提高软件的稳定性和可维护性。

6. *系统维护*

系统维护是软件开发生命周期中的最后一个阶段，旨在确保软件能够持续地按照用户的需求和期望工作，不断优化和改进软件的功能和性能，以适应不断变化的业务和技术环境。系统维护阶段包括预防性维护、修正性维护、适应性维护和完善性维护等不同类型的维护活动。预防性维护旨在通过定期维护和保养，预防软件发生故障和性能下降；修正性维护旨在纠正软件已知的缺陷和错误；适应性维护旨在改善软件的适应性和可用性，以适应不断变化的业务和技术环境；完善性维护旨在不断完善软件的功能和性能，以提高软件的竞争力和用户满意度。系统维护阶段的目标是最大限度地延长软件的寿命和价值，增强软件的竞争力和用户满意度，提高软件的总体生命周期价值。

3.2　数字图书馆系统的构成

3.2.1　系统结构构成

从系统结构构成要素上看，数字图书馆主要由元数据与对象库、调度系统、查询系统、网络协议和标准体系构成（王大可，2002b）。

1）元数据与对象库

元数据是关于数据的结构化数据，它是存储在数字对象中的信息，包含一些识别对象的条件、条款和调度码，用来管理网络环境下的数字对象。元数据的描述标准有很多，常用的有 Dublin core 等几种格式。

对象库用来存储、管理数字对象和相关信息。通常是按照数字对象的每个元素的数据类型来存储，存储的数字对象包括数字化文本、图像、视频、声频信息及其他二进制位编码。对象库可以采用分布式资源存储方式，数据库可分布存储在任意一个远程服务器上。

2）调度系统

调度系统是一个分布式的具有多层结构的管理系统，有统一标识机制、调度码注册、调度码解析、元数据管理等功能。调度系统通过建立一个完善的调度码体系、资源统一命名规则和调度机制，以唯一标识符调度码来确定数字图书馆中的数字资源，实现对分布式环境下数字图书馆中数字资源的管理。该系统是一个存储调度码和相关数据的分布式系统，可用于定位或访问由调度码命名的项目，并对网络上数据资源的访问进行实时监控、资源调度、信息发布等管理。

当资源环境发生变化时，只需要将调度系统做相应的处理，即只要将调度码指向的对应值做相应的修改，就可以保证服务的正常运行。调度系统还可以通过附加的基本元数据，协助系统为用户进行资源定位和导航。

3）查询系统

实现有效的文本和多媒体数据查询是数字图书馆的重要功能。数字图书馆的查询系统一般由查询协议、用户接口、检索引擎和索引组成，并与 C/S、对象库密切相关。

目前文本查询和多媒体查询技术都有了较大的发展，查询系统设计时可以充分应用这些技术。

4）网络协议

数字图书馆系统是在网络环境下运行的一个大型应用系统，除采用 TCP/IP、HTTP 等内部通信协议外，在实现跨库检索与信息发布时还要采用 Z39.50、SOAP、CORBA（common object request broker architecture，通用对象请求代理体系结构）等其他通信协议。

5）标准体系

数字图书馆系统设计应严格遵循国际国内一系列标准，包括元数据定义标准、数据库描述标准、网络通信协议、汉字字符集标准、文献著录标准及软件工程中所提供的各种标准，以支持数字图书馆的互操作。

3.2.2　数字图书馆系统的功能构成

从数字图书馆系统的功能看，数字图书馆系统通常由管理子系统、资源建设子系统、服务子系统构成，如图 3-2 所示。

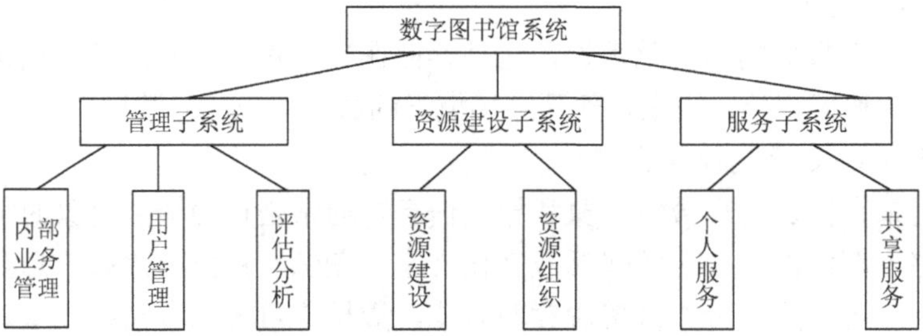

图 3-2　数字图书馆系统的功能构成

1. 数字图书馆管理子系统

数字图书馆管理子系统通常包括数字图书馆内部业务管理、用户管理和评估分析三个方面的功能。

1）内部业务管理

图书馆集成管理系统是用在数字图书馆内部业务管理上的标志性系统。它是个比较庞大而且涉及图书馆业务较多的软件。传统的图书馆系统就是以图书馆集成管理系统为代表。集成管理系统以图书馆业务流程为基础，以数字化的书目记录为核心，可以部分取代手工劳动，成为当前图书馆自动化的一个标志。

除了集成管理系统外，图书馆资产管理系统和财务系统也是业务管理的一部分。

资产管理系统用来统一管理图书馆的资产。不仅应该包括采访部分订购的各种类型和媒介的文献，而且还包括计算机设备、办公设备等资产管理。一般的集成管理系统中也有少量的资产管理功能，但是无法满足图书馆的实际需要。例如，集成系统通常只有纸质书刊的财产登记，缺少处理电子资源购置和其他硬件管理功能。

财务管理方面已经有许多很成熟的系统，但是由于图书馆经费使用的特殊性，能够适用于图书馆财务管理的系统非常少。集成管理系统中也包含了采购部分的资金分配、结算等功能，但与我国图书馆目前现行财务体制和通用财务系统之间无法相通，故只能用到少数预算等功能，并且常常只作为图书馆书刊资金使用和控制的一个辅助工具。

2）用户管理

用户管理子系统通常包括用户统一认证模块和计费管理模块。

（1）用户统一认证模块

在数字图书馆系统中，许多功能软件都具有自己独立的用户认证功能，这使得用户在使用不同系统时每个系统都不得不进行登录，比较麻烦。虽然一些数字资源发布系统如电子期刊库等使用 IP 地址默认登录控制的方法，能够在一定程度上减少用户的登录次数，但是这样会影响用户个性化服务的开展。因此，数字图书馆系统有必要建立用户统一认证机制。用户统一认证可以最大限度地避免重复登录，提高用户访问数字图书馆的效率。

数字图书馆统一认证的对象不仅包括本地数字图书馆的普通用户，还包括各级工作人员、外部用户、管理人员等。

用户统一认证模块通常可由用户登录/注册子模块、用户访问权限设置子模块、与外部其他认证系统的接口子模块、用户个人信息管理子模块等构成。

（2）计费管理模块。该模块主要对数字图书馆各类收费服务统一进行计费与结算，能够让管理人员对不同的服务制定相应的收费规则、收费标准，实时进行各种服务的费用结算与财务系统作数据交换等。

3）评估分析

评估分析是评价数字图书馆运转情况、服务效率和服务质量的一个非常重要的手段。主要包括业务评估、资源评估和服务评估等几个模块。业务评估模块主要用来评估工作人员业务工作的情况，类似人事管理。这个系统不仅需要确定工作人员的工作性质和范畴、收集工作量，还要有一套客观的评估标准来测评完成工作的质量和数量。资源评估模块通过对数字图书馆的电子资源使用状况进行评估，来反映资源的使用情况，作为数字图书馆调整数字资源的馆藏结构的一个重要参考依据。服务评估模块通过一些量化的统计数据和服务评估标准来评判数字图书馆提供服务的质量。这些功能模块的设计需要谨慎确定统计数据的采集渠道和评测指标，以求系统评估的标准尽可能客观、可靠。

2. 数字图书馆资源建设子系统

数字图书馆资源建设系统主要进行数字资源的采集、加工、组织、发布，由资源建设和资源组织两部分构成。

1）资源建设

资源建设包括本地资源数字化和外部数字化资源的采集两个层面。

本地资源数字化主要是进行本地馆藏的数字化工作。目前我们在数字图书馆中常见的各种特色数据库，如学位论文、教学参考书以及其他有特色的资源库就是本地资源数字化的典型。

外部数字化资源的采集主要指筛选、购买商用电子文献库或者采集网上的免费数据资源。目前我们在数字图书馆中常见的各类学科导航、商用电子资源数据库是比较典型的外部数字化资源采集的例子。

在这个模块的设计中，需要特别注意不同数据源不同著录标准和存储方式的处理、异构数据库的集成检索、数字对象的知识产权和保护等。该模块应当提供一套实用的馆藏资源数字化和内容发布方案，如能够进行数据的录入和接收、图像扫描、光学字符识别、视频、音频信息捕捉，以及提供接收多种格式数据的手段，并备有各种格式数据的转换程序和接口。其技术涉及数字化技术、网络协议、传输速度、媒体特征、语言转换及网络传输质量控制等许多方面。该模块通常由文献数字化、元数据标引、数据存储、数据发布、用户控制和计费管理等子模块组成。

2）资源组织

资源组织具有以下四个功能。

（1）资源整合。资源整合就是把同类型或同领域的数字资源集成到一个系统平台之中，让用户可以有针对性地检索。通常这类系统会将有关数据对象的元数据信息进行集成并提供对数据对象的访问链接，让用户直接到数据源系统中获取相应的数据对象。

（2）电子期刊刊名整合。收集自建、购买、网上免费等电子期刊的元数据信息，如刊名、出版单位、国际标准连续出版物号（international standard serial number，ISSN）、链接刊名的 URL 等数据，并按统一的著录格式对这些信息进行分类、主题词标引、来源说明等标引后放到数据库中。用户可以按照刊名、ISSN、分类、主题词等方式找到对应的期刊元数据记录，并通过 URL 链接直接访问到该刊的内容。特别是当用户不熟悉数字化期刊资源的情况下，通过本系统能够方便快捷地查询到与自己学科相关的电子期刊记录，实现初步的基于内容的服务。

（3）学科导航。学科导航以学科服务为中心，通过对分布在网络上的某一特定学科的数字资源进行搜索、标引、组织等，将数字化的各类学科资源（如图书、期刊、多媒体、超媒体等）整合到一个元数据系统中，提供给用户关于某一个学科方面的数字资源入口。

（4）统一检索。数字资源统一检索支持用户在一个统一的界面和查询环境下对不同数据源的信息进行统一查询，并且以统一的界面显示不同数据源的查询结果。数字图书馆中的数字化资源类型繁多，发布方式和数据形式各异，用户检索信息时需要在不同的检索系统之间进行切换，去熟悉不同检索系统的功能，给用户带来很多麻烦，而且还不能保证检全率。有了统一检索功能，能够为用户屏蔽不同的检索界面，使用户在统一的检索界面下进行操作，可以同时查询多个资源，提高资源的易用性和查全率。

在该模块的设计中，要充分考虑元数据标准、检索策略、查询结果处理方式的选择。

3. 数字图书馆服务子系统

数字图书馆服务子系统是在现有资源的基础上，借助于各种先进的技术和服务手段，使资源增值利用并提供特殊服务。数字图书馆服务子系统通常由个人服务和共享服务两个部分组成。

1）个人服务

个人服务是针对用户个体的服务，通常由虚拟参考咨询系统、一站式服务系统、其他服务系统等组成。

（1）虚拟参考咨询系统。虚拟参考咨询是建立在足够数字资源的基础之上，借助网络向用户提供的一种交互式的服务。用户通过本系统与图书馆参考咨询员在网络上进行实时交流，获得需要的信息。这类系统的主要由用户管理、实时解答、咨询结果处理、信息推送、网上培训、统计分析等模块组成。目前许多系统实现了联合模式的虚拟参考咨询，用户提出的问题通过控制中心传递到非本地虚拟咨询系统并由专业人员给予答复。

（2）一站式服务系统。一站式服务又被称为一体化服务，是采用服务集成的方式让用户在一个站点中获得所需要的数字图书馆各种信息服务。每个用户可以在系统中定义自己所需要的服务，获得自己专用的相关信息，而不必关心该系统后面数据资源的分布情况、各种资源和服务系统的特点、数据格式的差异等。一站式服务系统主要由用户的认证授权、个性化定制、个人消息推送及与其他系统连接的接口等模块组成。

（3）其他服务系统。除了虚拟参考服务、一站式服务外，数字图书馆还向用户提供一些其他服务，如自助借还书、自助续借等服务，用户可在没有图书馆工作人员干预的情况下自己进行相关操作。

2）共享服务

共享服务是指通过标准协议发布数字图书馆的数字资源，让其他相关的机构能够进行检索和数据交换。现在常见资源共享服务有馆际互借、基于 OAI 的数据提供服务、Z39.50 协议与 Z39.83 协议等。

（1）馆际互借。虽然图书馆集成管理系统大多有馆际互借功能，但是由于各系统对标准协议的理解和处理方式不同，因而常常只能在同种系统中实现馆际互借。专用的馆际互借是在具有联合编目数据的基础上，按照馆际互借协议统一协调处理各馆间的文献互借记录。

（2）基于 OAI 的数据提供服务。随着互操作协议 OAI 的不断完善，数字图书馆可将自己的数字馆藏用符合 OAI 协议的方式提供服务，其他 OAI 服务提供方可以用采集器下载数据提供方的元数据信息。处理过程是将资源库中的元数据部分按 OAI 元数据获取协议（OAI protocol for metadata harvesting，OAI-PMH）要求进行封装，并通过 Web 服务器向外发布。

（3）Z39.50 协议与 Z39.83 协议。处理过程类似基于 OAI 的数据提供服务，只是遵循的是 Z39.50 协议与 Z39.83 协议。一般系统多以 C/S 模式提供服务，也可以通过 Web 网关处理后以 Web 服务器方式发布。

3.3　数字资源整合管理系统

3.3.1　数字资源整合管理系统的定义

数字资源整合管理系统是一个整合图书馆所有数字资源，包括本地和远程的不同平台、不同结构的分布式资源的系统，它为用户提供统一的检索入口、统一的身份认证，可以实现对数字资源的多方位链接，将从不同资源处获得的信息以统一的格式显示给用户，并能提供定制与个性化的服务等功能。图书馆使用数字资源整合管理系统来建立数字图书馆门户。

3.3.2　数字资源整合管理系统的体系结构

经过几年的发展与实践，数字资源整合管理系统已基本形成一些特定的模型或特定的体系结构，通常由四层组成，即表示层、应用层、协议层和内容层。

（1）表示层：用户看到的门户的直接界面，是图书馆提供给用户与图书馆资源进行交互的接口，现在常见的表示层都是基于 Web 界面，但也有采用图形用户界面（graphical user interface，GUI）的。

（2）应用层：由一些不同类型的软件应用所组成。这些应用通常包括用户验证系统、基于门户的搜索引擎、资源及权限管理、定制与个性化、实时咨询等，应用层提供数字图书馆门户的所有服务。

（3）协议层：负责用户客户端与应用层及应用层与服务器端之间的标准通信方法，如 Z39.50、HTTP、ODBC、OAI 等。

（4）内容层：包含门户内部可以容纳的所有信息资源，如电子期刊、电子图书、数据库、全文资料、Web 文档、图像、音/视频资料等，其文件格式也可以是多种形式的。

3.3.3　数字资源整合管理系统的功能模块

数字资源整合管理系统近年来取得了较快的发展，不同厂商或机构的系统之间存在着一定的差异，但其主要模块与实现的功能是一致的。

1. 集成检索

集成检索（也称统一检索、广播式检索、联邦检索）为用户提供单一的检索界面与接口，通过这个界面，用户利用统一的检索方法能同时检索多种异构的分布式数字资源，并自动对检索结果进行去重、排序等处理，最后将检索结果以统一的格式呈现给用户，这是任何数字资源整合管理系统都必不可少的功能模块。

2. 资源开放链接

该模块能对图书馆所有的数字资源包括网络资源、OPAC 等进行全方位的、动态的无缝链接，使图书馆将链接的设置权控制在自己的手中。与资源提供商相比，图书馆更加清楚本馆的资源情况，更加了解用户的要求，因此往往更能提供对用户有用的链接。

3. 身份验证

由于涉及知识产权和资源提供商的利益，对访问图书馆数字资源的用户进行身份验证是非常必要的。数字资源整合管理系统的身份验证模块就是要解决统一身份认证的问题，即做到“一次登录、统一认证、整合检索”。通常这种统一身份验证是通过使用一个代理服务器来实现的。一般情况下，都有基于 IP 地址和基于单一用户名与密码两种认证方式，前者主要用于整个机构内，如整个校园的所有用户；后者主要是方便那些在外或在家需要访问图书馆资源的合法用户。

4. 数据统计

该模块用来对数字资源整合管理系统内的各种资源的使用情况进行统计，从而为图书馆的工作计划、管理和决策工作提供支持；同时，该模块提供的性能测试数据有助于将不同的服务或整个门户服务配置到最佳状态，降低图书馆工作人员的工作强度，减少成本。

5. 个性化服务

个性化服务能真正体现图书馆以用户为中心的理念，因此，个性化服务也是数字资源整合管理系统的重要组成部分。个性化服务模块在数字资源整合管理系统中通常是以“My library”“My space”等形式出现的。它是以用户为中心的、用户可操作的、个性化地收集组织数字资源的一种可定制的门户，即用户从数字资源整合管理系统包含的全部数字资源里，选择自己需要的信息组织在“My library”中，之后访问“My library”时，用户将获取所定制的资源的最新内容。此外，用户在“My library”中申请取得一定的空间，依据自己的兴趣爱好和专业领域建立服务定制，系统根据用户所提交的个人资料而提供不同的服务项目和服务结果，帮助用户获得与其特征描述相一致的信息资源。

3.4　数字图书馆用户接口设计

用户接口（user interface，UI），又称用户界面、人机界面、人机接口，它是用户与计算机进行交互的操作方式，即用户与计算机互相传递信息，其中包括信息的输入和输出两大功能。用户接口介于人与计算机之间，是人与计算机之间传递、交换信息的媒介，是用户操作计算机系统的环境。通过用户接口，用户向计算机系统提供命令数据等输入信息，这些信息经计算机处理后，又通过用户接口把反馈信息回送给用户。衡量用户接口优劣的标准在于是否对用户友好，它包括外观和感觉两个因素。好的用户界面应当是美观易懂、操作简单，且具有引导功能，它能使用户感觉愉快、兴趣增强，从而提高使用效率。用户接口的核心内容包括显示风格和用户操作方式两大部分，它集中体现了计算机系统的输入输出功能，以及用户对系统的各个部件进行操作的控制功能。

3.4.1 用户接口子系统的组成

数字图书馆用户接口子系统是面向网络上所有用户的，要由用户本人直接在计算机上操作，以获取所需信息。从功能角度来看，数字图书馆的用户接口系统应由以下三个主要部分组成。

1. 面向用户部分

它负责直接与用户交互，可以与各种用户以最适合他们的方式进行交互，这个部分也称外部界面，它是用户直接打交道的平台，用户可以按照自己的爱好对它进行修改。例如，目前，已开发出了一些工具可用于向虚拟用户提供个性化服务，如“My library”和“My gateway”等。用户可以根据自己的喜好，把自己经常会使用的或所关注的信息条目加入到自己的“My library”里面，使自己的用户界面更加个性化，极大地节省了用户访问网站时用在查找所需信息所花费的时间。

2. 面向系统部分

它负责与系统内部各部分交互，它以系统内部各部分所需要方式提供服务，把用户信息输入给系统内部的同时接收系统的输出，这个部分也称为内部界面。该部分主要将用户输入的信息转换为系统可以识别的语言，然后与数据库中的信息进行匹配，以满足用户需求的信息输入需求。

3. 转换部分

它负责内部界面与外部界面之间的信息转换，它实现面向系统的交互与面向用户之间的转换。这样，我们可以视用户接口为逻辑用户，从而掩藏了实际用户以及实际交互过程的复杂性。

3.4.2 用户接口系统的设计

数字图书馆是由各种形式的信息资源组成的网络，不仅需要为普通用户提供利用、查找资源的平台，还需要为数字图书馆管理人员提供可操作的数字图书馆管理平台，同时还需要为信息资源供应商提供一个能够添加数据的用户接口。为了保持系统中各个部件的一致性，我们在设计数字图书馆用户接口时，应遵注意以下设计要点。

1. 用户参与

用户是系统交互界面的最终使用者，其参与方式有两种：一是在系统的设计阶段，由一定数量的用户配合系统设计人员一起完成系统的用户交互特性需求分析和交互任务需求分析，做好人机界面设计必要的前期准备工作；二是在系统人机界面原型设计完成后，选择具有代表性的用户群体对人机界面原型进行检验和评估，找出界面设计的缺陷和错误，然后酌情做进一步的修改。

2. 用户控制

用户控制指系统人机界面应使用户感觉自己在控制系统，而不是被系统所控制。用户应在系统人机交互中扮演主动角色，可根据需要选择交互方式和步骤完成交互任务，不同用户对人机界面的要求有所差异，因此颜色、字体等界面要素，可根据用户个性提供人机交互选项功能，合理地进行交互任务区分并划分进程，用户无须加载整个应用模块来执行某个操作。系统还应允许用户对界面做一定的自定义设置。用户进入和退出系统时有注册和注销操作。

3. 界面设计一致性

一致性的人机界面可使用户将已有的知识和经验传递到新的任务中，更快学习和使用系统，将更多的注意力集中到判断、分析、检索、归类等具体的交互任务上。一致性主要表现在颜色、快捷键、操作模式和控件使用的一致性四个方面。在用户输入设计上，可采用键盘输入，功能输入、鼠标点击或触摸屏输入等多种输入方式；命令语句的名称或缩写易于理解与记忆；屏幕上的显示内容可以前后翻页查找；用户可随意停止或中断系统的查找；用户可方便地进入任意屏幕；界面应采用简便的操作规程。

4. 良好的信息反馈

系统人机界面必须对用户的操作做出反馈，良好的信息反馈有助于用户确认已进行或正在进行的操作。反馈类型可分为词法级、语法级和语义级等信息反馈。用户检索接口功能的重点是给读者以最大的方便来获取所需的信息，因此在功能上要充分体现读者的习惯和要求：系统可显示书刊分类表供读者浏览查找；用户可以随时开始新的查找操作；用户可以对检索结果按某些要求或标准进行限制；保留用户浏览与检索历史，供用户重新使用。

5. 系统反应迅速

系统人机界面需有较短的响应时间，但如果系统对用户操作超过三秒还没响应，会使用户处于一种不知所措的状态。

6. 适用的帮助系统

应设计科学合理的帮助系统，对信息系统来说，仅提供用户手册是不够的。对于系统生疏型用户，阅读完整的手册是困难的，且用户交互过程中会遇到意想不到的问题，时间不允许再去查询手册。因此，系统应根据用户的需要提供上下文帮助、过程帮助等多种帮助形式。

7. 较强的容错性与安全性

用户安全认知措施应针对用户进行权限区分并防止试图侵入的黑客和非法用户，容错性应容许用户误操作，误操作时应给出声音或图像等信息提示，不能因错误操作造成系统难以恢复、灾难性的后果，系统人机界面应有一定的数据备份和恢复功能。系统人机交互设计应能预防错误的发生，具备保护功能，防止因误操作而破坏系统的运行状态和信息存储。系统应提供必要的出错信息，出错信息应清楚、易理解，符合一致性原则。信息内容应包含出错位置、错误等级、出错原因及修改出错建议等内容。

3.4.3 Web 设计中所关注的内容

Web 界面已成为数字图书馆的标准界面。数字图书馆界面应能使用户更方便地访问馆藏数字资源，其设计应遵循以用户为中心的基本原则。用户界面设计过程中应重点关注以下设计内容。

1. 界面布局

应让信息尽量落在人的最佳视区内，无须滚动即能看到。而且，应将相同的内容组合在一起，同时注意它们之间的逻辑联系，这样才能避免用户漫无目的地浏览。由于人对颜色的反应速度比对文字的反应速度快，因此可以用不同的颜色将不同的模块区分开来。

2. 界面内容

由于阅读电子文献的速度要比印刷型文献慢 25%左右，内容应该简洁明了，易于浏览。对于相同的内容，网页上的文章字数应在纸质文献的 50%以内。尽量使用短句、子标题、列表等代替大段的、连续的文字，也可以使用超文本方式将一长段文字分成几个部分。

3. 色彩

颜色的使用应符合颜色的组合规律，应考虑人对颜色的反应特性，不应导致错误的理解，或长时间使用引起疲劳。例如，由于眼睛对蓝色最不敏感，蓝色不适合用于文本、细线或较小的形状上；但是，由于不管颜色是在中间还是在边缘，眼睛对它都是同样的敏感，所以用蓝色作背景色是非常理想的。

4. 图像

图形显示比文字显示更为直观可取，因此图像可以很好地补充说明文字信息。例如，许多用户并不清楚图书馆界中大量使用的“目录”和“索引”之间的区别，但是如果我们用“按主题排列的论文、电子期刊和文本的索引”“按学科类别排列的本馆拥有的图书馆的目录”等这样的句子进行说明时又会让用户感到厌烦，也不符合界面的易浏览性，这时可以用杂志、报纸或是图书的图片加以辅助说明。

5. 导航

Web 式的信息检索系统都是基于超文本技术，使得用户不必遵循传统的从前到后、从上到下的阅读顺序阅读，但是用户经过多次的“跳跃”以后，可能会出现“迷航”现象。为此，应采取措施防止用户“迷航”，应当向用户提供总览功能、提供历史信息，应尽量使链接具有可预测性。

6. 帮助

应提供功能强大的多途径的帮助，对于大多数用户来说并不愿意阅读长篇累牍的使用说明，这时应为用户提供检索式帮助和上下文帮助，协助用户使用检索式以及利用字典定义扩大检索提问，还可以提供一些小技巧或是常见问题的解答等辅助性帮助。对于经常使用系统的专业人士则保留详细的使用说明，同时系统能够对可能出现的错误进行检测和处理，出错信息应清楚、易理解。

7. 多浏览器支持

界面的设计应考虑多浏览器的支持问题。除了支持流行的微软的 Internet Explorer（IE）浏览器之外，还要考虑其他非主流的浏览器如 Netscape Browser（网景浏览器）、HotJava、Firefox（火狐）等。要注意浏览器和有关操作系统是否匹配，如选定的浏览器能否在 Windows、Unix 和 Macintosh 等操作系统上正常工作。

3.4.4　数字图书馆门户的设计

数字图书馆通过其门户网站为读者提供基于海量信息资源的便捷、一站式和一体化的数字化服务方式。数字图书馆门户运用分布式检索和整合结果集等技术，从不同的分布资源获取内容，以统一的形式显示给用户；对用户而言，数字图书馆门户网站是数字图书馆全部资源和服务的访问接入点。通过门户，用户可以搜索多个资源，获取多种服务，能够得到经合并整理过的服务内容，其信息可以通过浏览器获得，也可以通过其他方式获得。

1. 数字图书馆门户的功能要素

数字图书馆门户是为了提升图书馆服务品质而设计建立的，包含通用门户、统一检索、用户认证、资源链接、学科特色门户以及个性化门户的功能要素，这些功能要素可以分为核心要素与非核心要素。其中，数字图书馆门户的核心要素包括：统一认证、统一检索、知识导航、资源链接与全文获取、咨询服务与帮助、个性化服务；非核心要素包括：动态消息、网站索引、站内检索、概况介绍、链接服务等。

2. 数字图书馆门户的需求分析

数字图书馆门户需求可以分为门户系统需求、门户网站需求与门户内容建设需求等，其中门户系统需求所占比重最大。系统需求包括门户（内容管理）系统的需求及门户主要应用系统如用户认证系统、统一检索系统、虚拟咨询系统、馆际互借与文献传递系统、资源调度系统等的需求。

门户网站的设计需求包含美工设计和功能设计需求。美工设计需要提出整体风格要求和栏目设计；功能设计需求则是门户特有的一些功能需求，如知识导航、网站索引、站内检索、最新动态、帮助等功能的组件开发需求，这些不是独立的系统，但要实现这些功能，需要在门户系统的基础上进行组件开发。

门户内容建设需求主要是内容和数据方面的整理与发布需求，包括内容的格式、字体、颜色、图片添加等方面的需求，以及数据发布和管理方面的需求等，前者可能需要进行串联样式表（cascading style sheets，CSS）设计，后者可能需要开发单独的管理端。

3. 数字图书馆门户的系统设计

数字图书馆门户是直接面对用户的集成服务界面，其系统设计在整个数字图书馆系统建设过程中意义重大。下面介绍其中的几个关键设计：门户服务链流程设计、门户知识导航体系建立、统一认证系统的设计。

1）门户服务链流程设计

在设计门户服务链流程时，需要进行门户的总体服务链流程设计，这个设计体现的是用户访问门户的整体流程以及门户本身的服务流程。门户的总体流程是针对全体用户而设计的。读者是否在门户上登录是可选择的，登录后通过统一认证，有权限的用户可以畅通地使用门户上的资源与服务；如果不登录或登录后认证不通过时，系统默认其为访客，可使用门户上的免费资源，直到系统拒绝或提示登录。“登录 + 认证”是门户流程中贯穿始终的最重要的流程之一，只有厘清了这个流程，门户的总体流程设计才可能畅通。

2）门户知识导航体系建立

随着网络信息系统的发展，学术信息交流体系重组、信息检索和传递的非中介化，用户获得信息的主要障碍已从距离上的障碍转变到选择上的障碍，这种用户需求的转变决定了图书馆的服务功能必须向“知识导航”服务转变。发展知识导航服务是图书馆信息服务的基本需求，因此，数字图书馆门户必须具有对读者的强大的知识导航功能。数字图书馆门户知识导航体系分为资源类型导航和学科导航，并在此基础上提供相应的浏览功能、检索功能与管理功能。学术性的数字图书馆门户上的学科导航体系一般采取学科主题树的方式，建立多级显示的主题树，可根据需要进行扩充。

3）统一认证系统的设计

统一认证是门户应用系统中最复杂、也是最重要的系统之一，北京大学数字图书馆门户提出了自上而下的统一认证模式，并设计了门户用户的单点登录流程。除了统一认证系统本身的设计需求之外，还对其所涉及的所有相关应用系统，包括图书馆自动化系统、馆际互借系统、虚拟咨询系统、学位论文系统、教学参考书系统、特色库系统、导航库系统以及商用电子资源系统等的认证方式都进行了讨论，最终对自建的、可以进行改造的部分应用系统尤其是馆际互借系统、统一检索系统和虚拟咨询系统等提出了统一认证改造需求；对于不可改造的应用系统如图书馆自动化系统和商用电子资源系统等，分别提出了门户页面改造需求和代理认证需求等。

3.5　Z39.50 协议在数字图书馆中的技术实现

信息检索应用服务定义和协议规范（information retrieval—application service definition and protocol specification）是信息检索的 ANSI/NISO Z39.50—1995 和国际 ISO 23950：1998 标准，即 Z39.50 协议，其目的是通过规范查询式，简化检索过程，实现异构计算环境、异构数据库和不同信息系统之间的通信与数据共享。该协议最初源于 1988 年启动的美国国会图书馆、加利福尼亚州大学图书馆和华盛顿州图书馆之间的“系统互联项目”，后来演变成 Z39.50 协议。它源于图书馆界，在数字图书馆中有着广泛的应用。

3.5.1　Z39.50 协议简介

Z39.50 协议是一种基于 C/S 体系结构的、描述客户机检索服务器上数据的交互规则以及获得检索结果的数据结构的协议，它定义了客户机与服务器之间数据交换的标准，在开放系统互联（open system interconnection，OSI）模型中处于最高的应用层。Z39.50 协议是构成了一个完整的信息检索系统框架。Z39.50 协议的核心是它定义了一个有别于具体数据库的抽象数据库模型，并具体规定了它的实现细节，用以实现各种形式的信息检索服务。新的资料表明，该协议的应用领域极广，除可以检索书目数据外，还扩展到其他类型和其他格式的信息，如全文数据、文摘、索引、校园信息、新闻服务、财务经营新闻、医学和科技信息、图像检索等。

Z39.50 协议标准主要包括两大部分：一部分是检索服务的内容，另一部分是关于信息检索服务所使用协议的详细规则。检索服务的内容只包括为协议所支持的应用服务所具有的功能，而不包括这些功能在特定系统内部的实现方法；协议的内容包括协议控制信息语言、信息交换规则和实现协议必须具备的环境。

3.5.2　Z39.50 协议应用的技术实现

Z39.50 是关于不同类型信息检索的协议。它把互联的双方分别称为请求方和服务方。当命令、检索方法各不相同的双方不能直接检索对方数据库时，则需要通过 Z39.50 为双方提供服务。Z39.50 建立抽象数据库概念，使每个执行 Z39.50 标准的系统将抽象模型映射成自己专用的模型或者相反。也就是说当请求方向服务方提出请求服务要求时，要把本系统的检索命令转换成 Z39.50 标准格式，即使用抽象语法表示 1 号（abstract syntax notation 1，ASN.1）中的规定，把信息编成 Z39.50 的应用协议数据单元（application protocol data unit，APDU），然后发往服务方。服务方则相反，对 APDU 解码，转成自身系统的检索命令，再执行该命令。检索完成后按上述相反顺序把数据发回请求方，从而实现系统间的互联互访。

1. Z39.50 应用系统的逻辑结构

Z39.50 应用系统在逻辑上可以分为三个部分：后台数据库、Z39.50 服务器以及 Z39.50 客户端。后台数据库是整个系统的核心部分，Z39.50 服务器将具体的数据库映射成 Z39.50 的抽象数据库模型，后台数据库的各种对象映射成 Z39.50 的某种属性集，两者通过 ODBC、JDBC 或数据库接口等方式与数据库客户端驱动程序进行通信，Z39.50 服务器这时成为数据库的一个用户，并将数据内容按协议有关规定传送给 Z39.50 客户端或者将来自客户端的数据写入后台数据库。ZClient 与 ZServer[①]的数据通信与信息交换遵从 Z39.50 协议的有关规定。

① ZClient（Z39.50 client）是指使用 Z39.50 协议进行搜索和检索操作的客户端应用程序或系统。它通常由用户使用，用于发起搜索请求、指定检索条件，并接收来自服务器端的检索结果。ZServer（Z39.50server）是指使用 Z39.50 协议提供搜索和检索服务的服务器端应用程序或系统。它负责接收来自客户端的搜索请求，根据请求的条件在服务器上的数据库中执行搜索，并将搜索结果返回给客户端。

2. Z39.50 服务器系统的实现

Z39.50 服务系统的任务概括起来说，就是侦听来自客户的请求，并且根据请求类型和内容或者直接作出回答，或者通过对后端数据库查询后，再作出回答。一个能提供基本服务的 ZServer 系统至少应该接收 InitRequest（初始请求）、SearchRequest（查询请求）、PresentRequest（当前请求）、Close 等四类请求，对前三种请求将分别发送 InitResponse（初始响应）、SearchResponse（查询响应）、PresentResponse（当前响应）消息。服务器端必须支持 Z39.50 标准规定的唯一强制要求的逆波兰表达式（reverse polish notation，RPN）；对于机读书目数据而言，服务器系统应以 MARC 记录格式返回查询结果。ZServer 系统应支持结果集命名以便客户端可以利用已经命名的结果集细化查询或实施新查询。

一个完备 Z39.50 服务系统至少应该包括以下六个模块。

（1）服务请求消息侦听模块。它负责在特定的服务器端口无限循环，接收来自客户的服务请求，并将请求传递给相应的处理模块。

（2）APDU 解码模块。由于来自客户的请求都是经过编码的请求单元 APDU，它必须经过解码后才能被系统理解与接受。服务系统发送给客户系统的响应或检索结果也要经过此模块编码后才能发送给客户端。

（3）查询请求分析处理模块。负责对来自客户端的请求进行分析，还原成用户的检索查询式，再提交给结构化查询语言（structured query language，SQL）事务处理模块。

（4）SQL 事务处理模块。本模块直接与数据库系统交互，完成来自客户的各种 SQL 请求。

（5）结果集处理模块。Z39.50 模块支持结果集处理，以便用户进行二次查询或查询优化。

（6）用户权限管理模块。Z39.50 协议支持资源存取权限管理，提供书目数据控制与管理机制。

3. Z39.50 客户端系统的实现

开发 Z39.50 客户端系统时要考虑到当前各个 Z39.50 服务器对 Z39.50 标准的实现程度。开发客户端时应尽可能全面实现 Z39.50 协议，这样就可以充分利用各种 ZServer 提供的各种服务。在书目情报检索领域，ZServer 与 ZClient 之间使用各类 MARC 记录格式来交换书目记录数据。我国大多数图书馆的书目数据都采用了与国际机读目录（universal machine-readable catalogue，UNIMARC）格式兼容的中国机读目录（China machine-readable catalogue，CNMARC）格式，而所有 ZServer 都支持这一格式。

客户端系统完成一个用户的查询通常包括以下几个步骤。

（1）用户输入查询内容和查询目标。

（2）将用户的查询请求转换成 RPN 格式，并进行基本编码规则（basic encoding rule，BER）编码。

（3）向服务端发送查询请求。

（4）将服务端返回的结果转换成客户系统的内部表示，并呈现给用户。

（5）用户对结果集进行各种处理。

客户系统应该考虑支持对不同目标的多个查询的并发操作和异步（非阻塞）的网络数据传输，以便通过一个客户端可以同时查询多个 ZServer。为完成以上各个步骤，Z39.50 客户系统的模块一般由以下几个部分组成。

（1）查询树生成模块。查询树生成模块的作用是把用户输入的查询式在内存中用一棵 B＋树来保存。

（2）RPN 转换模块。客户端系统发送查询请求 APDU 时，需要对该查询树进行编码，形成一个 RPN 查询表达式。实现方法是后序遍历查询树，在遍历时对节点的信息须进行 BER 编码。

（3）BER 编码模块。该模块是对所有 Z39.50 定义的 APDU 进行编码的基本模块。

（4）APDU 编码与接收模块。生成 RPN 字节流后，和 APDU 的其他成员通过 APDU 编码模块形成查询请求 APDU。客户端发出请求的 APDU 后，应当开始接收服务器端的响应 APDU，即通过 APDU 的接收模块将服务器端的响应完全的接受。

（5）界面管理模块。对用户来说，接触到的主要是软件的界面。因此界面的好坏是用户衡量软件的一个重要标准。界面管理模块包括查询编辑界面、提交记录编辑界面和结果集显示界面管理组成。

4. Z39.50/HTTP 网关的设计

在 WWW 的影响与推动下，出现了浏览器/网关/服务器的模型。网关对于浏览器而言是一个 CGI 程序。对于 Z39.50 服务器而言，是一个客户端软件。网关将两个功能结合起来成为信息交流与转换的中介。Z39.50 Web 网关支持用户通过浏览器对多个 Z39.50 服务器进行访问。Z39.50 Web 网关作为 CGI 程序运行在 Web 服务器端，能够对用户通过 HTML 表单提交的检索请求（包括查询哪些图书馆以及何种计算机书目）进行预处理，转化为 Z39.50 支持的格式；然后创建若干个并发的 Z39.50 客户进程（线程），将用户检索请求同时递交给多个 Z39.50 服务器；在 Z39.50 服务器返回检索结果后，对查询结果进行后处理，包括综合查询结果、消去重复出现的书目等；最后将检索结果转化为 HTML 格式，并返回给用户。使用 Z39.50 网关的最大优点是，普通用户只要能够上网，就可以使用浏览器检索 Z39.50 服务器，查询图书、期刊的书目信息，而不必使用专用的 Z39.50 前端程序，使得图书馆内的巨大的专业信息资源更方便地为普通用户所利用。

3.5.3　基于 Z39.50 协议的联合编目系统的实现

一个基于 Z39.50 协议的联合编目系统大体由以下几个部分组成。

（1）各成员馆的书目数据库。这是联合编目系统的核心资源，存贮了各成员馆的书目数据，在我国书目数据一般采用 CNMARC 的机读格式。

（2）基于各成员馆数据库的 Z39.50 服务器。为本馆用户或外来用户查询、共享本馆资源提供符合 Z39.50 协议的统一的数据库接口。

（3）分布于各馆的 Z39.50 客户端。客户端为各馆编目工作人员通过 ZServer 存取各馆书目数据库提供了统一的软件界面，从而为编目人员共享他馆书目资源提供了可能。

（4）Z39.50/HTTP 网关。提供书目查询的 Web 服务，为用户提供基于浏览器的使用界面。

上面给出了一个多馆协作的联合编目系统结构部分。在该系统结构中，图书馆的书目存放在数据库服务器的一个或几个书目数据库中。Z39.50 服务器在约定端口上侦听用户的连接请求（InitRequest），在成功地建立连接后，Z39.50 客户发出查询请求（SearchRequest），Z39.50 服务器将接收到的 SQL 查询，提交给后台数据库服务器执行，生成查询结果集。随后，Z39.50 服务器将查询的执行情况以及部分结果返回。Z39.50 客户可以多次发出提取请求来获得结果集中的所有书目数据。为了使一个 Z39.50 客户能够同时查询多个图书馆的书目，可以在客户端采用多进程或多线程和多个服务器并发地建立连接，并对查询结果进行后处理，包括综合各进程的查询结果、消去其中重复出现的书目，最后将整理后的查询结果返回。

在实际工作中，为了维护便利，基于 Z39.50 的联合编目系统在处理终端用户时采取了区别对待的策略。对于频繁使用书目库的编目人员，主要使用 ZClient 来实现书目数据查询、上载与下载，以及批量套录；对于普通的图书馆用户，则提供 Web 查询界面，省去客户端安装维护的麻烦。由于在版编目的实现，出版商可以通过向联合采编的中心库提交图书在版编目（cataloging in publication，CIP）数据很容易地参与到联合采编的协作中来。在图书采访、分类、编目趋于一体化的今天，基于 Z39.50 的联合编目系统稍加扩充就能适应联合采编的要求，在更大的范围实现合理的资源配置与共享。

3.5.4　Z39.50 协议在 OPAC 中的应用

数字图书馆中的 OPAC 服务是图书馆向用户提供的馆藏资源查询的功能，其范围已不仅限于公共目录查询。OPAC 已经成为图书馆面向用户提供各种信息检索服务的总称。由于其自身的特点，Z39.50 已经广泛应用于 OPAC 各项服务之中，成了 OPAC 的事实标准。Z39.50 协议在 OPAC 以下几个方面的应用中发挥了重要作用。

（1）文献馆藏信息查询：包括馆藏文献信息的查询、馆藏分布情况及文献在馆情况的查询，提供文献预约功能。

（2）图书借阅记录查询：查询读者基本信息及其借阅图书的情况，提供网上续借功能。

（3）期刊目次检索：查询期刊的目次信息，同时列出目次所在刊的信息以及该刊的在馆情况。

（4）到馆资源通报：提供新书到馆信息并通过网络向读者及时进行通报，及时推荐新到馆图书与其他电子资源。

（5）网上报订：提供图书及期刊的网上报订功能，提高文献采访工作的科学性、实用性与针对性。

（6）联合目录及联合馆藏的检索：提供某一地区的联合书目及馆藏信息的检索，实现区域信息资源共享。

3.6　数字图书馆开发平台

数字图书馆系统开发过程中，开发平台的选择是一个关键性问题。数字图书馆开发平台是以图书馆的各种类型数字资源和互联网上的各种网络资源为中心，以向用户提供方便、快捷的信息服务机制为目的，围绕数字资源的加工建设存储和管理、访问和服务，提供的一整套先进、实用、高效的工具，是开发和利用数字图书馆的管理系统。数字图书馆开发平台能够提供数字图书馆建设所需的数字化专业平台和一系列功能软件模块，实现数字图书馆的各项功能。我国许多数字图书馆建设项目都是基于一些专业开发平台进行的。例如，辽宁省图书馆利用 IBM 数字图书馆开发平台建设的辽宁省数字图书馆，中国知网利用 TPI①数字图书馆开发平台建设的中国知网网络数据库等。

3.6.1　数字图书馆开发平台的选择原则

目前数字图书馆开发平台类型比较多，每个平台也都有自己的一些特色，必须根据自己的需求和状况，综合考虑各平台的适用性，选择合适的开发平台。选择开发平台时，需要考虑以下因素。

1. 平台提供的功能是否能够满足需求

选择数字图书馆平台时，首先要进行需求分析。看需要的是一个综合性的平台整体，还是某个具体功能模块；看待选择的平台是否具备数字图书馆的基本功能模块，是否能够满足需求。如果连这些基本的功能都不具备，则根本无法完成数字图书馆的建设和应用。

2. 自身目前的条件

主要考虑目前的硬件、软件、人员等条件，是否能够与所选择的平台相适应，如果目前的条件不允许，选择性能过高的平台只会浪费财力、物力。

3. 平台的扩展性与兼容性

信息技术是不断飞速发展的，新的技术和手段层出不穷，数字图书馆要符合时代的发展，不断前进，就必须不断采用新技术，因此其开发应用平台没有一定的扩展性和兼容性是不行的。

① TPI 是清华同方光盘股份有限公司（现为北京同方股份有限公司）自主研制的一套基于 Internet 用于知识信息创建、生产、管理、维护和发布的工具软件系统。

4. 平台的标准化程度

只有所选平台符合当前的各种技术标准，才能与其他系统或软件很好地衔接，使数字图书馆的应用面更加宽广，功能更加强大。

5. 性价比

各个平台的功能有不同，其价格也会有区别，图书馆在选择平台时，应该从自身的功能需求和财力两方面综合考虑，选择最合适的，而不一定要是功能最齐全的。

6. 平台服务的好坏

平台的安装、操作和运行维护等，无不需要该平台的开发者提供完善的服务，没有良好的服务，用户在系统培训、维护和升级中将会遇到各种麻烦。因此在选择平台时，必须要考虑平台提供商后续服务的好坏。

3.6.2 数字图书馆开发平台介绍

这里主要介绍 IBM 数字图书馆开发平台和清华同方 TPI 数字图书馆开发平台。

1. IBM 数字图书馆开发平台

IBM 公司是当今世界信息技术行业内的一家著名跨国公司，在“数字图书馆”概念提出、标准设计、理论研究、方案制订和先进技术推广等方面走在前沿。1995 年 3 月，IBM 公司开始涉足数字图书馆领域，首先发起数字图书馆研究倡议和“IBM 数字图书馆计划”，并致力于与之相关系统技术研制开发工作，于 1996 年 7 月推出了第一套数字图书馆的基本结构系统，称为“IBM 数字图书馆”，它是世界上第一个商用数字图书馆软件包。1997 年底又推出中文第二版，实际上这是一套 IBM 内容管理方案和一系列适合于开发信息系统的软件工具和模块，可以作为开发数字图书馆系统的技术平台。

1）IBM 数字图书馆解决方案的具体描述

IBM 数字图书馆的系统核心是 IBM 内容管理系统（content manager），“内容”是一切商业活动的基础，是一个比数据、文档和信息更广的概念。数据通常指结构化的、由传统关系数据库管理系统处理的对象，文档通常指企业和政府的非结构化信息，常常由类似全文信息管理等应用软件来管理，而信息通常包括结构化的数据和非结构化的文档。除了一般的文字、文档、多媒体、流媒体外，内容还包括 Web 网页、广告、程序（如 JavaScript）、软件等一切数字资产，甚至还包括商业规则。内容管理系统用来存储和管理海量的文档信息，在处理音频、视频等多媒体资料时，使用音频流、视频流的服务方式，所以在用户的局域网上设置 IBM CM VideoCharger 服务器，提供音频、视频服务。

IBM 数字图书馆解决方案的逻辑结构分为三个层次：客户层、应用逻辑层、视频数据流服务层。其中，客户层是支持 Intranet（内联网）、Internet 的网络结构，同时支持主流的浏览器，包括 IE、Netscape Navigator 等；应用逻辑层用于平台本身的信息处理和逻辑处理，包括电子商务、客户化的 Web 页面、内容的管理、查询、发布及视频点播等；视频数据流服务层保持与对象服务器之间的信息交流和沟通，处理视频数据流的输出。

IBM 内容管理系统采用的基本框架结构为 C/S 模型，即由各种客户端接口、服务器端接口组成，服务器端由图书馆服务器和对象服务器共同承担。图书馆服务器又称索引服务器，其功能是管理书目数据的查询和索引，对象服务器用于管理收集数量庞大的具体数字化对象，如原文、图片、录音、录像等各种载体形态的数字化信息，客户端是一种交互系统，作为人机界面。这三者形成了信息传递的三角形结构。客户利用信息时，需向图书馆服务器进行登记，查询需要的信息，而图书馆服务器将其请求转到相应的对象服务器，由后者将信息结果直接送达客户，从而实现对象数据的发布。这种三角形的结构与传统图书馆的“读者—目录—书库”三点结构有异曲同工之处。

IBM 数字图书馆解决方案具备五大功能：内容的创建与发布、存储和管理、权限管理、访问和查询及信息的发布。

2）IBM 数字图书馆开发平台的应用实例

辽宁省图书馆选择了 IBM 的解决方案来构建数字化图书馆，希望利用这个全球首家数字化图书馆商用系统先进的技术平台，加速辽宁省图书馆信息内容的数字化转换加工和建设过程，并由沈阳东大阿尔派软件股份有限公司做二次开发和系统集成。在初期的方案分析中，集成后的方案在该馆现有条件下有侧重地进行了取舍，注重了图书馆的资源特点和网络发展趋势，在性能价格比方面采取了效益最佳的方案，专家认为先进的，也是可行的。

该系统在 IBM 提供的数字图书馆 2.0 版平台上开发，其开放的 API 对其他厂商的产品集成了诸如扫描、识别、压缩和转化等多种技术，用于数字信息的创建。该版本平台中的信息管理，包括自动标引、建档、特性抽取和翻译等功能。权限管理方面，它应用了加暗码的使用协议、附加版权信息、注册商标水印嵌入和加密信封等技术。查询工具综合了文本和图像分析以及数字化音视频信息的技术，还利用了自然语言处理（natural language processing，NLP）技术和按语言统计对文档排序的技术提供基本概念的正文检索。特别是实现了该馆在 Z39.50 协议基础上与图书馆自动化集成系统（integrated library automation system，ILAS）的无缝连接。

在软硬件系统选择时，该馆注意功能需求和产品的性能价格问题，同时还注意了厂家和集成商的资信度。为了保证系统的稳定与可靠，避免不同厂商、不同类型产品的差异以及不同技术支持可能存在的兼容、调试维护、后续支持等问题，特别是考虑到作为大型地区性网络系统，该馆决定尽量采用同一厂商的产品。这样充分利用了各种平台的独特性能，可在各设备之间轻易地实现移植。

2. 清华同方 TPI 数字图书馆开发平台

TPI 数字图书馆开发平台是由清华同方光盘股份有限公司（现为北京同方光盘股份有限公司）提出的。TPI 方案的设计基点是解决当前我国图书馆在藏书与利用方面存在的严重矛盾，突出表现在大量文献资料无法有效地管理，资料查询效率低下，而许多关系型数据库无法高质高效地完成全文检索，使用户不便利用，在用户与文献服务之间形成瓶颈，用户不能及时得到图书馆服务系统提供的信息资源，图书馆服务系统也无法及时得到用户反馈。

针对这些问题，TPI 系统提供了比较全面的解决措施，如高性能全文数据库服务器，检索服务器及管理系统，传统信息采集、加工工具，通用电子文档格式转换工具，第四代媒体信息采集、加工工具，高效准确的信息检索系统，先进快捷的内容自动发布系统；支持标准检索协议，电子资源共享，异构数据库统一检索和分布式集群检索。现在国内知名度很高的中国学术期刊数据库的制作，所采用的就是 TPI 技术。

1）TPI 系统的特点

TPI 是基于非结构化文档管理开发的大型智能型内容管理系统，它以全文检索（full text search）数据库为核心，采用流行的浏览器/服务器结构的检索方式和先进的三层 C/S 架构，对文字、图片等多媒体信息进行全面的管理，并配备全文检索服务，支持动态网页。它突出的特点如下：基于分词策略的全文检索可保证较高的查准率和查全率，支持中英文混合检索、渐进检索，为二次开发提供灵活的内容发布平台，各馆可根据情况将数据以各种形式发布到互联网上；提供异构统一检索平台，在统一的检索界面中，可以同时检索多个异构的数据库；提供自动关联功能，用户可以指定记录、库之间的关联；提供智能化的电子图书加工工具，可自动进行倾斜校正、去除噪声、二值化、灰度图像页搜索等图像处理；提供多种形式的数字参考咨询服务，实现脱机或联机的基于文字或视频音频的咨询服务；提供基于网络实时交互技术的远程教学功能；提供功能齐全的个人数字图书馆服务；支持包括 Dublin core、MARC、RDF、Z39.50 等的多种国际标准。

2）TPI 系统基本功能结构

TPI 系统功能由七个子系统提供，它们为数字资源采集系统、数字资源加工系统、数据库发布与检索系统、数字资源管理系统、数字参考咨询系统、网上用户教育系统、个人数字图书馆系统。各子系统又包括两个至七个不同的模块。其中，数字资源采集系统用来实现网上信息采集、现有电子文档格式转换、元数据转换等功能；数字资源加工系统完成对传统资源的加工、标引和分类工作；数据库发布与检索系统实现诸如全文检索、异构库统一检索、分布式检索等各种检索服务，并实现订阅推送、内容发布、全文传送、光盘出版等功能；数字资源管理系统实现用户的权限管理、数据库维护、统计计费等功能；数字参考咨询系统包括 FAQ 咨询、mail 咨询、QQ 文字互动、音视频实时咨询和 BBS 等模块，客观上起着智能化咨询馆员的作用；网上用户教育系统由多媒体授课学习系统、多媒体作业与考核系统、网上咨询辅导系统、课件制作工具等模块组成，能够实现网络互动式远程教学；个人数字图书馆系统为实现个性化的个人资源存储、管理和收集而设计。

第4章 数字图书馆的体系结构

随着对数字图书馆研究的逐步深入，国内外建立了很多基于各种框架和体系的数字图书馆，数字化已经成为图书馆发展的方向。而数字图书馆主要是研究如何组织数字化信息，解决各个信息仓储的互操作，从而形成数字图书馆基础体系结构，来有效地操作大规模的、分布的数字化信息。其目标是实现跨仓储的统一检索，为用户提供一个虚拟的、统一的信息网络。因此，数字图书馆的体系结构是我们在建设数字图书馆的过程中考虑和解决的首要问题。而数字图书馆体系结构解决的主要问题是数字对象的信息组织结构和分布式信息仓储的组织结构。本章将分别阐述数字图书馆的基本体系结构、信息体系结构、技术体系结构与系统体系结构，并对数字图书馆的体系结构进行了详细的分析研究。

4.1 数字图书馆的基本体系结构

数字图书馆的体系结构最早是由罗伯特·E. 卡恩（Robert E. Kahn）和罗伯特·威兰斯基（Robert Wilensky）在1995年发表的《分布式数字对象服务的框架》一文中提出的Kahn-Wilensky（简称K-W）结构。此后William Y. Arms等在1997年提出了数字图书馆的信息体系结构，认为数字图书馆是一个在广域网中面向对象的分布式的数字资源组织体系，这个结构初步应用于美国国家数字图书馆计划（national digital library program，NDLP）。数字图书馆的建设到目前为止，并不存在一个通用的数字图书馆体系结构，原因在于数字图书馆收藏内容、规模大小、服务对象、知识产权等技术和非技术因素使数字图书馆体系结构设计多样化，此外数字图书馆所采用的现代信息技术和相关标准也在不断发展。

数字图书馆要为用户提供各种简单易用、功能强大的知识服务，通常从功能上可将数字图书馆划分为：资源库、命名系统、索引/搜索系统、用户界面等部分。数字图书馆的建设包括了各种数字资源的创建、管理、查询、利用、存储的整个过程。自从William Y. Arms等于1997年提出了数字图书馆的信息体系结构以来，数字图书馆的体系结构也在不断完善和发展，并通过许多试验项目在不断改进。数字图书馆的基本体系结构如图4-1所示（牛振东和赵四友，2003）。

（1）资源库。资源库的功能是存储和管理各种数字对象，通常是由关系型数据库来管理，应用程序通过资源库提供的库访问协议来访问资源库，可实现存储、访问、复制、移动和删除数字对象等操作。

与Web上的信息所不同，数字图书馆中数字资源是以数字对象进行封装的：一个数字对象包括以下三点。①一个全球唯一的独立于地址的长期标识符。②数字资料，存储数

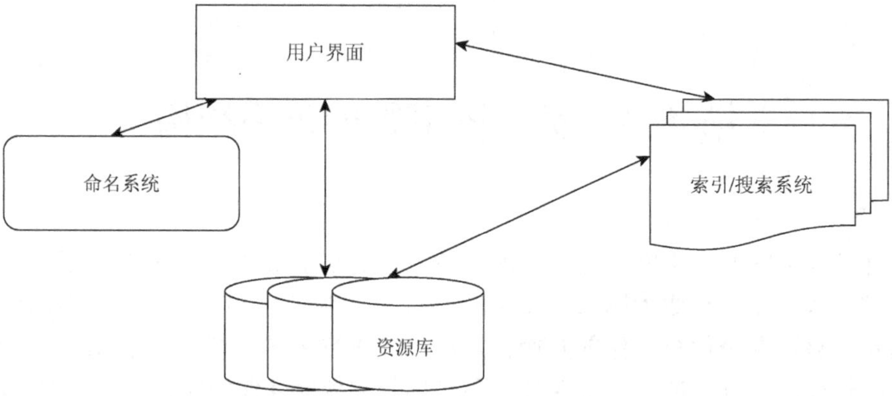

图 4-1　数字图书馆的基本体系结构

字图书馆的资料，也就是最终用户需要获取的信息内容，如经 XML 置标后的文本、一本电子图书等。③元数据，关于数据资料的数据。一般情况下，元数据有三种类型：描述性元数据，用于发现和标识一个对象，如 MARC 和 Dublin core；结构性元数据，为用户显示和导航一个对象（包括该对象的内部组织信息），如一本书的章节；管理性元数据，描述该对象的管理信息（创建日期、文件的格式、访问权限、知识产权问题等）。

（2）命名系统。命名系统是针对长期标识符的分配、管理及解析的一个综合系统，国家研究计划（Corporation for National Research Initiatives，CNRI）公司为数字图书馆提出了完整的命名系统 Handle System（句柄系统），它是一个独立的系统，其职能是负责数字资源的全球唯一的、长期的、独立于地址的命名的分配、管理和解析。在调度系统中，本地名称空间通过获取一个系统的命名授权，就可以纳入全球调度名称空间，这样所有的本地名称在全球调度名称空间中将是唯一的。

（3）索引/搜索系统。索引可能是由机器的自动扫描、手工录入和干预创建的，或者是这二者的结合。客户机查询后提交给索引服务器，将返回与之相匹配的数字对象的统一资源名称（uniform resource name，URN），如调度码。索引服务还提供被索引信息的元数据和查询机制。

（4）用户界面。一般情况下，数字图书馆借助通用的 Web 浏览器作为其用户界面工具。此外，用户界面的内容编排和服务方式问题是很复杂的，不同的用户需求是不同的，用户对数字图书馆的简单灵活的需求首先就表现在用户界面上。

4.2　数字图书馆的信息体系结构

数字图书馆的信息体系结构是指在数字图书馆中组织信息的结构，研究如何有效地、灵活地在数字图书馆中表现丰富多样的数字化收藏信息，并使计算机软件理解数字信息的结构，执行用户所期望的交互式的通用解决方案。信息体系结构是数字图书馆的一个关键设计问题，直接影响着数字图书馆中数字化资源的存储、管理和检索方式，是数字图书馆体系结构的核心部分。

4.2.1 信息体系结构的基础

数字图书馆的信息体系结构就是研究数字图书馆中数字信息的组织，首先要对数字图书馆中的数字信息有一个基本认识。

1. 数字信息的概念

数字图书馆的信息是由经过数字处理的数据元素组成的。这些元素包括数字对象（digital object）、元数据（metadata）、调度码（handle，又称标识符）。数字对象存放于资源库（repository）中，以一定结构的数字形式来表达信息内容（information content）。

数字图书馆要充分反映信息的复杂性。为了表示信息的复杂性，需要将若干数字对象组合起来。这些被组合起来的数字对象被称为数字对象集，所有数字对象都有相同的基本形式，但每个数字对象集的结构取决于它所代表的信息内容，而不是数据元素的存储形式。

在数字图书馆中，有许多种不同形式的资料，其信息有多种类型，如带 SGML 的全文、WWW 对象、计算机程序等。对每种类型的资料，都应该按数字对象集的条例和规则加以描述，即每种对象用什么标识符，对象集的每个数字对象及相关的元数据的内部结构是如何构成的，对象如何命名等。

2. 数字信息的特征

1）相关性

相关性是指本对象与其他对象的相关性，如部分、整体、系列等的关联关系。举例来说，一篇已数字化的全文可能与章节内容、前言、索引、插图、附录、参考文献等数字对象相关。

2）数字格式

同一项目可能用几种数字格式进行存储，目前大多数都使用 XML 格式，也可能要把一种格式转换成另一种格式。不同的格式包含着不同的信息，如用 XML 格式描述的正文页的信息与附录格式的内容是不同的。

3）数字对象的变化

数字对象容易改变，数字对象应该能够反映这种变化。例如，一种书有不同的版本，一张相同的扫描照片可能有高质量的存档图像、普遍使用的中等分辨率版本、提供图像概貌省去大量细节的缩略图，还有一个每月变化几次的 Web 网页等。因此当现有的资料被转换成数字形式时，同一记录可能被转换了好几次。

4）权限和许可证

数字对象的每一个元素都有与之相关的不同权限和许可证。

总的来说，在数字图书馆中，信息被作为数字对象存储。数字对象包含三方面的内容：第一是资料内容，可以是文本形式，也可以是用 XML 来置标的编码，也可以是图片、视频、音频的数字形式；第二是元数据，包含一个数字对象的调度码、对象的产权数据和一种权利说明书等；第三是管理信息，如格式、标识符数据使用说明等。

3. 信息体系结构设计的标准

数字图书馆的信息体系结构是以三个简单概念为依据的，即数据类型、结构元数据和元对象。

1）数据类型

数据的每一个项目都有一个相关的数据类型，用以描述数据的技术性质，如格式、处理方法等。

2）结构元数据

它是指描述资料的类型、标题、著者、版本、相关关系和数字资料的其他特性的元数据。它是一种不可再分的元数据，如 MARC 就是一种结构元数据。

3）元对象

它提供对数字对象集的引用，最简单的元对象是一个指向其他数字对象的调度码的列表。例如，列出某物理项的所有数字化版本的数字对象即一个元对象，一本诗歌选集可以按每首诗作为一个数字对象，一本诗集的元对象就是列出所有诗篇的数字对象。

4）数据规范原则

为规范描述结构元数据和元对象，应制定规范说明书。该说明书符合下述原则。

（1）每一个数据项都有一个明确的数据类型，类型指定了数据的格式和可施加的操作。例如，数据的压缩采用 JPEG 格式，应用特殊方法处理。

（2）所有的元数据都要有明确的编码。所有需要的藏书或提供查询的元数据都要进行编码，如“TXT”表示全文本文档。但没有语义信息的评述数据不能作为元数据，也不能单独编码。

（3）每个具有知识产权的单独项均应赋予句柄标识。赋予知识产权一个调度标识，并把它作为一个独立的数字对象，从而提供了一种访问途径，人们可以通过该标识访问数据对象。例如，在一篇数字化文章中包含一些可单独使用的插图，则每个插图都可制成带有知识产权的句柄，并作为独立的数字对象。

（4）元对象可用于连接数据对象。在数字图书馆中，一条记录的全部元数据可能存放在一个对象库多个位置，也可以存入二次文献的书目索引中，或存入辅助目录中。元对象提供与各个数据对象的联系，或与所有结构元数据的联系，用户不必知道数据对象集的存储结构，只要用元对象去查询，就可获得更多的数据对象，如一个项目所有版本的连接信息，一个项目的所有结构元数据的信息。

（5）调度码可以用于识别元对象中的项目。一个项目对象包含一个目录，而元对象中的每一项都有一个调度码，因此可以用调度码去识别该目录的每个项目，从而提供了一个灵活的信息结构，利用这种结构可能很方便地按顺序重新组织馆藏（对象库）。

4.2.2 信息体系结构的类型

在数字图书馆建设中，信息资源的有效组织是一个非常关键的设计课题。数字图书馆的信息资源有很多种不同的类型，如带 SGML 标注的文本信息、非文本信息、计算机程序、多维图像或数字化音频、视频等，如何将这些数字化的信息有效地组织起来首先得建立信息体系结构，因此我们数字图书馆的信息体系结构是将分散在异地的数字化信息统一起来，构成一个虚拟的而且具有优化结构的相关有机实体，为数字图书馆的应用提供统一的资源访问，并且能方便地对资源进行管理。数字图书馆的信息体系结构具有开放性，它将数字图书馆的整个功能划分为一组定义明确的服务，每一种服务都通过一种定义明确的协议来访问。这种结构为数字图书馆提供了其必须具备的基本功能，即一组核心服务，是有效管理的数字对象集（内容）和服务集（功能）的统一。服务集是与存储、发现、检索和保存数字对象相关的服务功能。实现服务集的子系统有仓储服务系统、名录服务系统、索引服务系统和用户接口网关。数字图书馆信息体系结构主要的构件是数字对象、句柄（调度码）和仓储，数字对象存储在仓储中，用句柄来标识，数字对象具有分布式的体系结构。

1. 数字对象系统

1）数字对象

数字对象是以一定的结构的数字形式来表达信息的一种方法，也是网络环境下的数字材料和数字图书馆体系结构中存储信息的基本逻辑单位和实体。一般来说，它是由元数据、数字资料、句柄或调度码组成。数字对象是由数字资料（或数据）和其唯一的标识符——句柄组成的，其中关于数据的信息称作元数据（张静，2001）。

数字对象由以下几部分构成。

（1）元数据：它是结构化的关于数据的数据，它是存储在数字对象中的信息，包含一些识别对象的条件、条款和调度码。其功能是管理网络环境下的数字对象，如数字对象的存储、复制和传输等权限管理。从组织信息资源的功能上区分，元数据定义有四种类型。描述型元数据（descriptive metadata），用来描述、发现和鉴别数字化信息对象，如 MARC、Dublin core，它主要描述信息资源的主题、内容特征。结构型元数据（structural metadata），用来描述数字化信息资源的内部结构。相对描述型元数据而言，结构型元数据更侧重于数字化信息资源的外在的特征，如目录、章节、段落的特征。存取控制型元数据（access control metadata），用来描述数字化信息资源能够被利用的基本条件和期限，以及这些资源的知识产权特征和使用权限。评价型元数据（critical metadata），用来描述和管理数据在信息评价体系中的位置。

（2）数字资料：它是指对纸质文本扫描后的数字化图形，即二进制数字信息。数字对象中的数字资料是数字图书馆的原型资料。例如，一个数字对象的数字资料可以是用 SGML 标记的文本，或者是一本电子图书，也可能包括传统图书馆的资料，诸如一些计算机程序或动态的图像。

（3）句柄或调度码：数字对象的名称是数据元素一个最重要的模块，每个数字对象都需要一个名称，用以区别各个数字对象。其中登记知识产权的名称、记录所有权变更的名称，这些名称可用于标识检索信息，并用来标识数字对象之间相互联系。因此，它是数字对象和其他互联网资源在全局范围内的永久唯一标识符，是 URN 的一种形式。URN 也叫永久名称，其名称应该是全球唯一的和持久的，且独立于具体的存储位置。句柄可以按名称识别对象库中的数字对象或互联网上的资源。

2）数字对象集

它是同类数字对象的组合，可用来表示一组有关联的对象，如不同版本的程序、不同格式的文本或不同乐器演奏的音乐作品，或者是平常所说的"报告""程序"和音乐作品等，它们常常对应于数字图书馆中的很多对象，可以用数字对象集来表示。数字对象集包括组合对象和元对象两种，组合对象的内容包含一组对象，元对象的内容包含一组对象的句柄。

数字图书馆的各种信息被描述为数字对象或数字对象集时都需要遵循各自的规则和协议，这些规则和协议规定了数字对象逐个描述信息或数字对象集组合描述信息的方法，明确了每个数字对象的内部结构，关联元数据以及命名数字对象的约定等。

2. 仓储服务系统

仓储服务系统的基本存储单元是数字对象，整个系统就是为了存储、访问、管理数字对象而设计的。仓储也叫数据仓库或资源库，是一种专门类别的仓库，特别适于保存含有价值信息的材料，主要是分布式信息仓储，基本存储单元是数字对象。存放数字信息的仓储有多种类型，如 FTP 文档、Web 服务器、在线数据库等。

仓储是一种可通过网络访问的存储系统，其中存储的数字对象可以被存取和检索。仓储的实现采用仓储外壳（接口层）、对象管理层、永久存储层三层结构。

1）接口层

接口层提供用户接口网关和仓储服务系统的接口，即仓储访问协议的基本服务，此外还提供仓储服务系统与名录服务系统的接口。因此该接口又分为用户接口以及与名录服务系统的接口。用户接口提供对数字对象进行管理的功能，包括对数字对象的访问、创建、删除、修改和复制，另外还包括服务类型等。对于普通用户来说，它只有对数字对象的访问权限，而管理用户则可以对数字对象进行创建、删除、修改、复制等，这些权限由访问管理器进行控制。而名录服务系统的接口主要用于在管理数字对象时，调用名录服务系统中的服务，它使得功能模块化，为将来扩充功能提供方便。

2）对象管理层

它是中间管理层，它提供数字对象中与内容无关的服务。这一层有四个抽象概念，即数据流（data stream）、服务请求结果、分发器（dispatcher）和访问管理器（access manager）。数据流是由一些标准或应用定义的流动数据；服务请求结果是一个服务请求产生的字节流，它排除了错误响应；分发器处理关于数字对象的服务请求，在这一层，它是所有数字对象所共有的分发器，称之为基本的分发器；访问管理器是一种与分发器相关的提供版权保护的机制，通过这种机制，任何受限的访问都在它的控制下进行操作。

3）永久存储层

仓储中的信息永久保存在对象存储层中。在这一层负责处理数字对象在仓储中的存储细节。而对于上一层系统，其细节完全是透明的，这样就可以提高系统的可扩充性。

在这一层中，有三个抽象概念，即分发器抽象描述（dispatcher abstract description）、分发器服务小程序（dispatcher service mini program）和访问管理器服务小程序（access manager service mini program）。

3. 名录服务系统

名录服务系统又称命名系统，是针对长期标识符即数字对象名字的分配、管理及解析的综合系统。名录服务系统在整个互联网范围内为用户提供安全的名录解析和分布式的句柄管理服务。句柄是数字对象和其他互联网资源，而不受资源位置变动的影响，而授权用户则可以通过句柄管理功能维护名录服务系统。

名录服务系统包括开放的句柄协议、命名空间和句柄协议的具体实现。通过句柄协议，分布式的计算机系统可以存储数字资源的名字或者句柄，并且可以将句柄解析成资源所在仓储的地址信息，从而使用户可以通过句柄访问和使用资源。由于句柄和地址信息有对应关系，当资源的地址变更时，名录服务系统负责修改对应关系，对用户来说，用于标识资源的句柄仍然有效。和现有的一些名录服务[域名系统（domain name system，DNS）、URL]相比，名录服务系统具有唯一性、持久性、可扩展性、多实例性、国际字符支持、分布式的服务和管理以及安全有效的解析等特点。

全局句柄登录提供解析句柄和管理句柄命名空间的功能。全局句柄登录是所有命名授权的管理者，各命名授权都应该在此处登录，当收到解析句柄的请求时，系统通过查询全局句柄登录获取局部句柄服务站点的相关信息。

局部句柄服务层由所有其他的句柄服务组成，它们管理所有由自己命名授权的句柄，也提供对“本地”句柄的解析和管理服务。每个局部名录服务系统与多个仓储相关联，它们绑定在一起，绑定关系可由配置文件得到。这样便于仓储与名录服务系统交互（仓储要求创建和删除句柄时，直接向它所绑定的局部句柄服务提出请求）。

为了提高服务效率，名录服务系统提供了缓存，它提供的服务类似于局部句柄服务，一个名录服务系统可以有多个缓存，然而，缓存并不对数据的完整性负责。用户可以选择使用缓存。当对句柄进行管理操作时，需要对用户的身份进行识别，只有身份得到确认并且具有相应权限的用户才可以实施管理操作，对用户身份的识别使用身份识别协议。

4. 索引服务系统

索引服务系统是数字图书馆信息体系结构的重要组成部分，提供了使用户通过查询能够很容易地从馆藏中寻找和发现所需数字对象的机制。为了进行联合资源发现，数字图书中的索引服务系统主要是由索引服务器和索引管理器组成。

1）索引服务器

索引服务器主要是收集关于数字对象的信息。这些信息可以是数字对象的元信息，如传统图书馆的编目纪录；或者可能是对象的全部内容，如全文检索引擎使用的全文信息。这些信息被组织成结构化的索引，使其中的搜索器能够根据这些信息，在回应查询请求时保证精度、查全率和效率。查询请求的回应是一个结果集，每个成员都是符合查询要求的数字对象的唯一标识，通过名录服务系统解析该标识，就能够访问它代表的数字对象。索引服务器的资源分成一组源，每一个源是在该服务器上作索引的文档的一个逻辑划分。

2）索引管理器

为了选择执行查询的索引服务器，索引管理器必须了解各个索引服务器的资源。因此，索引管理器必须定期更新索引服务器中的源列表以及描述源的元数据和内容摘要，这些信息如下所示。

（1）源的特性：这些属性提示了源的功能特点，包括它支持什么属性集、修饰符集，它的停止词列表等。

（2）源的内容摘要：该属性输出关于源内容的数据。该数据可以被其他服务器所用，进行基于内容查询的路由安排。

（3）索引服务器的元数据：这个元数据主要用于给出索引服务器中的源列表。

同样，为了对各个索引服务器的查询结果进行合并、排列，索引管理器必须了解一些关于查询结果集的信息。因此，索引服务器的查询结果不仅给索引管理器返回查询结果，而且还返回它实际执行的查询表达式以及下列信息（其中包括用于结果集合并的信息）。①索引服务器赋予查询文档的权重；②文档所在的源的编号；③排列表达式中关于每个查询项的统计，其中包括查询项在文档中出现的次数，查询项在文档中由索引服务器赋予的权重，包含该项查询项的文档数目，文档大小等；④文档的大小；⑤文档中的标记的数目；⑥文档的分类号。

5. 用户接口网关

提供以用户为中心的数字图书馆功能接入点。用户接口网关负责向用户提供查询界面，接受用户的检索请求，然后将用户的检索请求进行语义规范和语法转换，选择合适的馆藏服务进行搜索和访问，并对返回的命中结果根据相关性、资源类型、数据格式等进行过滤、排序或做其他显示处理。

4.3 数字图书馆的技术体系结构

数字图书馆的技术体系结构是建设数字图书馆系统的基础，是数字图书馆在网络和计算机技术上的具体实现，是未来信息社会处理、存储和应用数字化信息的基本构架。它的发展目标是符合下一代互联网的发展趋势，成为一个高度开放、方便可用的体系结构。在数字图书馆的建设中，如何采用国际先进技术，对实现数字图书馆的体系结构、信息组织方法、系统实现模型和开发技术是非常重要的，即建设网络环境下的开放、广泛传播、跨平台的数字图书馆技术系统。

4.3.1 数字图书馆的网络基础设施

数字图书馆发展的基础是计算机通信网络的发展，尤其是互联网的发展，计算机网络是数字图书馆传输数字信息的通道。数字图书馆网络基础设施的建设要综合考虑网络应用模式、网络操作系统（network operation system）、网络组建方案、网络技术选择及网络安全等多方面的问题，解决广域网的连接和局域网的规划。

1）网络应用模式

计算机网络应用模式的发展经过三个阶段：第一阶段是以大型机为中心的集中式的应用模式，特点是一切处理均依赖于主机，数据集中存储，应用软件也集中在主机上，同时进行集中管理；第二阶段是以服务器为中心的计算模式，将 PC 机联网，使用专用服务器或高档 PC 充当服务器及打印服务器，每个 PC 机可以独立运行，在需要的时候可以从服务器共享资源；第三阶段是 C/S 应用模式，基于网络的分层式应用，网络的主要作用是通信和资源共享，并且在分布式应用中用来支持应用进程的协同工作，完成共同的应用任务。

2）网络操作系统及网络组建方案

网络操作系统是网络的心脏和灵魂，是向网络计算机提供网络通信和网络资源共享功能的操作系统。它是负责管理整个网络资源和方便网络用户的软件的集合。由于网络操作系统是运行在服务器之上的，所以有时候我们也把它称为服务器操作系统。

网络操作系统与运行在工作站上的单用户操作系统或多用户操作系统由于提供的服务类型不同而有差别。一般情况下，网络操作系统是以使网络相关特性最佳为目的的。目前市场上流行的网络操作系统有 Windows NT、NetWare、Unix 等。一般情况下，在高端应用场合以 Unix 为主，因为它支持网络文件系统服务，提供数据等应用，其功能强大，且网络操作系统稳定和安全性非常好，但由于它多数是以命令方式来进行操作的，不太容易掌握，特别是初级用户。而对中低端用户来说，大多使用的以 NetWare 和 Windows NT 为主，其 Linux 是一种新型的网络操作系统，它的最大特点就是源代码开放，可以免费得到许多应用程序。

3）网络技术选择

异步传输模式（asynchronous transfer mode，ATM）网络具有宽带、高速和服务质量保证等多重优势，能够在一个高容量的网络结构下将传输字符、图像、音频和视频的各种局域网、广域网和公众电信网连接在一起。ATM 与以前的网络技术的区别在于它不局限于特定类型的网络或特定类型的传输。此外，第三层交换技术、虚拟专用网络技术等新兴的网络技术也可供选择。

4）网络安全

随着计算机网络的发展，网络中的安全问题也日趋严重。当网络的用户来自社会各个阶层与部门时，大量在网络中存储和传输的数据需要得到保护。而数字图书馆的网络安全措施不但涉及社会的政治、经济、文化等外部软环境，同时在技术上采取诸如防火墙技术、网络防毒、信息加密、身份验证、授权等措施；在审计和管理上提供类似实时监控网络安全的状态、实时改变安全策略、对现有安全系统漏洞检查等手段。因此在计算机网络各个层面都应建立不同的安全机制和技术，形成有效的网络安全防范体系、保障网络、主机系统及数据和应用系统的安全。

4.3.2　数字资源加工系统

数字资源加工系统需要实现对文本、图像、音频和视频等信息及知识的数字化采集、加工、处理。对这些资源进行一次加工（如对文本进行数字化处理），多次使用，以适应应用系统今后的扩展需求。数字资源加工系统主要用于数字图书馆信息资源库的建设。数字图书馆中数字资源的来源主要有两种途径：一是将大量现已存在的以不同形式和载体存储的模拟信息，如纸制品资料、图片、声像资料等转化成数字形式；二是提供直接生成的数字化信息，以便计算机直接使用，如购买联机或网络数据库、电子期刊、电子图书，获取互联网上的信息资源，使用图书馆自动化建设中直接形成的机读目录格式的馆藏书目数据库等。

数字资源加工系统的主要功能是完成对已经数字化的图书、期刊、古籍、静止图像、音频、视频、网上资源以及其他的数字化资源等数字化信息及知识的组织、加工与处理，实现对数字化信息资源的深层加工，支持以标准化和规模化的生产方式进行资源加工，加工的数字化资源要能够被多次使用，适应数字图书馆应用系统今后的扩展需要。

4.3.3　异构资源库整合系统

在数字图书馆建设前期，各文献拥有单位已经建设了一批高质量的数据库，指导这些数据库整合到数字图书馆系统中，无疑将极大地丰富数字图书馆的内容。异构资源库整合系统不仅要全面整合某一部门原有的分布在不异构平台的高质量的数字资源，还要整合分布在若干不同部门多个系统中的各种类型的数字资源库。但从技术来看，实现这样的整合系统具有相当高的难度：一方面，原有数据库的内容是多方面的，其在数据构成形式上有很大的差异；另一方面，原有数据库的实现从系统平台到应用软件等不尽相同。因此，可以参照国外在这方面已经进行的工作，采用 XML 技术封装，以及异构间的协议将其与数字图书馆系统连接，使数据库作为数字图书馆的资源得到有效的利用。

4.3.4　数字资源的管理与存储系统

数字图书馆的数字资源由元数据和对象数据构成，而数字资源的管理与存储是数字图书馆的核心功能。原则上，元数据相对而言集中存放，对象数据分布存放。大规模资源管理与存储系统要实现所有数字资源的存储管理，包括根据国内外相关标准和规范定义的元数据和数字对象的存储格式、存储协议，同时维护元数据和数字对象的完整性和一致性，以及在分布式网络环境下提供对大规模数字资源的快速存取支持等。

目前，数字图书馆主要采用的是“浏览器/Web 服务器/数据库服务器”的模式结构来进行数据的存储与管理。数字图书馆 Web 服务器与数据库连接存取接口，可采用 CGI，通过 API 和 ODBC 访问数据库，利用 Java 机制设计标准、SQL 数据库连接接口、JDBC 访问数据库等三种技术途径实现。

4.3.5　资源调度系统

资源调度系统的目标是通过一个标识来确定数字图书馆中有数字资源的规则，建立一个管理所有数字图书馆数字资源的系统，在资源环境发生变化时，在数字图书馆环境中，只要把唯一标识所指向的对应值做相应的修改，就可以保证服务的正常运行，这样就大大支持了数字资源的共建共享，防止重复建设。

资源调度系统首先得建立一个完善的调度码体系，为此要有一个资源统一命名规则；其次，要建立一个调度机制。除了建立调度码体系和调度机制以外，调度系统还必须为用户服务提供服务功能。

4.3.6　联合编目和馆际互借系统

书目数据是传统图书馆自动化系统的主要内容，在数字图书馆系统中，作为一种类型的元数据，书目数据仍然有着重要的作用。通过 Z39.50 协议，用户可以通过同样的检索界面去访问任何遵循该协议的目标数据库，传统的书目系统也可以直接为数字图书馆系统提供元数据，但数字图书馆应用系统的子数据库不仅限于书目数据。因此，在条件允许的情况下，应该把各单位的书目系统转换为基于网络环境的元数据共建共享系统。同样，对于馆际互借系统，也要从以传统介质为主的方式过渡到兼顾传统介质和数字资源两个方面。

4.3.7　用户查询和服务系统

数字图书馆用户查询和服务系统要实现数字化信息和知识的发布与利用。用户通过统一的应用界面进入系统，根据检索子数据库得到资源的标识，再经过调度系统，由数字资源管理系统获取以分布形式存储的对象数据库中的资源。用户查询和服务系统主要由三个部分构成：应用界面系统、元数据系统、数字资源存取系统。此外，资源的使用还须通过调度系统，其逻辑组成如图 4-2 所示。

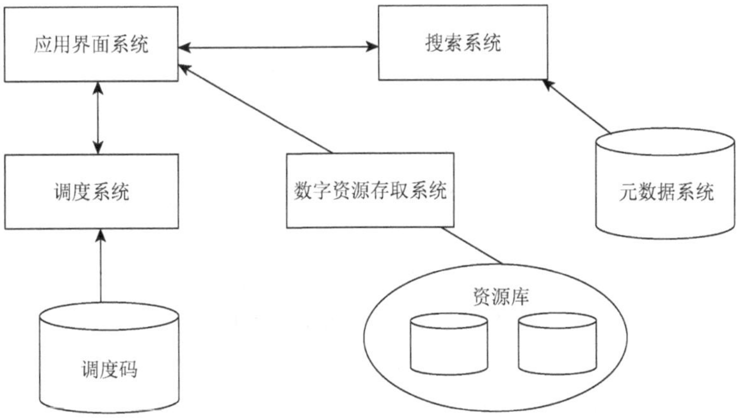

图 4-2　用户查询与服务系统

4.3.8　安全认证系统

为确保系统运行的安全，确保各类知识资源为各种层次人员高速取用，数字图书馆体系结构中需要具有安全认证系统。

4.3.9　版权保护与电子商务系统

数字图书馆的资源建设应遵守国家有关法律法规，协调解决有关版权事宜。为保证数字图书馆能够持续关键有效地发展，需对部分资源使用进行有偿服务，在技术体系中，需要对数字图书馆分布式资源跨单位、跨库服务模式下的版权保护与电子商务（包括安全性）系统给予支持（孙一钢，2001）。

4.4　数字图书馆的系统体系结构

在数字图书馆中，由于数字化的信息可以通过超文本技术有机地结合在一起，其数据结构可以按其本身的逻辑关系组成互相联系的网状结构，利用 SGML 建成分布式的对象数据库。综合美国国家数字图书馆计划的试验模型和我国各图书馆试验模型以及我国的实际情况，试图构建一个数字图书馆的结构，即在网络环境下，是一个面向对象的、分布式的网络结构模式组成的数字图书馆系统的结构模型，通常它可以适应多种不同的计算机系统。一个数字图书馆的构成，主要由用户界面、查询系统、调度系统（预处理系统）、图书馆服务器、对象库和制作系统六部分组成。

4.4.1　用户界面

数字图书馆的资源提供给用户使用时，应该具备直观友好的用户界面。而用户界面是用户与数字图书馆的接口，数字图书馆向用户提供资源及最终服务都是通过用户界面去实现的。通常用户界面有两种类型：一种是供图书馆用户（读者）使用的，而另一种是供图书馆工作人员使用的。用户界面与客户端相连，而服务器管理数字对象间的关系、数字对象信息的组织、用户使用情况等。用户界面应有如下功能或特点。

（1）可支持 Netscape 在任何计算机上运行。

（2）提供管理接口，以生成、编辑、查询、删除数字对象（图书馆员专用）。

（3）可操作复杂的数字对象，把数字对象间的联系变换为 HTML hyperlinks（HTML 超链接）的模式。

（4）能处理调度码，识别数字对象的调度码（图书馆员专用）。

（5）对元数据可查重，以便存入新对象（图书馆专用）。

（6）允许用户查询含有其他数字对象的信息。

（7）用户可自由使用调度码的基本条款和条件或者查询方法，熟悉理解调度码的识别功能等。

（8）设置各种浏览器接口。

4.4.2　查询系统

查询系统又名检索系统，它可以有多种，但只要可以和调度码结合起来确认数字资源对象，传统的信息检索系统和书目系统都可以作为查询系统。而查询系统由查询协议、用户接口、检索引擎和索引组成，并与客户机、服务器、对象库相连。在数字图书馆系统中，在检索某一对象库前，必须选查目录或索引。例如，假定一个用户要查找某人的照片，其检索过程可以分为三个步骤。

第一阶段是查找符合所需标准的数字照片。客户端向用户服务器发送带有检索表格的请求，用户通过浏览器按检索询问填表，以查找某个人的照片。把该表送入用户服务器上，用户服务器把询问变换成检索系统要求的格式和协议（Z39.50 协议），完成了第一询问，得到了一份某人的满足条件的数字照片目录清单。其间，每个数字照片由它的调度码来识别。

第二阶段是用户挑选数字照片并进行显示和查看。用户服务器会给用户提供一种照片目录浏览器，或者在 HTML 网页上，用户挑选所需的照片。

第三阶段是检索数字照片。用户服务器向调度系统发送所需照片的调度指令，并送回照片对象库的地址，然后，用户服务器执行对象库远程访问协议（remote access protocol，RAP）把调度指令送到对象库，并为调度码所识别。这样就完成了一幅照片的检索。最后被选中的数字照片由对象库提供，经用户服务器送到用户浏览器或 HTML 网页上，并在屏幕上显示出来。

因此，整个检索路径是：用户提问—用户服务器—调度系统—用户服务器—检索系统—对象库—用户服务器—用户网页显示。但很明显这种检索过程是很慢的，而且复杂，一般说来，在建立数字对象库前在查询系统中建立一套对象的索引或目录，实现快速的全自动的查询。关键的问题就是如何建立数字对象的关键元数据索引或书目，其次就是如何选择查询引擎和查询协议。

4.4.3　调度系统

数字图书馆是由各种成分构成的，它们包括人员（用户与图书馆员）、电脑、网络、对象库（包括原有各种数据库）、检索查询系统、Web 服务器、数字对象、对象的元数据和书目记录等，而这些成分是通过调度码和调度系统对其进行管理与识别的。

1）调度码

在数字图书馆系统中，通常是用调度码去识别数字对象和对象库。它是通用的目的标识符，也称句柄，主要是被用于确认互联网资源，如数字对象，并管理存储在任何对象或数据库中的资料。美国的国家数字图书馆已经制定了一套通用的调度码，称为 URN，与之对应的是 URL，可按对象在对象库中的位置来识别。

2）调度系统概念及设计

调度码是需要长期使用的名称，需要一个权威机构制定命名规则和命名。在数字图书馆中，用它识别的资源可改变其形式，可将资源分布于许多位置上，也可移动其位置，识别的资源也可随时间而发生变化。因此，必须有一个系统来监控它，称为调度系统。该系统是一个存储调度码和相关数据的分布式计算机系统。它可用于定位或访问由调度码命名的项目。在设计调度系统时，主要应解决分布式环境下对各种类型资源调度的实现，还要寻求一种对网上多用户、多任务并行处理和提供快速访问、应答的实现技术。在进行调度系统设计时，应特别注意命名规则和 URN 的语义确定。

4.4.4 图书馆服务器

图书馆服务器是用来运行图书馆自动化集成系统的，可采用 C/S 模式，它是一个以图书馆内部业务为主体的书目服务系统，提供采访、编目、流通、报刊管理、参考咨询和检索等功能的服务。在数字图书馆中，通过 Web 服务器与图书馆服务器连接，使图书馆服务器成为数字图书馆的一个组成部分，如图 4-3 所示。

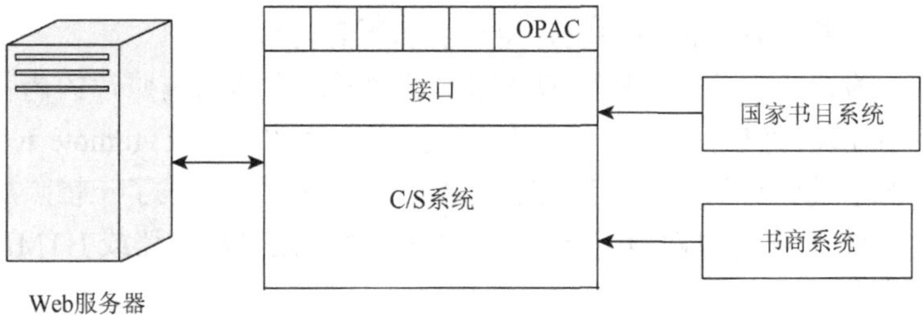

图 4-3　图书馆服务器

我们认为图书馆的自动化系统应并入数字图书馆中，因此，图书馆的读者（用户）既可从书目数据库中查找书刊资料线索而获得原书、原刊，也可直接检索数字对象库，获得多媒体资料。从软件角度来说，数字对象库既可存储二次文献的数字对象，也可以存储全文、图像、图片等多媒体资料。

4.4.5 对象库

对象库是用来存储和管理数字对象及相关信息，是一个基于网络的一些数字对象的存储与访问系统。一个数字图书馆有许多不同形式、种类的对象库，它可分别存储数字化文本、图像、视频、音频信息及其他二进制编码，而且是按数字对象的每个元素的数据类型进行存储。数字图书馆系统中描述对象库及原型对象库的接口被称为 RAP 协议，其特点是可以清晰地去识别权限，确保在客户存取数字对象之前，其需求得到满足。此处，RAP 协议支持多个数字对象在非通用范围内传播，并具有良好的定义多个接口的开放体系结构。

1）对象库结构

对象库一般由下列层次构成：对象库外层、永久存储层和对象库管理层。

（1）对象库外层：它是对象库与外部接口的部分，它执行 RAP 协议，内部与外部格式的转换，管理各种权限。

（2）永久存储层：凡是需要永久存储的信息就存入这一层，实现永久存储是完全与外层分隔的。但可通过 RAP 界面与之联系。永久存储层的执行，对外部是完全隐蔽的，而对象库外层被明确设计，以便与范围非常广泛的永久存储层协同工作。

（3）对象库管理层：主要是为永久存储层服务的，对象库外层与对象指引功能之间的一种接口，能够提供数字对象在何处（地址）和操作服务的指引图。

2）实现方法

对象库的三层结构之间的联系接口是采用通常的广泛应用程序 API 实现的，这种结构实际上是一个面向对象的结构。采用一个分布式对象库模型，设计并实现以对象库访问协议为基础的面向对象的库结构。

3）对象库访问协议

所有与访问对象库有关的操作活动，都要先执行对象库访问协议。对象库的访问协议有下列访问命令和功能。

（1）检验调度码的命令：确定调度码是否已记入调度系统。

（2）访问对象的元数据命令：访问对象库的元数据。

（3）检验数字对象的调度码命令：确定指定的数字对象是否标有规定的调度码。

（4）访问元数据命令：确定一特定对象的元数据。

（5）存取命令：存取数字对象。

（6）存储命令：把数字对象存入对象库。

（7）删除命令：从对象库中删除数字对象。

（8）编辑元数据命令：编辑数字对象的元数据。

（9）编辑命令：编辑一个数字对象。

此外还有一些管理对象库的命令。

4）对象库的识别

对象库的内部组织结构对外界来说是隐蔽的，但对管理用户来说却是透明的，这就提出了一个如何识别对象库的问题。简单来说，它是通过给每个对象库和每个数字对象一个调度码来识别的。其过程是用 RAP 指令把对象库调度码送入调度系统，调度系统识别该调度码所表征的数据类型，并识别有调度码的数字对象的信息，然后再把数字对象的调度码送入调度系统，再识别 RAP 类型的信息，即对象库执行 RAP 的信息，其中也包含对象库的网络地址。最后，由访问指令把此信息送入对象库实现存取。简言之，对象库中的数字对象是用调度码来识别的。

5）对象库的安全

安全是对象库设计和对象库访问协议的一个组成部分，知识产权和允许使用权是与对象库及其所存储的数字对象相关联的，即数字对象一存入对象库中就与对象的产权和允许权发生联系。每个 RAP 指令的实现也包含了访问权限和条件。

对象库设计时仍有许多问题亟待解决，如数字对象的元数据的界定（文本、图片、音频、视频）及其技术、对象库访问协议的制定、知识产权保护等。这些问题不是硬件与软件的问题，而是涉及法律、规定和数据准备等工作。

4.4.6　制作系统

制作系统是为图书馆工作人员和管理人员所使用的，主要用于选择数字对象的数据内容，即确定数据类型、建立数据模型、规范数据格式、确定数据相互关系及加工处理和管理，包括数据的采集、扫描处理、数据的编辑、标识数据的存储与管理、系统的创建、维护与服务等事务处理与流程管理。因此，制作系统关系到数字图书馆数据库建立的成败。

第 5 章　数字图书馆的馆藏发展与维护

馆藏是图书馆开展服务工作的基础与前提，是图书馆赖以生存的必要条件，任何时期各个类型的图书馆都非常重视馆藏建设，数字图书馆是图书馆发展的新阶段，也不例外地要进行馆藏建设。数字图书馆与传统图书馆有着很大的区别，其馆藏建设有自己的特点和要求，因此，要采取不同的策略和措施来进行数字图书馆的馆藏建设与维护。

5.1　演进中的馆藏概念

《图书馆学百科全书》称，“图书馆收集的各种类型文献资料的总和，简称藏书或馆藏，是图书馆赖以存在的物质基础，是满足读者需求的根本保证”。顾名思义，馆藏是图书馆收藏的文献，用于读者借阅。它不是信息资源单纯的堆积，而是依据需求分析，经过采访人员系统化、长期化精心按照图书馆既有的规定组织形成的具有特定功能的知识体系，是系统逻辑有序的、包含各种各样数据的资源保障体制（赵海荣，2014）。在国外，早有人对现代图书馆的馆藏概念提出了与原先不同的看法，认为现代图书馆的馆藏不仅包括本馆及本地区图书馆的文献，还应包括通过网络通信技术可以从馆外获取的文献和信息，要打破以前那种以馆藏数量多少来衡量图书馆优劣的标准（Harloe and Budd，1994），应当从能为读者提供服务的信息量的多少（包括收藏和索取）来看待一个图书馆的好坏优劣。由此可见，馆藏的概念正在发生着变化，不仅在藏书形态上有所改变，而且在收藏和利用上，也有所改变。

5.1.1　以“拥有”为主的馆藏观念

馆藏的概念由“无所不藏”演进到 19 世纪 80 年代中期的“为读者而藏”，一方面，可以从美国馆藏学者 McGrath（麦格拉思）等的著作中强调图书馆应为读者而藏看出；另一方面，从馆藏发展的教科书中有“读者（用户）研究”，可知馆藏和读者的密切关系，已为图书馆界所接纳。

随着互联网的发展及其应用的普及，越来越多的资料可以通过网络索取，再加上图书馆经费的缩减，以存取（access）代替拥有（ownership）的馆藏观念不断地被提起，争论不断。有些人认为未来会有许多的资源是以电子形式呈现，纸本将会渐被取代，许多资料将会是“依需求”出版。所以图书馆重视拥有的观念应该改变，图书馆只要能在读者需要时设法取得即可。有些人认为图书馆仍然应该重视图书资料的收藏，馆藏资料越丰富，越能有效地达成为读者服务的目的，只有罕见的资料才设法在馆外存取。问题是在图书经费紧缩的情况下，图书馆收藏图书资料的能力已越来越薄弱，那么存取的观念真的能取代拥有吗？在读者需要时才存取资料会比拥有更节省经费吗？国外图书馆所做的调查显示并非如此，反复的存取也存在着时间和空间上的成本。在这种情况下图书馆要如何决定哪些资料应予拥有？哪些资料应依需求存取？如果图书馆不订购某些资料，其存取的费用要由读者支付，读者能接受吗？此外，存取与拥有并非两个截然不同的观念，拥有也是某种形式的存取，而存取也有不同的形式：合法的存取、书目的存取、实体的存取、中介或非中介的存取、实时或非实时的存取、潜在或实际的存取、付费或非付费的存取。显然，存取的观念并不是像一般人想象的那样单纯。

图书馆员往往以自己的立场来规划图书馆的运作，在馆藏发展上也是如此，许多图书馆购买了大量的书籍、参考资料，但并不是所有的资料都受到读者的喜爱。馆藏是为读者而建立的，图书馆员虽然有自己专业的判断，但图书馆在建立电子资源的馆藏发展政策时应该要重视读者的意见。

从读者的角度出发，面对新形态的信息环境，资料存取来源更多样、形态更多元，并兼具时效性与新颖性。对图书馆而言，这样的改变却使得图书馆在经营形态与服务方式上，面临着如何在图书经费紧缩、期刊订费及服务费飞涨的窘境下去满足读者需求的两难。近几年期刊订购费用年年升高，身处在这信息爆炸时代，图书馆根本无法再尽其所能购买所有能满足读者需求的信息。

在电子资源及网络越来越普及的情况下，越来越多的资料可以通过网络存取，再加上图书馆经费的缩减，图书馆在传统上被视为“信息的仓库”（warehouses of information）的说法已受到严重的挑战，许多人认为图书馆的角色已慢慢转变为“信息管道的提供者”（providers of access to information），以存取代替拥有的馆藏观念不断地被提起，但存取观念并不如一般人想象的那样单纯，而拥有也不完全是种过时的观念，因此对于馆藏观念的界定，图书馆专业人员都面临一种两难的困境。

追本溯源，历史上图书馆成立的目的即搜集与储存信息以服务读者。公元前 3000 年起，一些“泥板书”即被保存于巴比伦的教堂里，从巴比伦时期至今，“馆藏量越大，图书馆越好”这一说法普遍地被认同（Tyckoson，1991）。今日，被普遍接受的图书馆定义是“提供读者阅读与研究的书的收藏；或是，保存这个收藏的建筑物或空间”（a collection of books used for reading or study，or the building or room in which such a collection is kept）。因此，实体的馆藏量一直是图书馆服务质量决定的指标之一，毕竟，图书馆馆藏量越大，能提供读者所需信息的概率就越高，图书馆应尽可能地收藏各种资料。

但是进入 21 世纪的图书馆，在网络环境下面临信息爆炸的环境，在现实根本无法完全地购买或是搜集这些大量的资料，以满足每一个读者不同的信息需求。传统的典藏已经跟不上时代的步伐，馆藏资源概念被加以“现实 + 虚拟”资源的双重定义，也同时拥有了多元化、信息化、动态的新特征（钟静和严轩，2016）。在这种情形下，仍仅以“拥有”为馆藏观念的图书馆难以适应新的信息环境和读者的需要。

5.1.2 以“存取”为主的馆藏观念

尽管图书馆在历史上的地位是从搜集与存储实体资料开始的，但随着信息技术的发展与信息存取途径的改变，单以“拥有”为馆藏政策而发展的图书馆，终究无法在未来的社会有长远的发展。越来越多的人认为未来会有许多的资源以电子形式呈现，纸本将会逐渐被取代，许多资料将会“依需求”出版，所以图书馆应改变重视拥有的观念，只要在读者有需求时设法满足即可，以“存取”为主的馆藏观念由此产生。

虽然“存取”的馆藏观念符合信息社会的发展，也有许多人主张以“存取”代替“拥有”的馆藏观念，但单以“存取”为馆藏观念的图书馆仍会面临一些问题（Kane，1997），具体如下所示。

1）成为信息经纪者

一个完全没有本身馆藏的图书馆，只利用各种途径存取信息，很容易成为偏重营利的信息经纪者，而失去图书馆这个角色应有的功能。

2）馆际互借不能满足所有需求

馆际互借是“存取”的主要途径之一，但至今仍没有一所图书馆的馆藏量可以大到满足所有馆际互借的需求，因此，当所有图书馆都依赖其他图书馆馆藏来获取资料时，资源变得非常紧张，获取使用都很困难，甚至有可能陷入无图书馆馆藏可借的尴尬境地。

3）读者不能实时得到资料

经由馆际互借及文献传递的存取途径，常需要数日至数月不等的等待时间，使读者不能实时得到资料，而使用远程的电子数据库，常受限于网络速度，使读者必须花费更多的时间来获取资料。

4）存取的成本未必都比拥有低

图书馆订购纸本期刊比通过电子资源获取平台存取期刊文章更便宜，但节省的经费也因学科不同而有差异；订购一个数据库的花费也不少，如果图书馆要订购数据库，将消耗相当比例的预算，因此不是所有的存取途径都可以节省图书馆的经费。

5）收费问题多

既然存取的花费有时比订购馆藏更高，在经费不足的情况下，图书馆可不可以向读者收费？如何收费？这都是图书馆亟须解决的大问题。

5.1.3　存取与拥有的相互关系

要正确认识存取与拥有，首先要搞清楚它们之间的辩证关系。

1）存取与拥有是互相辅助的关系

存取与拥有是图书馆提供信息来源的两种方式，信息的来源方式在图书馆的发展中随时代发展和技术进步而不断发展变化，但无论怎样变化，都是为了更好地向读者提供文献信息服务。因此，只要是能够有效地满足读者需求的方式，都应该认为是合理的。一定要论证哪一种方式更好，或者一定要分出一个高低，把其中一种方式凌驾于另外一种方式之上，或者要取而代之，不是实事求是的态度。存取与拥有作为两种不同的信息来源方式各有优势和不足，应该互相辅助，互为补充。事实上，拥有意义上的图书馆意味着“信息的仓库”，就其所拥有的文献而言，是直接满足用户各种文献需求的最佳保障。但拥有需耗费大量的人力、财力、物力，面对日益增多的读者需求，仅靠本馆拥有是难以实现图书馆目标的。而网络环境催生出的越来越多的信息存取提供者恰恰可以弥补图书馆拥有的不足。图书馆对这些馆外文献资源的存取，不仅大大提高了为读者提供信息的能力，同时也缓解了传统图书馆为追求拥有的数量而陷入的尴尬境地。当然，我们也应该看到，尽管存取有许多优势，但就信息资源的现状而言，存取还有较大的局限性。例如，能够以全文存取的信息资源数量有限，目前的数据库虽然种类繁多、含量巨大，但是读者有时只能获得索引或文摘，而不能得到原始文献。因此我们既不能固守传统的拥有模式而不发展存取，也不能仅依赖存取而取消拥有，而应该视两者为互相辅助的关系，共同发展。

2）存取与拥有是长期共存的关系

不可否认，资金问题、出版物价格问题、读者信息需求复杂化问题等迫使图书馆在馆藏发展工作中寻找新途径，这样就使存取方式应运而生。存取方式是需求驱动（demand-driver）的图书馆信息服务方式。据图书馆统计，读者发出的存取请求逐年增多，馆际互借就是存取方式的早期形式，但馆际互借存取的文献多是印刷型，从本质上看，一馆存取的恰恰是它馆的拥有，也就是说，一馆的拥有正是它馆存取的前提，没有拥有就无从存取。尽管现在随着数据库技术、网络技术的发展，可供存取的文献类型不断多样化，除图书馆外，能够提供存取服务的信息内容提供商也不断增多，尤其是计算机化的存取方式（computerized access）为图书馆开展存取服务带来了极大的便利与好处。但是我们也应该看到存取方式还有许多问题没有解决。例如，获取文献信息的时间问题、被拒问题、费用问题，以及存取能否实现连贯性（consistency）与可靠性（reliability）的问题等。正是由于存取方式存在的这些问题使我们得出了存取不能替代拥有的结论，也说明了现代图书馆仍然还需要拥有的原因。在可以预见的将来，存取和拥有的关系将是长期共存的关系。

3）存取与拥有是缺一不可的关系

存取与拥有各有优劣，图书馆仅仅采取任何一种方式都不能充分满足读者的信息需求，而必须两者兼顾才能实现高质量的信息服务。有研究表明，如果一种期刊在某个图书馆一年内的使用少于五次，那么它更适合于存取模式；如果是十次或者更多，那就视不同学科领域而决定选择存取还是拥有方式。存取是有适用范围的，并不是所有的图书馆在所有领域都可以实行存取策略。对价高用少（high priced，low use）的学术期刊，存取有较好的效果，而如果对这些期刊实行拥有方式就可能不经济，将带来资金不足、藏书空间不够等问题。反之，在拥有模式中，读者可以随意浏览馆藏文献，在浏览中可能会发现一些意想不到的又与自己的研究兴趣密切相关的结果。这样的结果显然在存取方式中是不会发生的。存取方式要求读者对自己的检索需求有明确的认识，获取的信息是特定的、有限的，这在一定程度上剥夺了读者自由使用文献的权利。而恰恰有相当多的读者仅仅是以浏览为目的，借以达到启发思路、扩大视野、激发灵感的作用，所以，对于这种需求的读者，拥有则是必不可少的。可见存取与拥有的关系必然是缺一不可的关系。

4）存取与拥有是互动关系

存取与拥有之间的关系还是一种互动关系。这种互动关系在于某些图书馆存取的成分要大于拥有，而对于另外一些图书馆则相反；某一个图书馆在一个时期存取的成分要大于拥有，而在另一个时期会有变化；而且一个图书馆内不同类型的文献在存取与拥有的比例上也是各不相同的，是在变化中的。所以从整体上看，存取与拥有是一种互动关系，就好像是一个天平上由游码分开的左右两边，游码不是一定在中央，也不会永远偏在某一侧，而是在不断寻求平衡的过程中游动。这个游码就好像是表明存取与拥有互动关系的一个尺度。我们相信认同这种互动关系才是合理的，依赖这种观点建立起来的存取与拥有方式才是有利于图书馆馆藏发展工作的。

传统馆藏文献的合理数字化，外来的数字化资源有效充实馆藏，同时建立一个完善的虚拟与实体的馆藏体系，统筹安排，合理布局，让图书馆有限的文献信息资源实体和无限的数字资源较大程度地结合起来，达到拥有与存取的最大平衡，并做到对信息资源的保护和利用并重，从而充分满足读者各方面的需求（丑楚，2016）。

5.2　数字图书馆馆藏的创建

馆藏是图书馆赖以存在的物质基础与开展服务工作的前提，是满足读者需求的根本保证。从古代私人藏书到皇家宫廷藏书，再到传统图书馆馆藏，馆藏本身的发展变化体现了一个在文献资源的收藏与利用上不断演变的观念，即从最初对馆藏的个人拥有、独占，到少部分人的特权享用，再到今天面向所有公众的开放。这种演变既反映了图书馆角色从以馆藏为本到以“人”为本的变化，也向人们发出了这样的讯息：用户需要最便捷地获取有用知识，图书馆需要最大限度地提供便捷。

5.2.1　数字图书馆馆藏构成分析

数字图书馆馆藏是存贮在图书馆服务器上的所有资源，或者是所有能通过图书馆界面实现访问的资源，即使这些资源在物理位置上是分布式的。也就是说，数字图书馆馆藏是数字图书馆所拥有和存取的所有电子资源。美国博物馆与图书馆服务协会认为，数字馆藏是经过选择和组织起来的附有元数据描述和一个以上访问界面的数字对象集（Geisler et al.，2002）。

从其来源来看，数字图书馆馆藏主要有两个来源：一个是图书馆自建的，包括印刷型文献信息资源的数字化和图书馆自己开发的数据库或光盘；另一个是从外界获取的，主要有购买、租用或交换，接受捐赠，从网上下载的信息资源等。

从存储的地理位置来看，其可以分为实体馆藏与虚拟馆藏。实体馆藏是本馆所拥有的数字化文献资源，是置放于本地的信息资源，包括数字化的馆藏信息、已收藏的电子出版物和数据库以及从网上下载到本地的网络信息资源；虚拟馆藏是指必须通过计算机通信网络才能获取的数字化文献信息资源，是置放于异地的信息资源，包括购买或租赁使用的远程数据库和与本地服务器实现了连接的网上资源。实体馆藏与虚拟馆藏的不同点在于（刘士民，2004）：①图书馆对实体馆藏不仅具有使用权，而且拥有所有权，可以对其更新、修改、利用和支配，而对虚拟馆藏只拥有使用权。②本馆读者或用户对实体馆藏的使用具有直接性，对虚拟馆藏的使用一般要有某种协议或申请手续，具有间接性。③实体馆藏是本单位的、本地的，而虚拟馆藏是外单位的、外地的，具有远程的特点。

但实体馆藏与虚拟馆藏之间又具有相互性，即一个图书馆的实体馆藏数字化以后通过网络传输可以变成其他馆的虚拟馆藏。

从其信息源来看，可以分为数据库、电子图书、电子期刊、电子报纸、OPAC、网络资源等。

图书馆的馆藏建设中出现了以“拥有”为主的馆藏观念向以“存取”为主的馆藏观念转变的倾向。因此，我们将从“存取”的角度，对数字图书馆的信息资源构成作如下的分析。

1）“拥有”的传统馆藏文献的数字化、网络化

数字化就是利用现代信息技术对传统介质的图像、文字和声音进行压缩处理，使其转化为数字信息，然后，利用计算机技术进行贮存，通过网络通信技术进行传播、接收。图书馆经过长期的发展形成了系统完整的馆藏体系，拥有极为丰富的信息资源，将这些信息资源完全数字化是一项极为艰巨的任务，而且似乎没有必要。因此，我们首先面临的问题是数字化范围的确定，即确定哪些馆藏文献应该数字化、哪些不需要数字化以及哪些应优先数字化。

2）“拥有”的电子出版物、馆藏书目数据库、CD-ROM 数据库等的网络化

图书馆收藏的文献除以纸质形态为主的传统介质外，还收藏了大量以光盘为载体的电子出版物和数据库。这些电子出版物和数据库起初只是安装在计算机上供单用户使用，后来又发展为通过服务器管理和运行这些电子出版物和数据库，使局域网的多个用户能同时使用。现在，许多数字图书馆也将这些出版物和数据库视为数字图书馆信息资源的重要构成成分。例如，新加坡南阳理工大学（Nanyang Technological University）数字图书馆信息资源的构成中包含相当数量已收藏的光盘数据库、中文光盘题录数据库，并将 OPAC 作为数字图书馆与用户的接口之一。

3）互联网上的信息资源

除对拥有的资源数字化、网络化外，数字图书馆也重视提高对互联网上信息资源的存取能力，一方面以设立镜像站点或特许链接的形式获取网络数据库或检索系统的使用权，这些信息资源来源可靠，信息质量较高，是学术信息的重要来源；另一方面，把互联网上的信息作为重要信息资源，对其进行选择、加工，使其成为数字图书馆馆藏的补充资源。例如，麻省理工学院数字图书馆有专门网页，以菜单方式组织了“虚拟参考馆藏”（virtual reference collection），该网页将经过选择的网络信息资源分成 29 个类目，包括 211 个网络站点及网上数据库的入口，以学术性信息为主，实用性类为辅，包括政治、法律、卫生等信息。

由此可见，与传统的图书馆馆藏不同，数字图书馆馆藏不再是孤立地散于世界各地的图书馆中，在一段时间内只能供一个使用者使用，而是永久性地存储在硬盘、软盘、光介质之中或流动在全球信息网络上，成为人类共享的知识财富。

5.2.2 数字馆藏的特点

数字馆藏是现代图书馆馆藏中发展最快、利用率最高、最具活力的一部分信息资源。

数字馆藏不仅在存放形式上区别于传统馆藏，而且其高度的可共享性和不受时间、地点限制的服务能力，使得人们日益重视数字馆藏的建设和发展。概括地说，数字馆藏具有许多优点，但它也有许多不足，具体特点如下（张德云，2012）。

（1）高度可共享性。一份数字馆藏，如一种电子期刊或一个数据库，借助于计算机网络可以供多个读者利用。

（2）易于管理。数字馆藏完全可以依赖计算机进行自动管理。特别是对于构建在存储局域网上的数字馆藏，数据资源的存放完全可以根据读者利用率的高低自动地进行调度。

（3）开放时间长，不受图书馆作息时间的限制。服务范围大，不受地域限制。读者不必到图书馆，可以在校园网，甚至互联网上查询、下载、打印自己需要的文献信息。

（4）占用馆舍空间小，对设备的依赖性强。数字馆藏必须借助一定的信息技术设备才能被有效地利用，如光盘塔、光盘库、光盘镜像服务器、磁带库、磁盘阵列和服务器等。

（5）对环境要求高。这主要是指存储数字信息的存储设备、服务器和网络设备对环境（如温度、湿度、防尘、防静电）高的要求等。

（6）易受损害。这有两方面的含义，一是数字馆藏，易受病毒等的感染而导致不能正常使用；二是存储设备（如磁盘、光盘等），容易损坏，导致数据丢失。

（7）管理难度大。数字馆藏虽然可以依赖计算机进行自动管理。但由于构成数字馆藏的数字信息资源的知识产权问题，存储设备的更新换代问题，阅读有关资源的软件的升级问题，以及数字馆藏的不定期迁移问题等，其管理过程涉及的因素多，难度大。

5.2.3　数字图书馆馆藏资源的数字化建设

1. 传统馆藏文献的数字化、网络化

传统馆藏文献的数字化是数字图书馆馆藏建设的一部分，它在丰富数字图书馆信息资源、促进数字图书馆发展的同时，可以充分发挥图书馆的文献优势，为图书馆开展特色信息服务创造条件。同时可以降低原件丢失与损坏的风险，保护原始文献；满足用户对文献的多种需求，提高信息服务效率；提高原始文献的利用率；有利于科学研究；便于通过电子商务系统，实行在线有偿服务等，它也是特色数据库建设的基础和前提。

馆藏文献信息资源数字化主要有两种类型：①馆藏目录，将馆藏中的印刷型及其他各类载体文献组成联机目录数据库入网。②各类数据库，将馆藏文献数字化，建立多个且有各自特色的数据库入网。可优先选择本馆有特色的信息资源、较为珍贵的资源及利用频率高的资源进行数字化处理。

1）馆藏数字化范围的确定

建设数字图书馆时，选择传统图书馆的原始馆藏进行数字化在理论上主要有以下几种方式：将全部原始馆藏数字化，重点选择其他图书馆没有或不同的文献信息数字化，将有较高价值的文献信息数字化，选择使用频率高的文献信息数字化，读者需要时才数字化（王惠仙，2000）。

（1）将全部原始馆藏数字化：采用这种方式将传统图书馆全部的馆藏文献信息数字化，建设起来的数字图书馆完全继承了传统图书馆的信息资源。原来的文献信息数字化以后，图书馆通过 OPAC 可以为读者提供高效的信息查询服务，而且读者可以足不出户就能获得所需要文献的全文。这种全部数字化从理论上来说是理想的方式，但从法律上看版权问题等，使得它无法进行。因为图书馆只是信息的保管者，提供的信息资料必须要以不侵犯原著作权人的权利为前提。而数字化的资料很容易被复制却很难被发现和控制，所以图书馆不可能将有版权的资料自由地数字化提供给读者使用，只能在不侵犯版权的范围内，有约束、有限制地将原始馆藏数字化（鲍凌云，2014）。

（2）重点选择其他图书馆没有或不同的文献信息数字化：保证重点、突出特色永远是图书馆文献资源建设的基本原则。在网络环境下，图书馆仍然是信息资源保障体系的重要组成部分，数字图书馆的建设也应该像传统图书馆一样走特色馆藏建设的道路，重点选择其他图书馆没有或不同的文献信息数字化，从而建立起具有自身特色的文献信息收藏体系和数据库。传统图书馆在过去长期的社会分工实践和图书馆馆际分工协调的基础上，已经形成了自己的馆藏特色，有自己的特藏，这些特藏应该成为数字化的首选对象。优先对它们进行有系统、有组织的开发整理，进而进行数字化，才能发挥本馆特色资源的作用，在未来的资源共建共享中取得主动，才能避免文献信息资源的重复建设。

但在采用这种方式时要注意它存在的不足，即只从本馆和其他馆的馆藏有无来衡量取舍，对于图书馆所处社区范围读者的需求考虑不足。读者需求是图书馆生存的意义所在，数字图书馆的建设不能忽视读者的需求。所以采用这种方式的前提是数字图书馆能为读者提供其他图书馆馆藏资源的入口，以满足读者对其他文献信息的需要。

（3）将有较高价值的文献信息数字化：这里评价文献信息价值的标准为文献信息是否存在潜在的长期使用价值，是否存在文化价值和启迪价值，是否是具有保存价值的珍贵原始资料。①选择具有长期使用价值的文献信息。文献信息是否有潜在的长期使用价值，指的是文献信息既能满足读者现实的需要又能满足长远的需要。在建设数字图书馆的时候要处理好继承和发展的关系，要求图书馆能在满足当前需要的前提下兼顾未来的发展。将传统图书馆中具有长期使用价值的文献信息资源数字化，是数字图书馆长期发展的需要所决定的。②选择存在文化价值和启迪价值的文献信息。在网络化的数字图书馆时代，虽然信息载体发生了很大的变化，但是图书馆开展社会教育、传递科学情报和开发智力资源的社会职能并没有改变。既然要充分发挥图书馆的这些社会职能就要有这方面的信息资源支持。传统图书馆长期积累下来的关于各学科领域里系统的科学文化知识，能够向读者揭示学科的历史、现状和未来的发展方向，为读者阅读、学习和研究服务，具有很大的文化价值和启迪价值，是图书馆开展社会教育、传递科学情报和开发智力资源作用的资源基础。所以在建设数字图书馆时，这些具有文化价值和启迪价值的信息资源应该选入数字化之列。③选择具有保存价值的珍贵原始资料。我国是历史悠久的文明古国，历史遗留下来文物数字化对它们的保护和利用是行之有效的，用户使用和检索的是这些古籍和历史文物的数字化信息，没有直接接触实物，对古籍和历史文物没有丝毫的损伤，同时又能提高这些信息资源的利用率。值得注意的是，古籍和历史文物除了内容外，其他方面如外观、装帧、材料和内容等也有重要的历史价值，也需要数字化。

总的来说，第三种方式的特点是根据文献信息的价值性来选择需要数字化的文献信息资源，它存在一定的片面性，即可能忽视了读者的需要，从而将大量的读者拒之门外，降低了文献信息资源的利用率。

（4）选择使用频率高的文献信息数字化：采用这种方式对于一个具体的图书馆来说可以在某种程度上起到降低成本、提高效益的作用，但具体实施起来比较困难。我们应该看到不同类型的读者所需要的文献信息，在范围和重点方面有不同的特点，而且对不同类型的文献信息的使用频率也不同。比如，专家读者由于专业研究检索的需求，经常使用学科专业知识较强的文献信息，而对一般学习阅读用的文献信息使用较少，大众读者对文献信息的需求和使用就与专家读者相反，读者需求在各个学科反映出的使用频率各不相同。所以在根据使用频率来选择需要数字化的文献信息时，对不同类型的文献信息确定共同的某一使用频率标准是不可能的。应该在考虑读者需求的同时充分考虑到读者需求在各种学科不平衡分布的情况，针对不同类型的文献信息确定不同的使用频率作为选择标准。

（5）读者需要时才数字化：这种方式是指当读者需要某资料而该资料未数字化时，才将其数字化。这种方式有点“亡羊补牢”“临时抱佛脚”的味道。这样做可以完全满足读者的各种需要，同时可以将读者不需要的文献信息资源排除在数字化的范围之外。但它存在的问题是读者的需求多种多样，具有很大的偶然性，不能排除存在读者偶然的、在极少的情况下才会使用到的文献信息。如果将这些利用极低的文献信息也数字化，无疑会增加图书馆的负担。

以上几种文献信息数字化的方式，各有特点，有些从读者需求出发，有些从文献信息的价值出发。基于以上分析我们发现，无论哪种方式，如果单独采用都存在一些不可避免的缺陷。因此，我们建议将第二种到第五种方法有机结合起来使用，优势互补，可以提高数字图书馆建设的质量和馆藏的利用效率。使用的原则是在建设数字图书馆文献信息资源时，要以读者的需求为出发点，首先将读者需求的文献信息数字化，在保证满足读者需求的前提下考虑图书馆长期发展的需要，收藏价值高的文献信息资源，同时重视与其他图书馆的协调和合作，朝着建设具有自己馆藏特色的数字图书馆方向发展（高斌，2013），并在整体观念的指导下共同建立起全国的信息资源保障体系。

2）馆藏资源数字化技术方案的选择

除确定馆藏数字化范围外，我们还要面临数字化技术方案的选择问题，这将直接影响信息资源的可检性和用户的利用效果。

从传统的馆藏资源到数字化资源，需要经过资源扫描、图像处理、存储与备份、元数据著录等一系列的环节。

（1）资源扫描是数字化流程的第一个环节，也是数字化过程中非常重要的一步。扫描过程中各项参数（如图像格式、色彩、压缩方式等）的选取直接影响数字资源的质量以及数字资源的存储和传输。

（2）从传统资源到数字资源，几乎每一个环节都离不开图像处理技术，从扫描到 OCR 再到图像的格式转换与压缩处理。扫描得到的图像往往存在图像不正、有黑边、有噪点等现象，需要采用适当的软件对图像进行校正、去除黑边、去除噪点等操作。

（3）从传统资源转变为数字资源的那一刻起，资源的存储与备份就开始了，并且伴随数字资源的整个生存周期。近年来，计算机技术、网络技术、存储技术不断应用于图书馆，尤其是在数字资源的存储与备份方面。与一般数字资源相比，图像数字资源占用空间较大，传输较慢，容易形成数字化建设过程中的瓶颈，组建合理的存储与备份系统十分重要，有效的存储与备份系统大大提高了数字化效率，同时也可提高数字资源的安全性。

（4）数字资源存储在数字图书馆后就要对资源进行元数据著录，以方便提供检索等服务。目前存在多种元数据格式，元数据 Dublin core 格式能够有效地描述数字资源。

在实际处理过程中，对于不同种类的文献资料，采取的数字化方式也不相同。对于书刊、手册、手稿等文献资料的数字化采集主要有两种方法：一种是利用扫描仪将这些文献资料以图像文件的形式存储，这种方式能够保存文献资料的原貌，适合于古籍、漫画以及图片较多的图书；另一种数字化形式是重新录入，这种方式工作量大，很少采用。

对于图片的处理，一般分为预览图像（略图）、服务图像、参考图像和档案图像。预览图像是很小的，它可以随条目记录呈现，用户可根据需求选择调用高质量图像。服务图像比预览图像分辨率高，兼顾了传输速度，经过压缩比档案图像分辨率低。参考图像是为研究人员提供的高质量图像。档案图像则是留作存档用的未经压缩的原图，可以提供给出版部门使用，也可以在更新图像格式时，供重新格式化使用。

由于声音和影像的动态文件很大，目前，国际上还没有很成熟的文件格式，通常采用的是“可下载”文件和“流式”文件。“可下载”文件在播放前必须下载到用户本地，处理起来既耗时间又浪费存储空间。相比之下，“流式”文件采取的是边传输边播放，节省了传输时间和存储空间。但在并发用户量增大时，在保真度或分辨率上“流式”文件有明显损失。

由此可见，各种数字化技术各有其特点和适用对象，用户可以根据自己的需要灵活选用。一般而言，馆藏文献的数字化常常是在这方面有经验的专业公司和图书馆等单位的加工部门共同完成。我国国家图书馆为此专门成立了文献数字化中心，对馆藏文献进行扫描、OCR 等。

2. 电子出版物的采购

电子出版物是以数字形式将图像、文字、声音、视频等多种形式的信息存储在光、磁等介质上，并通过网络和计算机终端进行阅读的出版物，包括电子期刊、电子报纸、光盘图书、网络图书和软件读物等。它具有如下特点：①信息容量大，占用物理空间小，检索方便、快捷；②电子出版物不论是在广域网上还是局域网上，均可较好地实现资源共享；③丰富多彩的声音、图像、动画等内容，更易于读者接受；④使用电子出版物，检索文献信息的途径众多，速度极快，可提高查全率和查准率；⑤被检索中文献还可方便地进行编辑、下载、粘贴、保存、复制和传递。电子出版物是数字图书馆的一个重要的馆藏资源，必须及时根据需要采购。

对于单独发行的电子出版物的收藏，应侧重于各类光盘数据库的收藏，以收集一次文献信息数据库为重点。

对于网络电子出版物，图书馆可以根据需要，在互联网上有选择地采集出版社发送的电子期刊、电子图书、公用数据库等电子信息，并下载到本馆的工作站上或利用有关的检索和浏览工具，查阅所需要的信息。在进行网上电子出版物的收藏时，必须考虑以下问题。

（1）了解网上信息资源的可持续性。有些网上电子文献由于经费等多种原因，出版一段时间后就停止了。

（2）许多网上电子期刊都是收费的，图书馆购买的只是该刊的网上使用权，而不是实实在在地拥有。

（3）对于订购的电子出版物，必须对其收录的信息源、检索功能、权限、数据更新、收录年限等具体情况进行核查。

（4）在订购网络电子文献时，应尽量选择设立镜像站点，设代理服务器或通过专线访问，这样可减少网络数据的传输时间，节约网络通信费用。

3. 网络信息资源建设——建设虚拟馆藏

虚拟馆藏即根据读者需求及馆藏发展需求，搜寻并选择互联网中的信息资源，使其成为本馆的实体或虚拟资源，以方便用户使用，具体的开发方式主要有两种：一是选择互联网信息资源并下载到本馆或本地网络，通过网络或其他方式提供给用户使用；二是搜寻，选择互联网信息资源并链接到图书馆的网页上。

网络环境下的信息资源有如下一些特点：①网络信息资源数量大、类型多、不规范、跨时空、跨行业、语种多；②它的动态快速增加在很大程度上是由用户驱动的，但缺乏有效的统一管理，信息安全和信息质量得不到保障；③信息分布和构成缺乏结构和组织，信息源不仅分散无序，而且其更迭和消亡也往往无法预测；④信息发布具有很大的自由性和随意性。网络信息的这些特点增加了信息资源选择的难度。

我们如何去选择、组织这些网络信息资源，建立虚拟馆藏并使其有序化呢？有效方法是采用指引库技术。指引库是指所建立的数据库中，在物理上不存储实际的信息资源，但对其进行访问，可以检索到有关数据库的实际资源，即指引用户到特定的地址获取所需信息。

作为虚拟馆藏的网络资源，必须是经过选择的、质量较高的、较稳定的网络资源。所以，必须依据一定的评价标准进行选择。这些标准是：①信息的准确性；②信息发布者的权威性；③提供信息的广度和深度；④主页中的链接是否可靠、有效；⑤版面设计质量；⑥信息的时效性；⑦读者对象；⑧信息的独特性；⑨主页的可操作性。

根据以上标准，选择出作为本馆虚拟馆藏的网络信息资源，进行集中、分类、整理，并利用搜索引擎和主题树的方式组织信息资源，建立指引库，指引用户查找，把用户指引到特定的地址获取所需信息。建立的指引库必须及时更新，这是保持其生命力的关键。目前主要采用自动跟踪技术加以实现，即增加新出现的节点地址，删去已消失的地址，修改已改变的节点地址。

5.3　数字图书馆馆藏发展与维护

目前我国图书馆虽然积极推广电子资源的利用，重视馆藏资源的建设，但似乎缺乏适当的馆藏发展观念和政策，以发展的观念看待图书馆的馆藏就是要不仅重视馆藏资源的采购，更要关注读者的潜在需求和更好的信息服务。

5.3.1 馆藏发展

1. 馆藏概念的发展

1）传统图书馆的馆藏发展

馆藏发展（collection development）是一个含义相当广泛的概念。可是在国内文献中使用并不多，一般以藏书建设来代替，并且认为藏书建设是指符合图书馆任务与读者需求，系统地建立、发展、规划、组织藏书体系的全过程，其活动内容包括藏书基础模式的确立、藏书体系规划、藏书补充、藏书组织管理等。这些内容虽然涉及馆藏发展活动的大部分内容，但仍然显得过于狭窄。美国从 20 世纪 70 年代起开始关注与图书馆藏书有关的各项活动之间的相互关系，并将其看成是一个有机的整体，其主要特征就是将原来使用的“book selection”“collection building”等用语改为“collection development”。特别是在 20 世纪 70 年代末，美国出版了许多以“collection development”为题名的图书和论文集。这个用语的变化，一方面反映了图书馆员已经接受了人们将目光从个别的新的资料转向现有的馆藏的全体这个变化；另一方面也反映了图书馆员已强烈地意识到图书馆的馆藏不但是指图书，而且应该是指任何形式的记录资料。

Evans 和 Saponaro（2005）认为，馆藏发展是指“弄清楚图书馆所服务的人群的情报需求，制订规划收集文献，克服藏书中的薄弱环节，保持藏书的活力，以保证用户使用信息资源的过程”。我国国内学者在引入藏书发展这一概念之后将其总结为“在充分分析自身馆藏的优势和劣势，获取读者的需求的基础上，在制定的馆藏发展政策的指导下，使得藏书的采访和剔除达到最佳的一种工作过程”（高红等，2010）。

图书馆馆藏发展的传统指导思想是收集读者潜在需求的全部资料并保存在本馆内。在这种馆藏发展思想的指导下，今天的图书馆越来越难以承受购置所有资料的费用和扩大馆舍建筑的压力。为此，这一思想已经受到越来越多的质疑和批评，许多人试图重新定义馆藏发展的地位和任务，对馆藏发展目标重新进行定位。

有的人认为，馆藏发展将从根据读者的潜在需求收藏资料转变为根据读者的当前需求来提供信息（Summers，1989）。由于馆藏发展的目标和重点转移到尽可能地满足读者的信息需求，而不是努力建立一个不断发展壮大的馆藏，所以，馆藏发展不再偏重采购，而是要求馆员学会鉴别和检索到用户所需信息。有些更为激进的人甚至认为，在财政紧缩时期，馆藏发展面临的首要问题是“抛弃选书是馆藏发展的主要职能”（Schade，1992）这一观念。

应当指出，在向数字图书馆转变的过渡阶段，由于还在出版大量印刷书刊，所以，完全抛弃选书还为时过早，但这一观点将来还是可以接受的。事实上，西方一些国家的图书馆已经接受了这种认识并身体力行。美国国会图书馆在《21 世纪国会图书馆数字战略》报告中就将建立数字馆藏和数字资料保存作为数字图书馆建设中的首要议题；大英图书馆制定的《2008—2011 年发展战略》提出数字化建设的首要目标就是进一步促进大英图书馆馆藏内容的存取，保存大量数字内容。由此可见，这不仅是馆藏发展目标的再定位，而且更为重要的是整个图书馆在信息时代社会角色的再定位。

实际上，馆藏发展是弄清楚图书馆所服务的人群的情报需求，制订规划，收集文献，保持藏书的活力及用户使用信息资源的过程。馆藏发展是图书馆服务的中心内容。图书馆的分类体系和目录是使藏书得到有效利用和管理的一种手段，阅览和图书借阅则使藏书充分地发挥其利用价值。如果没有藏书，参考咨询服务也会形同虚设。

2）数字图书馆的馆藏发展

总的来说，数字图书馆的馆藏发展目标与传统图书馆并无不同，但由于数字化信息资源的特性、网络存取与读者使用数字化信息资源的习惯等与传统文献资源有所不同，所以数字图书馆必须重新审视馆藏发展目标。美国加利福尼亚大学图书馆馆藏委员会制定的“Principles for acquiring and licensing information in digital formats”文件，对于我们制定数字图书馆的馆藏发展目标有较大的借鉴意义，现将其摘录如下。

（1）传统的馆藏发展政策是最高的指导原则，它必须适应于各种载体，包括数字化信息资源。

（2）对于数字化信息资源，应该①建立一套收集各种资源的理论；②满足全校师生的信息需求，提供有序的存取方法，并将其整合至数字图书馆的服务当中；③确保数字化信息资源有足够的优点才能被选择。

（3）数字化信息资源的收集必须注意下列各项平衡要点：①学科上的平衡；②信息形式的平衡；③指导型工具及研究型工具的平衡；④各校区间不同需求的平衡。

（4）数字化信息资源的收集的优先顺序，视大多数师生的需求而决定。

（5）和印刷本信息资源比较，当数字化信息资源具有下列增值服务时，则优先收集：① 较能及时地获得信息；②有较广范围的内容；③具有连接相关信息等较好的功能；④ 无时间、空间的障碍，能便利、及时、快速地存取；⑤便于资源共享；⑥便于存档、更新、保存。

（6）加利福尼亚大学必须保存资源的选择权，不受信息提供者的牵制。

2. 影响馆藏发展的因素

数字图书馆馆藏的发展对于我们来说是一个比较新鲜的事物，对于数字化信息资源的馆藏发展，我们应根据数字图书馆的性质与任务，发现、识别、评价、选择数字化信息资源，并将其融入数字图书馆的整体馆藏与服务当中，为了建立一个科学、合理、适用的数字化信息馆藏体系，国内学者也提出了在数字图书馆的馆藏发展中应该考虑的影响因素（赵光林，2002）。

1）用户需求性，即是否能满足读者的不同需求

目前许多数字图书馆在推进馆藏建设时缺乏适当的馆藏发展政策，也似乎未能站在读者的角度来规划数字化信息资源的收藏与利用，有的图书馆虽然购置大量的数字化信

息资源，但并不是所有的资源都受到读者的喜爱，因此图书馆在建立数字化信息资源的馆藏发展政策时，应首先考虑用户的需求。

2）信息资源的权威性

数字化信息资源的权威性包括信息机构（或站点）的稳定性与可信赖程度、著者与出版者的权威性、文章的审查方式等。

3）信息资源的完整性

所选资源应使虚拟馆藏在相应的主题范围内完整无缺，要考虑数字化信息资源的实际范围与期望是否相匹配；在满足用户的需求上，当前的内容范围是否广泛；论述的主题达到的深度是否符合要求；是否能提供有关主题的任何信息，是否补充了其他可得信息。

4）信息资源的使用、运行环境

它包括硬件环境和软件环境。硬件环境指人们获取和利用信息资源的技术条件，即考虑检索终端、服务器、光盘塔、打印机等机器设备的配置，是否连上互联网；网络的传输速率，响应速度如何。软件环境是指负责数字化信息服务的人员情况，数字图书馆的信息服务人员包括技术管理人员、参考咨询馆员、用户教育与培训人员。其素质、结构与数量均会影响数字化信息资源的运行、使用与管理。

5）信息资源使用的方便性

资料的组织与设计是否科学合理？界面是否友好、易用？检索功能是否完善？检索途径是否多样化？检索方式是否灵活？可否既能提供一般查询，又能提供高级查询？是否提供打印、存盘、电子邮件传递等方式输出数据？可否通过网络传递使用？

6）馆藏的相关性

订购数字化信息资源时应考虑馆藏的均衡性，馆内是否已有其他相近之馆藏？资源是否重复？资源是否收藏在其他媒介之中？

7）成本效益

成本效益是影响数字化信息资源选择的重要因素，数字化信息资源的成本主要由数据费、通信费以及其他相应的设备费等构成。很多互联网资源虽然为免费信息，但其潜在的维护、存取、检索价格是不可忽视的。

8）后续服务

即数据库的生产商、代理商是否可靠，是不是商业化运作？提供数据更新或新版本的持续能力如何？售后服务如何？

9）馆际互借

是否可经由馆际互借或其他渠道获得？馆际互借是图书馆界的特色，资源共享是图书馆的服务理念，在信息充斥的今天，此工作形式更为重要，而其中又以合作收集免费网络的资源更为迫切。各馆可以自己的发展需要为基础，按照分类表或其他合理的分配方式收集，并负责组织与核对链接的准确性。同时在合作之前也应深入探讨各类资源收集在主题资料类型上应达到什么程度，资料在网络上以何种方式管理，以及是否应储存一份在馆内等问题。

5.3.2　馆藏维护

由于数字图书馆的馆藏很容易被分解成多个互不依存的独立成分，我们很难使数字化馆藏的各方面信息同时完整地再现。例如，有时数字文献的内容保留了，但文献原来的页面布局却变换了；文献的形体完整地保存了，却丧失了文献内容的可读性等。因而，数字图书馆馆藏维护的首要任务必须是使组成该资源的各方面信息能同时完整准确地再现。

1. 馆藏维护的基本要求

1）将馆藏确定为一个离散的整体加以保存、维护

传统书刊资料各方面信息元都是以密不可分的整体形式存在的，这使保存对象具有了明显可辨的边界。数字图书馆馆藏对象的边界是不清晰的，特别是当它们由不同媒体聚集成复合对象，或是连接着网上资源而形成复杂对象时，就更是摸不着边界了。例如，超文本文献，该如何去确定它的边界呢？因而，为完整、真实地保存数字文献，必须将其作为一个离散的整体加以对待。

2）保存电子馆藏的媒体

一系列的 0 和 1 是电子馆藏对象的主要成分，它们寄存在电子馆藏媒体上。保存电子馆藏的媒体，首先就保留住了这些最初记录的数据，为今后的利用提供了保证。当然，要读出这一系列数据还需要解释。这就使得电子馆藏的形体保存好了，并不等于其可读性也相应地被保留下来了。

3）保存电子馆藏的内容

组成电子馆藏的各个信息元是离散的，保存电子馆藏至少应当维护其内容可以长期存取。例如，采用 ASCII 文本格式，就可以既保留内容，也避免字形的改变。

4）保留电子馆藏的外观

电子馆藏的内容也是以一定的格式与版面反映出来的，包括字体种类与大小、空行的使用、行列、标题、页脚、页数标记等。要完整地保留电子馆藏的内容，就必须将以上这些成分全都保存好。但不少类型的电子馆藏，如 SGML、XML 以及某些 PDF 格式文件，页面格式规范与其内容是分开的。要保留住这类数字文献的外观，还必须保存它们的页面格式规范，特别是当这些规范有利于电子馆藏内容的判读时，就更应当将其保存下来。

5）保存电子馆藏的功能性

电子馆藏对象具有远远超出传统纸质文献的功能性，它可以包含多媒体成分，如文本、图形、视频与音频等；可以以超文本格式存在；还可以含有由数字存储器自动产生的动态成分；电子馆藏对象还具有导航功能，如工具栏、关键词查索或内容交互式表格等。这些截然不同于传统文献的功能性，应当完整地保存下来。然而，保存电子馆藏的功能性是一项相当艰巨与困难的工作。

6）真实、可信地保存电子馆藏

真实、可信地保存电子馆藏就是要保证重现在用户眼前的馆藏资源正是用户所要

求的；为了它可以读出，尽管在保存过程中该馆藏资源历经多次的数字平台转换，仍然要保持其初始形式。对于传统纸质文献而言，这是轻而易举，甚至理所当然的。对于电子馆藏，经过长期保存后还能达到这些要求并不是件简单的事情。建立电子馆藏归档的权威机构，让电子馆藏保存在令人信任的存储基地，防范未授权变更，并通过多次、多重地对保存对象的核验、监视与检查，才有可能使每个拷贝再现电子馆藏的初始状况。

2. 馆藏维护的主要内容

传统图书馆的馆藏维护所考虑的是图书馆信息的收集、组织、流通、排架、剔旧、装订等问题，这些措施都是针对印刷型馆藏而设的，而数字图书馆的馆藏既有现实馆藏，也有虚拟馆藏，其维护则必须考虑下列各方面的问题。

（1）信息载体维护：信息载体维护思考的问题，主要是信息载体的保存、备份等。

（2）技术维护：目前数字化信息资源的格式往往随供应商而异，不同供应商之间的资料难以互转，即使同一家供应商，经过计算机系统几代的更新后，原有的格式也无法使用，因此技术维护是想要长久保存数字化馆藏的最难解决的问题。

（3）内容维护：数字化信息资源特色之一是内容易修改、更新，这也造成使用及内容维护上对资料正确性及权威性识别的困难，资料在传输过程中可能遗失部分资料，也可遭人恶意或善意的修改，而造成内容的失真。

所以，为解决上述三个问题，使信息资源得以长久使用与保存，数字图书馆馆藏维护必须具备两方面的功能：数字化信息资源的储存功能和存取功能。

3. 数字化信息资源的储存功能

1）储存功能的特征

储存功能应具有下列特性。

（1）保存丰富的文献内容：图书馆内将有难以数计的电子信息，这些信息既有存在馆内的电子信息，也有存在其他图书馆或网络上的免费资源。

（2）层级式的储存与取用：传统图书馆书库常分成常用书库、罕用书库、特藏书库等，以有效地管理馆藏；网络环境下的图书馆也不需将所有的电子信息都以最快速的媒体储存，有的存在磁盘、有的放在光盘、有的以远距异地存储、有些或许仍存在磁带上。当然这样的区分的前提是必须了解电子馆藏的使用状况、性质等。

（3）备份机制：备份工作必须是以自动且经济的方式进行。

（4）数据结构标准：图书馆若要长久保存电子馆藏，则必须慎重地考虑数据结构标准，以免当系统更新后，旧有的资料无法或难以转换。标准的使用不仅有利于电子馆藏的科学与正确的管理，同时遵守与使用标准还便于电子馆藏随技术发展在新、旧信息平台间进行转换，这将直接降低保存电子馆藏的费用。

（5）更新机制：对长久保存而言，电子信息跨媒体及跨软件的更新绝对必要。

（6）付费及免费等问题的解决：必须以标准解决相关问题，如隐私权、著作权、合理使用、收费机制等。

2）储存的级别

由于数字图书馆需要来源更广泛的信息资源，信息资源收集的方式发生了很大变化，因而其收藏级别也发生了变化。美国伯克利数字图书馆提出了数字图书馆收藏的四个级别：永久保存级、服务级、镜像级与链接级（刘家真，1999）。

除永久保存级别的文献类别不可变化外，其他三个级别的文献的收集范围均可随图书馆的馆藏政策而变化。

（1）永久保存级。永久保存级的资料具有以下特点：其保存价值已得到鉴定；其用途得到认可；资料具有唯一性；仅仅定位在本数字图书馆上，其他地方不可获得。此外，由其他部门委托保存的文献也列为永久保存级。在被认定为永久保存级之前，该款目应被库选择器（library selector）进行再审查。经审定后，被认为是永久保存的文献，使用某图形进行表示与标记，由该数字图书馆负责将文献知识内容保存在持久的载体上。考虑到对永久保存级别信息资源控制的需要及地方服务器的负载情况、存储能力与复制拷贝等因素，可采用以下三种方式中的任何一种，对永久保存级别的信息资源进行存取。一是在线（online）存取，将文献内容存在硬盘上，除非该信息被人发现，否则不履行存取。二是近线（near line）存取，将文献内容装在高等存储装置上，如机器人磁带机、光学音乐箱或光盘。近线存取的时间很少被延迟。三是脱机（offline）存取，将文献内容存储在媒体上，而不是直接通向网上用户。

（2）服务级。将文献寄存在某数字图书馆资料库上，但并不是该数字图书馆的资料。这类资料对用户是有用的，是用户必需的，属服务级馆藏。尽管它对用户是必需的，但该数字图书馆并不承担永久保存它的责任，因而不将其划入永久保存级别，只置于服务级别。服务级馆藏的特点是：它寄存在其他数字图书馆的服务器上，在任何地方可以查到该信息，该信息有利于数字图书馆的馆藏发展。

（3）镜像级。该信息资源是其他数字图书馆馆藏拷贝的拷贝，尽管它支持某图书馆馆藏资源的发展，但却不能成为该数字图书馆的主要馆藏，其保存责任由其他数字图书馆承担。镜像级文献资源具有以下特点：其地址可能会慢慢移动，并经常不可存取；在其他地方也很容易找到该资料；它支持图书馆馆藏发展，但并不是其主要馆藏；是否值得安装，要视当地情况而定。

（4）链接级。它是在任何地方均可寄存的资料，图书馆可以在本馆资源的某一位置上显示它，它可以在远地提供一条链路。对这类信息资源，数字图书馆是不会控制的。链接级馆藏的认定应考虑到：在任何地方均可接收到该信息，它支持图书馆的馆藏发展；它的资源量充足，值得链接。

4. 数字化信息资源的存取功能

数字化信息资源的存取必须考虑下列三个方面的机制。

1）信息描述与组织机制

信息描述与组织是信息查询与检索的基础，有关网络资源的描述及组织的方法尚在发展当中，而目前已发展出来的模式主要有下列五种：图书馆界的 MARC（新增 856 字段），文献界的文本编码先导计划，各界合作下的 Dublin core 元数据，各界建立的主题目录及计算机界发展的搜索引擎。

2）使用及检索机制

信息的查询、检索与使用工具除应含目前互联网上所提供的（如 FTP、Gopher、WWW）外，图书馆的 OPAC 应有一个整合 OPAC、Z39.50、WWW 的接口，方便读者跨越各种系统查询，同时信息的检索除以整份文献为单位外，也应能以文献中的片段为检索单位，这就是为什么要使用 SGML 的原因之一；此外，声音影像、视讯资料的检索方式也必须提供。

3）自动核对连接点的正确性

网络环境下图书馆必须具备自动核对连接点的机制，互联网上已发展出很多这方面的软件，如 Lookout、MOMspider 等，如果图书馆无法自行采用或发展，则应要求自动化系统厂商提供此功能。

在电子技术飞速发展与数字媒体不稳定的双重因素作用下，数字图书馆馆藏需要积极地管理。如果仍沿袭传统馆藏管理方式，是难以开展电子馆藏长期保存工作的。在电子馆藏保存维护问题上，我们还应开展新的管理、维护策略研究。

5.4 数字图书馆馆藏评价

数字图书馆馆藏评价是指对数字图书馆（或复合图书馆）的数字资源体系的建设状况、功能及其利用情况进行检测和评价（索传军，2004）。数字馆藏评价是数字图书馆建设的一项重要内容，也是数字图书馆自我完善和发展的一项重要举措，对提高数字图书馆的利用率，避免馆藏资源的重复建设具有重要意义。

5.4.1 数字图书馆馆藏评价标准

尽管目前还没有建立起一套有效的数字图书馆馆藏评价标准，但是国内外已开始了此方面的研究工作。美国佐治亚大学的图书馆在线学习联盟（Georgia Library Learning Online，GALILEO）于 1998 年成立了电子馆藏开发委员会，该委员会建立的电子资源评价标准由以下要素组成（Norman，1997）：是否支持 GALILEO 参与者的研究、课程、一般教育与终身学习需求；覆盖面，指提供的信息类型与主题范围；是否有利于 GALILEO 获得核心馆藏的平衡；是否存在多学科要求；是否满足大部分 GALILEO 用户的要求；是否可利用全文本或图像；信息是否是最新的（即多久得到更新）；信息是否应用现有的存档条款来进行归类，以利于将来的访问；应用什么样的统计来显示资源的利用率；对新资源期望的使用效果是什么；利用成本如何；权威性，包括出版者是否可靠，GALILEO 与销售商的先前交往是否令人满意等；技术事项，包括销售商提供的支持，销售商是否提供全面的使用统计，是否可利用远程存取等。

Dobson 等（1996）通过总结与分析多人研究成果，设计出数字图书馆馆藏评价表（表 5-1）。

表 5-1　数字图书馆馆藏评价表

序号	传统标准	新兴标准
1	质量（以述评等为基础）	网络能力
2	收录范围	使用的方便性
3	主题事项	搜索引擎能力
4	时效性、权威性、完整性	硬件兼容性
5	语言	软件兼容性
6	内容的唯一性，特征能力	服务应用
7	存取点 / 索引数目	潜在 / 实际应用
8	地理参数	远程访问能力
9	课程资料的相关性	复制印刷品原件的可靠性
10	员工研究 / 认同资料的相关性	许可限制
11	参考资料的相关性	其他（需要详细说明）
12	成本	
13	其他（需要详细说明）	

上述两种观点虽然对于进行数字图书馆馆藏评价具有一定的指导意义，但是它们并非可以广泛推广的实用标准。国内学者在此基础上，总结出数字图书馆馆藏评价应该遵循的七个原则（盛小平，2003）。

（1）可靠性，即要求数字图书馆系统是稳定的，馆藏资源本身是客观的，数据原创者的个人信息是真实的。

（2）合理性，即要求馆藏资源是公正的、适度的和一致的。这里公正是指提供不偏不倚、理由充分的观点，并能用合理的方式表达自己的见解；适度是指能恰当地反映客观世界；一致是指提供的证据或信息不自相矛盾。

（3）可用性，即要求馆藏信息是符合数字图书馆和用户的实际需要的，并可通过网络实现本地和异地的访问与统计。

（4）全面性，即要求馆藏收录范围是全面的和广泛的，能够尽量收录本国与外国，本民族语言与外来民族语言，过去和现在的文字、图像、视频与音频信息；既提供原始文献，又提供资源链接；既提供一次文献，又提供二次文献。

（5）权威性，即要求数字图书馆网站和馆藏具有声望或权威，并拥有知识产权。

（6）时效性，即要求馆藏信息能始终保持最新状态，定期更新。

（7）经济性，即要求用最少的费用支出满足用户对馆藏信息的需求。

5.4.2　数字图书馆馆藏评价指标体系

数字图书馆馆藏评价将突破传统图书馆馆藏评价指标（如藏书保障率、藏书覆盖率、藏书结构、藏书利用率等）的束缚，以信息资源的拥有与存取能力、检索能力、组织能力、加工能力与利用能力作为其评价体系的主要方面。由于数字图书馆馆藏可分为实体馆藏和虚拟馆藏，因此，其评价指标体系也分为实体馆藏评价指标与虚拟馆藏评价指标两部分。

1）实体馆藏评价指标

实体馆藏评价指标由信息拥有、信息揭示、信息检索、信息组织、信息加工与信息利用六个方面指标构成，如表 5-2 所示。

表 5-2　实体馆藏评价指标

序号	信息拥有指标	信息揭示指标	信息检索指标	信息组织指标	信息加工指标	信息利用指标
1	数据存储量	主题深度	浏览功能	数据准确性	数据完整性	用户满意度
2	覆盖的学科范围	主题广度	简单检索	数据安全性	对用户的技术要求	被访问次数
3	光盘数据库数目	索引/引文	复杂检索	系统稳定性	文字表达效果	被下载或引用次数
4	（保存级/职务级/镜像级）网络数据库数量	信息来源或提供商	自然语言检索	超级链接程度式	页面个性化程度	
5	知识产权控制	注释/参考文献	图像检索	信息组织层次	网上编目	
6	数据库之间的重复情况	检索语言	二次检索	主页功能	专业信息比例	
7	注销出版物情况	数据著录格式	响应速度/时效性	主页美工设计	指示数据库	
8	本馆出版的电子期刊数	参照系统	交互性	更新频率/更新日期	多媒体设计	
9	用户/读者数	元数据格式	显示格式	搜索引擎		
10	特色馆藏		检索成本	排序方式		
11	数据库价格/数据库价格上涨幅度		全文下载成本	自动索引/文摘		
12	数据维护与保存费用	资源格式（ASCII、Bitmap、HTML、XML、SGML、LaTex、PostScrip、PDF、Multimedia 等）	可检字段（作者/篇名/出版物名称/文摘/主题/关键词/机构/引文）	信息组织方式（主题法/分类法/分类-主题法/地序法/时序法）		

2）虚拟馆藏评价指标

虚拟馆藏资源是专指从网络上通过一定的协议，能连续、稳定地获取的专业数据库上的信息资源（包括有偿的和无偿的），而不是泛指在公共网络上获取的一般性信息。虚拟馆藏资源是数字图书馆运行的核心部分，它为数字图书馆提供了数据资源支持。处于现代信息技术和网络环境下的馆藏资源评估工作，应更多地注重技术评价和信息分析，突出馆藏的“价值”和“需求”，即以其为用户提供所需的各种形式的信息能力来衡量图书馆的价值，而不再以馆藏的规模、深度和广度来衡量图书馆的价值。因此，网络环境下的馆藏资源还应包括具有稳定使用权的远程虚拟资源，用户可通过远程登录、馆际互借、在线使用等方式来实现调用。如果将这部分虚拟馆藏资源排除在文献信息资源配置和评估之外，就不能真实地评价一个图书馆实际所具有的文献信息保障能力。

虚拟馆藏评价指标应该包括以下几方面要素（李雪岗和韩莉，2019）。

（1）虚拟馆藏资源服务内容：虚拟馆藏资源服务能力、资源质量、资源时效性、资源规范程度、资源共享程度。

（2）虚拟馆藏资源检索性能：虚拟馆藏资源检索功能、检索结果及用户满意度。

（3）虚拟馆藏资源存储性能：虚拟馆藏资源存储器硬件选用、存储效率、资源存储安全性及存储器维护。

（4）虚拟馆藏资源利用效率：虚拟馆藏资源运行成本、资源采购成本和资源使用率。

5.4.3　数字图书馆馆藏评价方法

与传统图书馆相比，数字图书馆馆藏评价不仅在标准与指标上发生了显著变化，而且其评价方法也有了发展。众多学者认为，在同时存取与拥有信息的图书馆环境中需要应用新的评价方法，特别是在跨学科领域，资料广泛分散在本地、地区和国家图书馆馆藏中时。传统的以使用为中心（use-centered）和以资料为中心（materials-centered）的评价方法依赖于是否可以利用本地信息，因而其评价是以本地馆藏为中心的，但是，这种评价方法对图书馆用户来说只是可利用资源的部分评价。因此应开发以存取为中心（access-centered）和以服务为中心（service-centered）的评价方法来补充传统的评价方法。电子资源如 OCLC/AMIGOS 软件、CD-ROM 数据库和互联网为馆藏评价提供了新的工具与方法。OCLC/AMIGOS 软件适用于专题馆藏分析；CD-ROM 数据库适用于评价系列馆藏；利用互联网访问在线目录，图书馆员很容易就某个专题信息或某个专门学科馆藏的标题列表检查单个图书馆的馆藏。也就是说，今后我们可以利用联机数据库、光盘数据库和互联网来进行数字图书馆馆藏评价。

在评估馆藏数字化资源时，张会田（2002）认为应从信息类型、信息量、存取方式、利用条件和系统易用性等方面，采用定量评估、定性评估和经验评估相结合的方法，对不同类型、不同特性的电子资源的文献保障能力和对印刷型文献的替代程度，进行全方位的评估。比较可行的方法是将电子文献的保障能力附加到印刷型文献保障能力指标体系中，形成综合的评价。于是，他定义了电子文献评估系数、检索型数据库与参考工具书数据库的测算公式、全文型数据库的测算公式，不过这些系数与公式的合理性还有待验证。

实际上，用户评议法、统计分析法和引文分析法仍适用于数字图书馆馆藏评价，成本-收益分析法应在数字图书馆馆藏评价中得到推广和应用（李正兰和张西亚，2010）。由于数字图书馆建设（包括馆藏建设）需要大量的资金、设备和人力投入，所以有人怀疑数字图书馆建设得不偿失。成本-收益分析法将从成本与收益两方面对数字图书馆馆藏进行评价，其主要步骤如下。

（1）馆藏资源调查。即通过利用用户对馆藏建设中正反两方面问题的测试来减少个人在选择馆藏资源中的偏见，从而为信息专家确定馆藏对象奠定基础。

（2）考察馆藏资源影响。即对将要选择的馆藏资源的作用进行分析。

（3）定义馆藏成本。馆藏成本包括固定成本、弹性成本和机会成本，其中固定成本包括硬件费用、安装费用、人工费用、设备费用、网站许可费用、密码费用、场所费用、通信线路费用等；弹性成本包括个人费用、培训费用、数据库费用、脱机打印费用、记录显示费用、资料费用、通信费用、订购服务费用、其他杂费；机会成本是利用一种资源获得某种收益而放弃的另一种收益，如选择单机版光盘数据而非网络版数据库，尽管价格便宜很多，但它只能应用于一个人。

（4）确定馆藏资源选择的收益。馆藏对象的确定应综合考量其方便性、可访问性、完整性、简易性、用户覆盖面、性能、时效性等维度。通过成本与收益的综合分析，最终选择最合适的馆藏资源。

第 6 章　数字图书馆的馆藏资源组织

随着互联网技术的发展，数字图书馆中馆藏资源的类型和数量得到了极大的丰富，如何组织这些海量、异构、动态的信息资源成为数字图书馆建设中急需解决的难题，在此背景下，学术界的有识之士纷纷致力于数字图书馆馆藏资源组织的相关研究。本章首先阐明了数字图书馆馆藏资源组织的内涵、机制、原则和功能，然后对数字图书馆馆藏资源组织中的两个重要内容——数字图书馆的馆藏资源处理和数字图书馆的馆藏资源表示进行了较为详尽的介绍，接着介绍了数字图书馆的馆藏资源组织方式和相关技术，最后介绍数字图书馆馆藏资源组织的具体应用。

6.1　概　　述

在传统的纸本图书馆中，图书馆的馆藏资源主要是以图书、期刊等文献型纸本资源为主，依据文献的外部特征和内部特征进行图书馆馆藏资源的组织。随着数字化时代的到来，图书馆馆藏资源向数字资源方向转变，由此推动了作为网络数字时代信息知识集散中心的数字图书馆这种新型图书馆的出现。在数字图书馆建设中，数字图书馆的馆藏资源组织发挥着基础性的核心作用，能够使馆藏资源系统化和简明化，从而满足图书馆用户的各种需求。在学习数字图书馆馆藏资源组织问题时，我们首先需要明确数字图书馆馆藏资源组织的内涵、机制、原则和功能。

6.1.1　数字图书馆馆藏资源组织的内涵

自 20 世纪 90 年代起，图书馆的研究对象不断深化，由文献、信息转变为知识，呈现出概念化和知识化的趋势，数字图书馆也实现由信息提供向知识提供的转变，这是数字图书馆发展的必然趋势，也是应对知识经济时代挑战的必然选择。由此可见，数字图书馆的馆藏资源组织是指对数字图书馆的馆藏资源进行知识组织。在数字图书馆馆藏资源组织的内涵研究中，知识组织的定义是逻辑前提。知识组织的概念最早于 1929 年由英国著名的图书馆学家布利斯（H. E. Bliss）所提出，在我国最早是由著名文献情报学专家袁翰青教授所使用（杜也力，2002）。在美国，知识组织是指对文献进行分类、标引、编目、文摘、索引等，在这一阶段知识组织的对象是文献单元，知识组织等同于文献工作。我国在这一阶段的研究也遵循着以上说法，并未对知识组织进行明确定义，直至 20 世纪 90 年代，知识组织的定义逐渐清晰。王知津和王乐（1998）认为前一阶段的理解是狭义的知识组织，并从广义角度指出知识组织“是针对知识的两要素进行的，是知识因子的有序化和知识关联的网络化”。随后，蒋永福（2000）将它界定为：“知识组织是以知识为对象的诸如整理、加工、表示、控制等一系列组织化过程及其方法。”邹曼莉等（2001）从学科角度定义知识组织：“知识组织是关于以知识整理与交流活动为研究对象的诸如整理、加工、表示、获取和利用等一系列控制行为的理论和方法，是所有组织知识的方法、技术与能力的总和。”以上定义虽略有区别，但都认为知识组织是基于知识单元进行知识序化的过程，目的在于方便人们对知识资源的利用。

对于数字图书馆来说，作为一种可检索复用的庞大的信息系统，它是分布性、大规模的和有组织的数据库和知识库的集合体。对于用户来说，他们对这些数据库和知识库进行一致性访问，以获取自己所需的知识资源。而要达到这种需求和结果之间的精确对应，就需要它们之间有某种“默契”——即一致性的匹配方式，就是说，在数字图书馆端，为了便于用户获取有效知识，进行知识共享，就首先需要对它的馆藏资源进行合理科学准确适当的描述和组织，形成充分、有效、有序、准确的组织信息，为用户提供可检索和操作的入口，从而达到利用数字信息资源本身的最终目的。

所以数字图书馆的馆藏资源组织是根据数字信息资源本身的特点和用户需求，利用相关的工具和方法，依照一定的原则和标准，对数字信息资源进行加工、整理、排列与组合，使之有序化、系统化、规律化、高级化，从而将繁杂的数字信息资源按照一定的结构序化为知识库，以为用户提供卓有成效的知识服务。

6.1.2　数字图书馆馆藏资源组织的机制

数字图书馆馆藏资源组织的任务是在充分考虑用户需求的基础上，将繁杂的数字信息资源序化为知识库，以提供给用户直观、可操作性强的系统知识，这就要求我们对数字图书馆馆藏资源组织的内在机制进行分析，从而为用户提供高质量的知识服务。图 6-1 展示了数字图书馆馆藏资源组织的机制过程。

图 6-1　数字图书馆馆藏资源组织的机制过程

数字图书馆馆藏资源组织机制的具体内容如下（刘维丹，2002b）。

（1）筛选。筛选是数字图书馆馆藏资源组织的第一步。筛选是指依据数字图书馆用户的需求，在浩瀚的数字信息资源海洋中筛选出具有组织、整理和保存价值的那部分数字信息子集。取舍依据的标准包括学科、专题、语种、地域、类型等。数字信息子集的筛选可采用 Web 数据开采，它有网络智能体和智能信息捕捉器两种实现形式。①网络智能体是一个具有控制问题求解机理的计算单元，指模拟人类行为和关系，具有一定智能并能自主运行和提供相应服务的程序。在数字信息资源的筛选中，网络智能体可根据用户的需要，对网上信息进行过滤并从中筛选出符合需要的知识信息。②智能信息捕捉器依赖于成熟的 Catching Web 技术，立足于某一领域的信息需求，以自动捕捉、搜集和整理领域所需信息为目的。

（2）挖掘。挖掘是指通过对数字信息子集中的每个知识片段进行语法层次、语义层次和语用层次的分析，来得到知识片段的本质含义，以准确标示存在于客观世界和人类头脑中相互联系、相互影响的各个事物或概念。具体而言，就是将知识单元挖掘、分解为一个或多个表达其内在本质的知识因子，形成一个个独立的节点。目前搜索引擎对知识因子的标识大多采用分类语言或简单的关键词全文标识。以上方法虽然在一定程度上反映了信息内容，但是从根本上来看仍停留在语法层次，没有透过外在表达抓住内在本质，因而无法把握其内在作用机制和模式，信息处理的智能化和高效运作便无从谈起，信息爆炸仍旧难以有效克服。

（3）评价。评价就是准确揭示各知识因子间存在的知识序化的联系，以及所隐藏的、可理解的、最终可用的各种关联关系，这就将各静态的、独立的知识因子动态地、多维地组织在一起，能够形象而直观地揭示知识的网状关系。从不同的角度出发，知识因子间关联的类型不同。依据知识因子间关联的显隐程度，知识关联分为显性知识关联和隐性知识关联。其中，显性知识关联是指知识因子间表现出来的易于识别和发现的关系，可用事先规定的知识符号系统来反映，如分类法和主题法；隐性知识关联是指知识因子间隐含的、难以识别的关系，需要利用一些科学方法、知识工具和信息技术来挖掘，如文献计量法、非相关文献知识发现法等。此外，知识关联还可分为知识载体关联和知识内容关联，语法知识关联、语义知识关联和语用知识关联等（文庭孝等，2011）。

（4）描述。描述是指依据知识因子及知识因子间的关联关系组织成供用户使用的知识库。为方便用户使用，各搜索引擎允许用户通过多种途径来查询有关信息资源的内容特点、主题分布、子主题、年代、生产者、所在地、对象等外在特征。数字图书馆馆藏资源组织的目的是通过将繁杂的信息资源组织为知识库来为用户提供优质的检索和查询服务，其中最重要的一点就是为用户提供什么样的检索途径。检索途径可以说是连接知识库和用户的接口，其模式要尽量与用户制定检索策略时的心理、思维模式相匹配，尽量科学、易用。常用的检索方式有分类检索和关键词全文检索，大多数搜索引擎兼有这两种检索方式。

6.1.3　数字图书馆馆藏资源组织的原则

数字图书馆是技术和标准的统一和过程化的实现，因此要达到描述和组织上的一致性就必须遵循一定的原则，这样才能在不同系统之间，在处理相同和不同的数字信息资源上形成可供操作的原则，并因此实现对元数据的互操作和复用。在这里我们根据数字馆藏资源组织的特点和知识组织的一般原则制定以下数字图书馆馆藏资源组织的原则。

（1）标准化原则。为了便于用户获取有效知识，实现知识共享，数字图书馆的馆藏资源组织必须按照标准化原则进行。这里的标准化包括硬件、软件和书目数据的标准化，计算机的通用性、兼容性、可扩展性和联网能力，软件的有效性、可靠性、开发性，著录格式与编目规则的通用性与可转换性，以及通信协议标准化、安全保障技术标准化等，其中数据格式的标准化、描述语言的标准化和标引语言的标准化是主要内容（盛小平，2001b）。

（2）开放性原则。数字图书馆是对现代数字信息资源进行规范和有序化的整合体，其本身就是一个开放的、可检的和互操作的海量信息仓库，因此对数字资源的描述和组织也必须是开放的，也就是说，不同的描述格式之间是可交换、可共享和可无缝转换的，以及在描述格式和标准上应该是透明的并且是不断更新的。

（3）有效性原则。由于现代数字化信息资源的易变性和开放性，数字图书馆馆藏资源组织的对象大部分都处在不断地更新变化过程中。就拿电子出版物来说，一些电子出版物，每隔一段时间，就要更换新的内容，往往是新出版的内容覆盖了以前出版的内容。而网络信息资源，存在着网址更改及网页更新等问题。这很容易使数字图书馆的馆藏资源组织出现重复，导致数据库中出现重复、冗余的数字记录，出现找不到所组织的资源的情况。数字图书馆在进行馆藏资源组织时要采取行之有效的措施，控制与处理冗余信息及被更新信息，从而使得描述的信息是有效的以及可供人机处理的。

（4）客观真实性原则。对于数字图书馆的馆藏资源组织来说，对数字资源的描述和组织是对数字资源的内容和形式特征的揭示、识别和体系化处理，而这种处理是建立在真实反映数字资源的元数据信息的基础上的，只有真实的信息才能解释数字资源的有关特征，也才能去除各种伪信息和冗余信息，从而为用户快速准确识别数字资源本身打下基础。

6.1.4　数字图书馆馆藏资源组织的功能

数字图书馆馆藏资源组织的目的是建立有效可供人机处理的各种知识系统，从而使知识有序化，方便用户获取知识，其功能如下所示（陈耀盛，2003）。

（1）整序功能。数字图书馆的馆藏资源组织通过描述数字信息资源的形式特征，揭示其内容特征，进行信息聚类；按照相关排序法编排成信息集合——目录索引系统，使杂乱无序的信息经标引组织成有序的信息系统。

（2）关联增值功能。按照有关标准和技术进行揭示的数字图书馆的数字信息资源是一个相互关联的有序化的整体，这里面通过零次信息单元、数据依逻辑方法再现、重组信息单元联系，形成一次信息、二次信息，一次信息、二次信息依逻辑方法再现、重组信息单元联系，序化增值优化，这就是逐字句（全文）索引、文摘、书评、综述述评对信息单元联系的再现、重组、增值优化功能。

（3）控制功能。数字图书馆的馆藏资源组织，形成了数字资源的元数据，这就可以实现世界、国家、行业间的目录控制，搜索引擎、导航库、网站栏目对网络信息的筛选、过滤、规范及控制信息流向；信息资源（含网络信息）评价、搜索引擎评价与网站评价，从而规范、控制信息流向，实现一定的社会目标。

（4）效用功能。数字图书馆馆藏资源组织的目的是方便和优化用户环境，它始终是以用户的需求为核心，根据用户需求的多元化、个性化、特色化特征，发挥各种信息组织技术方法的效能，使信息序化、开发、优化，方便易用，从而有效地对目标用户提供特定信息，使之与特定用户需求结合。

6.2　数字图书馆的馆藏资源处理

数字图书馆馆藏资源组织的对象是知识单元，任何知识都是以一定的语言形式表达出来的，而自然语言是其中最直观、最普遍、最灵活以及表达能力最强的一种方式。因此，将自然语言处理技术应用于数字图书馆的馆藏资源组织，是数字图书馆发展的必然结果，有利于提供高质量的知识服务，更好地满足用户的各种需求。

6.2.1　数字图书馆馆藏资源处理与资源组织

不同于计算机程序设计语言，自然语言是指人们在日常生活中所使用的语言，它是千百年来在社会生活中自然形成的语言。在知识组织中，自然语言是指原有作者或用户使用的语言，普遍来源于文献本身，包括题名、摘要、正文等，在知识组织中使用自然语言具有许多优点（寇钧锋，1999）：①符合客观需要，能够不受限制地随时输入新词；②较受控语言而言，检索方便，易用性强；③具有完全专指性，可使用文献中出现的任意一个有实际意义的词进行检索，具有较高的查准率；④标引简便，易于实现自动化；⑤统一性好，使用自然语言标引在较小范围内采用“现成词”，即使多人标引文献，差异也不会太大。

自然语言处理是指“研究如何让计算机理解并生成人们日常所使用的（如汉语、英语）语言，目的在于建立一种人与机器之间密切而友好的关系，使之能进行高度的信息传递与认知活动”（邱君瑞，2002）。数字图书馆馆藏资源组织是指通过将数字信息资源按照一定规则序化为知识库后，为用户提供可供检索和操作的入口，而用户构造出合适的语言集合作为提问，在知识库中查找匹配信息。而随着这种查找过程的自然语言化和计算机化，将自然语言处理技术应用于数字图书馆的馆藏资源组织中，即数字图书馆的馆藏资源处理，成为数字图书馆馆藏资源组织发展的必然趋势。

自然语言处理在数字图书馆的馆藏资源组织中发挥着重要作用，从数字图书馆馆藏资源组织和用户检索的过程看，包括知识源处理、提问处理、提问匹配和结果排序输出四个步骤，而自然语言处理可以应用至其中任何一个或全部步骤中。具体来说：①在知识源处理阶段应用自然语言处理技术能够对知识源进行更为深入和广泛的分析，从而使构建的知识库更有潜力；②在提问处理和提问匹配阶段，使用自然语言处理技术一方面能够方便用户表达自己的知识需求，另一方面有利于排除一些困扰用户的问题，如误检，增加查全率和查准率；③在结果排序输出阶段，自然语言处理技术由于能够更加确切了解用户需求，因此能够改善文献的排序输出（王知津等，2010）。

6.2.2　数字图书馆馆藏资源处理的基础研究

数字图书馆的馆藏资源处理是指利用自然语言处理技术，从机器认知层面进行知识组织工作。一般来说，自然语言的基本单元为词汇，将词按一定的句法规则进行组织就成为句子，句子组成段落，段落构成篇章。因此，按照自然语言处理的不同层次，数字图书馆馆藏资源处理的基础研究包括词法分析、句法分析、语义分析和语用分析四部分。

1. 数字图书馆馆藏资源处理中的词法分析

词法分析是自然语言处理的基础，因而也是数字图书馆馆藏资源处理的基础，它的主要任务是从句子中切分出单词，并为每个切分的单词进行词性标注。在此，本书主要对词法分析中的自动分词、词性标注以及词法分析中的问题进行简单介绍。

1）自动分词

自动分词是指把句子切分为词的序列，它是汉语所特有的研究课题。不同于英文，汉语的最小语言单位不是词，而是字，但词却是具有语义意义的最小单位。而在书面表达或计算机内部表示时，中文文本的字与字之间、词与词之间没有明显的切分标志。此外，汉语的歧义和多义现象也为自动分词带来了极大的困难。近年来，国内众多研究者对汉语自动分析进行了深入的研究，提出了多种分词算法，总的来说，自动分词方法可以分为基于词典的方法、基于语料库的方法和基于理解的方法三种类型（苗夺谦等，2015）。

（1）基于词典的方法。基于词典的自动分词方法的基本思想是利用预先编制的词典，将待分词的汉字串与词典按照一定的策略进行匹配。一般的实现过程为：对于给定的待分词的汉字串，按照某种原则切取其词串，然后将词串与词典中的词条进行匹配，如果匹配成功，则该词串被切分出来，继续剩余部分的切分与匹配，直至剩余部分为空；如果匹配不成功，则重新切取词串进行匹配。在基于词典的方法中最基本的是机械分词方法，按照扫描方向的不同，机械分词方法可分为正向匹配和逆向匹配；按照有限匹配字符串长度的不同，可分为最长（大）匹配和最短（小）匹配。基于词典的方法计算简便，时间空间成本小，但是存在歧义切分问题以及难以处理词典中未收录的词，即未登录词。此外，汉语中词的数量极大，且词与词之间没有分隔标记，导致在“什么是词”和“汉语中究竟有多少词”这种基本问题上存在争议，这也为词典的定义带来困难，因而，基于语料库的自动分词方法得到重视和发展。

（2）基于语料库的方法。基于语料库的自动分词方法是一种无词典的分词方法，其依据是，从形式上看，词是由字构成的稳定的组合，所以在上下文中，相邻的字间同时出现的次数越多，越可能构成一个词，因而这一方法根据已有的语料库来计算字与字之间构成词的概率，从而实现汉字串的切分。根据语料库的利用程度，可以将其分为基于统计的分析方法和基于机器学习的分词方法，前者利用语料库中字、词间的统计信息，主要是对简单的词频信息进行分词，后者在大量已经分词的汉字串的基础上，利用机器学习模型学习训练词语切分的规律进行分词。由于语料库中具有丰富的语言材料，能够客观反映语言现象，因此该方法能够利用大规模语料库中蕴含的大量词汇、句法信息较好地解决歧义问题和未登录词问题，但是开销相对较大。

（3）基于理解的方法。基于理解的自动分词方法是通过让计算机模拟人对句子的理解，达到分词的效果。其基本思想就是在分词的同时进行句法、语义分析，利用句法信息和语义信息来处理歧义现象。它通常包括三个部分：分词子系统、句法语义子系统、总控部分。在总控部分的协调下，分词子系统可以获得有关词、句子等的句法和语义信息来对分词歧义进行判断，即它模拟了人对句子的理解过程。这种分词方法需要使用大量的语言知识和信息。由于汉语语言知识的笼统性、复杂性，难以将各种语言信息组织成机器可直接读取的形式，因此目前基于理解的分词系统逐渐完善（耿骞和毛瑞，2004）。

2）词性标注

词性标注是词法分析的重要步骤。对于句子中的每个词，从孤立角度看，它可能存在多种词性，但是一般而言，在特定的语境下，每个词语的词性都是唯一确定的。因此，词性标注的任务就是根据上下文的语境关系，消除句子中每个词的语法兼类，使得无论一个词兼有几种词性，在特定的场合下只保留其中最合适的一种。一般来说，词性标注方法包括基于规则的方法、基于统计的方法和基于规则和统计相结合的方法三大类。

（1）基于规则的方法。基于规则的词性标注方法是较早的词性标注方法，其基本思想是按照兼类词搭配关系、词语结构和上下文语境等构造词性消歧规则，早期的规则一般由人工构建。美国布朗大学格林（Greene）和鲁宾（Rubin）建立的 TAGGIT 系统是最早的基于规则的词性标注系统，这个系统所使用的规则库是由专家根据自己的语言学知识人工构建，它利用规则库和后缀词的方法对一百多万个词的语料进行词性标注，准确率达 77%。由于人工制定规则难以保障规则的完备性和文本处理的有效性，在 20 世纪 90 年代有人提出了一种新的基于规则的词性标注方法——基于转换的错误驱动方法，该方法可以从语料中自动学习得到规则，不需要人工制定词性标注规则，标注效果较好，但是当训练语料规模较大时，转换规则的获取过程非常烦琐，因而词性标注的过程非常漫长。

（2）基于统计的方法。基于统计的词性标注方法将词性标注看作是一个序列标注问题，其基本思想是首先通过对部分语料进行手工标注，给定带有各种标注的词的序列，然后对新的语料使用统计方法进行自动标注。20 世纪 80 年代，里奇（G. Leech）和加塞德（R. Garside）等建立的成分似然性自动词性标注系统（constituent likelihood automatic word-tagging system，CLAWS）是基于统计模型（n 元语法模型与一阶马尔可夫转移概率模型）的词性标注方法的典型代表，该系统通过对 n 元语法概率的统计优化，实现了对 133 个词类标记的合理标注。随后德洛斯（S. J. DeRose）等利用线性规划的方法对 CLAWS 系统进行了改进，提出了 VOLSUNGA 算法。20 世纪 80 年代后期，隐马尔可夫模型（hidden Markov model，HMM）开始应用于词性标注中，并取得极大成功。中国科学院计算技术研究所研制的汉语词法分析系统 ICTCLAS（Institute of Computing Technology，Chinese lexical analysis system，计算技术研究所汉语词法分析系统）采用多层隐马尔可夫模型（cascaded hidden Markov model，CHMM），将汉语词法分析的所有环节都统一到一个完整的理论框架中，主要功能包括中文分词、词性标注、命名实体识别和新词识别等，是目前世界上性能最优的汉语词法分词工具。目前常见的统计模型有隐马尔可夫模型、条件随机场（conditional random field，CRF）和最大熵方法（maximum entropy model）等。

（3）基于规则和统计相结合的方法。由于基于规则和基于统计的词性标注方法各有优劣，因此基于规则和统计相结合的方法应运而生，该方法将规则排歧和统计概率结合起来，以提高词性标注的准确率。

3）词法分析中的问题

词法分析作为自然语言处理的基础，其分析结果的准确性将在很大程度上影响后面的句法分析、语义分析和语用分析，因此，我们在进行词法分析时应该注意以下问题（苗夺谦等，2015）

（1）分词歧义问题。分词歧义是由字到词时产生的歧义现象，歧义字段处理是自动分词过程需要解决的问题。按照歧义字段的构成形式不同，可以将其分为交集型歧义字段和覆盖型歧义字段。①交集型歧义字段：对于汉字串 AJB（其中 A、J、B 分别为汉字串），如果满足 AJ、JB 均为词，则称 AJB 为交集型歧义字段，其中汉字串 J 称为交集串。②覆盖型歧义字段：对于汉字串 AB，如果满足 A、B 和 AB 均为词，则称 AB 为覆盖型歧义字段。目前，能够较好处理分词歧义问题的分词算法有交叉歧义检测法、基于记忆的交叉歧义排除法、n 元语法和最大压缩法等（耿骞和毛瑞，2004）。

（2）未登录词问题。由于词典的容量有限，在文本处理过程中会出现许多不能被词典识别的词，如人名、地名、术语等，这些词统称为未登录词。未登录词大致可分为两类：一类是新出现的通用词或专业术语；另一类是专有名词，如人名、机构名、地名等。前者在理论上是可预期的，能够人工预先添加到词典中，因此，对于这类未登录词的处理，一般是从大规模语料库中根据某种算法自动生成一张候选词列表，再人工筛选出其中的新词并补充到词典中。后者完全不可预期，对这类未登录词的处理，一般是首先依据从各类专有名词库中总结出的统计知识和人工归纳出的专有名词的某些结构规则，在输入句子中猜测可能成为专有名词的汉字串并给出其置信度，之后利用对该类专有名词有标识意义的紧邻上下文信息以及全局统计量和局部统计量，进行进一步的鉴定。

（3）词性歧义问题。词性歧义是词性标注中存在的问题，其难点是兼类词的自动词性歧义排除。确定汉字串中词的词性标记是否正确，可以从两方面入手：第一是观察该词邻近上下文中的其他词语的标记。这些词的词性也可能是有歧义的，但是遵循一个基本的观测准则：很多词性序列都是很常见的，而有些词性序列则基本上不可能。第二是利用词语本身的信息。例如，一个词可能作为动词也可能作为名词，但它更多地作为名词出现，也就是一个词作为不同词性的使用频率不同。因为词语的不同词性的使用分布极不均匀，即使是对于有兼类情况的词语，大多数情况下它们也只作为一种特殊词性使用。

2. 数字图书馆馆藏资源处理中的句法分析

句法分析是自然语言处理的关键性环节，在数字图书馆馆藏资源处理中起着重要作用，它以分析句子的句法结构、明确词汇间的依存关系为主要任务，从而为后面的语义分析和语用分析打下坚实的基础。在此，本书主要介绍句法分析语法体系和句法分析方法。

1）句法分析语法体系

句法分析的目的是得到句子的句法结构，而使用不同的语法体系将得到不同的句法结构。在自然语言处理的句法分析中，短语结构语法和依存语法是两种主要的语法体系，前者描述句子是如何构成的，后者描述句子中词与词之间的依存关系。

（1）短语结构语法。20 世纪 50 年代，美国著名语言学家艾弗拉姆·诺姆·乔姆斯基（Avram Noam Chomsky）提出了用数学方法研究自然语言和人工语言的形式语法理论，在形式语法中，定义了无限制语法或短语结构语法、上下文相关语法、上下文无关语法和正规语法四种形式语法，这四种语法统称为短语结构语法（phrase structure grammar，PSG）。短语结构语法被定义为一个四元组：G（T，N，S，P），其中，T（terminal）是终结符的集合，处于生长过程的终点，不可再分；N（non-terminal）是非终结符的集合，可以继续往下分；S（start）是起始符，在自顶向下的分析中处于分析的起点；P（production）是重写规则集，也叫产生规则集。短语结构语法的描述通常采用句法树的形式，能够体现句子构成的层级关系。

（2）依存语法。依存语法是指用词与词之间的依存关系来描述语言结构的体系，它描述的是句子中词与词之间直接的句法关系，这种句法关系是有方向的，通常是一个词语支配另一个或几个词语，而一个词语以一定的关系能且只能够依存于另外一个词语。这种支配和被支配关系体现了句子中的词语之间的句法关系。依存语法没有短语结构语法中的层次，它通过依存公理来限制其句法结构。美国计算语言学家鲁滨逊（J. Robinson）于 1970 年提出了依存关系的四条公理，这为依存语法的形式化描述奠定了基础，这四条公理为：①一个句子中只有一个成分是独立的；②句子的其他成分直接依存于某一成分；③任何一个成分都不能依存于两个或两个以上的成分；④如果 A 成分直接依存于 B 成分，而 C 成分在句子中位于 A 和 B 之间，则 C 或者直接依存于 A，或者直接依存于 B，或者直接依存于 A 和 B 之间的某一成分。描述依存语法通常采用依存树或有向树的形式，它与短语结构语法最大的不同在于，依存树上的所有节点都是句子中的词语，没有非终结符节点。

2）句法分析方法

目前，句法分析方法可以分为基于规则的句法分析方法和基于统计的句法分析方法两大类（苗夺谦等，2015）。

（1）基于规则的句法分析方法。在早期的句法分析方法研究中，基于规则的句法分析方法居于主导地位，它首先依据语言学的理论知识，由语言学家组织语法规则，建立语法规则知识库，然后通过条件约束和检查来解决句法结构歧义的问题。基于规则的语法分析方法具有如下优点：①能够分析出输入句子所有可能的句法结构；②对于特定的领域和目的，通过编写有针对性的规则能够较好地处理输入句子中的部分歧义和一些超语法现象。但是，该方法也存在一些缺点：①利用规则分析出一个中等长度的句子的所有可能的句子结构非常困难；②即使分析出句子所有可能的结构，也难以在巨大的句法分析结果集合中解决歧义问题；③手工编写的规则一般带有主观性，往往难以覆盖应用领域的所有复杂语言；④手工编写规则需要大量的人力，而且规则与特定的领域密切相关，不利于将句法分析系统移植到其他领域。通常来说，基于规则的句法分析方法包括自顶向下句法分析、自底往上句法分析、转移网络句法分析等方法。

（2）基于统计的句法分析方法。20 世纪 90 年代以来，随着语料库的构建成本大大降低，且基于规则的句法分析方法存在难以克服的局限性，研究者开始探索基于统计的句法分析方法。基于统计的句法分析方法通过利用统计学的处理技术从大规模语料库中获取句法分析所需要的知识，并试图得到语言的真实规律，它可分为语法驱动的方法和数据驱动的方法。其中，数据驱动的方法不需要生成语法，从树库中标识的模式得到分析结果，它用丰富的上下文模型弥补由于缺乏语言上的约束而带来的不足，但是存在的缺陷是句法分析结果完全受到训练树库中标识形式的控制；语法驱动的方法需要生成语法用来定义被分析的语言及其分析出的类别，将训练语料中各种语言现象的分布以统计数据的方式与语法规则一起编码，在句法分析过程中，当遇到结构歧义时，统计数据用于对多个分析结果的排序或选择。

3. 数字图书馆馆藏资源处理中的语义分析

自然语言处理的最终目的是使人类能够直接用自然语言与计算机进行交流，所以对句子意义的理解，即语义分析，是自然语言处理的重要环节，也是数字图书馆馆藏资源处理不可或缺的研究内容。语义分析的主要任务是通过语法结构和明确句子中词的含义将句子的意义以一种特殊形式翻译成计算机语言。目前，语义分析的发展仍不完善，现在主要基于统计学进行研究。基于不同的语言单位，语义分析有以下研究方向：①在词的层面，语义分析指词义消歧，词义消歧的基本方式是结合上下文对选定的多义词进行分析，在多个词义中选择最符合逻辑的一个。②在句子层面，语义分析指语义角色标注，是在确定句子谓语的前提下，将句子中的其他成分挑选出来成为谓语的语义成分的过程。一般来说，语义成分与句法中的成分相对应，用于反映句中成分彼此之间的关系。语义角色标注包括剪枝、识别和分类三部分。③在篇章层面，通过对整篇文章进行分析研究能够为理解句子意义提供帮助（高源，2019）。

4. 数字图书馆馆藏资源处理中的语用分析

在自然语言处理中，语用分析是经过词法分析、句法分析、语义分析后更高级的语言学分析，是对自然语言的深层理解，因此，对数字图书馆的馆藏资源进行语用分析是必要的。语用分析通过把语句中表述的对象和对对象的描述，与现实的真实事物及其属性相关联，以形成动态的表意结构，它包括发话者、受话者、话语内容和语境四大要素。其中，发话者是语言信息的发出者，受话者指听话人或信息接受者，话语内容是发话者用语言符号表达出的具体内容，语境是指语言行为发生的环境（赵京胜等，2019）。

6.3　数字图书馆的馆藏资源表示

知识表示是知识组织的基础和前提，任何知识组织方法都建立在知识表示的基础上（蒋永福和李景正，2001），因此，数字图书馆的馆藏资源表示是数字图书馆的馆藏资源组织的一个关键性问题，直接决定了上层的馆藏资源处理的效率、资源组织的方式以及资源服务的方式。

6.3.1　数字图书馆馆藏资源表示与资源组织

知识表示的研究最早起源于人工智能领域，目前已渗透至认知科学、神经生理学、图书情报学等多个学科领域，成为多学科交叉的研究内容，因此从不同的学科视角来看待知识表示，存在不同的认识。王珏等（1995）基于对“什么是表示”这一问题的不同理解和所采用的方法论，将“表示观”归纳为三类：①认识论表示观：表示是对自然世界的描述，自身不显示任何智能行为，其唯一的作用就是携带知识；②本体论表示观：表示是对自然世界的一种近似，只是描述了在这个世界中观察者当前所关心的那部分，其他部分则被忽略；③知识工程表示观：表示是对自然世界描述的计算机模型，它应该满足计算机这一实体的具体限制，因此，表示可以理解为一类数据结构及在其上的一组操作。陈周娟（2002）认为：“表示是为描述世界所做的一组约定，是知识的符号化过程，即表示是将知识编码成一种适当的数据结构。知识表示则是将关于世界的事实、关系、过程等编码成为一种合适的数据结构，即知识表示是将数据结构和解释过程结合起来，如果在程序中以适当方式使用将使得程序产生智能行为。”徐宝祥和叶培华（2007）指出：“从一般意义上讲，所谓知识表示是为描述世界所做的一组约定，是知识的符号化、形式化或模型化。各种不同的知识表示方法，是各种不同的形式化的知识模型。从计算机科学的角度来看，知识表示是研究计算机表示知识的可行性、有效性的一般方法，是把人类知识表示成机器能处理的数据结构和系统控制结构的策略。”以上定义虽然略有区别，但是都认为知识表示研究的核心问题是以知识可被利用的途径编码各种形式的知识。

在图书情报领域，知识表示是知识组织研究的关键性问题，它随着知识组织研究的发展而不断深入。对于数字图书馆而言，数字图书馆的馆藏资源表示是指对数字图书馆所存取的数字信息资源进行符号化、形式化和模型化的过程，从而通过统一标准的表示对资源进行组织，为用户提供知识服务。数字图书馆的馆藏资源表示作为数字图书馆馆藏资源组织的核心和基础，是实现数字图书馆馆藏资源组织的关键。

6.3.2　数字图书馆馆藏资源表示的方法

数字图书馆馆藏资源表示的方法建立在知识表示方法的基础上，经过国内外学者的不断探索，目前已经有许多知识表示方法得到了迅速发展，实现了由信息的载体到内容的不断深入，这反映了知识组织由表及里、由物理层次到认知层次的发展变化。在此，笔者以国内外知识表示研究的发展阶段为线索，将数字图书馆馆藏资源表示的方法分为以文献为基本单元的方法、以文本为基本单元的方法和以知识为基本单元的方法三个部分。

1. *以文献为基本单元的方法*

以文献为基本单元的数字图书馆馆藏资源表示方法依据文献的外部特征和内容特征进行知识表示，文献的外部特征从文献名称、文献作者、发表时间等方面进行刻画，文献内部特征的表示主要侧重于对文献类别的区分。通常来说，以文献为基本单元的方法主要有基于分类号的文献表示和基于主题词的文献表示。

（1）基于分类号的文献表示。分类号是按文献的学科知识属性揭示和组织文献，依据一定的分类工具，采用字母或（和）数字作为类目的标识符号。确定图书分类号的依据可分为内部依据和外部标准两方面。其中，内部依据为图书在版编目，其是编目人员进行编目的依据，是图书在编辑出版过程中，由一个负责全国集中编目的中心，根据出版部门提供的图书校样进行编目，然后将该书的目录编目资料提供给出版部门，以便将这些资料印在版权页上，使图书本身和它的目录编目资料能同时供图书馆、情报部门、书目工作人员和图书发行部门等在进行标准化著录时使用。图书在版编目是推行目录著录标准化、提高目录质量的重要措施。外部标准为《中国图书馆分类法》，其是我国图书馆和情报单位普遍使用的一部综合性的分类法，我国图书分类的标准大多依据《中国图书馆分类法》。《中国图书馆分类法》使用字母与数字相结合的混合号码，基本采用层累制编号法。《中国图书馆分类法》主要供大型图书馆图书分类使用，由 5 个基本部类、22 个基本大类以及简表和详表共同组成。

（2）基于主题词的文献表示。基于主题词的文献表示是以表达文献主题内容的词语作为特征词，对文献所包含的内容加以揭示的方式。主题词具体包括标题词、叙词、关键词、单元词等。当前常用的主题词表主要有《医学主题词表》（*Medical Subject Headings*，MeSH）和《汉语主题词表》。其中，《汉语主题词表》简称《汉表》，是中国科学技术情报研究所和北京图书馆主持和组织编制的一个大型综合性叙词表，该词表为中文文献检索系统提供了一个综合性的处理工具。全书共有三卷 10 个分册，由主表、附表、词族索引、范畴索引和英汉对照索引组成。现在我国的综合性图书馆大都以《汉语主题词表》作为标引工具。该方法的缺点在于主题词为受控词，其适用的学科范围有限，在不同学科中有术语异构的问题。

2. 以文本为基本单元的方法

以文本为基本单元的数字图书馆馆藏资源表示方法是针对文本数据的表示，文本数据为字符型的数据，表现为非结构性、自由形态的文字，或是许多符合计算机语言的语法及语法规则，构成文字和语句的字符串。简单来说，文本表示就是把字词处理成向量或矩阵，以便计算机能进行处理，它包括文本的离散表示和文本的分布式表示两种类型。

1）文本的离散表示

文本的离散表示不考虑词间的关联性，具有离散、高维、数据稀疏的特点，离散表示的代表方法包括 one-hot 表示法、bag of words 表示法、*n*-gram 表示法和 TF-IDF 表示法。

（1）one-hot 表示法。其又称 0-1 表示法，是最为简单也是比较常用的文本特征表示方法，主要是采用 n 位状态寄存器来对 n 个状态进行编码，每个状态都有独立的寄存器位，并且在任意时候只有一位有效。one-hot 表示法一方面解决了分类器不好处理离散数据的问题，另一方面在一定程度上也起到了扩充特征的作用。但其缺点也比较明显，主要体现在文本特征表示方面：首先，one-hot 表示法没有考虑词与词之间的顺序；其次，它假设词与词相互独立、未考虑到相关的语义信息；最后，矩阵稀疏和维度灾难，one-hot 表示是将词语所在下标位置置为 1，其他位置置为 0，而现实生活中，词语的集合是很大的，达到几千甚至几万，而每个向量的维度和词语集合中词语的数量是一致的，所以一个词需要用几千甚至几万的维度来表示，如此大的维度在后续计算中需要很大的计算资源。此外，一个向量中只有一个维度是非零的，明显是过于稀疏的。

（2）bag of words 表示法。即词袋表示法，也称为计数向量表示（count vectors），是指文档的向量表示可以直接用单词的向量进行求和得到。bag of words 表示法假定对于一个文档，忽略它的单词顺序和语法、句法等要素，将其仅仅看作是若干个词汇的集合，文档中每个单词的出现都是独立的，不依赖于其他单词是否出现。这种方法在 one hot 表示法的基础上，对词表中的每一个词在该文本出现的频次进行记录，以表示当前词在该文本的重要程度，在一定程度上克服了 one-hot 表示法的缺点。

（3）*n*-gram 表示法。*n*-gram 表示法在 bag of words 表示法的基础上增加了组合字词，即把某个短语看作是新的词，并将其加入到词库中。*n*-gram 是一种基于统计语言表示法的算法，其基本思想是将文本里面的内容按照字节进行大小为 *n* 的滑动窗口操作，形成了长度是 *n* 的字节片段序列。每一个字节片段称为 gram，对所有 gram 的出现频度进行统计，并按照事先设定好的阈值进行过滤，形成关键 gram 列表，也就是这个文本的向量特征空间，列表中的每一种 gram 就是一个特征向量维度。把这些生成一个字典，按照词袋表示法进行编码得到结果。该方法的优点在于考虑了字词之间的顺序；缺点在于存在数据稀疏和词表维度过高的问题。

（4）TF-IDF 表示法。TF-IDF 表示法是基于频率统计得到的，能够衡量字词的相对重要性。TF-IDF 分数由两部分组成：第一部分是词语频率（term frequency），第二部分是逆文档频率（inverse document frequency），前者用来衡量字词在一篇文档中的重要性；后者用于判断是否在很多文档中都出现了此词语，即很多文档或所有文档中都出现的就是通用词，其作用是抑制通用词的重要性。TF-IDF 的分数是指词语在当前文档和整个语料库中的相对重要性，它与一个词在当前文档中的出现次数成正比，与该词在整个语料库中的出现次数成反比。这种方法的优点是简单快速，方便实用；缺点是存在数据稀疏的问题，此外，由于词之间是相互独立的，所以没有考虑词序信息和上下文信息。

2）文本的分布式表示

文本的离散表示方法虽然简捷有效，但是它只是将词进行符号化的表示，不包含任何语义信息。为此，研究者试图将语义信息融入词的表示中，提出了分布假说，即上下文相似的词，语义上也相似。分布假说的提出为研究者研究文本的分布式表示方法提供了思路，分布式表示方法的基本思路是利用上下文信息把每一个词映射成一个维度固定的短向量，在它们所构成的向量空间中，每个词都是一个点，可以通过距离来判断语义的相似度。分布式表示方法具体可分为基于矩阵的表示方法、基于主题模型的表示方法和基于神经网络模型的表示方法等。

（1）基于矩阵的表示方法。基于矩阵的表示方法通常需要构造一个“词-上下文”的共现矩阵。上下文的选取有三种方法：①将该词所在的文档作为上下文；②设定一个滑动窗口，选取窗口中的词作为目标词的上下文；③选取目标词附近的 *n* 元词组（*n*-gram）作为上下文，和滑动窗口不同，*n* 元词组保留了时序信息。实际应用中，原始的“词-上下文”矩阵是高维且稀疏的，因此可以使用一些线性代数中的矩阵分解技术将这个高维的稀疏矩阵压缩成一个较低维的稠密向量，常用的矩阵分解技术包括：奇异值分解（singular value decomposition，SVD）、典型相关分析（canonical correlation analysis，CCA）、非负矩阵分解（nonnegative matrix factorization，NMF）以及 Hellinger PCA（HPCA）（陈志鹏，2017）。

（2）基于主题模型的表示方法。基于主题模型的表示方法尝试从概率生成表示法的角度实现文本的表示，每一个维度是一个主题，这个主题通常是一组词的聚类，因此可以通过主题大概猜测每个维度代表的语义，具有一定的解释性。具体来说，一篇文档中的每个词的产生过程是，先按照一定的概率选择一个主题，并根据这个主题的主题词多项式分布生成这个词。主题模型起源于潜在语义分析（latent semantic analysis，LSA），它使用 SVD 把高维的特征词空间映射到低维的语义空间，目的就是得到词在文档中的语义信息，但是它不是真正的主题模型。概率潜在语义分析（probabilistic latent semantic analysis，PLSA）是最早的主题模型，它的缺点是容易过拟合。后来，隐含狄利克雷分布（latent Dirichlet allocation，LDA）被提出，它是一种基于概率的主题模型，可以用来挖掘大规模语料中文档的主题。该方法假设每个词是从一个潜在的主题中抽取出来的。每篇文章表示为在主题上的分布，每个主题表示为词的概率分布（陈磊，2017）。

（3）基于神经网络模型的表示方法。目前，基于神经网络模型的表示方法受到广泛关注，大致可以分为以下三类：①基于词向量合成的模型，该类方法仅是在词向量基础上简单合成。一个神经概率语言模型（a neural probabilistic language model）于 2003 年被提出，其用前 n–1 个词预测第 n 个词的概率，并用神经网络搭建模型。其目标是得到低维、稠密的词向量，但该模型较为复杂，特别是隐藏层和分类层的计算量较大。2013 年，研究者对该模型进行了简化，提出了著名的 word2vec 模型。后来在 word2vec 的基础上，又提出 doc2vec 模型。②基于循环神经网络（recurrent neural network，RNN）和卷积神经网络（convolutional neural networks，CNN）的模型，该类方法利用更复杂的深度学习模型对文本进行建模。自然语言中，词构成句子，句子构成文档，有很多工作尝试合理表示词向量，也有很多模型被提出来建模句子和文档，其中最常见的网络结构便是长短期记忆网络（long short-term memory，LSTM）和 CNN。③基于注意力机制（attention mechanism）的模型，在已有神经网络模型基础上，引入注意力机制，提升文本建模效果。

3. *以知识为基本单元的方法*

以知识为基本单元的方法不仅注重揭示文献单元的学科、主题特征，更注重揭示文献所载荷的知识内容本身。常用的知识表示方法包括知识地图表示法、谓词逻辑表示法、产生式系统表示法、框架表示法、语义网络表示法和云模型表示法等。

（1）知识地图表示法。知识地图的概念最早来源于布鲁克斯（B. C. Brookes），主要是指人类的客观知识，他认为人类的知识结构可以绘制成以各个单元概念为节点的学科认识图。知识地图是一个向导，它本身并不是一个知识的集合（Brookes，1980）。对于用户而言，大部分的信息是在知识地图所指向的知识源中，而不是被包含在知识地图本身。知识地图指向的是知识源，而这些知识源不仅可以是已经固化在一定的载体上的各种形式的文献、数据库，也可以是大脑中存储了丰富的隐性知识的专家或其他员工。知识地图不仅要揭示知识的存储地，通常也要揭示知识之间的关系。知识地图的最终目标是实现知识共享。

（2）谓词逻辑表示法。谓词逻辑表示法是人工智能领域中使用最早和最广泛的知识表示方法之一，它是指各种基于形式逻辑（formal logic）的知识表示方式，利用逻辑公式描述对象、性质、状况和关系，其根本目的在于把数学中的逻辑论证符号化，能够采用数学演绎的方式，证明一个新语句是从哪些已知正确的语句推导出来的，那么也就能够断定这个新语句也是正确的。在这种方法中，知识库可以看成一组逻辑公式的集合，知识库的修改是增加或删除逻辑公式。使用逻辑法表示知识需将以自然语言描述的知识通过引入谓词、函数来加以形式描述获得有关的逻辑公式，进而以机器内部代码表示。在逻辑法表示下可采用归结法或其他方法进行准确的推理。谓词逻辑适合表示事物的状态、属性、概念等事实性的知识，以及事物间确定的因果关系 但是不能表示不确定性的知识，其推理效率很低（徐宝祥和叶培华，2007）。

（3）产生式系统表示法。产生式系统由逻辑学家波斯特（E. Post）于 1943 年提出，用于计算形式体系中的符号串替换运算。这种表示方法以“IF-THEN”的形式，是一种比较简单表示知识的方法。IF 后面部分描述了规则的先决条件，而 THEN 后面部分描述了规则的结论。规则表示方法主要用于描述知识和陈述各种过程知识之间的控制及其相互作用的机制。产生式系统由三个要素组成：规则库、综合数据库和控制系统。其中，规则库是产生式规则的集合，用于描述应用领域的常识和启发式知识；综合数据库是产生式系统的主要数据结构，用于描述问题求解状态；控制系统是产生式系统的推理机，驱动和控制整个系统的运行。产生式系统表示法具有如下优点：①接近人的自然推理方式，易于理解；②产生式规则可以自由修改、增删、灵活性好；③产生式规则可表达各种知识和推理过程，通用性好；④产生式系统具有可分解性，能够将复杂问题分解为子问题（王知津等，2010）。但是具有效率不高，难以表示过程性的知识的缺点，此外，对不确定性知识的表示也存在一定的局限性。

（4）框架表示法。1975 年，框架理论被提出，其主要思想是人的知识以框架结构存放于人脑中，当人们面临新的情况，或对问题的看法有重要变化时，总是从子集的记忆中去找出一个合适的框架，然后根据细节加以修改补充，从而形成对新观察到的事物的认识。框架是由若干个节点和关系（统称为槽）构成的网络，是语义网络的一般化形式的一种结构，同语义网络没有本质的区别。将语义网络节点间弧上的标注放到槽内就成了框架表示形式。框架表示的形式为框架名、槽名、侧面、值。框架表示法的优点有：①结构性。善于表达结构性的知识、知识的内部结构关系与知识间的联系。②继承性。通过框架名可以实现框架间的联系；在框架系统中，下层框架可以继承上层框架的槽值，也可进行补充和修改。③自然性。当人们面临新的情况，或对问题的看法有重要变化时，总是从子集的记忆中去找出一个合适的框架，根据细节加以修改补充，从而形成对新观察到的事物的认识。其主要的缺点为：①在表达动态的过程性知识方面存在不足；②对知识的不确定性表示存在一定的局限性。

（5）语义网络表示法。语义网络是奎廉（J. R. Quillian）于 1968 年在研究人类联想记忆时提出的一种心理学模型，人为记忆是由概念间的联系实现的，随后，奎廉又把它用作知识表示。语义网络表示法是一种表达能力强而且灵活的知识表示方法，它利用节点和带标记的边结构的有向图描述事件、概念、状况、动作及客体之间的关系。带标记的有向图能十分自然地描述客体之间的关系。语义网络表示法的优点为：①把各个节点之间的联系以明确、间接的方式表示出来，是一种直观的表示方法；②着重强调事物间的语义联系，体现了人类思维的联想过程，符合人们表达事物间的关系，因此把自然语言转换成语义网络较为容易；③具有广泛的表示范围和强大的表示能力，用其他形式的表示方法能表达的知识几乎都可以用语义网络来表示；④把事物的属性以及事物间的各种语义联系显示出来，是一种结构化的知识表示方法。语义网络也具有以下缺点：①推理规则不十分明了，不能充分保证网络操作多的推论的严格性和有效性；②一旦节点个数太多，网络结构复杂，推理就难以进行；③不便于表达判断性知识与深层知识。

（6）云模型表示法。云模型表示法是一种需要与文本表示方法相结合的一种知识表示方法，即需要先获得词向量/特征词矩阵。云模型是 1995 年李德毅院士在概率论和模糊数学的基础上提出的概念，是用自然语言值表示的某个定性概念与其定量表示之间的不确定性转换模型。云由许多云滴组成，每一个云滴就是这个定性概念在数域空间中的一次具体实现，这种实现带有不确定性。在云模型中，通过隶属度或确定度来表示这种不确定性和模糊性。知识本身具有很大的不确定性和模糊性，这与云模型所具备的特点相吻合，因此可以借助云模型的工具来进行知识表示。

6.4　数字图书馆的馆藏资源组织方式和技术

在数字图书馆的建设中，如何采用国际先进的知识组织方式、技术对实现数字图书馆的馆藏资源组织非常重要。

6.4.1　数字图书馆的馆藏资源组织方式

数字图书馆的馆藏资源组织方式以数字图书馆的知识组织方式为依据，目前数字图书馆知识组织的常用方式有文件方式、数据库方式、主题树方式、超媒体方式、知识库方式和搜索引擎方式等。

1. 文件方式

文件是一个具有符号名的一组相关逻辑记录的集合。一个文件可以包括数据、程序或字符，是计算机保存处理结果的基本单位。以文件方式组织数字图书馆馆藏资源的优点如下（严怡民和张玉峰，1999）：①操作简单。在数字图书馆馆藏资源组织中可以利用现有的文件处理的理论与技术，这有利于降低知识组织的难度和成本。②能够存储非结构化信息。数字图书馆可以以文件的形式保存各种图形、图像、图表、音频、视频等非结构化信息。然而，随着数字图书馆存取的数字化资源的膨胀，利用文件方式进行数字图书馆馆藏资源组织存在以下缺陷：①文件大小和数量冲突。如果文件大小随着信息量的增加而同步增长，势必使知识组织过程中网络传输负载越来越大。②对结构化信息的组织与管理软弱无力。文件系统只涉及信息的简单逻辑结构，当信息结构较为复杂时，就难以实现有效的控制和管理。

2. 数据库方式

数据库是在计算机存储设备上合理存放的相互关联的数据集合。以数据库方式进行数字图书馆的馆藏资源组织，具有能高速处理大量结构化和非结构化数据和以信息项作为数据的最小存取单位的优点。但是，目前的数据库技术不能提供数据信息之间的关联，这引发了人们对关系数据库、面向对象数据库、专家系统知识库的研究（盛小平，2001b）。

3. 主题树方式

主题树是一种网络信息资源的组织方式。它实际是提供一种界面机制，用户通过这个界面只与网络信息资源的主题目录进行交流，并通过主题目录间接地连接并使用多个实际的数据资源（严怡民和张玉峰，1999）。利用主题树方式组织知识必须事先建立一套完整的主题目录分类体系，该体系的科学性、合理性直接影响和决定了用户利用信息资源的效果；然而为保证主题树结构的清晰性和资源的可用性，主题目录体系结构又不宜过杂，每一类目下的信息索引条目也不宜过多，这就与体系的完整性产生了冲突。

4. 超媒体方式

超媒体方式是利用超文本技术与多媒体技术相结合进行知识组织的一种方式。它将文字、图表、声音、图像、视频等多媒体信息以超文本方式组织起来，人们通过浏览的方式搜寻所需信息。利用超媒体方式进行数字图书馆馆藏资源组织的优点为：①具有联想式的信息组织方式。超媒体采用非线性的由节点和链组成的网状结构组织块状信息，类似于人类的联想记忆结构，用户可以在网络中主动浏览和航行。②具有图、文、声并茂的信息服务功能。超媒体技术把数字、文本、声音、图形、视频等有机地整合，方便描述和建立各媒体信息之间的语义关系，能满足人们自然交流信息的过程。但是由于采用浏览的方式进行信息搜索，当超媒体网络过于庞大时，用户很难迅速而准确地定位于真正需要的信息节点上，这是超媒体方式在知识组织中的主要缺陷。

5. 知识库方式

知识库系统从组织结构上支持数字图书馆的馆藏资源组织。现在多是由数据库系统从组织结构上组织数字信息，但数据库技术不能提供数据信息之间的知识关联。知识库则比数据库有更强的知识组织功能。知识库是以一致的形式存储数字信息的机构，其组织的信息是高度结构化的符号数据。数字图书馆可以采用顺序文件、索引文件、倒排文件等组织数字文件的形式来组成知识库（李桂贞和郑建明，2007）。

6. 搜索引擎方式

搜索引擎方式是依据计算机软件程序的动作，非人工构建的，是目前网上二次信息组织的主要方式之一。它根据数据网络协议在网上漫游，发现新的网址、网页信息，抽取、排序、归并建立网络索引数据库；数据库按一定方式、结构存储，提供特定处理系统需要的相关信息（包括网址及相关描述性信息、计算机可识别的字段标识符）。这种方式的自动化程度高，更新速度快，并可提供位置检索、概念检索、截词检索、嵌套检索等（陈茂华，2005）。

6.4.2 数字图书馆的馆藏资源组织技术

1. *元数据*

本质上数字图书馆是一个基于互联网络的文献信息检索系统，其基本原理还是将用户提问与信息特征进行匹配来实现文献信息查找功能。因而数字图书馆同样有一个像传统图书馆一样的信息资源获取、组织和表示信息资源查询、浏览及传输的基本流程。将数字信息资源有序化，需要有对数字文献描述的格式、规则等。互联网的诞生以及数字信息资源的广泛网络传播，为人们提供了丰富的网络信息资源，如各类电子文献、软件、统计数据、多媒体数据以及各种数据库和数据库系统。与传统文献相比，网络信息资源呈现出动态性、分布性、多元性和无序性的特点。充分利用网络信息资源并依赖对这些信息资源的准确、规范化的描述和组织，可以保证开放环境下对这些资源的准确辨识和选择。综观网络信息资源所存在的不规范、不准确、不开放等问题，如何制定和实施一系列准确、规范和可互操作的网络信息资源描述格式和组织系统成为一个重要的研究领域，并促成了元数据的发展。元数据是为标引和著录数字资源特别是网上信息资源而产生的结构化数据，它能够描述数字化信息资源并确保这些数字化信息资源能够被计算机自动辨析、分解、提取和分析归纳的一种框架或一套编码体系。美国图书馆协会（American Library Association，ALA）的描述和存取委员会给元数据做出如下定义：元数据是“结构化的编码数据，用于描述载有信息的实体特征，以便标识、发现、评价和管理被理解的这些实体”。就元数据的功能而言，在信息资源组织中，它具有定位、描述、搜索、评估和选择等功能，而其最基本的功能在于为信息对象提供描述信息（徐久龄和肖慧珍，2003），实现简单高效地管理大量网络化数据，实现信息资源的有效发现、查找、一体化组织和对使用资源的有效管理。

一般地讲，一种元数据作为描述信息资源工具，往往由多个按照规定编码语言和编码方式对信息资源属性进行特征描述的元素组成，这些元素按照规定的相互关系和整体结构形成具体的元数据格式。这种元数据往往应用于特定的主题或专业领域，往往适用于一组或多组相关的信息资源类别。而且，人们在规定元数据格式的同时可能对元数据的组织形式及如何支持资源检索服务进行规定，或由资源组织应用系统解决；有些元数据体系还规定传递元数据的通信方式和协议，但另外一些元数据体系将此留待应用系统解决，或默认为标准网络协议。有些元数据具有国际或国家或行业标准性质，有些元数据在其目标领域得到广泛应用，而有些元数据则仅仅是研究实验工具。

张敏和张晓林（2000）总结了元数据的基本特点：①元数据可以作为其描述对象的一个固有、内在的部分，也可以独立于该对象。②元数据创建者可分为三类：作者在创建资源时可嵌入元数据以便资源被检索系统发现和组织；信息资源系统管理者也可创建元数据来描述和组织自己的资源；提供信息服务的信息网关也可创建元数据。③元数据一经建立，便可共享。④元数据的结构和完整性依赖于信息资源的价值和使用环境。⑤元数据的开发与利用环境往往是一个变化的分布式环境，它可能运用目录协议搜索和检索协议等多种方法，并对用户是透明的。⑥任何一种格式都不可能完全满足不同团体的不同需要。不同用户、不同资源类型以及不同信息提供者，导致了不同元数据格式，并提出了元数据之间的互操作性问题。

2. 标记语言

1969 年前后，特德·纳尔逊（Ted Nelson）提出超文本这一概念。超文本实际上是一种描述信息的方法。文本中所选用的词在任何时候都能被扩展（expand），以提供有关词的其他信息，这些词可以链接到其他文本、图像、声音、动画等任何形式文件中。也就是说，文件信息与设备、处理系统、应用无关，甚至与所用的语种无关。为了建立这样一套电子信息交换的通用标识，1969 年 IBM 公司设计出了 GML（generalized markup language，通用标记语言）。随后，1978 年美国国家标准局（The American National Standards Institute，ANSI）的一个工作组，对 GML 进行了规范，推出了命名为标准通用标记语言（standard general markup language，SGML），1986 年 ISO（International Organization for Standardization，国际标准化组织）正式确定 SGML 为描述各种电子文件结构及内容的国际通用标准。

SGML 是数据描述、数据模型化和数据交换的标准，是一种描述结构的模式语言，同时也是标识这些结构的置标（加标志）语言。

SGML 是一种元语言，因此它是用来构造用于描述结构化信息语言的语言。SGML 和 SGML 应用必须区分开来，是标准与具体应用之间的关系。SGML 可以描述文本结构，也可以描述非文本结构甚至多媒体信息。描述什么类型的结构、具体怎样描述都是由 SGML 应用的设计者根据 SGML 提供的框架和工具来决定并实现的。SGML 根据功能和目的识别被描述的对象而不考虑它们的外在表现（是文本、图像还是声音）。SGML 提供一套通用置标工具，它是抽象的、框架性的。一个符合 SGML 的文件通常以一个标准化的 SGML 说明开头，并包括一条文档类型定义（document type definition，DTD）和置标信息，DTD 定义了文件中出现的元素，并描述了每个元素的内容模式，SGML 接受系统必须包含一个 SGML 有效性语法分析器。SGML 的特点是：①它是一种元语言，用于构造描述结构化信息，灵活性和可扩展性强；②它可提供描述文本、图像和多媒体等形式的信息，适应范围广；③根据对象的功能和目的来标识对象，增强了数据智能性；④DTD 和通用置标工具是其内容重点。

SGML 的推出为创建结构化、可互换的电子文件提供了依据，但是，由于 SGML 不是一个事实性标准，即它不是由已在市场上广泛存在，已为用户广泛接受的既成事实转化而来的标准，因此没有预先的市场基础，推广起来相对困难，加之 SGML 语言定义冗长而复杂，为应用程序开发增加了难度，因此，虽然 SGML 作为一种元语言，灵活性、扩展性非常好，许多浏览器厂商还是对 SGML 望而生畏，它们对开发支持 SGML 的浏览器不感兴趣。

HTML 是 SGML 的简单应用，它有一个固定的 SGML 规范声明及一个 DTD，是一种专门的编程语言，用于创建存储在 WWW 服务器上的超文本文件，并能由 MOSAIC 来浏览。处在 WWW 客户端的上网用户，不管在世界上任何地方，使用任何型号机器，都可从WWW服务器端取得用HTML编好的各种信息文档，随心所欲地存取全球信息。应该说，HTML简单实用，是简化了的SGML，但这种简化是以牺牲SGML语言性质为代价的，主要表现在：①HTML不允许用户自行定义它们自己的标识（或属性），扩展性弱；②HTML不支持深层的结构描述，不能表示数据库模式或面向对象的等级层次；③HTML没有提供规范文件以支持应用软件对HTML进行结构校验。虽然，HTML实现了人们漫游信息海洋的梦想，但由于HTML信息文本是预先编好的，是静止的，若要变动，必须由服务器管理人员来操作。用户只能是给什么，看什么，不能根据自己需要与WWW进行交互，处于被动地位。已经越来越不能满足人们对信息日益提高的需求。

Web页面利用HTML组织文档，建立文档间的链接，构成超文本文件，从功能上看，可以把它看成排版语言。

HTML语法结构为

＜HTML开始标记＞文本＜/HTML结束标记＞；（多数语句适用）

＜HTML标记＞（适用少数语句）

HTML简单但不能满足应用，SGML过于复杂而不适用。1996年11月，波士顿的SGML年会推出一种新的数据描述语言XML。XML符合SGML标准，保存了所有SGML结构化性能，重新定义了SGML的某些内部数值及参数，在语言的易懂性、易用性及对WWW的适应性方面做了较大改进。

最基本的XML包括三个相互联系的标准：①文档类型定义（document type definition，DTD）；②可扩展样式表语言（extensible stylesheet language，XSL）；③可扩展链接语言（extensible link language，XLL）。这三个标准使得XML在数据标识、显示风格及超文本链接上都比HTML更优越。在XML中，可根据需要自行定义新的标识及属性名。XML引入了结构概念，使得对数据的标识与查询更为方便。XML可以将多个应用程序所生成的数据纳入同一个XML文件。一旦XML文件被传送到客户机上，被解析出来的XML数据可在本地编辑，而不像HTML文件那样，只能在浏览器中对数据进行显示。由于XML描述的是数据本身，而不像HTML那样描述的是数据的显示，因此，当数据从WWW服务器上传递到WWW客户端之后，本地用户可以选择不同的显示方式、不同的角度查看数据，从而避免了过多的网络传递，节省了用户交互时间。

XML与HTML区别在于：信息提供者能够根据需要自行定义新的标记及属性名；文件结构的嵌套可复杂到任意程度；XML文件可以包括一个语法描述，使应用程序可以对文件进行结构确认。XML文件与HTML文件类似，都是以一组相互匹配的起始和结束标记符如＜body＞、＜/body＞来标记信息。符合HTML 3.2规范的文件可容易地转换为XML文件。在6.5节中将更深入地探讨XML以及XML Schema。

3. 结合元数据技术和标记语言的RDF

由于用来描述数字资源的元数据有多种类型，它们却往往是针对不同的目的不同专门领域而开发的，往往存在不兼容和无法交换的问题。为了解决这些标准间的交换以及各种系统间的互操作问题，为正确有效的描述网络资源提供一个统一的规范和工具，RDF（resource description framework，资源描述框架）就应运而生。在万维网联盟（World Wide Web

Consortium，W3C）的授权下，都柏林核心元数据倡议（Dublin core metadata initiative，DCMI）、互联网内容选择平台（platform for internet content selection，PICS）等元数据研究团体和 IBM、微软、Netscape、Nokia、OCLC、Reuters 等公司或机构合作制定了能够满足多种需要、集健壮性和灵活性等优点于一体的 RDF，以支持现有的众多元数据规范。资源描述框架是用来描绘 WWW 网上资源的有关信息的一种语言。特别是用来描绘关于 Web 资源的元数据，如一个网页的题名、作者、更新日期，一个 Web 文件的版权和许可信息，以及一些共享资源可获得的时间表。当然，通过把“Web 资源”的概念一般化，RDF 也可以用来描绘关于那些可在 Web 上识别的任何事物的信息，即使它们不能直接在 Web 上进行检索。

RDF 是打算在有关的信息提供给程序处理的情况下进行使用而不是仅仅显示给人观看。RDF 提供了一个通用的描述信息的框架，这样在不同的应用程序中可以无损地交换信息。由于它是一个通用的框架，所以应用程序的设计者能够在通用的 RDF 解析器和处理工具中的可获得性上加以平衡。在不同的应用程序间交换信息的能力意味着这些信息可提供给应用程序而非仅仅是它原始创建时所面向的对象。它是基于使用 Web 标识（统一资源标识）来识别事物的观点上，并通过简单的属性和属性值的方式来描述资源。而 XML 作为 RDF 实现的机器语言载体，使得用 RDF 规范描述的数据得以在机器上显示、传递、处理和被复用。

现在 RDF 由 W3C 倡导，成立了专门的 RDF 核心工作组（RDF Core Working Group）对其进行开发、维护和改进。到 2013 年为止已经从 RDF 1.0（1999 年开发）发展到 2004 年版，以下是其主要的规范文本：

RDF 概念和语法（RDF Concepts and Abstract Syntax Sepcification[RDF-CONCEPTS]）

RDF/XML 语法规范（RDF/XML Syntax Specification [RDF-SYNTAX]）

RDF 词汇描述语言 1.0：RDF Schema（RDF Vocabulary Description Language 1.0：RDF Schema[RDF-VOCABULARY]）

RDF 语义学（RDF Semantics [RDF-SEMANTICS]）

RDF 试验案例（RDF Test Cases [RDF-TESTS]）

RDF 基础读物（RDF Primer）

6.5　数字图书馆馆藏资源组织的具体应用：MARC、元数据、XML/RDF

6.5.1　MARC 简介

MARC 是指机器可读目录，最早是在由美国国会图书馆研制的。1965 年推出了 MARC Ⅰ，后推出 MARC Ⅱ，经过改良后命名为 LCMARC，之后该名称作为国际标准格式被采用，同时各国在 LCMARC 基础上，相继建立本国的机读目录。1977 年，国际图书馆协会联合会（International Federation of Library Associations and Institutions，IFLA）在充分参照 LCMARC 以及充分考虑统一 MARC 格式的基础上，为了解决 MARC 数据和内容标识符的不统一问题，方便在国际范围内交换书目，研制国际通用的 MARC 格式，即

UNIMARC，后来许多国家都依据 UNIMARC 开发了本国的 MARC 格式，如 JPMARC。我国在 UNIMARC 的基础上，结合本国特点制定了 CNMARC，经反复讨论与修改，1981 年由书目文献出版社正式出版。

根据世界科学情报系统的国际书目著录中心规定，一种机读格式必须具有三个基本组成部分。

（1）载体形式。其是指为计算机信息系统定义的文件和记录结构，包括对数据载体的物理描述和逻辑组织形式说明。在 MARC 中表现为遵循 ISO 2709 磁带格式，规定了头标区、目次区、数据区和记录分隔符等。

（2）数据单元定义。对独立加以识别的基本数据单元构成形式及反映的内容做了详细规定，在 MARC 中表现为一系列字段与子字段的设置和标识。

（3）数据单元组。其指构成某一特定逻辑记录单元的一组数据单元，用以反映某一特定的文献实体与其他文献实体的相互关系。在 MARC 中表现为具有嵌套结构的如 MARC21 的 76x—78x、UNIMARC 的 4——连接款目字段设置，用来表示与其他记录或资源的关系。

随着时代的发展，新的文献类型与知识媒体的出现，UNIMARC 和 LCMARC 作为两大基本的 MARC 体系，一方面在朝着相互渗透、相互转换、相互兼容的方向发展；另一方面不断地加以改进，设立新的字段和著录规则以满足对新型文献的描述和存取。例如，UNIMARC 发表了 2002 年更新版，而 LCMARC 于 1984 年统一为 USMARC，又于 1999 年由美国国会图书馆和加拿大国家图书馆共同全面改良而重新命名为 MARC21，其出发点是一种面向 21 世纪的新 MARC 格式。

MARC21 作为一种一体化格式，可用于描述、检索各种类型的文献；同时它也是一种重要交换格式，能与 UKMARC、UNIMARC 等标准格式兼容。它广泛应用于规范（authority）、书目（bibliography）、分类（classification）、团体信息（community information）和馆藏（holdings）数据的交换和表达。它共有五种并列格式：规范数据的 MARC21 格式、书目数据的 MARC21 格式、分类数据的 MARC21 格式、团体信息的 MARC21 格式和馆藏数据的 MARC21 格式。下面将以 MARC21 的书目格式为例，说明其基本结构和字段以及在处理网络文献的描述方法。

1. MARC21 记录的组成

MARC21 记录包含三个元素：记录结构、内容标识、记录的数据内容。记录结构是根据美国国家信息交换标准（ANSI/NISO Z39.2）和相应的国际标准 ISO 2907 制定的。内容标识符号是由不同 MARC 格式具体规定，其作用是保证计算机识别数据的准确性。MARC21 记录中的数据内容常由 MARC 以外的标准规定，如国际标准书目著录（international standard bibliographic description，ISBD）、《英美编目规则（第二版）》（Anglo-American Cataloguing Rules. 2d ed，AACR2）、《美国国会图书馆标题表》（Library of Congress Subject Headings，LCSH）、馆藏著录摘要标准（ISO 10324）、美国连续出版物馆藏著录标准（ANSI/NISO Z39.44）、《美国国会图书馆分类法》（Library of Congress Classification，LCC），或记录者使用的其他标准。但某些代码数据的内容标准（如头标区、007 字段、008 字段）则由 MARC 格式本身所决定。

1）结构

主要有三个方面，记录头标区（leader）、目次区（directory）和可变字段（variable field），如图 6-2 所示。下面做一些简要说明。

记录头标区	地址目次区	数据字段区	记录分隔符

图 6-2　记录结构图

（1）记录头标区。头标区位于每一个记录起始部分，是为处理记录提供信息的数据元素。这些元素包含有数字和代码值并且通过相应字符位置来加以区分。头标区固定长度为 24 个字符。

（2）目次区。目次区由若干目次项组成，每个目次项固定为 12 个字符长，包括字段标识符（3 个字符）、字段长度（4 个字符）和字段起始字符位置（5 个字符）。

可变控制字段（variable control field）的目次项按字段号的数字升序排在前面，可变数据字段的目次项根据字段号的第一个数升序排列在后面。记录中可变数据字段（variable data field）的存储顺序可不必按照其相对应的目次项顺序。目次区最后由一个字段终止符（其 ASCII 值为 30）结尾。其结构图如图 6-3 所示。

地址目次区款目 1, 款目 2, …

字段号	字段长度	起始字符位置		…	字段分隔符

图 6-3　目次区结构图

（3）可变字段。MARC21 记录的数据组成可变字段，每个可变字段又通过这个字段存储在目次项中三个字符长的数字字段号加以识别，每个可变字段用一个字段终止符结束。记录的结尾用记录终止符（其 ASCII 值为 29）结束。可变字段又分两种类型，具体如下。

可变控制字段，是指 00x 字段。这些字段结构不同于可变数据字段，它们不含有指示符和子字段代码，它们既可以是单独的数据元素，也可以是一列通过相关字符位置识别的固定长度的数据元素。控制字段的数据大多数是便于计算机处理的代码形式。根据这些代码，用户可以进入和修改系统中的数据，并且系统可以根据用户的需要利用这些代码进行搜索和建立索引。其结构如图 6-4 所示。

数据	字段分隔符

图 6-4　可变控制字段结构图

可变数据字段，是指 01x—8xx 字段。可变数据字段有两个指示符，一个字段后可以有 35 个子字段。每个子字段以一个子字段标识符开始，后接可变长数据，其结构如图 6-5 所示。

指示符1	指示符2	$a	数据	…	字段分隔符

图 6-5　变长字段结构图

2）MARC21 的内容标识

内容标识是识别和描述 MARC 数据元素，通过标识可以准确地完成各种对 MARC 数据不同功能的操作。MARC21 废除 USMARC 中一些旧的内容标识，并在新的内容标识中设法保持了内容标识在 MARC 格式中的一致性。

内容标识主要包括字段标识符（tag）、字段指示符（indicator）和子字段代码（subfield code）。

字段标识符，是用于识别各字段的三位数字代码，也称为字段号。MARC21 格式中数字标识符保留在目次区中为字段所用，而不需要保存在字段中。MARC21 字段中不同的字段标识符是以标识符的首字符来定义的，也就是说，通过标识号的第一个数可判别该字段在记录中的基本功能。

字段指示符，是指在每个可变数据字段中开始的两个位置的字符。这是与可变字段相关的字符，这两个字符的值用来解释和补充说明字段的数据内容。指示符的值是单独释义，也就是说不用两个字符连在一起进行释义。指示符可以是小写字母或数字。在记录中常把空格（其 ASCII 值为 32）（如一个“#”号）用在一个未定义的指示符位置上，但是在已被定义的指示符位置上空格可能表示一种含义或表示没有提供信息。例如，在 245 标题字段中有 2 个指示符：第一位指示符指明这一字段是否作为题名主索引项，第二位指示符标明不排档的字符数（0—9），也就是说在按字母进行书名排序索引时，我们要跳过前面几个字符。

例 6-1　100 1-$aGeisel，Theodore

245 14 $a The cat in the hat/ $c by Dr. Seuss

在这个记录中，245 字段中第一指示符是“1”，表明 245 字段中的标题作为 100 字段的主索引项，如果要打印目录卡片，会在卡片的第一行打上标题名。第二指示符是“4”，表明进行题名排序时要跳过前面 4 个字符，即“T”“h”“e”和一个空格。

子字段代码，是指当要求对字段分开处理时，在这个字段数据元素之前的两个字符。一个子字段代码含有一个分隔符（其 ASCII 值为 31），记录中用“$”表示，后面跟着数据元素标识符。数据元素标识符是小写字母或数字。子字段代码在每一个字段中分别定义，然而相平行的含义尽可能地被保留。子字段代码定义的目的是用来识别不同的子字段，子字段的顺序通常由数据内容标准来决定，如编目规则等。

此外，还有字段终止符（field terminator）及记录终止符（record terminator）。字段终止符是指在每个可变长字段的结尾用以分隔字段的控制符号，它也用于目次区的结尾。记录终止符是置于每个记录结尾，用于区分记录的控制字符。

2. MARC21 记录的规则

关于字段和子字段重复性从理论上讲，MARC21 记录可以有 1000 个字段，一个字段可以有 35 个子字段，最大的记录长度是 99 999 字符，每个字段可以有 9999 字符长度，所有的字段和子字段都可以重复。但有时数据的自然特性不允许重复，如一个规范 MARC 记录只可含有一个 1xx 字段；一个书目格式的字段 100 可以只有一个子字段$a（个人姓名），但也可以有多于一个子字段$c（称号和其他与姓名有关的词）。MARC21 格式中字段和子字段的可重复性与不可重复性在字段和子字段后面分别用（R）和（NR）来表示。

1）填充符和相关代码

填充符（其 ASCII 值为 142）在文档中用一个竖线（|）表示。当 MARC21 格式定义需要使用一个代码，而记录创建者又不能确定使用什么代码时，就在此处使用填充符。填充符不能用在记录的头标区、目次区、字段标识符、指示符或子字段代码中。对于只限于国内使用的数据库，记录中的填充符可依据该国对数据元素的规定执行。代码“u”（不知道或不详）用来说明记录创建者企图提供一个代码，但又不能决定合适的代码。代码“n”（不适用）用来说明记录这个位置所定义的字符不适合用来著录某种类型的款项或记录。

2）显示常量

MARC21 可以存储和编写用来显示或打印不同字段的区分标识符。这些区分标识符就是显示常量（display constant），它们可以是一个术语、短语和（或）空格，或者是被定义的标点符号。显示常量可使记录中的数据进行直观显示，使得数据对用户更加有用。这样的显示内容并不需要保留在记录中，只要在字段中保存一个用来显示内容的指标，这个指标建立在字段标识符、指示符、子字段代码及代码值的基础上。每一种 MARC21 格式都提供有推荐的显示常量和显示事例，这些常量的应用由各自系统所决定。

3）多版本记录

一个 MARC21 记录可以包含多种版本的数据，尽管其他版本也可以用作数据内容，但要以一个版本作为这个记录数据内容的最初版本。对多版本数据的图表模式，在每种格式的多版本记录（multiscript record）块中描述。

4）编排约定符号

在 MARC 文档中采用下列的编排约定符号。

（1）0。这个图形“0”在字段标识符、指示符位置上和固定字符位置上表示阿拉伯数字 0。这个字符和用在文本中的大写字母“O”是显然不同的。

（2）#。图形符号“#”用在代码字段以及其他一些用字符空格会产生混淆的地方代表一个空格（其 ASCII 值为 32）。

（3）$。图形“$”用作子字段标识中的分隔符（其 ASCII 值为 31）。例如，在文档中将子字段标识表示为“子字段$a”。

（4）/。在头标区、目次区和 008 字段中，用斜线和字符所在的位置数来表示固定长度数据元素的一些特殊字符位置，如头标区（leader）/06。

图形“0”表示一个填充字符（其 ASCII 值为 124）。

5）记录内容的责任

总的来说，MARC21 记录中数据内容、内容标识、数据转录的责任可通过检查责任块（responsible parties）中被指定的字段来认定，而当数据元素是由一个指定机构或权威机构提供时，这个数据元素的内容由该指定机构负责。

6）责任块

在 088/39 和/或 040$a（原始编目机构）中，标注的原始编目源的机构对记录的数据内容负责。在 040 字段中指定的转录代理机构对内容标识和数据转录负责。对于修改的记录，转录字段 040$a（原始编目代理商）和$d（修改商）中的机构共同对记录数据内容负责，040 字段$c 和$d 中的转录或修改代理商对数据内容标识和数据转录负责。

7）指定代理的数据元素

一个指定代理的数据元素（agency-assigned data element），它的内容由指定代理商决定，代理商对数据内容负责，如字段 222（关键题名）由 ISSN 中心负责，通常由一个指定的代理机构输入，可以被另外的机构进行转录。

8）受控的名录数据元素（controlled-list data element）

一些数据元素是由指定代理商提供的受控列表中的数据，如书目数据格式中的 043 字段（地区代码）中地区 MARC 代码表。这些元素在 MARC21 的字段或子字段层被指定，只有指定列表中的值可以应用，如果要改变或增加一个名单，就必须和这个制表的代理机构进行协商。

3. MARC21 字段简述

1）书目格式的 MARC 字段

0xx 控制信息、号码和代码字段

1xx 主要款目

2xx 题名字段

3xx 载体形态等字段

4xx 丛编说明

5xx 附注字段

6xx 主题检索字段

7xx 附加（除主题、丛编、连接字段）款目字段

8xx 丛编附加款目；定位，交替图形等字段

9xx 地方操作字段

2）规范格式的 MARC 字段

0xx 控制信息、数码和代码字段

lxx 标题字段

2xx 见自参照

3xx 参见参照

4xx 见自根查

5xx 参见根查

6xx 参考注释、处理方法

7xx 标题连接款目字段注释等

8xx 定位，交替图形等字段
9xx 地方操作字段
3）分类格式 MARC 字段
1xx 分类代码和述语
2xx 见自参照
3xx 参见参照
4xx 无效数字根查
5xx 有效数字根查
6xx 附注字段
70x—75x 索引词字段
76x 数字建立字段
8xx 定位，交替图形等字段
9xx 地方操作字段
4）团体信息的 MARC 格式字段
0xx 控制信息、数字、代码
1xx 基本名称
2xx 题名、地址字段
3xx 载体形态项等
4xx 从编信息
5xx 附注字段
6xx 主题检索字段
7xx 主题以外的附加款目
8xx 定位，交替图形等字段
9xx 地方操作字段
5）馆藏格式的 MARC 字段
0xx 控制信息、数字、代码
1xx 没有定义
2xx 没有定义
3xx 没有定义
4xx 没有定义
5xx 附注字段
6xx 没有定义
7xx 没有定义
8xx 馆藏和定位数据、附注
9xx 地方操作字段

4. MARC21 针对电子文献的描述

为了描述新出现的知识媒体和文献类型，MARC21 在增加新的描述字段、新的编码字符的同时，并结合对 AACR2 的修订，如 MARC21 中增加 856 字段来说明对远程电子资源的存取和描述，同时在 006 字段、007 字段、008 字段增加相应代码来说明对于电子期刊以及网站的代码，并增加 506、516、538 等跟电子资源（包括网站）有关的字段，来描述各种类型的电子媒体。而在 AACR2 2002 年版中修订了第 9 章、第 12 章，以响应新的媒体，其中把“连续出版物”更名为“连续出版物和连续性资源”(continuing resources，CR）以包含各种活页资源以及网站、数据库等。下面给出以电子期刊的 MARC21 格式为例（包括纯粹电子期刊与印刷型期刊的数字化版本）说明基本描述字段①。

008 任何在线期刊适用，在 362 字段提到的纸版或任何原始出版形式的出版日期作为起始出版年。

022 用电子期刊的 ISSN 号放于$a，纸本的放于$y。

130/240 根据 LCRI② 25.5B 赋予任何期刊。如果纸本格式记录又统一题名，把统一的限定词作为联机版本的基本限定词，不把数字化商的名字作为限定词。

245 从规定信息源选取正题名。

246 给任何不同于正题名的其他题名作附加款目，注意指示符。例如，246 1 $i Issues from some providers have title：$a[Title]。

260 $a，$b，$c 记录最先的地名和出版者作为联机期刊的出版者，并且要适合于所有的联机版本。$c 当最早/晚日期在 362 0 中记录时，给出最早/晚日期。

362 根据规则来记录最早/晚日期，如果联机版本的第一期不在手边，用 362 1 来记录纸本或原始格式的最早出版日期。例如，362 1 Print began with vol. 3，no. 1（Jan. 1984）。

440，490，8xx 不记录一些数字库商的名字作为丛编名。

500 记录正题名来源、最近查考卷期、查看日期等，以及其他一般附注。

506 除非检索限定适用于所有版本和格式，否则不使用该字段而应在 856 的$z 来反映。

516 通常不使用该附注，特别是这样的附注“Text（electronic journal）”。

538 提供类似的检索模式附注如“Mode of access：Internet”或“Mode of access：World Wide Web”若系统要求不适用，则所有版本不用该字段来说明。

710/730 不把数据库商名字作为附加款目。

856 为各个可检的联机或纯电子期刊给出相应的 URI 标识。

其他 006 字段、007 字段都适用，都应针对电子期刊本身来选择有关代码。

例 6-2 电子期刊（纯粹电子期刊），即原始出版形式就是电子期刊。

Statistical Applications in Genetics and Molecular Biology

OCLC：31848943 Rec stat：c

Entered：19950118 Replaced：19970422 Used：19970917

Type：a ELvl：Srce：c Gpub：Ctrl：Lang：eng BLvl：s Form：s Conf：0 Freq：a MRec：Ctry：cau S/L：0 Orig：s EntW：Regl：r ISSN：1 Alph：a Desc：a SrTp：Cont：DtSt：c

① 资料来源：https://www.loc.gov/marc/bibliographic[2023-06-21]。

② LCRI 表示 Library of Congress Rule Interpretation，美国国会图书馆规则解释。

Dates：2002，9999

010 ## $a 2003-212268 $z 2003-243230

006 m d

007 $a c $b r $d c $e n $f u

012 ## $l 1

016 7# $a 101176023 $2 DNLM

019 ## $a 52166607

022 0# $a 1544-6115

030 ## $a SAGMCU

037 ## $b BE Press，805 Camelia St.，Berkeley，CA 94710 $c $365.00

042 ## $a nsdp $a lcd

050 10 $a ISSN RECORD

050 14 $a QH438.4.S73

060 10 $a W1

082 10 $a 576.5 $2 13

210 0# $a Stat. appl. genet. mol. biol

222 #0 $a Statistical applications in genetics and molecular biology

245 00 $a Statistical applications in genetics and molecular biology $h [electronic resource]

246 13 $a SAGMB

260 ## $a [Berkeley，CA]：$b Berkeley Electronic Press，$c c2002-

310 ## $a Annual

362 0# $a Vol. 1，issue 1（2002）-

500 ## $a Title from HTML contents（publisher's Web site，viewed July 24，2003）

500 ## $a Latest issue consulted：Vol. 2，issue 1（2003）（viewed July 24，2003）

515 ## $a Articles added consecutively to current annual volume

538 ## $a Mode of access：World Wide Web

510 0# $a Chemical abstracts $x 0009-2258

650 #0 $a Genetics $x Statistical methods $v Periodicals

650 #0 $a Molecular biology $x Statistical methods $v Periodicals

650 #0 $a Bioinformatics $v Periodicals

650 12 $a Genetics $v Periodicals

650 22 $a Molecular Biology $v Periodicals

650 22 $a Statistics $v Periodicals.

856 40 $u http://www.bepress.com/sagmb

850 ## $a DNLM

例 6-3　电子期刊（印刷型期刊的数字化版本），即原始出版形式是印刷出版，后进行数字化处理，以电子形式再次出版，采取“代理商-中间记录”方式。

Journal of Cereal Science（Online）

Type：a ELvl：Srce：d GPub：Ctrl：Lang：eng

BLvl：s Form：s Conf：0 Freq：b MRec：Ctry：enk

S/L：0 Orig：s EntW：Regl：r ISSN：1 Alph：a

Desc：a SrTp：p Cont：DtSt：c Dates：1983，9999

010 ## $a sn97-1881

006 [m d]

007 $a c $b r $d c $e n $f u

012 $l 1

022 0# $a 1095-9963 $y 0733-5210

037 # $b Academic Press，6277 Sea Harbor Dr.，Orlando，FL 32887-4900

042 ## $a nsdp $a lcd

082 10 $a 664 $2 12

130 0# $a Journal of cereal science（Online）

210 0# $a J. cereal sci. $b（Online）

222 #0 $a Journal of cereal science $b（Online）

245 10 $a Journal of cereal science $h [electronic resource]

246 30 $a Cereal science

260 ## $a London：$b Academic Press

310 ## $a Bimonthly

362 1# $a Print began with：Vol. 1，no. 1（Jan. 1983）

500 ## $a Description based on：Vol. 17，issue 1（Jan. 1993）；title from table of contents（ScienceDirect，viewed Sept. 5，2003）

530 ## $a Online version of the print title：Journal of cereal science

538 ## $a Mode of access：World Wide Web

650 #0 $a Grain $v Periodicals

650 #0 $a Cereal products $v Periodicals

776 1# $t Journal of cereal science $x 0733-5210 $w（DLC）sn 82005265 $w（OCoLC）8603019

856 40 $u http://firstsearch.oclc.org $z Address for accessing the journal using authorization number and password through OCLC FirstSearch Electronic Collections Online

856 40 $u http://firstsearch.oclc.org/journal = 0733-5210； screen = info； ECOIP $z Address for accessing the journal from an authorized IP address through OCLC FirstSearch Electronic Collections Online

856 40 $u http://www.sciencedirect.com/science/journal/07335210

例 6-4　对更新型网站的描述。

第一种类型：只进行过一次浏览，并建立记录的类型（图 6-6）。

图 6-6　2003 年 4 月 19 日浏览页面

著录内容：

Type：m ELvl：Srce：c Audn：Ctrl：Lang：eng

BLvl：m File：m GPub：MRec：Ctry：oru

Desc：a DtSt：m Dates：1998，9999

006 Freq：u Regl：u ISSN：SrTp：d Orig：s

Form：s EntW：Cont：s GPub：Conf：Alph：S/L：2

007 __ $a c $b r $d m $e n

040 __ $a XXX $c XXX

050 _4 $a HN60 $b .S64

245 00 $a Sperling's bestplaces $h[electronic resource].

246 3_ $a Sperling's best places

246 30 $a BestPlaces

246 30 $a Best places

246 10 $i Title on title bar：$a BestPlaces.net

260 __ $a Portland，Or.：$b Fast Forward

362 1_ $a Began in 1998?

538 __ $a Mode of access：World Wide Web

500 __ $a Title from home page based on version modified Mar. 30，2001（viewed Apr. 19，2003）

500 __ $a Updated version of Places U.S.A. software developed by Bert Sterling

650 _0 $a Cities and towns $x Ratings $z United States $v Databases

651 _0 $a Quality of life $z United States $v Databases

700 1_ $a Sperling，Bert

710 2 _ $a Fast Forward，Inc

856 40 $u http://www.bestplaces.net

以上著录因为是对该网站的首次浏览，故没有内容的变更。

第二种类型：记录内容随着浏览次数的增加，根据网站信息特征的变化，而对著录内容进行更新（图 6-7）。

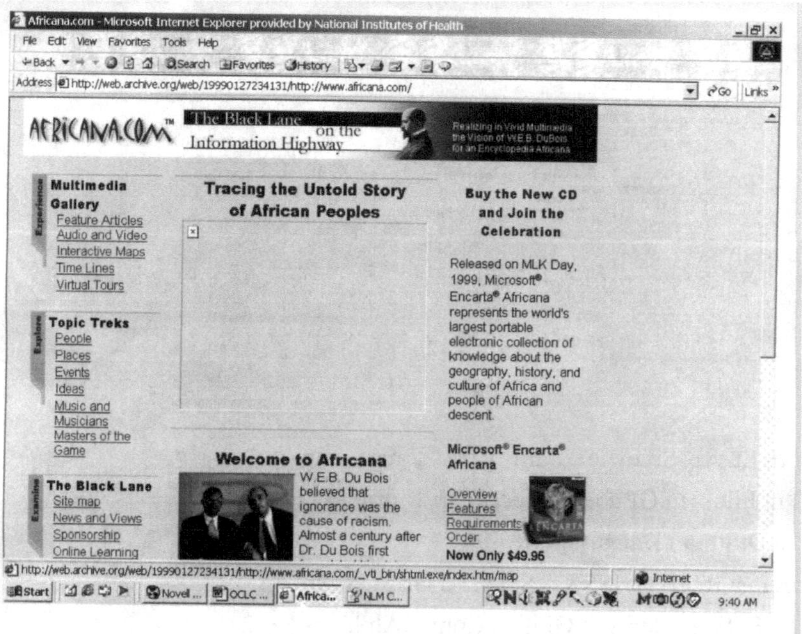

图 6-7　首次浏览（1999 年 2 月 2 日）

著录内容：

Type：a ELvl：Srce：c Audn：Ctrl：Lang：eng

BLvl：m Form：s Conf：Biog：MRec：Ctry：xxu

Cont：GPub：LitF：0 Indx：0

Desc：a Ills：a Fest：0 DtSt：m Dates：1999，9999

006 Freq：u Regl：u ISSN：SrTp：w Orig：s

Form：s EntW：Cont：GPub：Conf：Alph：S/L：2

006 Audn：File：d GPub：

007 __ $a c $b r $d m $e n

040 __ $a XXX $c XXX

050 _4 $a E185

245 00 $a Africana.com $h [electronic resource]：$b the Black lane on the information highway.

246 30 $a Black lane on the information highway

260 __ $a [United States]：$b Africana.com

538 __ $a Mode of access：World Wide Web

500 __ $a Title from home page（viewed Feb. 2，1999）

520 __ $a Electronic collection of knowledge about the geography，history，and culture of Africa and people of African descent

650 _0 $a African Americans

651 _0 $a United States $x Civilization $x African American influences

710 2_ $a Africana.com Inc

856 40 $u http://www.africana.com

对内容进行第二次浏览，如图 6-8 所示。

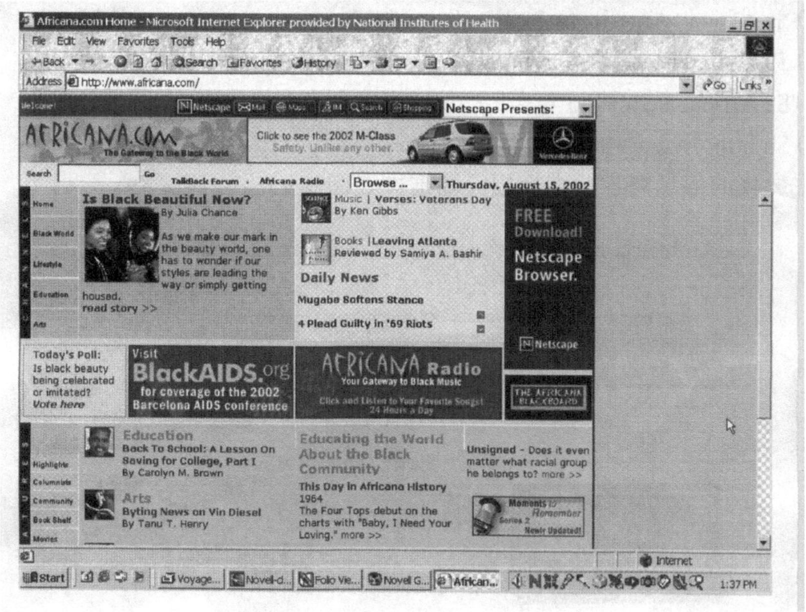

图 6-8　第二次浏览（2002 年 8 月 15 日）

Type：a ELvl：Srce：c Audn：Ctrl：Lang：eng

BLvl：m Form：s Conf：Biog：MRec：Ctry：xxu

Cont：GPub：LitF：0 Indx：0

Desc：a Ills：a Fest：0 DtSt：m Dates：1999，9999

006 Freq：d Regl：r ISSN：SrTp：w Orig：s

Form：s EntW：Cont：GPub：Conf：Alph：S/L：2

006 Audn：File：d GPub：

007 __ $a c $b r $d m $e n

040 __ $a XXX $c XXX $d XXX

050 _4 E185

245 00 Africana.com $h [electronic resource]：$b the gateway to the Black world.

246 1 $i Title on title bar：$a Africana.com home

246 1 $i Subtitled：$a Black lane on the information highway $f＜Feb. 2，1999＞

260 __ $a [United States]：$b Africana.com

310 __ $a Updated daily $b＜Aug. 15，2002＞

321 __ $a Frequency varies $b＜Feb. 2，1999＞

538 __ $a Mode of access：World Wide Web

500 __ $a Title from home page（viewed Aug. 15，2002）

520 __ $a Electronic collection of knowledge about the geography，history，and culture of Africa and people of African descent

650 _0 $a African Americans $x Social life and customs

650 _0 $a African Americans $x Intellectual life

651 _0 $a United States $x Civilization $x African American influences

710 2_ $a Africana.com Inc

856 40 $u http://www.africana.com

对发生变化的信息内容，进行相应性维护（图 6-9）。

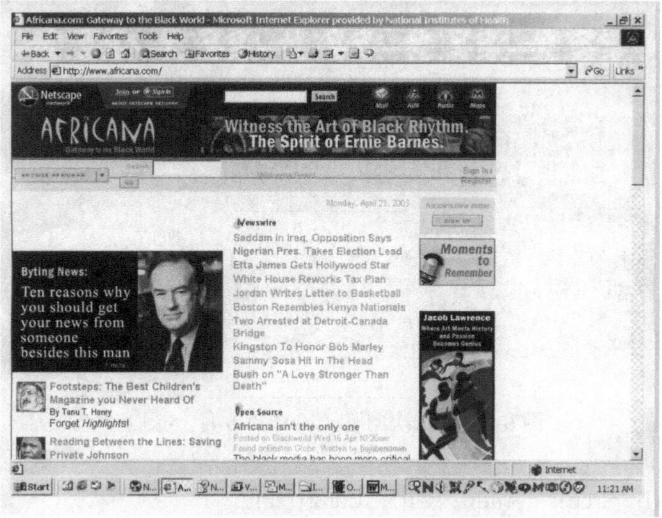

图 6-9　第三次浏览，继续维护（2003 年 4 月 21 日）

著录内容：

Type：a ELvl：Srce：c Audn：Ctrl：Lang：eng

BLvl：m Form：s Conf：Biog：MRec：Ctry：xxu

Cont：GPub：LitF：0 Indx：0

Desc：a Ills：a Fest：0 DtSt：m Dates：1999，9999
006 Freq：d Regl：r ISSN：SrTp：w Orig：s
Form：s EntW：Cont：GPub：Conf：Alph：S/L：2
006 Audn：File：d GPub：
007 __ $a c $b r $d m $e n
040 __ $a XXX $c XXX $d XXX
050 _ 4 $a E185
245 00 $a Africana $h [electronic resource]：$b gateway to the Black world.
246 1 $i Title on title bar：$a Africana.com
246 1 $i Subtitled：$a Black lane on the information highway $f＜Feb. 2，1999＞
247 10 $a Africana.com $f＜Aug. 15，2002＞
260 __ $a [United States]：$b Africana.com，$c 1999.
310 __ $a Updated daily $b＜Aug. 15，2002＞
321 __ $a Frequency varies $b＜Feb. 2，1999＞
538 __ $a Mode of access：World Wide Web.
500 __ $a Title from homepage（viewed Apr. 21，2003）
650 _ 0 $a African Americans $x Social life and customs
650 _ 0 $a African Americans $x Intellectual life
651 _ 0 $a United States. $x Civilization $x African American influences
710 2_ $a Africana.com Inc
856 40 $u http://www.africana.com

可见，对可更新的电子资源（数据库、网站等）的描述是动态反映当前资源的信息特征的不断更新维护的过程。

6.5.2　元数据

从本质上看，MARC 是一种元数据，但是 MARC 的最先出发点是处理传统文献。同时它有着十分复杂的字段结构和描述规则，对于海量的网络资源信息，一方面探索改进 MARC 来适应这种变化和发展；另一方面设计新的描述标准和工具来应对。元数据的出现就是互联网蓬勃发展的产物。它现在也成为有效地组织与处理任何数字化文献资源必不可少的工作数据。熟悉图书馆工作业务的人常常将元数据编制流程与传统的编目工作画上等号，将元数据标准与编目标准画上等号。然而，从严格的意义上来看，元数据的概念远远大于编目的概念，虽然元数据的思想来源于编目，但已经是青出于蓝而胜于蓝了。在后 MARC 时代，元数据的发展经历了从繁到简（由 MARC 的包罗万象，到 Dublin core 的 15 个核心元素），从通用到专用（由最早的 MARC 和只是为了补充 MARC 所留空缺所做的格式，如档案元数据 EAD①，到后来针对各专业和各类型资源的元数据格式），

① EAD 表示 encoded archival description，编码档案著录。

从以描叙为主到集描述、管理、结构、存档、文献保护等多项功能于一体，从仅在图书馆界使用到在教育界、商业界、工业界广泛应用的过程。

用于描述文献资源的元数据实际上不仅仅局限于描述有关文献特征与内容，往往还包括文献的管理、结构等信息。描述元数据用于描述一个文献资源本身的特征、内容以及与其他资源的关系，其主要作用是发掘和辨识。管理元数据包括有关数字实体的显示、注解、使用、长期管理等方面的内容，如所有权权限的管理、产生/制作的时间和方式、文件类型、其他有关技术、使用或获取方面的权限管理等。结构元数据定义一个复杂的数字实体的物理结构，以利于导航、信息检索和显示。将这三种类型的元数据有机地组织在一起，其主要功能可归纳为：资源发掘，对电子资源进行组织，便利互操作，数字鉴别，存档和保存。

1. 几种元数据介绍

1）Dublin core

Dublin core①是 Dublin Core Metadata Element Set（都柏林核心元数据集）的简称，它是 OCLC、国家超级计算机应用中心（National Center for Supercomputer Applications，NCSA）等组织于 1995 年开始研制的一种互联网信息资源描述规范，目的是便于发掘英文电子资源，其主要由 15 个元数据标记元素组成：题名（title）、作者或创建者（author or creator）、主题及关键词（subject and keywords）、描述（decription）、出版者（publisher）、其他责任者（other contributors）、日期（date）、类型（resource type）、格式（resource format）、标识（identifier）、来源（source）、语种（language）、关联（relation）、覆盖范围（coverage）及权限管理（right management）。

Dublin core 在描述互联网资源方面有六大特性，即内在性（interinsicality）、可扩展性（extensibility）、语法独立性（syntax independence）、可选择性（optionality）、可重复性（repeatability）、可修改性（modifiability）。它的整个元素集是可扩展的，每个标记元素均可重复使用或者选择性地使用，还可以拥有子类型和子模式。

例 6-5　是按 Dublin core 标准对一篇网页进行描述的一个样例。

```
<HTML>
<HEAD>
<TITLE>EXAMPLE</TITLE>
</HEAD>
<META NAME = “DC.Title”CONTENT = “ASP：PERSONAL WEB”>
<META NAME = “DC.CREATOR”CONTENT = “（TYPE = NAME）SONG”>
<META NAME = “DC.CREATOR”CONTENT = “（TYPE = email）diamondponycn@yahoo.com.cn”>
< MATA NAME = “DC.Subject”SCHEMA = “keyword”CONTENT = “ASP ：PERSONAL WEB”>
<META NAME = “DC.Date”CONTENT = “1998”>
```

① 资料来源：https://www. dublincore. org[2022-01-20]。

<META NAME = “DC.Format”CONTENT = “（SHEME = imt）text/html”>

<META NAME = “DC.Identifier”CONTENT = “（TYPE = URL）HTTP://EXAMPLE.ORG/PERSONAL WEB/”>

<META NAME = “DC.Language”CONTENT = “（SCHEME = ISO639）CN”>

</BODY>

</HTML>

例 6-6　大学数字图书馆国际合作计划（China Academic Digital Associative Library，CADAL）项目使用 Dublin core 对数字化中文文献进行描述的样例见图 6-10。

标识	值
title	出版学研究进展·2001/2005
alternative	Progress in research on publishing science
creator	黄先蓉
subject	出版学
subject	连续出版物
clc	G230-55
description	
publisher	武汉大学出版社·武汉
date	2006
format	Image/Djvu(.djvu)
type	普通图书
language	chi
relation	数字时代图书馆学情报学研究论丛
ispartof	武汉大学教师著述文库
identifier	09750982
identifier	7-307-05277-6
rights	
accessrights	限于校园网用户
location	武汉大学图书馆文理分馆

图 6-10　Dublin core 规范描述样例

2）视觉资料核心类目

视觉资料核心类目（the core categories for visual resources，VRA core）由美国视觉资料协会（Visual Resources Association，VRA）于 1995 年制定。最初目的是在网络环境下对艺术、建筑、民间文化等艺术类视觉资料进行描述，后来逐渐应用到非艺术领域。

VRA core 格式由作品描述类目（work description categories）和视觉文献描述类目（visual document description categories）两部分组成。其中，作品描述类目用于描述所有作品实体或者某种视觉文献所记载的原始作品（多为三维作品），包括作品类型、材料、技术、尺寸、日期、附注、题名、责任者、责任方式、主题、相关作品、与相关作品之间的关系、收藏单位名称、收藏地点、收藏号、现存地点、原始收藏或者发现地点、民族/文化、风格/时期/派别/运动等 19 个数据单元。视觉文献描述类目用于描述记录某一作品实体的视觉文献（如雕塑作品的照片、幻灯片、油画等图像）。视觉文献描述类目包括视觉文献类型、视觉文献格式、视觉文献尺寸、视觉文献出版日期、视觉文献收藏者、视觉文献收藏号码、视觉文献视点描述、视觉文献主题、视觉文献来源等 9 个数据单元。

例 6-7　图 6-11 是按照 VRA core 规范对北京故宫博物院收藏的一件“法国时装”进行描述的一个样例。

Work Type：服装
Title：女性晚装
Material：中国绸缎
Material：薄绸和天鹅绒
Technique：刺绣
Date：1975
Repository Name：故宫博物院
Repository Place：故宫博物院，北京市东城区景山前街4号
Repository Number：1975.011.0273
Nationality/Culture：法国
Subject：服装-法国-1975
Related Works：衣领，1975.011.1457；口袋，1975.011.2748
Relationship Type：附件
Notes：法国友人Jerry Rogers1988年捐赠
Notes：质地良好
Notes：展出日期1989年9月
Visual Document Type：照片
Visual Document Format：幻灯片
Visual Document Owner：故宫博物院
Visual Document Owner Number：1975.011.0273

图 6-11　VRA core 规范描述样例

3）PICS

制定 PICS 的最初目的是：用户方便找到适合自己需要的内容，防止将不适合的或用户不想要的内容传递给用户（特别是未成年用户）。此外，PICS 还可以用于数字签名、知识产权管理多个方面。

PICS 最值得称道的地方是引入了内容分类分级机制。不同的组织可以根据其目的和价值取向，对互联网的资源进行分类定级。例如，家长通过对浏览器进行设置，就可以过滤掉那些不适合未成年子女浏览的内容。

PICS 的分类定义体系包括：自我分类定级，由内容提供者自愿对其创建和发布的内容进行分类定级；第三方分类定级，众多第三方分类定级机构可对他人发布的内容进行分类定级；最终用户分类定级，家长或者教师可根据不同的分类定级标准来控制孩子的信息获取情况。

4）其他

除此之外，还有网站集合（Web collections）、频道定义格式（channel definition format，CDF）、元数据内容框架（metadata content framework，MCF）、美国联邦地理数据委员会（Federal Geographic Data Committee，FGDC）地理空间元数据内容标准等元数据规范，在中文方面文化部科技司委托广东省中山图书馆制定的“数字式中文全文文献通用格式”行业标准已经于 2015 年完成。

2. 数据映射

目前元数据研究正如火如荼。由于信息资源的类型繁多、内容庞杂、结构复杂且分布广泛，可以说任何一种元数据格式都不可能完全覆盖所有类型的信息资源的描述，也不可能完全满足不同用户群、不同团体的需要，使元数据格式之间的互操作性显得越来越重要。元数据的互操作性，就是用户可以利用一个检索式在不同数据库之间同时检索。提高元数据间的互操作性，首要的、也是最需要人的智力劳动的工作就是元数据间的映射和转换（沈芸芸和张广钦，2003）。

近年来，元数据标准的研制者开发了许多元数据映射表，它们能使不同元数据中的数据元素在语义上进行对应和桥接（crosswalk）。实际上，任何结构化的数据都可以转换到另一种结构，但都不可能完全对应，转换过程中都会使一些数据丢失。所有的映射都必须首先分析两种不同结构数据之间的对应关系，一般来讲存在以下四种：一一对应、一对多、多对一、不对应。

在分析数据间的对应关系后，分析不同数据结构的语法关系就显得非常重要。例如，在 MARC21 的指示符以及字段中的子字段之间的语法符号都是严谨的，就是附注的导语也是控制性的用法。所以进行认真的分析和人工的干预就必不可少了。

6.5.3　XML/RDF

RDF 是基于使用 Web 标识（统一资源标识或 URIs）来识别事物的观点上，并通过简单的属性和属性值的方式来描述资源。这使得 RDF 可以表述简单的关于资源的声明，就像用一个画图的节点和弧来描绘资源。为了使上述的讨论在某种程度上尽可能更为具体，我们可以把下面的一组声明：“there is a person identified by http://www.w3.org/People/EM/contact #me，whose name is Eric Miller，whose email address is em@w3.org，and whose title is Dr”，用 RDF 图形来表达（图 6-12）。

图 6-12 阐明了 RDF 使用 URI 来识别。

1）个体

Eric Miller，由 http://www.w3.org/People/EM/contact#me 识别。

事物的类型，由 http://www.w3.org/2000/10/swap/pim/contact#Person 识别，这些事物的属性，由 http://www.w3.org/2000/10/swap/pim/contact#mailbox 识别。

2）属性值

属性值即 mailto：em@w3.org 是邮箱属性的值（RDF 也采用字符串如“Eric Miller”以及其他类型数据类型如整型和日期型的值作为属性值）。

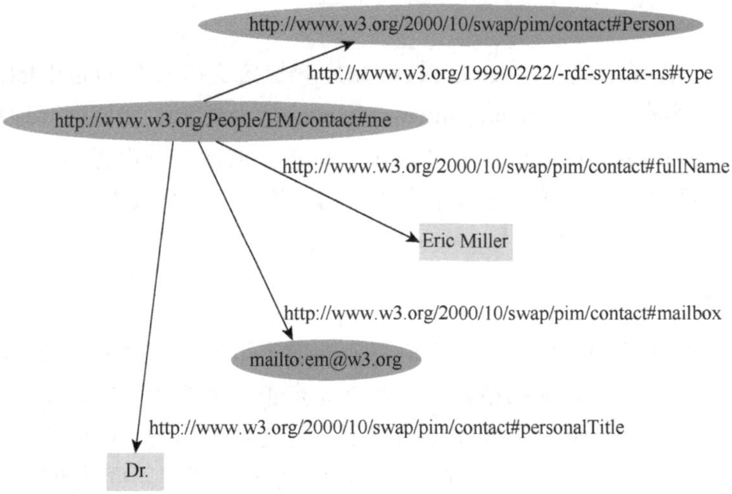

图 6-12　RDF 图形实例

RDF 提供基于 XML 的语法（称为 RDF/XML）来记录和交换这些图形。如此，图 6-12 用 RDF/XML 对应的描述为

```
<? xml version = "1.0"? >
<rdf: RDF xmlns: rdf = "http://www.w3.org/1999/02/22-rdf-syntax-ns#"
          xmlns: contact = "http://www.w3.org/2000/10/swap/pim/contact#">
  <contact: Person rdf: about = "http://www.w3.org/People/EM/contact#me">
  <contact: fullName>Eric Miller</contact: fullName>
  <contact: mailbox rdf: resource = "mailto: em@w3.org"/>
  <contact: personalTitle>Dr.</contact: personalTitle>
  </contact: Person>
  </rdf: RDF>
```

注意 RDF/XML 同样包含 URIs，以及属性如邮箱（mailbox）和全名（fullname）等缩略形式，和它们各自的值如 em@w3.org 和 Eric Miller。

类似 HTML、RDF/XML 是机器可处理的语言，使用 URIs，就能在 Web 上链接任何事物。但不同于传统的超文本，RDF URIs 可指向任何可识别的事物，包括那些不能直接在 Web 上获取的事物（如人 Eric Miller），这样的结果是 RDF 除了可以描述 Web 页外，还可以描述车子、商业事务、人、新闻事件等。

3）资源声明

RDF 是打算提供一种简便的方法来声明（陈述）Web 资源，即 Web 页。本节说明 RDF 提供这种性能背后的基本思想（对应的标准的规范文本是 RDF Concepts and Abstract Syntax [RDF-CONCEPTS]）。

1. 基本概念

假设要陈述一个叫 John Smith 的人创建了一个特别的网页。用自然的语言如英语来直接陈述，也可用简单陈述的方式如：

http://www.example.org/index.html has a **creator** whose value is **John Smith**

之所以强调陈述各部分（加粗）是为了阐明，要想描述某事物的特性，就要有可以命名或识别许多事物的方法。

（1）陈述所描述的事物（本例中是网页）。

（2）陈述所描述的事物的某一特性（本例中是创建者）。

（3）陈述所描述的事物的属性的值（who the creator is）。

在本陈述中，网页的 URL 用来识别它。此外，词“创建者”（creator）用来识别它的属性，而名字“John Smith”是用来识别这事物（人）的属性的值。

网页的其他属性可以通过写另外的同样形式的英语陈述来描述，使用 URL 来识别网页，用词汇（或其他表述）来识别属性和它们的值。例如，网页的创建时间，网页所使用的文种，都可以用其他的陈述来描述。

http://www.example.org/index.html has a **creation-date** whose value is **August 16，1999**

http://www.example.org/index.html has a **language** whose value is **English**

RDF 是基于这样一种思想：被描述的事物有属性，而属性皆有各自的值，而各种资源可以通过陈述来描述，并界定它们的属性和值。RDF 使用一个特殊的术语来讨论陈述的各个部分。陈述要识别的事物的本体部分（网页在本例中）被称为主词，识别陈述所指定的主词的属性和特征的部分（本例中的创建者、创建时间或语言）称为谓词，而用来识别属性值的部分称为宾词。所以，一个英语陈述：

http://www.example.org/index.html has a **creator** whose value is **John Smith**

RDF 陈述各个部分的术语如下。

（1）主词是 URL“http://www.example.org/index.html”。

（2）谓词是词汇“创建者”（creator）。

（3）宾词是短语“John Smith”。

当然，英语对讲英语的人是好的交流工具，但 RDF 是要创建机器可处理的陈述。为了让各种陈述适合于机器处理，需要两个前提：一个机器可处理的来识别某个陈述中的主词/谓词或宾词的识别符的系统，能够与可能被在 Web 上其他人采用的相似的识别符区别开来，而不会有任何混淆的可能性；一个机器可处理的来表达这些陈述和在机器中进行信息交换的语言。

如先前所阐述那样，Web 已经提供了一个能够识别的格式 URL，一个先前的例子所用的 URL 是用来识别由 John Smith 所创建的网页的。一个 URL 是一个字符串通过表征它基本的检索机制来识别一个 Web 资源的（本质上，就是它的网络定位），但对于那些没有网络定位或 URL 的许多事物来讲，对它们的信息如何记录也是很重要的。

WEB 对此提供了一个更为通用的标识符形式，称为统一资源标识符（uniform resource identifier，URI）。URL 是一种特殊的 URI。所有的 URI 都具有一个特性就是不同的个人或组织都能独立地创建它们，并使用它们来识别事物。不过，URI 不仅仅局限于那些有网络定位或使用其他计算机检索机制的被识别的事物。事实上，一个 URI 能创建成来指向任何需要在一个声明里涉及的事物，包括网络可存取事物，如电子文件、图像、服务（如天气预告）或一组其他资源；网络不可能存取的事物，如人类、组织、一个图书馆的藏书；物理上不存在的抽象的概念，如“创建者”这个概念。

由于这种通用性，RDF 使用 URIs 作为识别一个声明中的主词、谓词和宾词的基本机制。一个 URI 引用（或叫 URIref）是一个 URI，加上一个可选在末尾的片断标识符，如 URI 引用“http://www.example.org/index.html#section2”的组成：URI“http://www.example.org/index.html”，以及（被“#”字符隔开）片断标识符“Section2”。RDF URIrefs 包含 UNICODE 字符集（可参看[RDF-CONCEPTS]），这允许很多语言可在 URIrefs 中反映出来。RDF 把资源定义成任何可以被一个 URI 引用识别的事物。这样使用 URIrefs 可以使 RDF 在实际应用中描述任何事物，并说明这些事物间的关系。URIrefs 和片断标识符将进一步在[RDF-CONCEPTS]中讨论。

为了以机器可处理的方式来表达 RDF 声明，RDF 使用 XML。XML 被设计成可让任何人设计他们自己文件格式并用该格式来写文件的计算机语言。RDF 设计了一种特殊的 XML 标记语言，称为“RDF/XML”，用来表达 RDF 信息和在计算机之间进行交换。在 6.5.1 节中有具体的实例。在前面的图 6-12 用 RDF/XML 对应的描述使用的标记如＜contact：fullName＞和＜contact：personalTitle＞来分别界定文本内容 Eric Miller 和 Dr.。这样的标记让程序可以理解这些标记在正确地解释那些内容上的含义。XML 内容（除一些特定的例外）和标记都能包含 UNICODE 字符集，这允许不同语言的信息都能直接表达出来。RDF 所使用的特殊的 RDF/XML 语法正式的规范名称是[RDF-SYNTAX]。

2. RDF 模型

前面已经介绍了 RDF 基本的声明概念：使用 URI 引用来识别在 RDF 声明中所涉及的事物，以及 RDF/XML 作为机器可处理的方式来表达 RDF 声明。在这层背景的基础上，本章描述如何用 URIs 来创建一个资源的声明。在简介部分已经说了 RDF 是建立在用简单的声明描述资源的思想上，每个声明都包含了一个主词、一个谓词以及一个宾词。在 RDF 里，英语的声明 **http://www.example.org/index.html** has a **creator** whose value is **John Smith** 可以用一个有以下因素的声明来表达。

主词：http://www.example.org/index.html。

谓词：http://purl.org/dc/elements/1.1/creator。

宾词：http://www.example.org/staffid/85740。

注意，URIrefs 不仅用来识别原始声明的主词，也可用来识别谓词和宾词，来分别代替词语“创建者”(creator）和“John Smith”，这样使用的结果在后面将进一步谈到。

RDF 模型：声明成为一个图形里的节点和弧线。RDF 的图形模型在[RDF-CONCEPTS]中定义。在这里，一个声明被以下因素表达：一个节点表示主词；一个节点表示宾词；弧线表示谓词，从主词节点到宾词节点的连线。

上述的 RDF 声明如果用图表示的话就是如图 6-13 所示的形式。

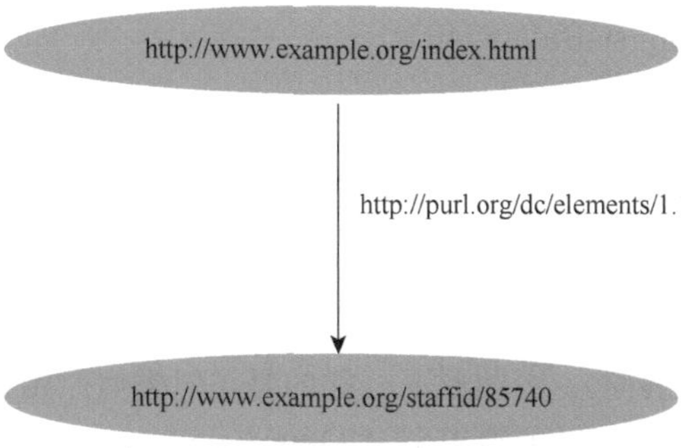

图 6-13　一个简单的 RDF 声明

声明组就可以用相应的节点和弧线组来表达。这样就可以反映其他的英语声明：

http://www.example.org/index.html has a **creation-date** whose value is **August 16，1999**

http://www.example.org/index.html has a **language** whose value is **English**

在 RDF 图形里，图 6-14 所展现的图形可以使用适当的 URIrefs 来命名属性“创建日期”（creation date）和“语言”（language）。

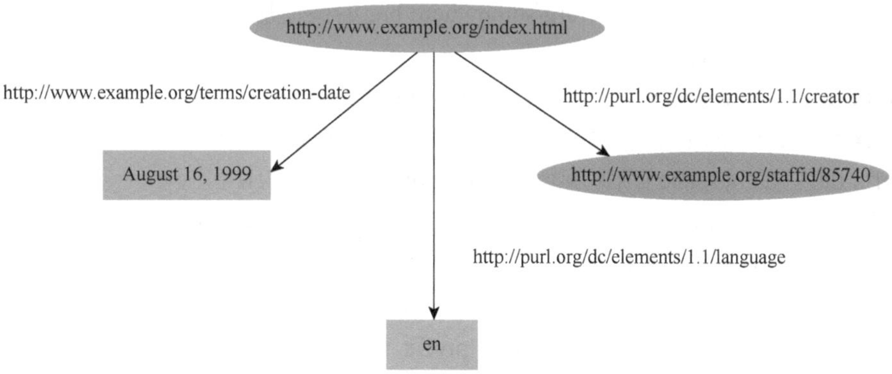

图 6-14　关于同一资源的多个声明

图 6-14 阐述了一个主词在 RDF 声明中可以是 URIrefs，或是用字符串表示的常量（称 literal），以表达特定类型的属性值（在谓词 http://purl.org/dc/elements/1.1/language 的例子中，literal 是一个国际标准，两个字母组成的表示英语的代码）。在 RDF 声明中，literals 不能被用作主词和谓词。在画 RDF 图形时，节点是 URIrefs 的，用椭圆形显示，如节点是 literal 就用长方形显示。无论是 plain literals 还是 typed literals 都能包含 unicode 字符。这允许不同语言的信息可以直接表达。

有时候在讨论它们的时候画图形很不方便，因此一个把这些声明写下来的替代方案就出现了，称为三元组（triples）。在三元组的符号里，每个图形里的声明被写成一个主词、谓词和宾词的这样顺序的简单三元组。例如，图 6-14 所显示的三个声明就可以用三元组的符号表示为

http://www.example.org/index.html

＜http://purl.org/dc/elements/1.1/creator＞

＜http://www.example.org/staffid/85740＞

http://www.example.org/index.html

＜http://www.example.org/terms/creation-date＞ “August 16，1999”

http://www.example.org/index.html

＜http://purl.org/dc/elements/1.1/language＞ “en”

每个三元组对应图形的一个弧，与弧的起点和终点构成完整的三元体（triples notation）（声明中的主词和谓词）。跟图形不一样的是（但类似原始的声明），三元体需要每个节点对于每个出现的声明可以单独识别，如 http://www.example.org/index.html 出现三次（在每个三元体中都出现一次）。不管如何，它跟图形一样准确地表达信息，而这是关键的地方。RDF 的基础是声明的图形模型，而用来表达和描述图形的符号是次要的。

一个完全的三元体需要写完整的 URI 引用，如上例所描述那样放在尖角号里，而这使得在一页里每一行都很长。为了方便，Primer 使用一个简便的方法来写三元符号（在正式的规范里也是如此）。方法是用不加尖角号的 XML 限定词（Qname）作为 URI 引用全称的缩略形式。一个 Qname 包括一个分配给一个命名空间 URI 的前缀。例如，如果一个限定词前缀 foo 是分配给命名空间 URI http://example.org/somewhere/的，那么，限定词 foo：bar 是 URIref http://example.org/somewhere/bar 的简便形式。一些著名的限定词前缀（并不每次都明确指定它们），定义如下：

prefix rdf:，namespace URI：http://www.w3.org/1999/02/22-rdf-syntax-ns#

prefix rdfs:，namespace URI：http://www.w3.org/2000/01/rdf-schema#

prefix dc:，namespace URI：http://purl.org/dc/elements/1.1/

prefix owl:，namespace URI：http://www.w3.org/2002/07/owl#

prefixex：namespace URI：http://www.example.org/(or http://www.example.com/)

prefix xsd:，namespace URI：http://www.w3.org/2001/XMLSchema#

Obvious variations on the “example” prefix ex：will also be used as needed in the examples，for instance

prefix exterms:，namespace URI：http://www.example.org/terms/(for terms used by an example organization)，

prefix exstaff：namespace URI：http://www.example.org/staffid/(for the example organization's staff identifiers)

prefix ex:，namespace URI：http://www.domain2.example.org/(for a second example organization)，and so on

因此使用这新的简便方法，以前的三元组就可写成：

ex：index.html　　dc：creator　　exstaff：85740

ex：index.html　　exterms：creation-date “August 16，1999”

ex：index.html　　dc：language　　“en”

由于 RDF 在声明中使用 URIrefs 而不是词语来命名事物，RDF 把所提到的一系列 URIrefs（特别是为特定目的而设计的）作为词汇表（vocabulary）。通常，在这些词汇表的 URIrefs 被组织为一个有相同前缀的 QName 的集合，这样它们就能表达成为用通用的

前缀的限定词，也就是说，一个通用的命名空间 URIref 能被一个词汇表里的所有的名词选用，典型的是，URIrefs 是处于定义词汇表的控制之下的。包含在词汇表中的 URIrefs 是由附加的个别局部名称加到通用 URIrefs 的末尾而组成的。这就形成了有共同前缀的一系列 URIrefs。例如，在上面例子所描述的一个如 example.org 的组织，或许定义一个以前缀 http://www.example.org/terms/开头的 URIrefs 所组成的词汇表作为其在商务中使用的词汇，如“创建日期”（creation-data）或“产品”（product），而另外一个 URIrefs 词汇表以 http://www.example.org/staffid/开头来识别它的员工。RDF 采用同样的方法来定义它本身特定含义的词汇表。在 RDF 词汇表的 URIrefs 都以 http://www.w3.org/1999/02/22-rdf-syntax-ns#开头，惯例上还伴随 Qname 前缀“rdf:”。RDF 词汇表描述语言（RDF vocabulary description language）定义其他以 http://www.w3.org/2000/01/rdf-schema#开头的 URIrefs 的系列术语，惯例上伴随限定词前缀（Qname）“rdfs:”（在这里，特定的限定词前缀通常以这种方式用于关联特定的词汇集，而限定词词汇本身有时作为词汇表的名称来使用，如有些人也许提到“the rdfs: vocabulary”）。

使用通用的URI前缀提供了方便的方法来对相关的词汇集组织URIrefs。但无论如何，这仅仅只是一个惯例。RDF 模式仅仅认可完整的 URIrefs，它并不“向里看”或使用关于它们结构的任何知识。更特别的，RDF 并不假设这些 URIrefs 之间有任何关系仅仅因为它们有一个通用的前缀。此外，并没有任何理由说用不同前缀打头的 URIrefs 就不能被认为是同一词汇表的某一部分。一个特别的组织、过程、工具等能定义一个对它有意义的词汇，也可以使用来自其他词汇表的 URIrefs 作为自己的词汇表的组成部分。

此外，有时一个组织会使用一个词汇表的命名空间 URIref 作为网络资源的 URL，以提供词汇表更进一步的信息。例如，在上面提到的，限定词前缀“dc:”，跟命名空间 URIref http://purl.org/dc/elements/1.1/关联起来。在 Web 浏览器中浏览这些名称空间 URIref 会检索到关于 Dublin core 词汇表的其他信息（特别是，一个 RDF 模式 RDF Schema）。不过，这也仅仅只是一个惯例，RDF 并不假设一个命名空间 URI 识别一个可检的 Web 资源。

术语“词汇表”会在涉及为特定目的而定义的 URIrefs 集时用到，如由 RDF 为了自己使用而定义的 URIrefs 集，或由 example.org 为识别它的员工而定义的 URIrefs 集。而术语“命名空间”只会在特定涉及一个 XML 命名空间的语法概念时用到（或在描述用一个分配给一个限定词前缀的 URI 时）。来源不同，词汇表的 URIrefs 可以自由地在 RDF 图形中混合。同样，RDF 不对有多少使用一个特定的 URIrefs 作为谓词的声明能出现在图形上来描述同样的资源进行限制。例如，如果资源 ex: index.html 是被除了 Johh Smtih 外的其他合作人员创建的话，那么 example.org 还可以这么写声明：

ex: index.html　dc: creator　exstaff: 85740

ex: index.html　dc: creator　exstaff: 27354

ex: index.html　dc: creator　exstaff: 00816

这些 RDF 声明的例子阐述了使用 URIrefs 作为 RDF 识别事物基本方法的一些好处。例如，在第一个声明里，不采用字符串“John Smith”来识别网页的创建者，他已经被分配了一个 URIref（使用基于职员号 URIref）http://www.example.org/staffid/85740。采用 URIref 的好处是识别声明中的主词会更为精确，也就是说，该网页的创建者不是字符串

“John Smith”，或任何其他成千上万叫这个名字的人，而是特定的与这个 URIref 相关联的 John Smith（创建这个 URIref 的任何人定义这种关联）。此外，由于有一个 URIref 涉及 John Smith，它就是一个充分的资源，可以给它添加附加的信息，简单地增加其他以 John URIref 作为主词的声明就可以了，图 6-15 显示了关于 John Smith 名字和年龄的声明。

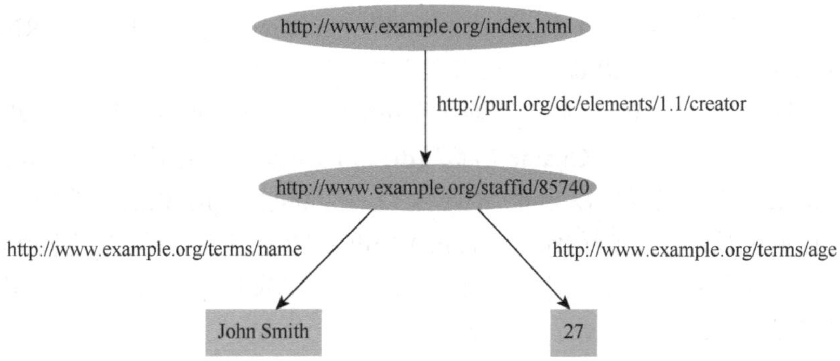

图 6-15　关于 John Smith 的更多的信息

这些例子也阐述了 RDF 使用 URIrefs 在 RDF 声明中作为谓词，也就是，不再用字符串或词语如“创建者”或“名字”来识别属性，而是使用 URIrefs，这么处理是十分重要的。首先，它能跟不同的人采用同一字符串反映不同的属性之间进行区分。例如，在图 6-15 的例子中，example.org 使用“name”来表示某人的全名，如 John Smith。但其他人或许打算用“name”来标识完全不同的东西，如某个程序文本片断的变量名。一个程序在遇到“name”作为在 Web 上的属性标识符时不一定能够区分它们的用法。不过，如果 example.org 把 http://www.example.org/terms/name 作为它的“name”的属性时，而其他人用 http://www.domain2.example.org/genealogy/terms/name 作为它的“name”属性时，就会清楚地区分其中的差别（即使一个程序不能自动地区别这些不同的含义）。同样，使用 URIrefs 来识别属性可以让这些属性本身被作为资源对待。由于属性是资源，另外的信息也就可以记录下来（如对 example.org 所定义的“name”的含义的英语说明），只需简单地添加另外的 RDF 声明来描述可作为主词的属性 URIref。

在 RDF 声明中使用 URIrefs 作为主词、谓词和宾词支持在 Web 上开发与使用共享的词汇表，因为人们能够发现和使用那些已经被他人用来描述事物的词汇，并反映对这些概念的共享的认同。例如，在三元体中，ex：index.html dc：creator exstaff：85740，谓词为 dc：creator，但全部展开成一个 URIref 时，是一个明确的参照指向在 Dublin core 元数据属性集中的“creator”属性，该元数据集也是一个广泛使用的描述各种信息的属性集。本三元组的作者有效地指明了该网页（http://www.example.org/index.html）和网页的创建者（一个独特的个人，http://www.example.org/staffid/85740）之间的关系，也是非常精确的由 http://purl.org/dc/elements/1.1/creator 来识别的关系。另一个熟悉 Dublin core 词汇表的人，或者谁查出了 dc：creator 的含义（如通过网络查找它的定义）就会知道这个关系的含义。此外，基于这种理解，在处理包含了谓词 dc：creator 的三元组时，人们能够写出程序来执行与这个含义相一致的操作。

当然，这依赖于普遍采用 URIrefs 来指代事物而不是用文字的增加。例如，使用 URIrefs 如 exstaff：85740 和 dc：creator 而不是直接使用字符串如 John Smith 和创建者（creator）。即使如此，RDF 采用 URIrefs 也不能解决所有的识别问题，这是因为，人们可以使用不同的 URIrefs 来指代同样的事物。由此，尽量使用那些已存在的词汇表的术语（如 Dublin core），而不要总是去制造新的术语并因此造成太多的重叠。在特殊应用领域使用的适当词汇一直在开发中。但不管如何，即使是同义词被创造出来，这些不同的 URIrefs 被用于通用的检索 Web 空间的事实提供了在这些不同的指代识别同一事物以及向使用通用指代的迁移的机会。

此外，区分用在 RDF 声明中的 RDF 本身相关联的术语（如前面的例子中的 dc：creatord）的任何含义跟其他外部定义的含义（一些人或由这些人所写的程序往往跟这些词语相关联）之间的差别是十分重要的。作为一种语言，RDF 仅仅直接定义主词、谓词和宾词三元体的图形语法，以及跟 URIrefs 相关联在 rdf：vocabulary 中的特定含义。这些也将在[RDF-CONCEPTS]和[RDF-SEMANTICS]正式详细说明。但无论如何，RDF 不定义也许会用于 RDF 声明的来自其他词汇表的术语的含义，如 dc：creator。一些特别的词汇会创建出来：with specific meanings assigned to the URIrefs defined in them，externally to RDF。RDF 声明使用来自这些词汇表的 URIrefs 也许会把跟写术语相关联的特定含义传递给那些熟悉这些词汇的人，或给那些开发出来处理这些词汇表的 RDF 应用程序，但不传递任何这些含义给不用于处理这些词汇表的任意的一个 RDF 程序。

例如，人们可以用一个三元体如 ex：index.htiml dc：creator exstaff：85740 来关联含义。在这些含义的基础上他们把单词“creator”作为 URIref dc：creator 一部分进行关联，或基于他们对于 Dublin core 词汇表中 dc：creator 的特定定义的理解。任何在 Web 上发现的描述 dc：creator 含义的自然语言文本不提供附加的一个任意的 RDF 应用能直接使用的含义。

当然，来自特定的词汇表的 URIrefs 能够在一个 RDF 声明中使用，即使一个给定的应用程序也许没有把任何特定的含义跟它们关联。例如，一般的 RDF 软件会认识上述的表达是一个 RDF 声明，ed：dsfbups 是谓词，诸如此类。它不会简单地把三元组跟词汇表开发者或许已经跟一个 URIref 关联上的含义如 ed：dsfbups 关联起来。此外，基于对一个给定的词汇表的理解，人们可以写出 RDF 应用程序依照指派给来自某词汇表的 URIrefs 的特定含义进行操作，即使这些含义也许不能被一个没有用那种方式写出来的 RDF 程序存取。

这样的结果是 RDF 提供了一种方式来产生应用程序可以更容易处理的各种声明。如上所述，虽然，程序跟一个数据系统在处理一个请求理解如 select name from employee where salary＞35 000 时不能理解它的字段如“employee”或“salary”一样，就不能更多地理解这些声明。但无论如何，如果一个程序适当开发的话，它就像能理解 RDF 声明一样来处理它们，就像数据库系统以及它的程序一样，虽然不能理解什么是“employee”和“payroll”，但能有效处理雇员和工资方面的信息。例如，一个用户能够在 Web 上搜索所有的书评并创建对每本书的评价，然后该用户就能依靠 Web 来得出某种信息。

另外一个网站能利用这个图书的评估列表，并创建一个“十佳图书排行榜”的网页。这里对有关共享的评估词汇表以及对于它们用于识别这些图书馆的一组共享的 URIrefs 的可获得性和使用，使得个人能够建立一个互相理解和强大的（另外的作用也可产生）

网上关于图书的“信息基地”。同样的原则可应用于人们每天在网上所创造的关于成千上万的主题的庞大信息。

RDF 声明跟其他记录信息的很多格式相类似，如在某个数据处理系统里列举式地描述资源的简单记录或目录的条目，一个规范逻辑中的简单陈述。

3. 结构化属性值和空白节点

如果关于事物记录的信息类型是单一的，事情就会十分简单，这在以前所阐述的用简单的 RDF 声明的形式来描述事物时是十分明显的。但真实世界里大部分有结构的数据都比这要复杂得多，至少表面上就是如此。例如，网页创建日期记录成一个单一的 exterms：creation-date 属性，把纯文字作为它的属性值。但是，假设 exterms：creation-date 属性的值需要记录月份、日份以及年份作为信息的单独部分的话，或在 John Smith 的个人信息中，假如 John Smith 的地址已经描述了，那么整个地址可以用纯文字的形式写记录，如三元组：

exstaff：85740 exterms：address “1501 Grant Avenue，Bedford，Massachusetts 01730”

不管如何，假设 John Smith 的地址需要记录成结构化的信息分别由街、城市、州以及邮政编码的值组成的话，在 RDF 中如何来处理呢？

像这样的结构化的信息用 RDF 来表达的话，集合的事物（如 John Smith 的地址）可以作为一个资源来描述，然后对该新资源作声明。这样，在 RDF 图形中，为了把 John Smith 的地址分成它的组成部分，就要创建一个新的节点来表达 John Smith 地址的概念，并用一个新的 URIref 来识别它，如 http://www.example.org/addressid/85740（缩写成 exaddressid：85740），RDF 声明（附加的弧线和节点）就能作为该主词的节点而写出来，表达这些附加的信息，并产生如图 6-16 所示的图形。

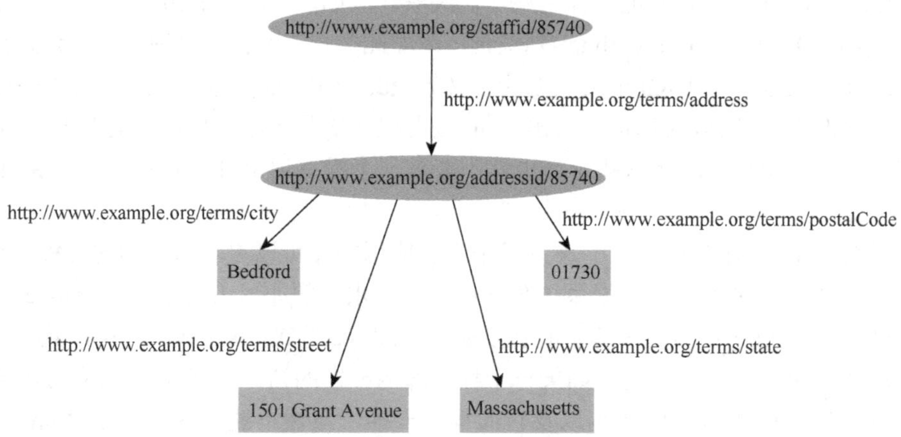

图 6-16　分离 John Smith 的地址

或用三元组标识为

exstaff：85740	exterms：address	exaddressid：85740
exaddressid：85740	exterms：street	“1501 Grant Avenue”

exaddressid：85740　externs：city　"Bedford"
exaddressid：85740　externs：state　"Massachusetts"
exaddressid：85740　externs：postalCode　"01730"

用 RDF 表达结构化信息的方式能够产生无数的中间 URIrefs，用 exaddressid：85740 来表达集合的概念，如 John Smith 的地址。这样的概念也许永远不需要直接从外界的特定图形中指代，这样也就不需要一个“通用”的标识符。此外在图 6-16 中所显示的表征一组声明的图形中，指派给识别 John Smith 地址的 URIref 是完全不需要的，因为这个图形完全可以容易地以图 6-17 的形式表现出来。

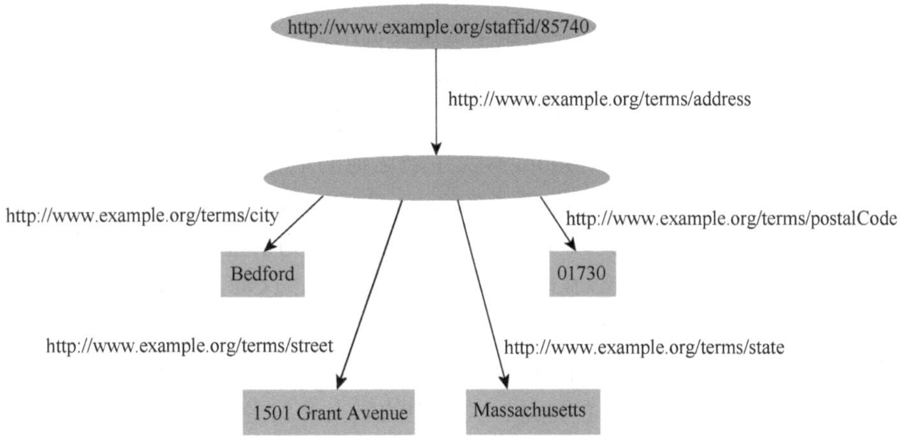

图 6-17　使用一个空节点

图 6-17 是一个完全良好的 RDF 图形，用一个不带 URIref 的节点来代表“约翰地址”的概念。这个空节点在履行它的职能时无须一个 URIref，因为这个节点本身提供了在图形的不同的其他部分的必要的关联（空节点在[RDF-MS]中被称为匿名资源），但无论如何，针对这个节点的一切直接的标识符形式是需要的，这是为了把这个图形表达成三元组的形式，为了看到这一点，我们可以尝试写出跟图 6-17 对应的三元组形式，结果如下：

exstaff：85740　exterms：address　？？？
？？？　exterms：street　"1501 Grant Avenue"
？？？　exterms：city　"Bedford"
？？？　exterms：state　"Massachusetts"

？？？代表显示空节点出现的某事物。由于一个复杂的图形或许会包含不止一个空节点，这同样需要一个方法来区分在一个图形的三元组表达中的不同空节点。因此，三元组使用空节点标识符，形式为“_：name”来表明空节点的出现。例如，在这个例中一个空节点标识符“_：johnaddress”可以用来指代一个空节点，因此，本例可演变成：

exstaff：85740　exterms：address　_：johnaddress
_：johnaddress　exterms：street　"1501 Grant Avenue"
_：johnaddress　exterms：city　"Bedford"
_：johnaddress　exterms：state　"Massachusetts"

_：johnaddress　　exterms：postalCode　　　"01730"

在一个图形代表的三元组里，每个不同的图形空节点都有一个不同的空白节点的标识符。不像 URIrefs 和 literals，空节点标识符是不被当作 RDF 图形的实际组成部分的。当图形用三元组的形式写成时，空白节点识别符只是一种在图形中表示空节点的一种方法而已（以区分一个空节点和另外一个）。空节点识别符也只有在三元组表示一个单一的图形时才有意义（两个不同的图形拥有相同数量的空节点时，也许各自使用相同的空节点识别符来区分它们，但如果不同图形的空节点有相同的空节点识别符，就认为两者是相同的话，那就错了）。如果认为一个图形的节点需要一个图形外部的引用时，一个 URIref 应该赋予它来识别其属性。最后，由于空节点识别符代表空节点，而不是圆弧，在一个 RDF 图形的三元组形式里，空节点识别符只作为三元组主词或宾词出现，而不作为谓词使用。

本节开始提到了集合结构，如 John Smith 的地址，能够通过把集合体描述成个别的事物而表达出来，并因此对新的资源写声明。本例阐述了 RDF 重要的一个方面：RDF 只能表达直接的二元关系，如 John Smith 和文字表达他的地址的关系。表达 John Smith 和一组个别的他的地址的组元的关系包括了在 John Smith 和街道/城市/州/邮政编码这些组件中处理一种 *n*-ary（*n*-way）关系（在本例中，$n = 5$）。为了直接用 RDF 表达这样的结构（例如，假设地址是一组街道/城市/州/邮政编码组元），这种 *n*-way 关系一定要分解成一组独立的二元关系。空节点提供了一种解决之道。对于每个 *n*-ary 关系，每个参与因素都被当作这种关系的主词（如本例中的 John Smith），而一个空节点创建出来以表达这种关系的其余部分（如 John Smith 的地址）关系中的剩余参与者（如本例中的城市），通过空节点表达成新资源的个别属性。

通过描述跟有 URIs 资源的关系，空节点还提供对那些本身没有 URIs 资源的精确描述。例如，编制一个关于某人如 Jane Smith 的声明时，也许使用一个基于个人的 email 地址的 URI 作为她的 URI 是很自然的，如 mailto：jane@example.org。但不管如何，这种方法会带来问题。例如，它也许必须同时记录关于 Jane Smith 的邮箱（例如，服务器是开通的）以及关于 Jane Smith 本身的信息（如它目前的物理住址）。如果使用一个基于 Jane Smith 的邮箱地址的 URIref 的话，就会造成这样的困难：不知这到底是在描述 Jane Smith 还是在描述她的邮箱地址。当一个公司的主页地址，如 http://www.example.com/被作为公司本身的 URI 时，同样的问题也会同样发生。它一样需要记录主页本身的信息（如创建者和时间等）以及关于公司的信息。而把 http://www.example.com/作为两者的识别符就会带来不知哪个是真正的主词的问题。

根本的问题是用 Jane Smith 的邮箱作为 Jane Smith 的代替是不确切的，Jane Smith 和她的邮箱并非一码事，因此应该有不同的识别。当 Jane Smith 本身没有 URI 时，空节点提供了一个更为确切的方法来对这种情况建模。Jane Smith 能够被一个空节点来指代，而这个空节点被作为一个声明的主词，而 exterms：mailbox 是其中一个属性，而 URIref mailto：jane@example.org 是属性值。

空节点还能描述成具有 ref：type 的属性和 exterms：person 的值，一个 exterms：name 的属性有"Jane Smith"的值，至于其他有用的信息可像下列三元组描述：

_：jane　　exterms：mailbox　　<mailto：jane@example.org>

_：jane　rdf：type　externs：Person

_：jane　exterms：name　"Jane Smith"

_：jane　exterms：empID　"23748"

_：jane　exterms：age　"26"

要注意的是，第一个三元组的 mailto：jane@example.org 是写在尖角号里的。这是因为 mailto：jane@example.org 在 mait to 的 URI 模式中是一个完整的 URIref，所以不是一个 Qname 缩写，完整的 URIrefs 必须包括在三元组标识的三角号里。

这是说，确切地，"由一个 exterms：person 类型的资源，它的电子邮箱通过 mailto：jane@example.org 识别，它的名字是 Jane Smith 等"。这也是说，空节点可以被读作"有某个资源"，而有某个作为主词的空节点的声明就能提供关于该资源的特性信息了。

实际上，在这些例子里用空节点而不是 URIrefs 并不改变这些信息易于处理的性质。例如，如果知道在 example.org 里一个 email 地址是唯一识别某人的信息（特别是如果地址不会被复用），这个事实可以被用来和关于来自多个来源的人的信息关联，即使这个 email 地址不是某人的 URI。在这个例子中，如果在 Web 上发现一些 RDF 描述一本书，而给出的作者的联系信息如 mailto：jane@example.org，这可能是合理的，把这个新信息和以前的三元组结合起来，就能推断作者的名字是 Jane Smith。关键在于说某些事物如"the author of the book is mailto：jane@example.org"，典型的是"the author of the book is someone whose mailbox is mailto：jane@example.org"的简略方式。使用一个空节点来指代这个"someone"（某人）是一个更为确切的方法来指代一个真实世界的情形。

用这种方式使用空节点可以避免不适当地使用文字。例如，在描述 Jane Smith 的书时，缺少一个 URIref 来识别作者，出版商也许会这么写（使用出版商自己的 exterms：vocabulary）：

exterms：book78354　rdf：type　exterms：Book

exterms：book78354　exterms：author　"Jane Smith"

但是，这本书的作者并非字符串"Jane Smith"，而是一个叫 Jane Smith 的人。同样的信息如果出版商使用一个空节点来描述就会更确切，如：

exterms：book78354　rdf：type　exterms：Book

exterms：book78354　exterms：author　_：author78354

_：author78354　rdf：type　exterms：Person

_：author78354　exterms：name　"Jane Smith"

这本质上是说"资源 exterms：book78354 是 exterms：Book 的类型，它的作者是 exterms：Person 类型的一个资源，她的名字是 Jane Smith"。当然，在这个特定的例子中，出版商也许会分配它自己的 URIrefs 给它的作者而不是用空节点来识别他们，以促进外部对它的作者的引用。

最后，假设上述的例子 Jane Smith 的年龄是 26，表明了有时候属性值看起来是简单的，但实际上也许会更为复杂。在本例中，Jane Smith 的年龄实际上是 26 岁，不过单位信息（岁）不明晰。这样的信息通常在上下文里略去，这是因为一般认为任何人存取该属性值时都能懂得使用的单位。但是，在 Web 更广阔的环境里，这种假设就不太确定了。

例如，一个美国网站也许用磅（pound）表示重量的值，但美国以外的人检索到该数据时，也许认为该重量是用公斤（kilogram）表示的。一般来讲，应该考虑给出明晰的表示单位或类似信息。

4. Typed Literals

最后部分阐述了如何处理对于用纯文字表示的属性值分解成结构化的值来指代这些文字的个别部分的情况。使用这种方法，不是把一个网页创建日期记录成单一的 exterms：creation-date 属性，并把单一的纯文字作为它的值，而是把值表达成分离的结构化信息片断：由月份、日和年组成。使用分离的纯文本来指代对应的值。但是，到目前为止，所有在 RDF 声明中作为宾词的常量值都是用这些纯（非类型化）文字表达的，即使其目的是标识数字形式的属性值（如年份或年龄的属性值）或一些更为特殊的值的类型。

例如，在图 6-18 阐明了一个 RDF 图形记录的关于 John Smith 的信息。这个图形记录了 John Smith 的 exterms：age 的值是纯文字 27。在这个例子中，假设的组织"example.org"也许打算把"27"解释成一个数字，而不是用字符"2"连着字符"7"的组成的字符串（因为该文字表达的是"年龄"（age）属性的值）。但是，没有任何在图 6-18 中的图形信息明确说明了"27"应该解释成一个数字。类似地，example.org 也可能打算把"27"解释成一个十进制数字，即值"27"（twenty seven），而不是说，如解释成一个八进制的数字，即值"23"（twenty three）。但是，依然没有任何在图 6-18 中的图形信息明确说明这个情况。特殊的应用程序在写的时候也许先入为主地认为应该把 exterms：age 的属性值解释成十进制，这个可能意味着对 RDF 的正确解释依赖于没有在 RDF 图形中确切地提供的信息本身，因此这些信息就没必要提供给其他的那些也许需要解释这个 RDF 的程序。

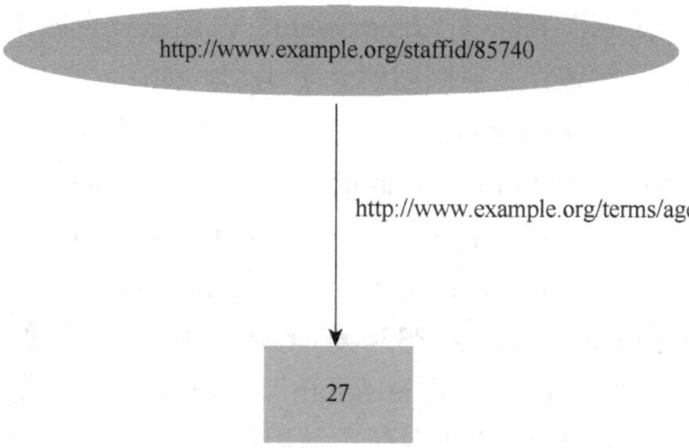

图 6-18　RDF 图形记录关于 John Smith 的信息

在程序语言或数据库系统中的一般做法是如何解释一个文字是通过增加信息把数据类型跟该文字关联起来的，如在本例中就是增加像十进制数据类型的信息。应用程序理解这种数据类型就会知道，如文字"10"是打算指代数字 10（ten）或数字 2，还是由字符“1”和紧随的“0”组成的字符串，取决于定义的数据类型对应的是整型、二进制还是字符型。在 RDF 中，类型化文字是用来提供这种信息的。

一个 RDF 类型化文字配对一个识别某种特殊数据类型的有 URIref 的字符串。这就导致了在 RDF 图形中产生单一的文字节点配对标识方式。通过类型化文字指代的值是特定的数据类型和特定的字符串相关联所标识的值。例如，使用一个类型化文字，Jonh Smith 的年龄能够描述成一个整型数字 27，使用三元组：

< http://www.example.org/staffid/85740 > < http://www.example.org/terms/age >

“27”^^<http://www.w3.org/2001/XMLSchema#integer>

或使用一个 Qname 缩写来代替长的 URIs：

exstaff：85740　　exterms：age　　“27”^^xsd：integer

或如图 6-19 所示。

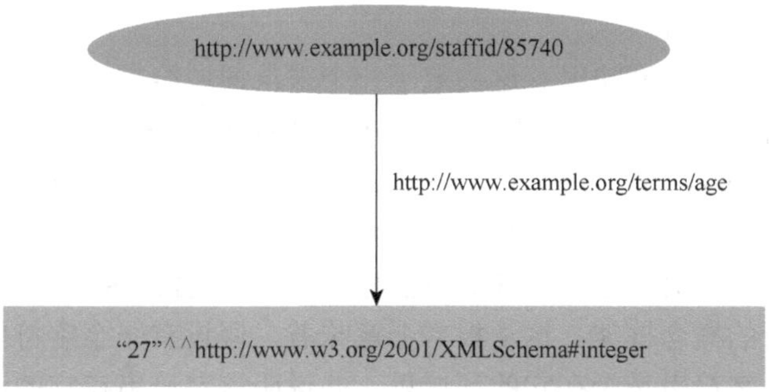

图 6-19　表示 John Smith 年龄的类型化文字

类似地，在图 6-19 里关于一个网页的描述，该网页的“exterms：creation-date”的属性值是用纯文字写成“August 16，1999”，但是，使用一个类型化文字，关于网页的创建日期就可以确切地描述成日期 1999 年 8 月 16 日（August 16，1999），使用三元组：

ex：index.html　　exterms：creation-date　“1999-08-16”^^xsd：date

或如图 6-20 所示。

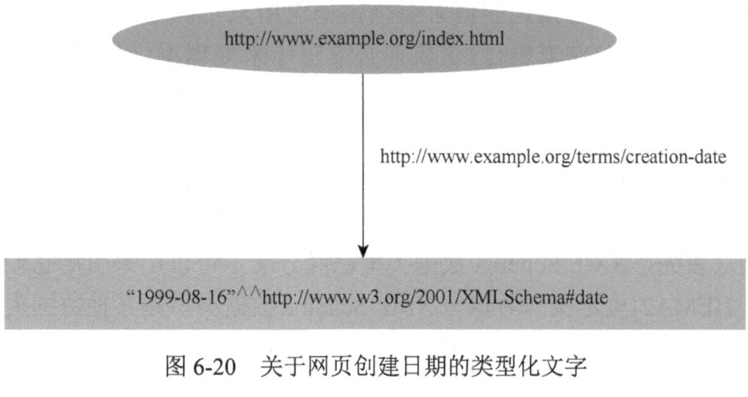

图 6-20　关于网页创建日期的类型化文字

不像典型的程序语言和数据库系统，RDF 没有自己的内建的数据类型集，如整型、实型、字符串型或日期型等数据类型，而是，RDF 类型化文字简单地为一个给定的文字提供一种明确指示方法和途径，应该用什么数据类型来解释它。用于类型化的数据类型都是在 RDF 以外的环境定义的，并通过它们的数据类型 URIs 类识别。

RDF 数据类型概念建立于 XML Schema 数据类型[XML-SCHEMA2]的概念框架上，在 RDF Concepts and Abstract Syntax [RDF-CONCEPTS]中得到说明。这个概念框架定义一个数据类型由以下情形组成。

值集，称为值域，用来表达数据类型的文字，如对于 XML Schema 数据类型 xsd: date，该值域是日期的集。

字符串集，称为词域，数据类型用来指代它的值。该集决定了哪种字符串能合法地用来指代这种数据类型的文字。例如，数据类型 XSD：date 定义 1999-08-16 作为一个合法的方式来写一个关于这个类型的文字（假如说，对应为 August 16，1999），在[RDF-CONCEPTS]所定义的，某个数据类型的词域是一个 unicode 字符串的集，这允许不同语言的信息能直接表达。

从词域到值域的词—域映射：这决定了一个来自词域给定的字符串的值为这种特定的数据类型表达的值。例如，对于数据类型 xsd：date 的词—值映射决定了，对这种数据类型，字符串 1999-08-16 表达的是日期 August 16，1999。词—值映射是一个因子，因为相同的字符串也许为不同的数据表达不同的值。

不是所有的数据类型都适合在 RDF 里使用，一个适合在 RDF 里使用的数据类型，必须支持前面分析的概念框架。这从根本上意味着，假设有一个字符串，它的数据类型必须明确地定义该字符串是否在它的词域里，并说明该字符串在它的词域里指代的值。例如，基本的 XML Schema 数据类型如 xsd：string、xsd：Boolean、xsd：date 等，都适合在 RDF 中使用。但是，一些内置的 XML Schema 数据类型并不适合在 RDF 中使用。例如，xsd: duration 没有一个定义良好的值域，以及 xsd: QName 需要一个封装（enclosed）的 XML 文件环境。目前认为适合和不适合在 RDF 使用的 XML Schema 数据类型列表在[RDF-SEMANTICS]里给出。

由于一个特定的类型化文字表示的值由类型化文字的数据类型所定义，并且除了 rdf：XML Literal，RDF 不定义任何数据类型，出现在一个 RDF 图形中对一个类型化文字的实际解释（如确定它指代的值）必须由不仅用来正确处理 RDF，还要正确处理类型化文字数据类型的软件来执行。这软件必须写出来处理不仅包括 RDF 的扩展语言，也包括数据类型，并作为它内置词汇表的一部分。这就引起了数据类型要在 RDF 软件里提供的问题。

在[RDF-SEMANTICS]里列举的适合在 RDF 使用的 XML Schema 数据类型通常有在 RDF“first among equals”的状态。如前文所述，大多数其他类型化文字的例子继续使用这些数据类型（首先，XML Schema 数据类型已经分配了可以用来引用它们的 URIrefs，这在[XML-SCHEMA2]里定义）。对这些 XML Schema 数据类型跟其他数据类型同样对待，但期待它们得到最广泛的使用，因此也最可能在不同软件中可以互操作。因此，就希望开发出来的 RDF 软件能够处理这些数据类型。无论如何，RDF 软件同样能够处理其他数据类型集，假如它们被确定适合在 RDF 中使用。

通常，RDF 软件也许被呼吁去处理那些以前该软件没有处理过的包括对数据类型引用的 RDF 数据，在这些例子中，有一些应用软件不能处理。首先，除了 rdf: XMLLiteral，RDF 本身不定义识别数据类型的 URIrefs。因此，RDF 软件，除了已经开发出来识别特定的 URIrefs 的，将不能决定在一个类型化文字里写出的 URIref 是否能够识别一个数据类型。此外，即使当一个 URIref 确实识别某数据类型，RDF 本身并不定义配对的有特定文字的数据类型的有效性。这种有效性只能由开发的软件正确处理这些特定的数据类型来决定。例如，在三元组的类型化文字为

exstaff：85740　exterms：age　"pumpkin"^^xsd：integer

或在图 6-21 里显示的图形如下所示。

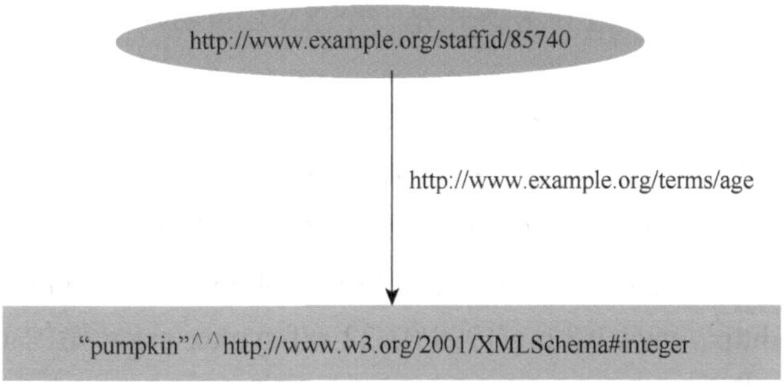

图 6-21　表达 John Smith 年龄的有效类型化文字

5. 面向 RDF 的 XML 语法：RDF/XML

在前面我们曾经提到，RDF 的概念模型是图形。RDF 提供了一种 XML 语法来写和交换 RDF 模型，称为 RDF/XML，不像打算作为一种简便符号的三元组，RDF/XML 是写 RDF 的规范语法，它在 RDF/XML Syntax Specification [RDF-SYNTAX]中定义。

RDF/XML 背后的基本思想能用一些已经用到的例子来说明。比如，下面的英语声明为

http://www.example.org/index.html **has a** creation-date **whose value is** August 16，1999

而用 RDf 图形来描述这个单一的声明，在分配一个 URIref 给创建日期（creation-date）属性后，就如图 6-22 所示。

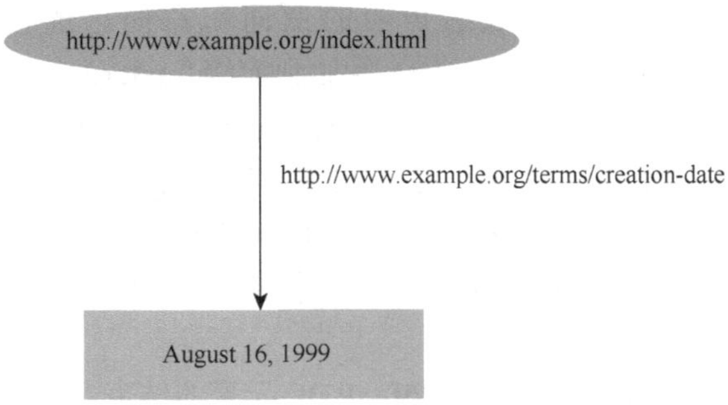

图 6-22　描述网页创建日期

而下面的例子是用 RDF/XML 表示网页创建日期，它表现了对应于图 6-22 中图形的 RDF/XML 语法（添加行号是为了帮助解释这个例子）。

1.＜？ xml version = “1.0”？ ＞

2.＜rdf：RDF xmlns：rdf = “http://www.w3.org/1999/02/22-rdf-syntax-ns#”

3.xmlns：exterms = “http://www.example.org/terms/”＞

4.＜rdf：Description rdf：about = “http://www.example.org/index.html”＞

5.＜exterms：creation-date＞August 16，1999＜/exterms：creation-date＞

6.＜/rdf：Description＞

7.＜/rdf：RDF＞

这看起来似乎很复杂，通过依次考察 XML 每个部分就容易理解发生了什么。

第 1 行＜？ xml version = “1.0”？ ＞，是一个 XML 声明，表示下面的内容是 XML 以及 XML 的版本。

第 2 行开始一个 rdf：RDF 元素。这表示下面的 XML 内容（从这开始到第 7 行的＜/rdf：RDF＞结束）是用来表示 RDF 的。在同一行中紧随 rdf：RDF 的是一个 XML 域名声明，表示为 rdf：RDF 开始标志的一个 xmlns 属性。这个声明规定了所有在本内容中有前缀“rdf：”的标志是由 URIref http://www.w3.org/1999/02/22-rdf-syntax-ns#识别的域名的一部分。以字符串 http://www.w3.org/1999/02/22-rdf-syntax-ns#开始的 URIref 被用来作为来自 RDF 词汇表的术语。

第 3 行指定了另外一个 XML 名域声明，这次是对于前缀“exterms：”的。这表达成 rdf：RDF 元素另一个 xmlns 属性，并指定名域 URIref http://www.example.org/terms/是跟前缀“exterms：”相关联的。以字符串 http://www.example.org/terms/URIrefs 开头的 URIrefs 是用作来源于由 example 组织、example.org 定义的词汇表的词汇。在第 3 行末尾的“＞”表明 rdf：RDF 开始标志的结束。第 1—3 行对于指明这是 RDF/XML 内容是必备的，并识别用于 RDF/XML 内容的名域。

第 4—6 行提供了在图 6-22 里显示的特定声明的 RDF/XML 格式。谈论任何 RDF 声明的明显方式是说它是一个描述（description），而这是关于一个声明的主词（在本例中，是关于 http://www.example.org/index.html 的），这是 RDF/XML 表达声明的方式。位于第 4 行的开始标记 rdf：Description 表明对一个资源描述的开始，接着就是识别声明关于的资源（声明的主词）。第 5 行提供了一个属性元素，把 QName exterms：creation-date 作为它的标记，来表达声明的谓词和宾词。选择 QName exterms：creation-date 这样把局部名称 creation-date 附加到前缀“exterms：”（http://www.example.org/terms）的 URIref 上赋予了声明谓词 URIref http://www.example.org/terms/creation-date。属性元素的内容是声明的宾词，是纯文字常数 August 19，1999（主词资源的创建日期属性的值）。属性元素嵌套在容器 rdf：Description 元素里，表明这个属性应用于在 rdf：Description 元素的 rdf：about 属性所指定的资源。第 6 行表明了特定的 rdf：Description 元素的结束。

最后，第 7 行指明在第 2 行开始的 rdf：RDF 元素的结束。使用一个 rdf：RDF 元素来封装 RDF/XML 内容在通过上下文能把 XML 识别成 RDF/XML 的情况下是可选的。不管如何，它不妨碍在任何时候提供 rdf：RDF 元素，本节的例子通常（不是全部）提供一个 rdf：RDF 元素。

这个实例阐述了使用 RDF/XML 来把一个 RDF 图形编码成 XML 元素、属性、元素内容以及属性值的基本思想。谓词的 URIrefs（以及一些节点）就写成 XML 限定词（XML QName），由一个表示一个名域 URI 的短的前缀，以及一个局部名字表示一个名域限定的元素或属性组成。两者（名域 URIref、局部名字）都被选择这样连接，它们就组成了原始节点或谓词的 URIref。主词节点的 URIrefs 被写成 XML 属性值（宾词节点的 URIrefs 有时也会被写成属性值）。常数文字节点（一直都是谓词节点）变成元素文本内容或属性值。

一个由多个声明组成的 RDF 图形用 RDF/XML 来表示就可以采取类似上述实例中的第 4—6 行的方式使用 RDF/XML 分别描述每个声明，如要写下列两个声明：

ex：index.html	exterms：creation-date	“August 16，1999”
ex：index.html	dc：language	“en”

就可以使用 RDF/XML 表示为

```
1.< ? xml version = “1.0”? >
2.<rdf：RDF xmlns：rdf = “http://www.w3.org/1999/02/22-rdf-syntax-ns#”
3.xmlns：dc = “http://purl.org/dc/elements/1.1/”
4.xmlns：exterms = “http://www.example.org/terms/”>
5.<rdf：Description rdf：about = “http://www.example.org/index.html”>
6.<exterms：creation-date>August 16，1999</exterms：creation-date>
7.</rdf：Description>
8.<rdf：Description rdf：about = “http://www.example.org/index.html”>
9.<dc：language>en</dc：language>
10.</rdf：Description>
11.</rdf：RDF>
```

这个实例跟上述实例是一样的，只是增加第二个 rdf：Description 元素（在第 8—10 行）来表达第二个声明（另外的名域声明也在第 3 行里给出以识别用于这个声明的另外的名域）。用同样的方法就可以增加任意数的声明，为每个增加的声明使用一个单独的 rdf：Description 元素。这样一来，一旦把写 XML 和名域声明的一般问题处理了，用 RDF/XML 来写每个增加的 RDF 声明就十分简单了。

RDF/XML 语法提供很多使普通应用更容易写的略写形式。例如，同一资源同时用几个属性和值来描述是很典型的，如这个实例所显示的资源 ex：index.html 是几个声明的主词。要处理这样的案例，RDF/XML 允许多个属性元素表达这些属性可以嵌套在识别主词资源的 rdf：Description 元素里。例如，表示关于 http://www.example.org/index.html 的声明群组如下：

ex：index.html	dc：creator	exstaff：85740
ex：index.html	exterms：creation-date	“August 16，1999”
ex：index.html	dc：language	“en”

它的图形显示如图 6-23 所示。

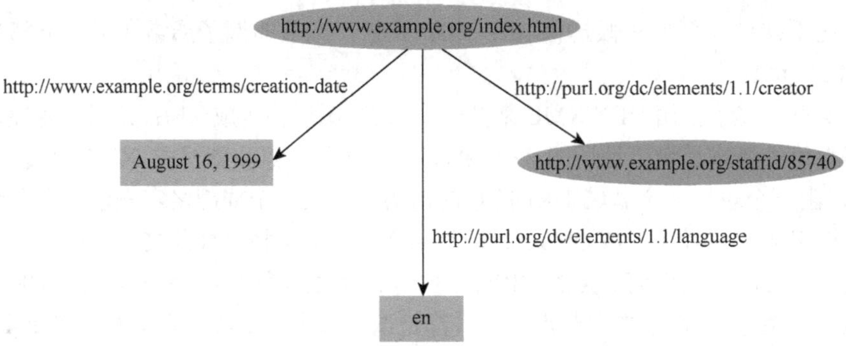

图 6-23　关于同一资源的几个声明

以上用较大篇幅讲述了 RDF 以及 XML/RDF 的基本思想、概念及模型，希望能为大家进一步认识 RDF 做些基础工作。

第 7 章　数字图书馆标准与互操作

本章首先交代了标准的定义、分类、要素、特点等基本内容，其次介绍了数字图书馆标准规范的基本问题及其形成体系，最后重点介绍了数字图书馆的互操作，提出了解决数字图书馆互操作问题的难点，并对互操作的标准协议进行了较为详尽的描述。

7.1　标 准 概 述

标准是标准化活动的成果，也是标准化系统的最基本要素和标准化学科中最基本的概念。因此，学习数字图书馆标准问题，首先弄清标准的含义及其特点。

7.1.1　标准的定义

1）国际标准定义

ISO 的标准化管理委员会一直致力于标准化基本概念的研究，先后以“指南”的形式对“标准”的定义做出统一规定。1991 年，ISO 与国际电工委员会（International Electro-technical Commission，IEC）联合发布第 2 号指南《标准化与相关活动的基本术语及其定义（1991 年第六版）》，对标准定义如下：“标准是由一个公认的机构制定和批准的文件，它对活动或活动的结果规定了规则或特性值，供共同和反复使用，以实现在预定结果领域内最佳秩序的效益。”

1997 年 ISO/IEC 导则对“标准”这一术语又给出了新的定义：“为在一定的范围内获得最佳秩序，对活动或其结果规定共同的和重复使用的规则、导则或特性的文件。该文件经协商一致制定并经一个公认机构批准。标准应以科学、技术和经验的综合成果为基础，以促进最佳社会效益为目的。”该定义明确告诉我们制定标准的目的、基础、对象、本质和作用。国际标准定义具有国际权威性和科学性，无疑是世界各国尤其是国际标准组织成员应该遵循的。

2）我国有关标准的定义

1983 年，我国在 GB 3935.1—83《标准技术基本术语》中对标准定义如下：“标准是重复性事物或概念所做的统一规定，它以科学，技术和实践经验的综合成果为基础，经有关方面协商一致，由主管部门批准，以特定形式发布，作为共同遵守的准则和依据。”在 2020 年发布的 GB/T 1.1—2020《标准化工作导则 第 1 部分：标准化文件的结构和起草规则》将“标准”定义为：“通过标准化活动，按照规定的程序经协商一致制定，为各种活动或其结果提供规则、指南或特性，供共同使用和重复使用的文件”。

上述定义从不同的侧面揭示标准这一概念的定义，归纳起来，该定义具体说明了下列几个方面含义。

（1）制定标准的对象是重复性事物或概念。虽然制定标准的对象早已从生产、技术领域延伸到经济工作和社会活动的各个领域，但并不是所有事物或概念，而是比较稳定的重复性事物或概念。这里所说的重复性指的是同一事物反复多次出现的性质。

（2）标准产生的客观基础是“科学、技术和实践经验的综合成果”。说明了标准产生的基础一是科学技术成果，二是实践经验的总结，并且这些成果与经验都要经过分析、比较和选择。综合成果一是指研究的新成就、技术进步的新成果，同实践中取得的先进经验相互结合纳入标准；二是指这些方面的成果和经验经过分析、比较、选择，以至再加以综合。综合的过程就是进行技术经济分析的过程。

（3）标准在产生过程中要“经有关方面协商一致”。这说明了标准形成的必要条件。标准的制定受到各种客观因素的制约，这就不能凭少数人的主观意志，而应该同有关人员，就有关方面进行认真讨论，充分协商。这样制定出来的标准才能考虑各方面尤其是使用方的最大利益，才更具有权威性、科学性和实用性，实施起来也较容易。

（4）“由主管机构批准、以特定形式发布”，指出了标准必须履行的法定手续。为保持标准的严肃性和权威性，国家标准、行业标准、地方标准、企业标准的审批发布都必须按照国家有关规定办理。标准从制定到发布所必须的一系列工作程序是标准本身政策性的表现。

（5）标准的本质特征是统一。这就是说标准是“由标准主管机构批准以特定形式发布，作为共同遵守的准则和依据”的统一规定。不同级别的标准是在不同适用范围内进行统一，不同类型的标准是从不同侧面进行统一。此外，标准的编写格式也应该是统一的，各种各类标准都有自己统一的编写顺序和方法，标准的这种编写顺序、方法、印刷、幅面格式和编号方法的统一，既可保证标准的编写质量，又便于标准的使用和管理，同时也体现出标准的严肃性和权威性。“统一”并不意味着全都统到只有一种规范。有时只限定一个范围，有时规定几种情况，当然也有绝对统一的情形。标准的作用归根结底来源于统一，来源于必要的合理的统一规定。如果客观事物不需要进行科学的、合理的、有效的统一，标准便失去存在的意义。

7.1.2　标准的分类

为了不同的目的，可以从各种不同的角度，对标准采用不同的分类方法。目前，常用的分类方法有以下四种。

1）层级分类法

按照标准的作用和有效的范围，可以将标准划分为不同层次和级别的标准，如国际标准、区域标准、国家标准、行业标准、地方标准和企业（公司）标准。

（1）国际标准。由国际标准化组织或标准组织制定，并公开发布的标准是国际标准。目前由 ISO、IEC 批准发布的标准是主要的国际标准，ISO 认可即列入《国际标准题内关键词索引》。一些国际组织如国际计量局（International Bureau of Weights and Measures，BIPM）、国际食品法典委员会（Codex Alimentarius Commission，CAC）、世界卫生组织（World Health Organization，WHO）等组织制定、发布的标准也是国际标准。

（2）区域标准。区域标准是“由某一区域标准或标准组织制定，并公开发布的标准”。例如，欧洲标准化委员会（European Committee for Standardization，CEN）发布的欧洲标准（European norm，EN）就是区域标准。

（3）国家标准。国家标准是“由国家标准团体制定并公开发布的标准”。例如，GB、ANSI、BS、NF、DIN、JIS 等是中国、美国、英国、法国、德国、日本等国家标准的代号。

（4）行业标准。由行业标准化团体或机构改革标准，发布在某行业的范围内统一实施的标准是行业标准，又称为团体标准。例如，美国材料与试验协会（American Society for Testing and Materials，ASTM）标准、美国石油学会（American Petroleum Institute，API）标准、美国机械工程师协会（American Society of Mechanical Engineers，ASME）标准都是国际上有权威性的团体标准，在各自的行业内享有很高的信誉。我国的行业标准是“对没有国家标准而又需要在全国某个行业范围内统一的技术要求所制定的标准”，如 JB、QB、FJ、TB 等就是机械、轻工、纺织、铁路运输行业的标准代号。

（5）地方标准。地方标准是“由一个国家的地方部门制定并公开发布的标准”。我国的地方标准是指“对没有国家标准和行业标准而又需要在省、自治区、直辖市范围内统一的工业产品的安全、卫生要求”所制定的标准，它由省级标准化行政主管部门统一组织制定、审批、编号和发布。

（6）企业标准。企业标准又称公司标准，是由企事业单位自行制定、发布的标准，也是企业范围内需要协调和统一的技术要求、管理要求和工作要求所制定的标准。美国波音公司、德国西门子公司、新日本制铁公司等企业发布的企业标准都是国际上有影响的先进标准。

2）对象分类法

按照标准对象的名称归属分类，可以将标准划分为产品标准、工程建设标准、方法标准、工艺标准、环境保护标准、过程标准、数据标准等。产品标准旨在确保产品的使用性，它详细规定了一个或一组产品应达到的技术要求。产品技术要求除了适用性方面的技术要求外，还包含对术语、抽样方法、试验方法、包装和标签等方面的引用规定。有时，还可包括工艺方面的要求。包含有特性值和数据表的标准叫数据标准。它对产品、过程或服务的特性值或其他数据做出了规定。对一个过程应满足的要求做出规定，以确保其适用性的标准是过程标准。此外，还有文件格式标准、接口标准等，都是以对象分类的标准。

3）性质分类法

按照标准的属性分类，可以把标准划分为基础标准、技术标准、管理标准和工作标准等。

（1）基础标准。在一定范围内作为其他标准的基础并普遍使用，具有广泛指导意义的标准是基础标准。例如，术语标准，符号、代号、代码标准，量与单位标准等都是目前广泛使用的综合性基础标准。

（2）技术标准。技术标准是指对标准化领域中需要协调统一的技术事项所制定的标准。技术标准包括基础技术标准、产品标准、工艺标准、检测试验方法标准及安全、卫生、环保标准等。

（3）管理标准。管理标准是指对标准化领域中需要协调统一的管理事项所制定的标准。管理标准包括管理基础标准、技术管理标准、经济管理标准、行政管理标准、生产经营管理标准等。

（4）工作标准。工作标准是指对工作的责任、权利、范围、质量要求、程序、效果、检查方法、考核办法所制定的标准。

4）强制分类法

例如，根据标准实施的强制程度，可以把标准分为强制性标准、暂行标准和推荐性标准。

（1）强制性标准。根据法律或法规规定，应强制实施的标准称为强制性标准。保证人体健康、人身和财产安全的标准和法律及行政法规规定强制执行的标准是强制性标准，强制性标准是指令性标准。标准一经批准发布，就是技术法规，各级单位都必须严格执行。任何单位和个人不得擅自更改或降低标准，对因违反标准造成不良后果以至重大事故者，都要根据情节轻重分别给予批评、处分、经济制裁直至追究法律责任。

（2）暂行标准。由标准化团体暂时制定并公开发布的文件，以使其作为一个标准，在应用中获得必要的经验。暂行标准一般应规定一个试行期限，试行期内达不到的某些要求和指标可呈报有关部门酌情放宽执行。

（3）推荐性标准。推荐采用、自愿执行的标准是推荐性标准，推荐性标准的对象一般是具有指导意义，但又不宜强制执行的技术和管理要求。推荐性标准是指导性标准，该类标准具有参考性，无法律的强制性，要尽量因地制宜地推广采用。目前我国的标准多是强制性标准，为提高产业界的竞争力，应逐步增加推荐性标准。

7.1.3 标准的要素

任何一个特定的标准都有自己特定的内容、所适应的级别范围，并且在某段时间内是有效的。根据标准所规定的内容，可以判定其所属的专业领域。内容、领域、级别和时间是构成标准的基本要素。

1）标准内容

标准内容是标准规定的标准化对象的特征。对于不同的标准化对象，它的标准所规定的内容是不同的。对于抽象的概念，标准所规定的内容是名词术语、符号代码；对于具体的产品，标准所规定的是品种、规格、质量参数以及技术条件等有关事项；对于管理业务，标准所规定的是业务内容、管理程序和方法等。

2）标准的领域

标准的领域指的是标准所涵盖的专业范围，这些范围通常由特定的部门、专业或行业来界定，并作为制定标准的依据。

3）标准的级别

标准的级别指标准适用的空间范围。它同批准发布标准的主管机关的行政级别是一致的，与内容无关，并不代表所规定的指标水平高低。

4）标准的时间

标准的时间指从标准发布开始到修订和废止的时间周期。不同的标准类型其有效的时间是不一样的。随着时间的流逝，标准的内容有可能落后，不再能适应社会发展的要求。因此，必须对原有的标准内容进行复审，或修订或废止。

7.1.4　标准的特点

我国国家标准《标准化基本术语》中定义标准为“对重复性事物和概念所做的统一规定。它以科学、技术和实践经验的综合成果为基础，经有关方面协商一致，由主管机构批准，以特定形式发布，作为共同遵守的准则和依据”。这个概念完整而又系统地揭示了标准的基本特性。

（1）标准对象的特定性。标准对象的特定性是指对制定标准的领域和对象所做的特殊规定性。制定标准的领域，从广义上说，应当包括人类生产和生活的一切领域。从狭义上说，则仅指经济和技术活动范围，所以又把标准限定在经济、技术范畴。

（2）标准制定依据的科学性。标准的概念中明确指出，“科学、技术和实践经验的综合成果”是标准产生的基础。标准就是在综合分析、比较、选择科学研究的新成果，技术进步的新成就以及在长期实践中总结出来的先进经验的基础上产生的，是对科学、技术和实践经验的提炼和概括。这无疑保证了标准的科学性和先进性以及实践的可靠性。

（3）标准的本质特征是统一性。标准的本质特征，或者说标准的作用和社会功能，最重要的特点就是标准的统一性。不同级别的标准在不同范围内统一；不同类型的标准从不同侧面进行统一。

（4）标准的法规特性。从一定意义上来说，标准就是技术经济领域的技术法规，国家强制性标准尤其如此。虽然标准并非由国家立法机关颁布的严格意义上的法律或法规，但可以认为它具有法规特性。

7.2　数字图书馆标准规范的基本问题

目前，数字图书馆的建设正在蓬勃发展，随着各种项目的实施，投入将会越来越多。然而，如果不实行标准化管理，各有关单位各行其是，建设起来的数字图书馆可能无法互联互通和资源共享，将会造成极大的损失和浪费。因此，标准化已经成为数字图书馆建设中的突出问题，而标准规范的建设和利用则是数字图书馆研究与管理中的一项重要任务。

7.2.1　数字图书馆标准规范的意义

1）数字图书馆标准规范是网络环境下的需要

为了保证数字图书馆所建立的资源和服务的可使用性、互操作性，需要建立和遵循关于数字化加工、资源描述组织、资源互操作和服务等方面的标准规范；需要采用和遵循内容编码、数据通信、计算机系统、安全、管理、知识产权、服务运营等方面的标准和规范，才能保证所建立的资源和服务的可使用性、互操作性和可持续性，才能有效利用其他资源与服务来提高数字图书馆的服务能力和效率。在网络环境下，任何孤立封闭的数字图书馆系统都将失去生存和发展的能力，而实现开放、互操作和集成的基础则是标准与规范。只有按照整体环境的要求来组织资源、提供服务，才能保证系统的可使用性、互操作性和可持续性。

2）数字图书馆标准规范是实现信息资源共建共享的需要

数字图书馆的建设使人们对信息的利用打破了地域和时间的限制，使信息资源共享的目标变成现实。但是，数字图书馆的建设不是个别或少数图书馆的任务，也就是说数字图书馆的资源共享建立在资源共建的基础之上，它需要众多图书馆及各信息提供机构共同来完成，这是由各个图书馆特色资源独享性、服务范围针对性所决定的。在图书馆发展的历史上，由于行政管理体制不同，各图书馆形成了不同的资源布局及分工，它们在文献搜集以及服务对象上各有侧重，形成了自己独享的特色资源和特定读者。只有统一的标准才能将各信息单位所独享的资源按统一的格式组织起来，实现网络连接，完成信息资源的有效交流和传递，才能实现资源共享。

3）数字图书馆标准规范是提高数字图书馆建设效益的需要

图书馆信息资源数字化是一项耗资巨大的项目，不同图书馆实施这类项目的目的可能不尽相同，进行数字化的资源类型可能不同，所服务的用户群体可能存在很大差异，因而实现的效益也可能不一致，但都有一个共同的目标，就是寻求投资效益（包括经济效益和社会效益）最大化。数字图书馆的开发、使用、维护是一项系统工程，这一过程中投入的各种人、财、物构成了数字图书馆的成本。数字图书馆的收益从狭义角度来讲是指数字图书馆提供服务所获得的经济收益；从广义角度来讲，是指社会从数字图书馆所取得的有用劳动成果。要进行数字图书馆的成本效益分析，就要求数字产品及其生产机制规范化。规范化的关键在于采用一套行之有效的标准，确保数字化生产、数字资源管理和传播的一致性与兼容性。

4）数字图书馆标准规范是提高数字图书馆竞争能力的需要

数字图书馆是我国信息产业的重要组成部分。美国的几大信息业巨头如 IBM、微软等公司在新技术产品研发时所采取的一个重要策略，就是围绕着所涉及的标准开展大量的宣传和研究，并竭力使其被其他公司和国家所接受，这实际上也是另一种意义上的侵略。法国、德国、英国等西欧发达国家为保护自己国家和企业的利益，在充分利用现有技术供给的同时，纷纷制定本国技术标准以形成强有力的非贸易壁垒。我国的数字图书馆事业只有制定自己的相关标准，才能形成有力的屏障，保护其自主发展。因此，标准建设也是我国数字图书馆工程建设应对竞争和挑战的需要。

7.2.2 数字图书馆标准规范的基本原则

标准化原则是揭示标准化活动或标准化工作过程中一些最基本的客观规律，以作为标准化工作者在开展标准化工作时遵循的规则。任何一个体系标准化的构建都要以一定的原则为前提。离开了这个原则，这个标准也就失去了意义。数字图书馆的标准化建设应遵循以下几个原则。

1）系统性原则

标准化的对象应该优先考虑其所依存主体系统能获得最佳效益的问题。标准化对象应在能获取效益的问题中确定。在能获取标准化效益的问题中，首先应考虑能获取最大效益的问题。在考虑标准化效益时，不只是考虑对象自身的局部标准化效益，而是考虑对象所在依存主体系统即全局的最佳效益。每个标准是数字图书馆标准规范体系中一个逻辑模块，各自主要满足整体体系中的一定纵向和横向的功能或应用上的互操作要求，增加不同层次标准规范的互相操作。标准规范需要一系列应用工具的支持，建设与应用标准规范时应该系统描述和建设所需要的应用工具体系。

2）动态性原则

标准是一定时期内依存主体技术或管理水平的反映，随着时间变化，必然导致标准使用环境的变化，因此必须适时修订标准。标准应依据其所处环境的变化而按规定的程序适时修订，才能保证标准的先进性和适用性。标准不应该是永恒不变的，应该随着依存主体的发展变化而及时进行修订，以适应其发展需要，否则就会滞后而丧失其生命力。另外，标准的修订是有规定程序的，要按规定的时间、程序进行修订和批准，如果朝令夕改，任意变动，那就势必会造成混乱。

3）协调性原则

标准化的成果应建立在相关各方协商一致的基础上。标准化活动的成果（即标准）要让大家公认并接受和执行，就必须要与标准相关的各个方面充分协商一致，取得共识。这样既可以使标准制定得科学合理，具有广泛的基础，又可以为标准的顺利、有效地实施创造前提条件。数字图书馆建设应该遵循国际标准优先的原则，尽量直接采用国际标准、国际范围通用的标准，并且根据本地需要明确技术性指南，保持与国际标准的一致性。

4）兼容互换原则

标准应尽可能使不同的产品、过程或服务实现互换和兼容，以扩大标准化效益。互换性是一种产品、过程或服务能代替另一产品、过程或服务并满足同样需要的能力，它一般包括功能互换性和尺寸互换性。兼容性是指不同产品、过程或服务在规定条件下一起使用，能满足有关要求而不会引起不可接受的干扰的适宜性。数字图书馆作为网络环境下的应用系统，必须要与相关的技术支持领域兼容，应该积极利用优势业务领域的标准规范，在标准的设计中要充分考虑和支持其互操作。

5）统一有度原则

统一有度是在一定范围、时期和一定条件下，对标准化对象的特性和特征做出统一规定，以实现标准化的目的。统一有度原则是标准化的本质与核心，它使标准化对象的形式、功能及其他技术特征具有一致性。统一要先进、科学、合理，也就是要有度。具体地说，统一是有一定范围或层次的。统一是在一定水平之上的，由此决定标准的先进性，即技术指标的高低。统一又是有一定量度的，为此，有的标准要规定统一的量值。此外，统一还可以在一定的理想系数上。

6）阶梯发展原则

标准化活动过程是阶梯状的上升发展过程。标准化活动过程即标准的制定—实施（相对稳定一个时期）—修订（提高）—再实施（相对稳定）—再修订（提高），是呈阶梯状的发展过程。每次修订标准就把标准水平提高一步，标准化必须伴随其依存主体、技术或管理水平的提高而提高，至于阶梯的幅度即标准的实施时间，一般应看依存主体的技术或经济发展要求及标准的层级等具体情况而定。

7）实用性原则

所建立的数字图书馆标准应具备实用性原则。实用性是指标准要实用，执行起来简便易行、无浮躁不实的条款。所建立的数字图书馆标准必须适合任何一家图书馆，把各个数字图书馆放在同一水平线上。这条线既是各数字图书馆项目为达标而努力的“终点”，也是各数字图书馆达标后进行特色发展的“起跑线”。根据数字图书馆标准规范应用实践，建立健全支持标准规范的体系，应该确保标准的方便应用。

7.2.3 数字图书馆标准的评估与选择

1）数字图书馆标准评估的目的

任何标准都有其特定的用途和用户，所有的标准都有优缺点。但没有任何一个或一组标准在任何时候都能够满足所有用户任何场合下的要求。随着数字图书馆标准体系的不断丰富，选择合适的标准是一个值得注意的问题，这就需要根据具体项目情况进行评估与选择。数字图书馆标准评估的目的在于分析确定选择的标准是否可行，能否达到项目建设预定的目标，风险程度如何等。

2）数字图书馆标准评估的内容

（1）全面性。数字图书馆建设涉及不同的方面，在数字图书馆标准体系中，不仅有不同层次的应用标准，而且还相当多地涉及数字化的若干个方面，因此，对标准体系的评估首先要分析其完备性。

（2）先进性。在数字图书馆建设过程中，要求针对项目限定的标准体系是明确的、具有可操作性的，因此，必须要考虑标准体系的先进性。它要求选定的标准充分体现相关技术的发展方向、能够预见未来的发展趋势、等同或等效国际或国家比较先进的标准。

（3）开放性。开放性是指标准制定和利用是公开的，标准经过标准认可机构的批准，具有广泛的适用性。数字图书馆建设是一个动态发展过程，信息技术的进步、用户需求的变化等对其可能会产生较大的影响。因此，数字图书馆标准也需要与时俱进。

（4）安全性。影响数字图书馆未来安全的不确定性可能带来风险。标准体系风险性包括系统无法升级、数据无法迁移、互操作无法实现等。评估标准体系的安全性与相应的风险时要尽可能对数字图书馆项目涉及标准规范做出相应的评估，估计风险出现的概率和造成影响的程度。

3）数字图书馆标准的选择

数字图书馆标准的选择与实施应该从数字图书馆项目的目的、任务和用户对象的方面来考虑。要掌握当前有关标准体系的发展状况，了解可以选择的标准类型、版本，具体的内容、要求是什么，对项目会有什么影响，标准的适用性如何等。

（1）应该优先选择那些已经被广泛接受和应用、得到有效标准化过程支持的标准规范，避免与已经存在的标准冲突。

（2）应该优先选择开放标准，即那些知识产权明确属于公共领域，可被公共获取、采用开放语言和标准格式描述、有可靠的公共登记和持续的维护机制、有可靠的开放转换和扩展机制、公开发布详细技术文件的标准规范，而且应该采用那些得到开放源代码软件支持，采用开放建设过程的标准规范。

（3）应该优先选择国际标准，尽量直接采用国际标准、国际范围通用的行业标准或该领域先进国家的国家标准，并且根据需要制定相关的应用指南，保持与国际标准的可互操作。

（4）应该优先选择和采用具有优势业务与技术支持领域的标准规范。数字图书馆作为网络环境下的应用系统，必须直接利用技术支撑领域的标准规范。如果优势业务和技术支持领域的标准规范不能够满足需要，应该在其基础上按照规范的方式定制和扩展为本地标准，从而保持与优势领域标准规范的可互操作。

7.3　数字图书馆标准规范体系

7.3.1　数字图书馆标准规范体系的意义

标准体系是一定范围内的标准按照其内在联系形成的科学有机整体。一定范围的标准体系是由两个以上的标准成分体系组成，它体现了人们对客观规律的认识。标准体系是按照一定的结构形式结合起来的，包括层次结构和序列结构。它是一个动态系统，具有随着时间的推移而变化、发展和更新的特性。标准体系框架充分考虑将来的发展，为将来增加新的标准留有余地。对于尚未成熟的新技术在标准体系表中也应给出相应的位置，以便于将来推广。标准体系应该能够适应现代社会对信息标准的需求，着重强调并突出发展那些对现代社会至关重要的关键信息标准，并能指导信息标准化的发展方向。

数字图书馆是一个复杂的数字信息系统。为实现数字信息资源的可获得性、可互操作性和可持续性，实现不同软硬件系统的兼容性，便于数字信息资源的建立与使用、整合与检索，需要制定数字图书馆建设所涉及的各个方面的标准，需要多个标准之间的联系和协调，建立有关的标准体系。这些标准包括基础标准（如编码、格式、元数据等）、网络标准、系统软件标准、应用支撑平台标准、应用与服务标准、接口标准、信息安全标准、管理与测试标准以及软件工程标准等。数字图书馆需要这些标准之间相互联系和协调，从而形成一个有机的整体，即数字图书馆标准规范体系。

数字图书馆建设涉及众多的标准，这些标准属于不同的方面，承担不同的责任，形成一个体系。从一定的角度依据一定的原则，划分其内部的结构，形成明确的层次，使其成为严格意义上的体系。从体系的角度考察，可以发现它反过来指导标准规范的制定和建设，更系统地认识数字图书馆建设所需要、所涉及的标准，甚至发现新的问题从而制定新的标准。数字图书馆标准规范体系要解决的便是确定使用哪些标准、什么时候使用、如何使用及使用中的度——具体的使用参数、变量范围等，从而保证依它所建立的数字图书馆实现真正的可互操作、可兼容和可持续发展。

7.3.2 数字图书馆标准规范体系的划分

标准通常按照其权威程度分为三级：事实标准、可公开提供技术规范或公开获得规范、法定标准或正式标准等。目前，在数字图书馆建设过程中出现了一系列标准规范体系，其表现形式主要有：标准规范体系、框架、体系架构、指南、标准、规范、典型案例、最佳实践、应用纲要、应用协议。从上面的级别划分来看，它们属于事实标准，系统描述数字信息资源建设和服务所涉及的数字加工、资源描述、资源组织、资源互操作和资源服务等方面的标准、规范及其应用要求，部分具有法律或行政效力。从宏观角度看，一个完整的数字图书馆标准规范体系涉及网络通信基础、计算机软硬件系统、数字信息资源及服务、管理机制四大部分。不同的机构、研究人员根据不同的需要和覆盖范围，将数字图书馆所涉及的标准规范分为多个层次，从不同的角度界定数字图书馆标准的范围与结构，形成不同的标准规范结构体系。

国家数字图书馆建设提出标准规范体系框架如下（富平，2005）。①数字内容创建，工作内容为数字资源采集、对象数据创建、数字资源加工、数字资源转换等。所涉及的标准规范包括：数字内容编码（ISO 10646、GB 18030—2005）、对象标识[DOI（digital object identifier，数字对象标识符）、URI、OpenUR1]。数据内容格式有文本、图像、音频、视频等。②数字对象描述，工作内容为：元数据（著录、标引）制作、元数据管理、元数据互操作。所涉及标准规范包括：元数据格式[MARC、Dublin core、元数据对象描述架构（metadata object description schema，MODS）]、编码体系（CT、CLC、DDC）①、元数据置标（XML、RDF、METS②、MARCXML）等。③数字资源组织管理工作内容为资源集合组织、对象数据调度、元数据调度。所涉及标准规范包括：总体框架[书目记录功能需求（functional requirements for bibliographic records，FRBR）]、对象数据管理（CORBA）、知识组织[Web 本体语言（Web ontology language，OWL）]、版权保护[可扩展权限标记语言（extensible right markup language，XrML）、P3P③]等。④数字资源长期保存，工作内容为数字资源保存级别区分、长期保存技术策略。所涉及标准规范包括：长期保存参考模型[开放档案信息系统（open archival information system，OAIS）]、资源存储、资源获取。⑤数字资源服务，工作内容为：数字资源发布、数字检索、数字资源服务管理。所涉及标准规范包括：网络服务协议（TCP/IP）、检索服务协议（OAI）、应用服务协议、知识产权协议。

张晓林等（2003a）撰写的技术报告《数字图书馆标准规范发展趋势》参考国外数字

① CT 表示 Chinese thesaurus，汉语主题词表；CLC 表示 Chinese library classification，中国图书馆图书分类法；DDC 表示 Dewey decimal classification，杜威十进分类法。

② METS 表示 metadata encoding and transmission standard，元数据编码和传输标准。

③ P3P 是一种被称为个人隐私安全平台项目（the platform for privacy preferences project）的标准。

图书馆的相关标准规范，从数字图书馆发展与标准覆盖范围角度将数字图书馆标准规范体系分为三类：数字资源加工与描述标准体系、数字资源生命周期标准框架和数字信息系统互操作标准体系。数字资源加工与描述标准体系的内容主要涉及：数字文件格式标准、数字文件标识标准、数字对象描述性元数据模式框架和具体描述格式、无数据内容描述体系。数字资源生命周期标准框架一般按照数字资源生命周期，把数字图书馆所涉及的标准规范分为多个层次，围绕数字资源创建、描述、组织、检索、服务和长期保存的整个生命周期来规划、设计、组织。数字信息系统互操作标准体系从一个完整系统的角度来考察数字信息系统所涉及的标准规范，是比数字资源生命周期标准框架更广泛的标准规范体系。数字图书馆的可使用性、可互操作性和可持续性不仅涉及数字信息资源的组织、描述、保存和检索利用，还必然涉及计算机软硬件系统、网络设备、数据库、安全机制、知识产权管理机制、服务管理机制等多个方面，其标准规范体系也可以从这个角度来去构建。

刘炜（2002）在《数字图书馆元数据标准体系建设》中把国内对数字图书馆标准规范体系的认识概括为四种层次划分法：信息流法、生命周期法、技术类型分类及技术应用分类。

（1）信息流法。根据数字图书馆信息资源的建设流程构建数字图书馆标准规范体系。数字图书馆资源建设流程可分为四个阶段：资源创建及加工和转换，资源描述，资源组织及存储和管理，资源存取及发布和检索。信息流法根据这四个阶段把数字图书馆涉及的所有标准划分为四个层次：资源创建标准——数据编码标准、文件格式标准、对象标识标准；资源描述标准——元数据标准、文献结构化编码标准；资源组织标准 ——对象管理标准、开放链接标准、系统通信平台标准；资源存取标准——网络协议标准、互操作协议标准、检索协议标准。

（2）生命周期法。在数字信息资源生命周期的基础上把数字图书馆标准规范体系划分为数字内容创建、数字对象描述、资源组织描述、资源系统服务、资源长期保护五个层次。①关于数字内容创建的标准规范包括内容编码、数据格式、内容标识；②关于数字对象描述的标准规范包括元数据应用原则、元数据标准的选择、内容主题描述语言的选择；③关于资源组织描述的标准规范包括对资源集合的描述，对资源组织机制的描述，对资源管理机制的描述，对资源组织建设的过程、原则、方法及相应的标准规范的描述；④关于资源系统服务的标准规范包括关于接入条件和传输条件的标准规范、关于检索条件的标准规范、关于数据应用条件的标准规范；⑤关于资源长期保护的标准规范，包括信息格式标准、政策法律机制、基础技术体系、保存责任体系、知识产权措施以及经济支撑方法等。

（3）技术类型分类。根据数字图书馆建设涉及的技术类型把数字图书馆标准规范进行归类，形成简单的技术类型体系：字符编码、多媒体信息编码、数据元素、描述语言、电子图书、数据格式、影像压缩、操作系统、安全规范、程序语言、网络协议、数据库界面与人机交互等。

（4）技术应用分类。按照各种技术在数字图书馆的应用把数字图书馆标准规范体系归结如下：信息采集与编码标准、信息组织与存档标准、资源标识标准、资源描述标准、记录管理标准、信息检索与服务标准、操作标准、信息权益管理标准、信息安全标准、信息评价标准等。

王秀香（2016）认为数字图书馆标准规范建设是随着数字图书馆的发展与需求而不

断演进的，从单纯的资源数字化到数字资源的组织与揭示，从各系统单独的服务标准到互联互通环境下数字图书馆体系化服务标准。数字图书馆标准规范建设是一个由点到面、由浅入深不断完善的过程。因此，她按照数字图书馆标准规范发展脉络，将数字图书馆标准规范体系分为数字资源建设与加工相关标准规范、数字资源内容描述、组织和整合相关标准规范、数字图书馆服务相关标准规范、数字图书馆互操作相关标准规范、数字资源长期保存相关标准规范、数字图书馆体系化发展相关标准规范，涵盖了数字资源的加工、组织、服务、互操作、长期保存与体系化建设六个方面。

7.3.3 数字图书馆建设常见的相关标准

1. 编码标准

1）基本字符编码标准

外文编码必须遵循 ISO/IEC 10646《通用多八位编码字符集》，中文编码应该优先遵循 GB 13000—2010《信息技术通用多八位编码字符集》，并且需要同时遵循 GB 2312—1980《信息交换用汉字编码字符集基本集》和 GB 18030—2005《信息技术中文编码字符集》。特殊字符编码标准，应该遵循基于 XML 的标记标准。

2）多媒体信息编码标准

目前比较有影响的是 JPEG 标准和 MPEG 标准。JPEG 标准即“高质量静止图像压缩编码”，是 ISO 和 CCITT[①]成立的联合专家工作组研究发布的适用于彩色和单色灰度级的连续色调静止图像的压缩标准。MPEG 标准是 ISO/IEC JTC 1/SC 29 工作组研究发布的有关活动视频的压缩标准。

3）文献结构编码标准

一般应该采用 XML DTD 或 XML Schema 来定义文献结构，并要经过 XML 语法验证。数据格式标准，数字图书馆的数字资源涉及文本、图像、音频、视频、多媒体等多类型的数据内容，在资源数据格式上都应遵循相应的标准。文本数据格式标准，文本文件要求采用 HTML、XHTML（extensible hypertext markup language，可扩展的超文本标记语言）或 XML 格式，并逐步以 XML 格式为主，在不能有效处理 HTML/XML 环境下，应该采用纯 ASCII 格式或 CSV（comma separated values，逗号分隔值）格式。图像形式的文本数据可以采用 TIFF（tagged image file format，标签图像文件格式）、JPEG 或 PDF 格式。图像数据格式标准，应根据保存、浏览或预览的不同要求采用不同格式标准。没有压缩的图像格式有 BMP、XBM、PCX[②]，压缩的图像格式有 GIF、JPEG、TIFF，以及适应互联网的图像格式 PNG（portable network graphics，便携式网络图形）等。音频数据格式标准推荐使用的是 MP3 格式，另外也可使用 DAT 格式（data 的缩写，一种数据文件格式）、MIDI（musical instrument digital interface，乐器数字接口）、WAVE（Windows 多媒

---

① CCITT 为国际电话电报咨询委员会（International Telegraph and Telephone Consultative Committee）的英文简称。

② BMP 为 Bitmap（视图）的简写，它是 Windows 操作系统中的标准图像文件格式；XBM 为一种通用图像文件格式，与许多 Web 浏览器都兼容；PCX 是一种由美国 ZSoft 公司所开发的图像文件格式。

体音频格式）、AIFF（audio interchange file format，音频交换文件格式）以及 Apple QuickTime 和 MS RealAudio 等格式。视频数据格式标准，一般首选 MPEG 格式，另外可使用 Apple QuickTime 等格式（张晓林等，2003b）。

2. 数字对象描述标准

1）元数据标准

元数据作为“关于数据的数据”描述各类数字对象，是数字图书馆资源建设的重要基础，需要规定描述数字对象的原则和基本方法，规定实际应用的元数据标准。目前，元数据的国际标准主要是 ISO/IEC 11179 系列标准。ISO/IEC 11179 系列标准是 ISO/IEC JTC 1/SC 32 专门成立的 WG2（元数据工作组）负责推进和发布的，包含有 ISO/IEC 11179-1《数据元素标准化和规范的框架》。

功能比较全面的元数据标准是 Dublin corn，它是一种简单的信息资源描述格式，是由美国的图书馆界、计算机界和博物馆界的专家组成的委员会共同研制的标准。Dublin corn 元数据由 15 个单元组成，分别为主题、题名、作者、出版者、相关责任者、出版日期、对象类型、语言、格式、资源标识符、产权标识符、范围、描述、关联及来源。它具有可扩展性、独立句法结构、可选择性、可重复性、可修改性等优点。作为学科分类信息资源描述，它是目前世界上使用最广泛的元数据格式，具有最大的弹性和最强的适应性，是描述、支持、发现、管理和检索网络信息资源的最有效组织方式之一（陈彩红，2011）。

我国关于元数据的标准基本是对 Dublin corn 元数据集的研究和应用的结果。它们主要有以下几个数据集。《中文核心元数据集》由中国国家图书馆根据 OAIS 模型标准制定，其目标是为海内外中文数字资源的创建、存储、服务和交换提供一个统一的可供参考的中文元数据方案。它适应不同层次对元数据的制作要求，考虑了与其他元数据方案的可交换性，对中文元数据的总体框架结构、核心元数据集、基本扩展集、细分规则做了规定。其核心元数据涵盖了 Dublin core 的所有基本元数据元素，集成了其他一些元数据项目的优点，形成了一套结构化的元数据解决方案。《数字式中文全文文献通用格式》是文化部（现文化和旅游部）委托广东省中山图书馆制定的行业标准，已于 2015 年完成。它在通用标记语言以及其他国际标准的基础上设计中文文献的数据格式，以 Dublin corn 元数据集为基本框架，共有 16 个数据项目，可以对文本、图像、音频、视频、计算机程序以及网址资源进行编目和数字化处理，并规定了中文数字化文献的文本著录格式，具有高度的兼容性和通用性。《上海图书馆数字图书馆元数据方案》采用以 Dublin corn 为核心集、多种元数据并存的方法，基于 XML/PDF 的资源描述体系将各类数据封装在一起，统一了元数据的描述方法，保证了原始素材内容管理中元数据的完整性，提高了元数据之间以及与其他资源对象数据之间的互操作性，同时也提供了一个统一的内容管理体系。《中文元数据标准框架方案》由北京大学数字图书馆研究所研制，是以各类有鲜明的中文特征的金石拓片和敦煌古卷、善本、舆图等中文文献为资源实体对象的元数据标准。

2002 年 10 月，科技部启动了“我国数字图书馆标准与规范建设”项目，该项目是科技基础性工作专项资金重点项目，由中国科学技术信息研究所、中国科学院文献情报中心和中国国家图书馆联合发起。主要针对数字图书馆系统的数字资源建设与服务，制定我国数字图书馆标准规范发展战略与标准规范框架，制定数字图书馆核心标准规范体系，其成果主要包括 15 个建设子项目及多个技术成果报告，如《数字图书馆建设中标准规范应用指南》《基本元数据规范》《元数据扩展规划》《专门元数据规范》《唯一标识符应用规范》等（李月婷，2014）。

2）SGML 语言

SGML 是 ISO1986 年颁布采用的一个文献信息生产、管理的国际标准，定义了文献中插入描述性标记的标准格式和描述文献结构的标准方法。1996 年底 SGML 的简化版，XML 诞生，它既继承了 SGML 的可扩展性，又避免了 SGML 的复杂性，将信息处理技术向前推进了一步。

3）XML 语言

XML 是一种定义语言，即使用者可以定义无穷无尽的标记来描述文件中的任何数据元素，从而突破了 HTML 固定标记集合的约束，使文件的内容更丰富、更复杂，并组成一个完整的信息体系。XML 是由 W3C（制定 Web 的标准）发布的一种新型的用来在互联网上创建电子文档的 Web 标准。XML 和 HTML 都来源于 SGML，但是 SGML 太过庞杂，所以至今也只有大型企业或政府机关使用。W3C 定义的 XML 是支持语义信息，采用线性语法描述树状结构的标志语言，它由 SGML 发展而来。XML 提供了七种表示信息的方法：元素（element）、属性（attributes）、引用（reference）、注释（comments）、处理指令（processing instruction）、CDATA①和 Prolog②。可以根据应用需求，使用 DTD 来给 XML 文档制定更详细的结构规则。显示 XML 文档，必须要有一个机制来描述如何显示文档。首选机制就是 XSL。XSL 包含三部分：转换 XML 文档的方法、定义 XML 部分和模式的方法、格式化 XML 文档的方法。

4）METS

要在不同的系统之间进行数字对象的相互转换，需要一个统一的标准 XML 封装规范，而 METS 正是提供了这样一个规范。METS 元数据方案被发展成为一种标准的数据结构，以满足描述复杂的数字图书馆对象的需要。METS 也可以用于 OAIS 参考模型的提交信息包（submission information package，SIP）、归档信息包（archival information package，AIP）、分发信息包（dissemination information package，DIP）等。METS 是一种 XML 方案，它创造了用 XML 文档表示数字图书馆对象结构的实例，即关于组成数字化图书馆内部对象的名字和位置、集描述和管理双重作用的编码和结构化的元数据标准。一个 METS 文档包括七个子区：METS 文档头、描述性元数据、结构元数据、技术元数据文件目录区、结构图链接、结构图、行为区。

5）MODS

MODS 是从 MARC21 派生而来的一种描述性的元数据方案。其设计的初衷在于灵活地从现有的 MARC21 记录中提取并整合精选的信息片段，同时也支持从零开始创建针对原

---

① CDATA（character data）是指不应由 XML 解析器进行解析的文本数据。

② Prolog（programming in logic）是一种面向演绎推理的逻辑型程序设计语言。

始资源的详尽描述纪录。它包括一个 MARC 域的子集并且使用基于语言的标签而不是在 MARC21 记录中用的数值标签。有些情况需要按照 MARC21 书目的格式重新组合要素。MODS 像 METS 一样是用 XML 语言表示的。标准被维持是因为网络发展和美国国会图书馆的 MARC 标准办公室用来自用户的输入。因为 MODS 元数据标准使用 XML 语言表达以及它的稳定性，使它能够补充其他元数据格式。它作为 METS 的扩展方案，是用一种 XML 语法创造元数据记录的原始资源的元数据装置。MODS 的一个显著特点是丰富地描述电子资源。与 Dublin corn 元数据相比，MODS 元数据更丰富，而且与数字图书馆的数据有更大的兼容性；它比完全的 MARC21 书目格式应用起来简单。

6）TEI

1987 年，文本编码倡议（text encoding initiative，TEI）元数据项目创立，其目的是减少现存编码实践的多样性，提供一个复杂文本结构通用方案。后来 TEI 的使用扩大到各个学科领域，均能满足其编码的要求。1994 年，TEI 头标作为一种增强文学、历史、语言学和其他人文领域研究中对机读文本进行检索的国际化计划被提出，并认为 TEI 应与图书馆实践及 MARC 格式基本相符。TEI 的目标是定义一个表现电子化文本资料的通用格式，使研究者能交换和重复使用资源，不受软件、硬件和应用领域的限制。TEI 定义了把文本的不同观点进行编码的一个通用计划。除确切说明怎样把一件作品的正文进行编码之外，为电子文本编码和交换的 TEI 指南详细说明了嵌入资源内的 TEI 头标区，TEI 头标区组成了工作元数据。TEI 头标像 TEI 的其余部分一样，是用一种 SGML DTD（资料类型定义）——用 SGML 句法规定的一套标签和规章确定的，它描述一份文档的结构和要素。

3. 资源标识标准

数字化信息在网络中处于无序状态并且容易改动，其存放地点也相对不稳定，所以建立严格有序的信息保障体系十分重要。在网上发现和定位资源常用的方式是给资源赋予一个标识符。URL 通过包含一种协议、域名和资源所在文件的真实文件名来确定资源的位置。

1）URI、URN、URC

URI（uniform resource identifier）为统一资源标识符，是所有标识网络资源地址和名称的通用集合，它将唯一标识符定义为符合某种语法规范的字符串。URN（uniform resource name）是统一资源名称，是一个网络数字资源标准、永久而且唯一的标识符。IETF（The Internet Engineering Task Force，国际互联网工程任务组）的 URN 工作组定义了一套语法规则、名称解释机制和具体的名字空间注释过程（RFC 1737，RFC 2141）。URN 针对唯一标识符问题提出了技术框架和原则。URC（uniform resource citation）代表统一资源引用，它主要用于标识和引用网络上的资源文档或信息的元数据，而不是文档或信息本身。URC 提供了一种标准化的方式来引用网络资源，有助于资源的发现、管理和引用。

2）DOI 和 The Handle System

DOI（digital object identifier）为数字对象标识符，是由 CNRI 根据美国出版商协会的要求定制的开发系统，现在由国际 DOI 基金会管理。DOI 主要由标号体制、元数据、解释系统和政策框架等部分组成。The Handle System（句柄系统）是对网络名称解释和管理的通用名称服务系统。

4. 接口与应用标准

接口标准主要指接口的清晰度和功能性、用户指南、附加帮助、基于文本的接口以及相关图形/表的使用等。应用标准是指专门用于规范应用程序和服务传递过程的一系列标准。

1）UDDI

UDDI（universal description discovery and integration，通用描述、发现与集成）项目是一种产业的开始，试图创造一独立平台，打开互联网描述服务，发掘交易，并且整合商业服务的结构。UDDI 项目鼓励 Web 服务相互操作和相互采用。UDDI 基于现成的标准，如 XML 和 SOAP。UDDI 的所有兼容实现都支持 UDDI 规范。公共规范是机构成员在开放的、兼容并蓄的过程中开发出来的。UDDI 技术参考信息即 UDDI 说明书，包括 API 说明、数据结构、XML 方案和其他资料。

2）SOAP

SOAP（simple object access protocol，简单对象访问协议）是在一种分散的、分布式的环境里信息交换的一份协议。SOAP 来自微软公司，IBM 和其他的一组供应商，创造一个基于 XML 的协议，使资源在互联网内积极应用。总的说来，SOAP 将使用 XML 和 HTTP 通过网络和计算机平台产生方法的实践编成法典。SOAP 基于 XML 语言，由三个部分组成：定义描述一条消息并且处理它的一种框架结构，详细说明应用的数据格式的实例的一套编码规则，以及描述远程程序调用和响应的惯例。SOAP 这种 W3C 文档的附件提供有参考的作用。

3）WSI

WSI（Web services interoperability，Web 服务互操作性）是创造、提供或者支持服务之间的信息进行交换的一般性协议。它为网上服务描述了一种构造软件的方式，使各公司的不同系统可以互动，并执行各种事务。2002 年 10 月 29 日，网络服务标准组织推出了第一份基于现有技术连接所有系统的标准草案。网络服务是要建立相关软件，使具有不同系统的公司能互动，并进行交易。大多数软件制造商以及大公司都看好未来网络服务市场，并将其作为开发商业软件的主要方式。但要使各家的系统能够互动，软件开发公司需要遵循统一的规范，并严格遵守和使用这些规范。该草案规定了如何使用现有的标准如 SOAP 111、WSDL 111、UDDI 210、XML 110 以及 XML Schema，以开发互操作的网络服务。公布的标准草案包括以下领域：通信以及网络服务协议要素的交换，有关网络服务信息细节的描述及解释等。

4）WSDL

WSDL（Web services description language，Web 服务描述语言）是当今描述网络服务的推荐标准，是基于 XML 语言的定义服务接口及其实施特性的一种接口定义语言（interface definition language，IDL）服务。WSDL 被 UDDI 入口引用，并且描述 SOAP 确定的特别的网络服务。这种网络服务模式通过利用信息资产和从网络空间上任何地方调用的服务彻底改革技术。这个模式需要能访问关于服务提供商的信息，如通信协议、网络地址、编码计划和方法。WSDL 用 XML 格式把服务定义为一个网络端点或端口的集合，这些端点对消息进行操作。这些操作和消息通过抽象的描述捆绑到由端点定义的网络协议和消息格式中。端点和消息的抽象定义独立于它们的数据捆绑格式和具体网络配置，使抽象定义可以被重用；抽象定义包括消息、端口类型。消息是交换的数据的抽象定义，它包含面向文档和面向程序的信息；端口类型是操作的抽象集合。一个端口类型的具体协议和数据格式规范组成一个可重用的捆绑。端口由一个网络地址和相应的可重用捆绑组成，一个端口的集合组成一个服务。WSDL 是可扩展的，它在不考虑信息格式和网络通信协议的情况下允许描述端点和信息。

5. 信息安全标准

由于存在高度分布式的信息供应和用户，数字图书馆对安全性提出了特殊的应用需求。信息安全的概念包括保密性、完整性、可用性、可控性和不可否认性。通常有以下几个方面来保证信息的安全。

1）信息加密技术标准

（1）私钥加密。私钥加密是一种加密和解密的密钥相同，而且密钥需要保密的加密方法。私钥加密也称为单钥加密或者密钥加密。常见的私钥加密标准为数据加密标准（data encryption standard，DES），最初是 IBM 开发的一种私钥加密方法，1977 年成为美国国家标准。除了 DES 外，目前较为流行的对称密钥算法还有 IDEA（international data encryption algorithm，国际数据加密算法）、FEAL①、LOKI 算法、Lucifer 算法、RC2 算法等。

（2）公钥系统设施（public key infrastructure，PKI），是一个安全认证管理体系框架的描述标准。一个认证管理系统必须具有如下功能：用户注册、分配公钥、给用户提供如何保护密钥的培训以及公平管理或仲裁。遵照该体系结构，可以建立认证中心，分配公钥，进行安全管理等。

2）认证标准

X.509 是一个认证证书的管理标准，由国际电信联盟（International Telecommunication Union，ITU）的 ITU-T Study Group 17 小组负责制定和维护，Kerberos 也是一个认证管理标准，它提供了一种在开放网络中进行身份验证的方法，这种验证独立于主机的操作系统，不采用主机地址认证，也不需要对网络上的主机进行物理上的安全控制。但是在它的发展过程中出现了很多不统一的商业标准，Kerberos 的正式草案已形成 RFC 1510 文档。RFC 1510 为 1993 年 9 月提交，其中给出了 Kerberos 网络认证系统的协议规范。

3）数字签名

数字签名是为了接收方能够向第三方证明接收到的消息的真实性和发送源的真实性而采取的一种安全措施，它的使用可以解决由于发送方不诚实而产生的纠纷，它可以保证发送方不能否认和伪造信息。数字签名过程包括发送方签名发送和接收方验证签名。签名和数据是不可分割的。目前形成了一些数字签名及其算法的标准，如美国 1994 年公布的数字签名标准（digital signature standard，DSS）。此外很多国家也制定了关于数字签

① 英文全称为 fast data encipherment algorithm，表示快速数据加密算法，是一套类似美国 DES 的分组算法。

名的法律，如美国1998年通过的《数字签名和电子认证法》(*Digital Signature and Electronic Authentication Law*）等。

6. 数字版权管理标准

数据版权管理（digital right management，DRM）是指数字化内容在生产、传播、销售、使用过程中进行的知识产权保护与管理的技术。DRM 的目标是运用技术手段遏制盗版，保护数字化内容的知识产权。第一代 DRM 技术主要致力于对数字化内容的安全性与加密技术的开发；第二代 DRM 技术则扩展到对数字版权的描述、认证、交易、保护、监控、跟踪以及版权持有者相互关系的管理上。

（1）ODRL（open digital right language，开放数字版权语言）是对 DRM 的扩展，ODRL 定义了一个更安全的开放框架体系 ODRA（open digital right architecture，开放式数字版权架构）。近年来，美国将 DRM 技术较多地应用在数字化音像产品的网络传播与销售上。由多家著名电子出版商、网络书店及美国图书馆协会等组成的“电子书交换工作组”(EBX Working Group①)，为保护电子书版权，制定了《EBX 系统标准》，该标准详细说明了电子书从出版、发行、销售到使用的全过程中版权保护的技术方法，规定了有关各方的职能和权益。目前在此基础上成立了 OeBF（Open eBook Forum，开放电子书论坛），成为一个国际化的商业与标准化组织。

（2）XrML（extensible right markup language，可扩展权限标记语言）是一种数字版权语言，它提供了对数字资源、相关服务的版权的保障和管理方法。XrML 是基于 XML 规范的应用，所以它与 XML 命名空间完全兼容。

7. 数字文档保存与管理标准

在数字资源长期保存领域，最有影响力的标准是 1999 年美国空间数字系统咨询委员会提出的 OAIS，该标准被国内外众多图书馆数字资源保存项目采用，中国国家图书馆制定的《中文元数据方案》也采用了此标准。此参考模型定义了一个数据保存的总体框架，包括应具备的功能、统一的概念和术语等。该框架适用于所有致力于长期保存数字资源并提供利用的系统和组织，从而为很多组织包括数字图书馆采用。一个 OAIS 系统包括五个功能模块。

（1）输入模块。从出版商或其他信息提供者处收集或接收按照一定格式组织的信息单元。这些元数据随后被传递给数据管理模块进行处理。同时，信息单元本身会被转换为符合长期保护规定的特定格式，并在这个过程中融入专门的长期保护处理数据，以确保信息的长期安全性和可访问性。最终，这些包含了长期保护特性的存储信息单元会被传送到长期存储模块进行保存。

（2）长期存储模块。长期存储模块的功能是负责将各种数字化信息存储在保存系统中。这一模块负责数据更新、技术仿真或数据迁移；还负责将元数据迁移到新媒体上时检查存在的错误，对突发的灾难性事件进行回复等，以便同检索模块相配合。另外，对在技术仿真和数据迁移中形成的信息的数据内容单元，还具有同输入模块协作重新建立有关元数据并送交数据管理模块的能力。

① EBX 为 electronic book exchange，电子书交换。

（3）数据管理模块。其主要作用就是管理日常的数据长期存档的操作过程。负责处理描述每一个元素的元数据和执行同数据库相关联的典型提问的程序处理，负责处理对基础元数据的检索管理，如检索过程的检索操作、检索结果的显示等。另外，数据管理模块还要处理有关长期保存数字文档的处理政策、程序、技术和系统元数据。

（4）存取模块。存取模块具有允许用户查找检索所需文献信息的功能，用户可以通过输入相关检索词或利用贮存在该模块下的词表来检索相关的文献信息，同时，该模块还可以承担身份认证和授权管理等。

（5）系统管理模块。系统管理模块负责监控各个模块的运行，该模块通过系统管理模块中存储的监控存储系统的元数据开展工作，并利用有关政策、规范、程序等来实施监测和控制整个电子出版物存档的工作过程，由系统管理者对各个模块的操作权限进行设置，并对操作过程进行必要的修改，使数字文档存档过程更符合操作者的要求。

我国数字图书馆建设相关机构在积极吸纳借鉴国外已有成果的基础上，结合我国实践，在数字资源长期保存领域进行深入研究，取得较好成效。科技部科技基础性工作专项资金重点项目“我国数字图书馆标准规范建设”二期研究计划，将数字资源长期保存有关标准的研制作为重点内容。国内各大型数字图书馆建设项目也研制了专门的数字资源长期保存标准，如国家数字图书馆工程的《国家数字图书馆长期保存元数据标准规范》、数字图书馆推广工程的《长期保存元数据规范》、大学数字图书馆国际合作计划的“数字资源仓储标准规范集”，包括《资源保存与管理规范》《保存元数据标准》等相关标准。

为规范我国数字资源长期保存的格式，全国信息与文献标准化技术委员会已将 ISO 28500 立项为国家标准。为规范并促进我国数字资源的长期保存，2011 年全国图书馆标准化技术委员会立项《图书馆数字资源长期保存元数据规范》（WH/Z 1—2012），该标准采用 PREMIS 2.0，结合我国图书馆等文化行业机构对数字资源长期保存元数据描述、揭示及使用的实际需求，做出相应规定；2013 年立项国家标准《图书馆数字资源长期保存信息包封装规范》（王秀香，2016）。

8. 资源共享标准框架

为了实现数字资源的共享，数字图书馆项目必须公开其生产的数字资源的元数据，以便其数字资源能够被其他应用和服务所使用，这就需要使用一个或多个协议或接口。针对一个特定的数字化项目来说，公开哪些元数据以及采用什么方式公开，与数字资源的特性和需要共享元数据的应用和服务有关。

1）元数据收割

数字化项目应该利用基于元数据收割的开放档案计划协议（open archives initiative protocol for metadata harvesting，OAI-PMH）为其他服务提供商提供元数据。项目可以建立符合 OAI 的元数据知识库，以方便其元数据的集成。元数据知识库应该包括元数据权限的声明，以确保该项目对所提供的元数据的拥有权。

2）分布式搜索

数字化项目可以使用 Z39.50。这是一个通过用户界面对异构数据库进行远程检索的网络协议，主要内容是规定了两台计算机间即客户机与服务器间进行信息检索时所用的格式和信息处理过程。只要客户端发出的检索指令符合 Z39.50 规定的标准格式，接收数据的一端即 Z39.50 服务器端也可以识别这种标准格式，用户就可以不考虑服务器端的数据库的硬件环境、数据库环境或是数据库中的字段是如何定义的等条件，从而实现网上透明的信息检索与传递。

3）RDF 框架与 Web 本体

数字化项目可以共享和利用符合 RDF 规范的 Web 信息资源。RDF 提供了一个简单的资源描述标准。数字化项目可以利用 OWL 创建 Web 本体。OWL 基于 RDF 和 RDF Schema，丰富了用于描述属性和范畴的词汇，便于创建机器可处理的基本概念定义和这些基本概念之间的关系。

7.4 数字图书馆的互操作

互操作是指两个或多个系统相互使用和交换信息的能力。就其本质而言，互操作性是对异质实体中可获得资源的透明调用。解决数字图书馆的互操作问题的难点在于各现有的系统并非遵循同一种标准或规范进行构建。

7.4.1 数字图书馆互操作的必要性

目前数字图书馆的建设积累了一定的数字化资源，但由于这些数字化资源建设的目的、技术基础以及运行手段都各不相同，就造成了不同系统提供信息服务的底层应用、操作平台、通信协议等各不相同的情况。作为一个公共服务体系，提供信息基础设施服务的数字图书馆建设，不能也不可能将这些数字化的信息资源丢弃而去重建，反之却必须保护和充分利用这些现有的信息资源，避免造成人力、物力资源的浪费。这样，数字图书馆就存在异构平台之间的兼容、现有系统的集成、网络复杂应用的支持等互操作问题。由于数字图书馆不可避免地具有分布式、异构性的特点，建设数字图书馆面临的最大问题之一就是必须在已有的数字化信息资源的基础设施之上设计实现更高层次的信息服务协议，使已有的不同应用平台的各种信息资源的服务和检索在该层次上达到统一，从而解决异构系统间的互操作问题。

在实际中，实现分布式异构数据库的互操作情况比较复杂，其中涉及许多计算机技术、数据库技术、检索技术、知识产权、用户认证等大量复杂的问题，实现能对所有资源统一检索利用只是一种理想状态，实际中能做到的是兼容尽可能多的资源。互操作渗透到数字图书馆的多个层次，Bill 指出数字图书馆互操作由数据传输与中间件、信息模型、信息管理、知识产权管理、社会关系五个依次递进的层次组成①。实现分布式异构数据库的互操作主要为解决数字资源整合检索的种种缺陷：①通过标准化的数据内容开放描述和互操作的开放检索协议，真正实现源数字资源系统无缝整合，而无须对每个源数字资

① EU-NSF digital library working group on interoperability between digital libraries position paper，https://projects.ics.forth.gr/isl/publications/paperlink/interop.htm[2023-08-11]。

源系统进行配置；②充分发挥源数字资源系统特色的检索模式，获得较高的检索效率；③突破源数字资源系统搜索引擎的限制，直接从各类数据库中检索信息。实现分布式异构数据库的互操作的关键主要体现在系统间的数据描述和服务协议两个层面上。具体来说，一方面是对描述对象内容元数据的互操作研究，另一方面是对互操作协议的研究。

7.4.2　元数据的互操作

元数据是关于数据的数据。在元数据研究应用初期，人们往往从单一信息系统的角度出发，将元数据看成类似于 MARC 那样的描述基础信息内容对象的数据集合。而现实环境中要描述的内容对象是非常丰富和复杂的，因此人们在各自的领域发展出了许多种元数据格式。例如，针对网络资源的有 Dublin core、CDF、Web collections，图书情报界针对文献资料的有 MARC；人文科学的有 TEI header 等。元数据的应用也有了多重目的和功能，如检索与确认，如 Dublin core；著录与描述，如 MARC 和 FGDC/CSDGM[①]。在现实环境中已经有多个元数据格式存在并将有更多的元数据格式出现，它们都将得到不同程度的应用，这是不容置疑的客观事实。随着分布式环境下的数字资源整合及服务的提出，人们开始对描述数字资源的元数据之间的互操作性提出要求。人们认识到在现实环境中无穷的对象内容面前，任何统一的标准元数据格式都无法满足整合的要求，这种“标准”要么是一种包罗万象的复杂格式，大大增加设计和应用元数据的成本；要么是对众多层次、不同目的和复杂应用中共通部分的简单取齐，不能真正适应复杂需要。因此，人们希望这些独自发展的元数据格式实现互操作，试图通过元数据间的互操作来实现：①支持跨系统的整合检索；②支持跨系统的信息组合；③支持跨系统的服务集成；④支持分布环境下的用户管理和知识产权管理；⑤支持基于分布服务体系的动态系统机制（张晓林，2002）。目前元数据互操作作为分布环境下数字信息服务的关键技术，已有多种互相支持的技术得到深入研究和初步应用，其中应用较多的主要如下所示。

1）元数据转换

元数据转换（metadata mapping、metadata crosswalks）又称为元数据映射，映射就是为一种元数据格式的元素和修饰词在另一种元数据格式里找到有相同功能或含义的元素和修饰词。不同元数据格式是为不同领域或不同应用而设计的，它们之间有差异是必然的。这种差异有以下几种情况：①元素结构匹配差异，是指源元数据的元素和目标元数据的元素不准确对应的情况，可能会出现一对多、多对一、多对零、零对多、关联元素缺省（即源元数据中某个元素总是和另一元素同时出现，但在目标元数据中却缺省与另一元素对应的元素）等现象。②元素应用匹配差异，如必备元素与可选元素的差异、可重复元素与不可重复元素的差异、子元素的差异、元素层次错位（如源元数据中有两个同层次元素 *A* 和 *B*，但它们在目标元数据中的对应元素 *X* 和 *Y* 不在同一层次，这一般意

① CSDGM 为 content standard for digital geospatial metadata，数字地理空间元数据内容标准。

味着 *A* 和 *X* 或 *B* 和 *Y* 间存在语义差异）。③元素语义匹配差异，如元素语义不一致，又有涵盖、被涵盖或交叉语义三种情况；元素数据类型不一致；元素数据取值范围不一致；元素数据从非规范词或自由描述词转换为规范词语或标准代码等。

在进行元数据间的计算机自动转换时，要规定相应的解析规则来确定如何处理这些复杂的差异情况。目前，有关研究机构已经建立了多种元数据转换关系，基于 MARC 的转换有：MARC21 to Dublin core、USMARC to EAD、USMARC to FGDC 等。基于 Dublin core 的转换有：Dublin core to USMARC、Dublin core to danMARC2/GILS[①]、Dublin core to EAD、Dublin core to EAD/GILS/USMARC、Dublin core to Z39.50 tag set G、Dublin core to IAFA/ROADS。其他 MARC、Dublin core 相关的还有：IAFA/ROADS templates to Dublin core；IAFA/ROADS templates to USMARC；SOIF to Dublin core；GILS core Elements to USMARC；FGDC to USMARC；TEI header to USMARC 等。

2）元数据复用

元数据复用（metadata reuse）是指通过不同方法复用若干元数据格式的部分元素或属性，以便描述复杂对象、扩展元数据格式适用范围、兼容不同元数据、促进元数据的相互转换。目前，一般有以下三种元数据复用的形式：①扩展性复用，即以一个元数据格式为核心，复用其他元数据格式中的少量元素或某些属性来作为新元数据的元素，从而扩展核心元数据格式的适用范围。②融合性复用，即利用某个元数据格式中的多数甚至全部元素，然后建立新的元素，共同构成新的元数据格式。③混合性复用，即从多个被复用的元数据格式中选择合适的元素和属性来描述复杂对象的各种属性和参数，构成虚拟的元数据格式，从而避免专门为该复杂对象设计全新的元数据格式。

元数据的相互转换在一定程度上解决了常用的国际通用元数据格式之间的互操作，但这种转换在某些方面总是有限的。其一是不精确对应，在实际映射中，很难找到两个一一对应的元素或修饰词其含义和功能完全相同；其二是当参与映射的元数据格式增多时，建立两两映射关系所需要的工作量会急剧上升（牛金芳和郑晓惠，2002）。当它面对浩如烟海的数字资源元数据格式时就显得力不从心，并且其应用效率也明显受到限制。元数据的复用涉及复用形成的新元数据格式的自动解析问题。因此，人们开始寻求一种开放式的元数据模式。

3）元数据的开放性

元数据开放机制指的是在元数据的整个生命周期中，以一些开放的原则、方法、技术等机制来保障元数据的有效性、扩展性及互操作能力（沈芸芸等，2010）。资源系统的元数据开放性与跨资源系统的互操作具有密切的关系，当信息系统的各个层次都通过元数据的概念、方法形成规范的描述信息后，就可以通过发现、识别和解析元数据来理解信息系统、支持它们之间的互操作。鉴于这种理念和目标，元数据不再仅仅是描述基础信息内容对象，而是一种基本信息组织方法，为信息系统的各层次内容提供规范的定义、描述、交换和解析机制，为分布的由多种和多层内容构成的信息系统提供互操作和整合的纽带。开放的元数据可以为复杂的信息系统之间的互操作和整合提供纽带。开放元数

① GILS 为 government information locator service，政府信息定位服务。

据体系认为，为有效实现元数据的互操作，应该实现元数据的开放机制，开放元数据机制要求对各个元数据模块和元数据应用协议等进行开放描述，支持不同元数据内容的发现、理解、转换和复用。

开放元数据体系的思路是建立标准的元数据描述框架来描述各种各样的元数据格式。从目前的应用标准发展来看，XML 和 RDF 可以充当这样的角色。XML 是 W3C 工作组于 1998 年推出的。它主要由 XML 声明、XML DTD 或 XML Schema、XML 正文三个部分构成。RDF 也是由 W3C 发展起来的，它为各资源描述界提供了统一的描述模型。其基本的数据描述模型由资源（resources）、属性（properties）和属性值（value）三种对象组成。开放元数据体系认为可以用 XML DTD 或 XML Schema、RDF 或 RDF Schema（RDFS）来定义元数据的句法结构，定义文件经过 XML 语法与结构验证，并作为公共的名称域定义；利用 RDF Schema 定义元数据元素概念的类属关系，并与相应的语义概念集链接起来，以支持对元素语义及语义关系的进一步解析；利用 XML 名称域（namespace）方法明确说明元素所在的名称域及其定义文件，保证元素语义的可查询、可解析和可验证。例如，当组合多个元数据格式中的不同元素形成一个应用格式时，我们可以通过名称域与元素名的组合，来准确界定每一个元素的含义，如 DC.Title 表示 Dublin core 元数据的 Title 元素，这样应用软件可解析该元素，并通过一定的应用程序链接到 Dublin core 定义网站相关网页查找 Title 元素的定义文件，并可进一步利用该定义文件。

开放性元数据体系还要求信息内容由 ISO 10646 UCS/Unicode 来编码，由 URI 对经过编码形成的信息对象进行识别和确认；采用 ISO 11179 标准对元数据语义进行定义，明确定义元素名称、标识、版本、登记机构、语言、数据类型等。开放性元数据体系要求模块化设计，各个模块可作为单独元数据支持专门功能；一个模块可按照应用需要与其他元数据模块组合成新的应用元数据支持复杂应用，模块与模块之间组合的变化可支持不同的复杂应用环境。开放性元数据体系要求元数据具有可扩展性，支持复用别的元数据模块、扩展本地定义的新元数据模块或元素、扩展新的修饰属性和编码规则、对已有的元模块或元素进行修改或取代等。

开放性元数据体系通过一系列相互支持的开放性语言、标准、技术描述和定义元数据，形成一系列的定义文件；通过一定的公开认证机制进行认证，确保定义文件的完整性、可靠性；对这些定义文件及其所依据的标准、规范或协议和元数据内容本身进行开放封装，支持第三方系统可公开搜索、识别、处理和交换元数据内容，保证第三方可靠地了解开放描述，并基于开放描述进行资源整合检索系统的开发（朱德红，2009）。

7.4.3　互操作标准协议

作为一个完整的分布式异构数据库，互操作除了要求内容描述的可互操作外，还要求通信层的支持，这要通过标准协议来实现。如果说元数据的互操作实现了资源系统内容的互操作，那么可互操作的标准协议将实现系统的互操作。系统之间的互操作的影响因素主要包括：多种分离的系统；多种协议，如 Z39.50、HTTP、SOAP；多数据格式、语法和元数据格式，如 MARC21、UNIMARC、XML、Dublin core；多词表、语义集，如 LCSH、MeSH；多语言、多特征集；索引、关键词标准不同及采用不同关键词抽取技术等。系统之间的互操作就是要消除这些因素的分歧。

1）Z39.50 协议

Z39.50 是信息检索应用服务定义和协议规范的简称，最初由美国国会图书馆等机构开发。1988 年第 1 版本成为美国国家标准，截至 2003 年已发布了五版。ISO 1996 年将其采纳为国际标准，定名为 ISO 23950。Z39.50 协议具有丰富的语义、良好的互操作性和强大的功能，协议屏蔽了不同的服务提供者的数据库间的异构性，使用户能够以统一的接口查询所有的 Z39.50 服务器。Z39.50 协议通过对编码方式和内容语义的标准化来实现不同系统间的互操作。从在 20 世纪 80 年代一出现开始，Z39.50 协议的目标就使系统与系统之间有互操作性。通过 Z39.50 协议，用户可以通过网络对不同计算机上的信息进行检索，而不必关心这些信息是如何存储和组织的（庄新豪，2012）。

根据 Z39.50 协议构成的检索系统可以检索多种不同类型的信息，如文本、图像和其他多媒体资源等。它也是一种实现数据库系统之间通信的协议之一，不仅能使异构数据库系统和异构网络之间相互传递信息，而且也可以成为一种通用的数据库接口规范（金培华等，2002）。因此，它可以为用户提供一种统一的接口，通过互联网检索多个服务器上的多种数据库资源。一般采用 Z39.50 网关的模式来统一检索多个数据库。在这个模式中为提高设备利用率，通常将 Web 服务器和 Z39.50 网关合二为一。它是一台安装了独立 Z39.50 网关软件的特殊服务器，在这个模式中起着关键的作用，它其实是以双重身份提供数据库检索服务：对于众多的万维网浏览器用户而言，它是一个 Web 服务器，遵循 HTTP 协议，按 HTTP 协议接收用户的检索请求，并将检索结果转为动态 HTML 页面信息发送给用户浏览器；而对 Z39.50 数据库服务器，它是一个 Z39.50 客户端程序，主要负责将检索请求按 Z39.50 协议向数据库服务器发送检索请求，并接收服务器返回的检索结果。这样，用户通过统一的 Web 检索接口发出一个检索请求，可以得到众多服务器返回的结果，可以通过 Z39.50 网关服务器将众多的数据库资源连接成一个虚拟的整体的信息资源，达到整合数字资源的目的，使用户不必一一进入各个服务器的各种数据库检索系统进行枯燥的重复性的检索操作，大大方便了用户。

2）OAI 协议

OAI 是一个讨论和解决互操作问题的协议，其目标是为实现数字资源互操作提供简单、有效的机制。该组织由美国数字图书馆联盟（Digital Library Federation，DLF）、美国国家科学基金会（National Science Foundation，NSF）等机构联合资助。

Z39.50 在图书馆领域广泛采用 MARC 标准，OAI 也规定了统一的元数据标准 Dublin core，同时它对参与 OAI 的数字资源支持别的标准没有限制。OAI 模型由三个层次组成：用户层、服务提供层、数据提供层。三个层次分别对应用户、服务提供商（services providers，SPS）、数据提供商（data providers，DPS）三个主体，服务提供层可以有多个服务提供商，数据提供层可有多个数据提供商。

OAI 的核心思想是规定了服务提供商和数据提供商这两个角色和扮演这两个角色的条件。数据提供商只在 OAI 系统中添加一个接口，把本身的元数据转换成 Dublin core，供服务提供商使用；服务提供商用 OAI 元数据获取协议（open archives initiative protocol for metadata harvesting，OAI-PMH）从数据提供商那里采集元数据并提供增值服务，参与OAI 系统的服务提供商主要通过对数据提供层的检索为用户提供增值服务，它们提供给用户的是统一元数据格式的数据；每个用户可以选择对一个或多个服务提供商进行检索，当检索请求被发送到服务提供商，它们就将请求传递到与其合作的数据提供商进行检索，数据提供商将满足用户需求的信息通过服务层传递给用户（吴颖红，2009）。

3）Dienst 协议

Dienst 协议作为计算机科学技术报告（computer science technical reports，CSTR）计划的一部分，是由施乐公司吉姆·戴维斯（Jim Davis）和康奈尔大学卡尔·拉戈泽（Carl Lagoze）开发的分布式数字图书馆协议和体系结构。它是一个面向文档检索服务的大型复杂协议，支持对自治馆藏的分布式搜索。其互操作性通过采用相同的协议或软件结构实现（吴颖红，2009）。它利用 HTTP 协议作为传输层，采用在 HTTP 请求中嵌入 URL 的形式表示协议请求。Dienst 协议目前主要在 Apache 标准 Web 服务器上实现，利用 Perl 语言编程，并且要求大量的 Perl 模块和附加程序。网上计算机科学技术报告图书馆（Networked Computer Science Technical Reference Library，NCSTRL）是应用 Dienst 协议的代表，并通过 Dienst 提供互操作服务。

4）其他互操作协议

轻量目录访问协议（lightweight directory access protocol，LDAP）是 ISO X.500 协议的简化版。Shi（2005）在设计 LFDL（lightweight federated digital library，轻量级联合数字图书馆）互操作实现机制时，提出优秀的互操作协议应该满足不需要改变原有数据体系结构、联合服务能力强、维护简单、安全性高等要求。X.500 是提供分布目录信息的存取协议，LDAP 则在保留 X.500 大部分功能的情况下降低了协议复杂性，逐步成为互联网目录访问的事实标准。LDAP 的检索对象是分布式目录信息。目录以树形结构分层组织，目录数据内容以“属性 = 属性值”的方式存在。

WHOIS + + 协议也是为目录服务而开发的协议，作为一种基于模板的、分布式的和可扩展的信息查找服务，WHOIS + + 提供了一个组织分布数据库的通用结构。利用该结构，可把多个 WHOIS + + 目录服务器链接成一个分布的广域目录。与其他目录协议（如 X.500 和 LDAP）不同的是，WHOIS + + 不要求一个分层表示的数据空间，而是通过 WHOIS + + 目录引导用户至 WHOIS + + 网中的其他目录服务器。

公共索引协议（common indexing protocol，CIP）是用于网上服务器间实现查询路由选择的协议。公共索引协议通过对分布的目录服务器进行索引，建立关于分布式目录的参照索引信息，再通过对参照索引信息的查询，将检索指向拥有实际结果的目录服务器。公共索引协议是配合 WHOIS + + 目录网络查询而提出的，但也能支持其他的分布式目录协议，如 LDAP。

第 8 章　数字图书馆用户接口

本章首先对用户接口的理论知识进行了概述，以数字图书馆的实例介绍了用户接口的功能。其次，从外观和功能等方面详细介绍了用户接口的设计方法，从功能性和实用性等方面介绍了用户接口评价的方法。最后，通过揭示用户接口目前存在的一些问题提出了改进措施和对用户接口未来发展的展望。

8.1　用户接口理论概述

用户接口介于用户和计算机系统之间，是人与计算机之间传递、交换信息的媒介，是用户使用计算机系统的综合操作环境。用户接口的核心内容包括显示风格和用户操作方式，它集中体现了计算机系统的输入和输出功能，以及用户对系统的各个部件进行操作的控制功能。

8.1.1　用户接口的定义

用户接口（user interface）全称系统-用户接口，又称用户界面、人机界面、人机接口，它是用户与计算机进行交互的操作方式，即用户与计算机互相传递信息，其中包括信息的输入和输出两大功能。衡量用户接口优劣的标准在于是否对用户友好，它包括外观和感觉两个因素。好的用户界面应当是美观易懂、操作简单且具有引导功能，它能使用户感觉愉快、兴趣增强，从而提高使用效率。用户接口的核心内容包括显示风格和用户操作方式两大部分，它集中体现了计算机系统的输入和输出功能，以及用户对系统的各个部件进行操作的控制功能（李乐山，2004）。

完整的人机系统包括人、机、人机之间的界面以及人机系统所处的环境。人机界面是人机之间信息交互的媒介，它主要包括如下三部分：①机子系统信息输出模块和人子系统信息获取模块之间的界面；②机子系统信息获取模块和人子系统信息输出模块之间的界面；③机系统和环境之间的界面。

计算机系统是最为常见的人机系统，它由计算机硬件、软件和用户三者组成。按通常的理解，用户与硬件、软件的交叉部分即构成用户接口（又称人机界面或用户界面）（图 8-1）。

用户接口介于用户与计算机之间，是用户与计算机之间传递、交换信息的媒介，是用户操作计算机系统的环境。通过用户接口，用户向计算机系统提供命令数据等输入信息，这些信息经计算机处理后，又通过用户接口把反馈信息回送给用户。用户接口集中体现了计算机输入输出功能，以及用户对系统的各个部件进行操作和控制功能，是人机交互的桥梁。人机系统的设计必须考虑用户接口适应人的特性，从而使人工作得更舒适、更有效率、更少错误，这就是人们对现代人机系统在人机界面人文因素（human factor）特性方面提出的新要求。

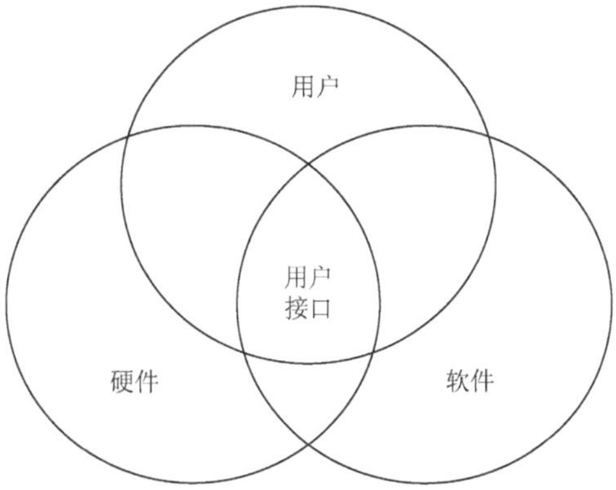

图 8-1　用户接口示意图

8.1.2　用户接口的发展历史

计算机的发展史不仅是计算机本身处理速度和存储容量飞速提高的历史，而且也是计算机用户接口不断改进的历史。用户界面的发展经历了批处理、联机终端、菜单等阶段，正处于以图形用户界面为主流的阶段。交互式系统的发展趋势也逐渐从“以机器为中心”，转移到“以人为中心”“人机和谐交互”的方向上。

1. 字符用户接口

早期的计算机系统（20 世纪 60 年代）主要以字符方式与人打交道，其用户接口被称为字符用户接口（character user interface，CUI）。此时计算机用户与计算机之间可借助一种双方都能理解的语言进行交互式对话。

命令语言的典型形式是动词后面接一个名词宾语，即“动词 + 宾语”，二者都可带有限定词或量词。命令语言可以具有非常简单的形式，也可以有非常复杂的语法。命令语言一般要求惊人的记忆和大量的训练，并且容易出错，使入门者望而生畏，但比较灵活和高效，适合于专业人员使用。

2. 图形用户界面

20 世纪 80 年代初，由美国 Xerox 公司 Alto 计算机首先使用的 Smalltalk-80 程序设计开发环境，以及后来的 Lisa、Macintosh 等计算机，将用户界面推向图形用户界面的新阶段。图形用户接口的广泛流行是当今计算机技术的重大成就之一，它极大地方便了非专业用户的使用，人们不再需要死记硬背大量的命令，而可以通过窗口、菜单等方便地进行操作。

3. 直接操纵用户界面

直接操纵（direct manipulation）用户界面是本 · 施耐德曼（Ben Shneiderman）首先提出的概念，直接操纵用户界面更多地借助物理的、空间的或形象的表示，而不是单纯的文字或数字的表示。前者已为心理学证明有利于“问题解决”和“学习”。视觉的、形象的（艺术的、右脑的、整体的、直觉的）用户界面对于逻辑的、直接性的、面向文本的、左脑的、强迫性的、推理的用户界面是一个挑战。直接操纵用户界面的操纵模式与命令界面相反，基于“动词 + 宾语”这样的结构，Windows 95 设计者称之为“以文档为中心”。

4. 多通道用户界面

多通道用户界面（multimodal user interface，MUI）是用户界面将来发展的第四个阶段，其目的是充分利用一个以上的感觉和运动通道的互补特性来捕捉用户的意向，从而增进人机交互中的自然性。人的感觉通道有视觉、听觉、触觉、嗅觉和平衡等；人的运动通道有手、嘴、眼、头、足及身体等。但用户在计算机操作时，眼和手十分累，效率也不高。若将听、说和手、眼等协同动作，采用多通道、以自然方式交互，可以实现高效人机通信，也可以由人或机器选择最佳反应通道，从而不会使某一通道负担过重。

8.1.3 用户接口的特点

作为数字图书馆的用户接口，它需要根据用户的不同类型来提供不同的服务，与传统的网站、信息交互系统的用户接口相比，它主要有以下六个不同的特点。

1. 支持多种类型的用户

用户的类型有访客用户、授权用户（IP 用户、密码用户、统一认证用户、第三方认证用户）和管理员用户（负责对读者用户进行管理）。

2. 支持多种用户认证方式

支持 IP 认证、IP + 用户名/密码认证（注册用户）。IP 认证用户一般为机构用户，可自行注册成为拥有用户名/密码的注册用户以便使用个性化服务；支持用户名/密码认证。用户名/密码认证用户一般专指收费用户，支持统一认证，实现全局范围内的单点登录（single sign on，SSO）。

3. 支持灵活的机构管理

可设置多级机构，实现对复杂组织机构的管理；同一用户只能属于一个机构。

4. 支持灵活的用户授权管理

采用角色对用户进行授权管理；支持多种用户权限，并能创建/分配不同的角色权限，规定不同角色可访问的资源以及可使用的服务等；对一个用户可分配多个角色，也可以直接对用户进行授权，而用户的权限是这两者的并集；支持分级授权：允许上级管理员将某些管理工作分配给下级指定的管理员去完成，为上级管理员减轻管理工作，符合实际的应用授权需求。

5. 支持灵活的用户信息管理

应能对收费用户和注册用户的档案进行建立与管理，尤其是对收费用户。注册用户只建立和管理其个性化服务的空间以及用户名/密码信息等，收费用户的档案信息则包括其详细的个人信息和访问权限等，其个人信息可进行维护和修改；支持黑名单用户管理：由管理员添加，也可以由系统自动根据设定的条件进行添加。

6. 支持对收费用户的计费

对收费用户进行账户管理和计费：并可根据账户情况向用户发出通知。

8.1.4　用户接口的组成

从功能角度来看，数字图书馆的用户接口应由三个主要部分组成（图 8-2）。

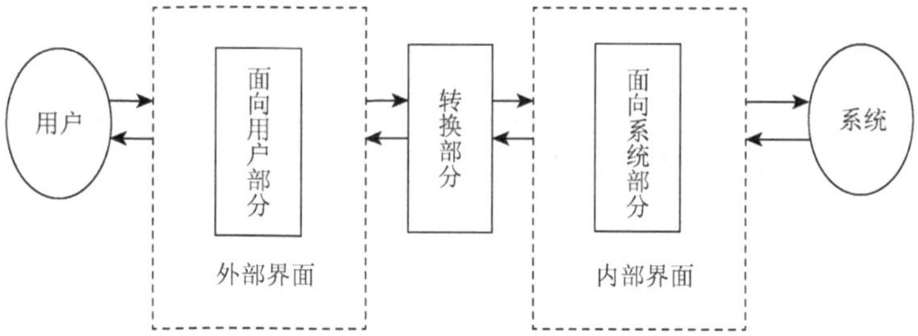

图 8-2　用户接口的组成示意图

1. 面向用户部分

它负责直接与用户交互，它可以与各种用户以最适合他们的方式进行交互，这个部分也称外部界面，它是用户直接打交道的平台，用户可以按照自己的爱好对它进行修改。例如，当今的很多数字化资源网站都会在门户网站上为用户设置一个类似于 My Library 类目，用户可以根据自己的喜好，把自己经常会使用的或所关注的信息条目加入到自己的 My Library 里面，使自己的用户界面更加个性化，极大地节省了用户访问网站时用在查找所需信息所花费的时间。

2. 面向系统部分

它负责与系统内部各部分交互，它以系统内部各部分所需要的方式提供，把用户信息输入给系统内部并接收系统的输出，这个部分也称为内部界面。该部分主要将用户输入的信息转换为系统可以识别的语言，然后利用匹配子系统与数据库中的信息进行匹配，然后满足用户需求的信息输入。

3. 转换部分

它负责内部界面与外部界面之间的信息转换，实现面向系统的交互与面向用户之间的转换。这样，我们可以视用户接口为逻辑用户，从而掩藏实际用户以及实际交互过程的复杂性。

8.1.5 用户接口的功能

由于各种类型的用户接口的特点有所不同，功能就必然有区别，但随着数字图书馆的不断变化和发展，它们之间类型的划分只具有相对的意义，功能上的界限也不再明显，相互之间出现了较多的功能重复和交叉现象。因此，一般来说，数字图书馆的用户接口所具备的功能可分析和归纳如下。

1. 自动登记功能

信息检索时，向某个数据库系统申请注册，登录是一项琐碎而细致的操作，稍有不慎，就会注册失败。所以这种功能一般为各种接口所必备。

2. 访问多个数据库的功能

用户在数字图书馆中进行查询时，用户接口能够根据用户的需要，把用户可能需要进行查询的多个数据库提供给用户，为用户提供通过一个统一界面来访问多个数据库的功能。

3. 数据库选择功能

目前，随着可供检索的数据库数量日益增多，数据库的变化又十分频繁，使得数据库的选择问题日益复杂起来。各主要接口软件在设计数据库选择功能时，普遍使用的技术是利用菜单先显示主题目录，然后提供每个主题的数据库概况。有些系统则采用提供词频表的方法，利用词在数据库中的出现频次指示最恰当的数据库。

4. 帮助功能

用户在检索的过程中可能遇到各种问题，希望系统能给予必要的帮助和指导。目前，各种用户接口提供的帮助功能参差不齐，大致可分为三级：特定上下文求助（解释刚刚发生的事件）、有关系统命令的求助以及详细的文件资料（用户手册），个别接口还能提供主动式的帮助，如用户培训和辅导功能，检索过程介绍，如何正确使用命令、纠正错误、判断用户背景与检索习惯，建议用户重复或退出某项检索等。

5. 检索式构造功能

检索式构造功能实际上是一种主动帮助功能，属于高级的智力劳动，一般较难实现自动化。目前的用户接口一般采用菜单选择或命令交互式对话来构造检索式。例如，在菜单驱动接口中，系统通过一系列菜单，引导、帮助用户把提问分解为若干个概念范畴，然后提示用户把词输入到这些范畴中。每个范畴内的词分别用“OR”连接，最后用“AND”连接这些范畴。这是“积木型”检索策略的典型应用。

6. 查询扩展

查询扩展指的是用户接口通过利用已经建立好的词典库或知识库来进行查询词条扩展，以提高信息检索系统的查全率和查准率。在对用户的初始查询特征词进行适当分析后，查询扩展将具有相同概念属性的特征词加入初始化查询词中，形成更加丰富的用户查询。

7. 相关反馈功能

在信息检索时，我们努力实现和尽量采用自动的方法。但是当自动的方法不尽满意，或对于高级用户来说，自动的方法不够灵活的时候，就需要人工干预。这里就是用户相关反馈，用户直接进入到检索的循环中去，发挥计算机难以胜任的工作。即用户依据初始查询结果做出相关与否的判定，选出内容重要的文档或文档部分，反馈模块根据用户提供的相关和不相关信息，利用机器学习方法进行处理反馈，即修改查询条件，增加查询词，重新决定或修改查询词的权重，使用修改后的查询条件进行新的查询（图 8-3）。

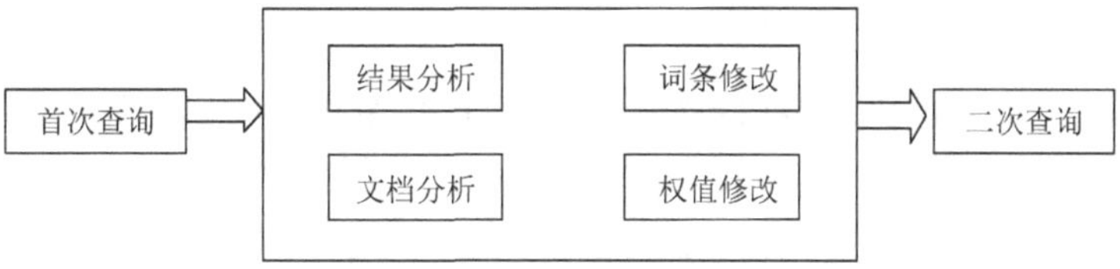

图 8-3　用户反馈示意图

8. 下载和上传功能

随着互联网的不断发展，数字图书馆用户接口的这个功能是必需的，并且已经得到了广泛的应用。

9. 用户视图定义功能

一个良好的用户界面应该能以比较恰当的形式将信息显示给用户。对于不同的用户，对于不同内容格式的资料，它能以一种合适的形式呈现出来，让用户能从显示形式中有效、正确地理解结果。另外，系统还应该能允许用户在一定程度上自行定义显示方式，以满足特殊需要。由于文档数据库较大，查询结果中所包含的结果数仍然超过用户的处理能力。为了减少用户浏览信息的时间，系统应该提供更好的视图。

10. 后处理功能

后处理是指下载数据和完成检索作业后的数据处理和整理工作，内容包括目录编制、数据统计、去重、排序分析等。用户接口提供的后处理功能服务合理延伸了信息检索系统的功能，有助于吸引更多的检索用户。

基于以上对于用户接口功能的分析，我们可以知道在数字图书馆中，用户接口不仅具有传统的信息检索系统所具有的处理用户输入的检索词或提问式，并将它们与数据库中存储的数据进行比较运算，最后将检出结果以一定的形式输出等功能，还包含了传统图书馆信息系统中的馆员办公功能及一般 Web 网站所具备的发布信息、导航等新的功能（图 8-4）。

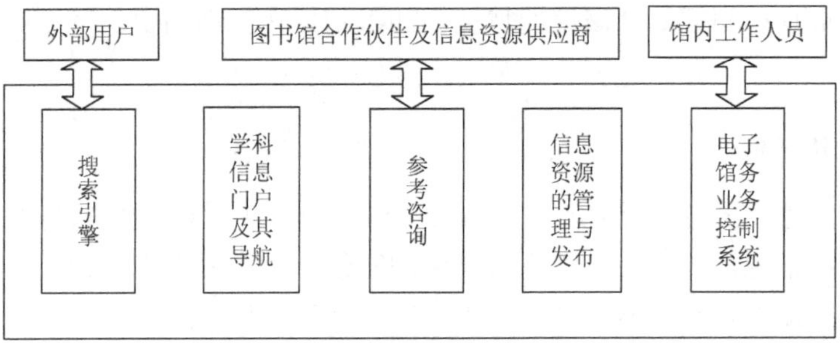

图 8-4　数字图书馆用户接口功能

8.2　用户接口设计

用户接口的设计通过协调接口各构成要素，优化用户与接口信息交流手段及交流过程，以提高用户与接口交流的效率、实现用户需求的系统性设计，也被称为用户界面设计（user interface design）。用户接口设计是一个复杂的有不同学科参与的工程，用户心理学、设计艺术学、人机工学等在此都扮演着重要的角色（Xie and Cool，2000）。因此，本章将从用户接口设计中注意的问题、设计原则、设计中所关注的内容等方面来探讨数字图书馆用户接口的设计。

8.2.1　设计中注意的问题

数字图书馆的用户接口作为一种人机交互接口，它起着连接用户与他们所需信息的桥梁作用，一个良好的用户接口能够使用户集中精力在他们的信息搜寻任务上，而不是把过多的精力用在用户接口的操作上。为了达到这种效果，数字图书馆的用户接口设计要注意以下几个方面的问题。

1. 用户接口使用的便利性

根据国内外学者所做的调查，发现基于万维网的数据库用户接口的所有功能并不能与方便易用画等号，用户在与数据库进行良好交互的同时也付出了其他代价，如漫长的等待和无止境的选择，这些不但让初级用户感到眼花缭乱，也让熟练用户有些头疼。

因此，如何做到在保证查全率和查准率的同时进一步简化检索过程，以及协调两种用户之间的不同需求，是今后用户接口设计应主要考虑的问题（桂君和郭依群，2001）。

2. 用户向系统提交的查询方式

很大一部分用户访问数字图书馆都是为了满足自己的信息需求，因此在设计用户接口时，也需要考虑到用户向系统提交的查询方式的问题。用户向系统提交的查询类型依赖于系统采用的是哪种检索模型。例如，全文检索系统采用的查询方式就会与基于关键词排序、超媒体模型和多媒体内容模型的查询方式不同。对于查询的方式来说，我们仍然注意到要区分信息查询和数据查询方式。信息查询会利用排序的概念，是一种相似性匹配，而数据查询并不强调排序的概念，我们希望查询能够充分利用内容通过各种方法来增强查询的有效性，语义和结构（语法）一般是采用精确的匹配，来共同查找相关的信息。此外还可以通过同义词、词典和词干等来扩展查询。

3. 查询中的交互性

数字图书馆中信息检索子系统应该提供查询的反馈，以便用户能够及时了解查询的效果，为下次查询的形成提供参考。因为信息检索是一个交互的过程，所以这是一个重要的设计问题。信息反馈是一种相关性反馈，得到的是一些有关用户的查询说明与检出的文档之间的关系，其中主要的三种关系是：用户查询与检出文档之间的关系、检出文档之间的关系、检出文档与元数据之间的关系。在用户接口中，利用这些关系，可以改善检索的性能，使用户在交互过程中能够快速找到所需信息，在此过程中提升交互体验，激发用户的使用兴趣和意愿（丁梦晓等，2018）。

4. 用户查询接口的简易性和检索能力的矛盾

简易的用户接口易于掌握和使用，但是缺乏灵活性，有时效率也不高。如果要为用户提供强大的检索功能，接口操作就会复杂，用户难以掌握。因此，一种折中的方案是提供两种类型的用户接口：缺省的用户接口是为一般的用户设计的，提供简单、明了、易于使用的接口；专业用户可以调出复杂的但功能强大的查询接口，提交查询。目前，许多网上数据库检索系统都会在其检索页面上提供基本检索和高级检索两种方式，以满足各种不同水平用户的检索需求。

5. 多媒体查询接口的特殊性

数字图书馆作为一个信息集合，它所收集的信息资源就必不可少地包括了多媒体信息资源。对于多媒体来说，因为特殊的视听特性，所以多媒体信息检索也就与常规的信息检索方法有较大的不同，这也会反映到用户的查询接口上。对于多媒体数据，要求查询接口能够提交视听查询。视觉查询针对的是图像、视频、图形等媒体，通过查询接口，用户能够向系统提出视觉感知、视觉语义方面的信息要求，而听觉查询是针对音频、音乐、语音等媒体，通过查询接口，用户能够向系统提出听觉感知、听觉语义方面的信息要求。查询结果不是简单的列表显示，而是多媒体形式的表现。

8.2.2　设计原则

如前文所述，数字图书馆是由各种形式的信息资源组成的网络，不仅需要为普通用户提供利用、查找资源的平台，还需要为数字图书馆管理人员提供可操作的数字图书馆管理平台，同时还需要为信息资源供应商提供一个能够添加数据的用户接口，我们把这些统称为数字图书馆管理系统（digital library management system，DLMS）（李骅竞，2004）。

为了保持系统中各个部件的一致性，我们在设计数字图书馆用户接口时，应当首先对整个 DLMS 进行规划。基于以上的讨论，数字图书馆用户接口的设计原则可以被归纳如下。

1. 用户参与

用户是系统交互界面的最终使用者。由于人机界面的颜色使用、控件布局、语义表达等都有较强的主观性，人机界面也有很强的针对性，所以用户参与人机界面的设计可有效提高界面的易用性，使人机界面更加符合用户的思维习惯和交互经验。其参与方式有两种：一是在系统的设计阶段，由一定数量的用户配合系统设计人员一起完成系统的用户交互特性需求分析和交互任务需求分析，做好人机界面设计必要的前期准备工作；二是在系统人机界面原型设计完成后，选择具有代表性的用户群体对人机界面原型进行检验和评估，找出界面设计的缺陷和错误，然后酌情做进一步的修改。

2. 用户控制

用户控制指系统人机界面应使用户感觉自己在控制系统，而不是被系统所控制（应吉康，2002）。用户应在系统人机交互中扮演主动角色，可根据需要选择交互方式和步骤完成交互任务，不同用户对人机界面的要求有所差异，为此颜色、字体等界面要素，可根据用户个性提供人机交互选项功能，合理进行交互任务区分并划分进程，用户无须加载整个应用模块来执行某个操作。

3. 界面设计一致性

一致性的人机界面可使用户将已有的知识和经验传递到新的任务中，更快学习和使用系统，将更多的注意力集中到判断、分析、检索、归类等具体的交互任务上（罗仕鉴等，2002）。一致性主要表现在颜色、快捷键、操作模式和控件使用的一致性四个方面。

（1）颜色使用的一致性。颜色本身就是一种辅助的信息形式，它可以引起用户注意并产生关联。为了避免造成用户视觉认知困难，信息系统人机界面应使用有限的颜色，在颜色的选择上必须符合交互需要和适应用户的心理认知规律，颜色的搭配上应尽量美观、协调并使用户容易集中注意力。

（2）快捷键使用的一致性。快捷键是用键盘上的按键或按键组合来代替对菜单命令的选择。故应对信息系统各功能模块快捷键使用方案统一设计和分配，且注意以下几个问题：快捷键应只用于重要和常用的功能；快捷键的设定应符合软件开发的习惯，一般使用“CTRL + 键”组合、“SHIFT + 键”组合或“F1～F12”来执行一些快捷操作，避免使用三键以上的快捷键组合和系统已规定的快捷按键组合；避免将一个快捷按键或组合分配给多个操作。

（3）操作模式的一致性。操作模式的一致性有助于用户熟悉界面又可简单地预测系统所处的状态，允许系统用户将注意力集中在具体交互内容上，而不需要花费时间和精力来分辨并适应系统各个功能模块在操作模式上的差异。操作模式的一致性表现为数据输入和对象操作的一致性。数据输入一致性要求数据输入应有一定的模式和原则。对象操作一致性要求对于系统模块中同一类的具体对象群体尽量有相同或相似的属性和操作模式。

（4）控件使用的一致性。控件是组成界面的基本要素，对控件的组合、布局、排列和大小需详细规定。首先，应根据系统交互任务的需要合理确定控件组合，以及系统人机界面的控件集。其次，控件间的排列和布局应该符合用户的操作习惯和交互需要：控件与控件间、控件与窗体间应有一定间距，防止隐藏和重叠控件；控件在界面上的排列和显示应有一定的层次性和逻辑性；要注意控件布局和排列的一致性。

4. 良好的信息反馈

系统人机界面必须对用户的操作做出反馈，良好的信息反馈有助于用户确认已进行或正在进行的操作。反馈类型可分为词法级、语法级和语义级等信息反馈，击打键盘会显示相应字符，移动鼠标时光标会移动等是词法级反馈。用户输入命令或参数时若语法错则响铃，用户选择菜单项后呈高亮度显示等是语法级反馈。词法级信息反馈和语法级信息反馈多依赖被操作控件本身，语义级信息反馈主要通过信息提示控件、状态栏信息和信息反馈对话框。

5. 系统反应迅速

系统人机界面需有较短的响应时间，但如果系统对用户操作超过三秒还没响应，会使用户处于一种不知所措的状态。

6. 适用的帮助系统

应设计科学合理的帮助系统。对信息系统来说，仅提供用户手册是不够的。对于系统生疏型用户，阅读完整的手册是困难的；用户交互过程中会遇到意想不到的问题，时间不允许再去查询手册。因此，系统应根据用户的需要提供上下文帮助、过程帮助等多种帮助形式。

7. 较强的容错性与安全性

用户安全认知措施应针对用户进行权限区分并防止试图侵入的黑客和非法用户，应容许用户误操作，误操作时应给出声光等信息提示，不能因错误操作造成系统难以恢复、灾难性的后果，系统人机界面应有一定的数据备份和恢复功能。系统人机交互设计应能预防错误的发生，具备保护功能，防止因误操作而破坏系统的运行状态和信息存储。系统应提供必要的出错信息，出错信息应清楚、易理解，符合一致性原则。信息内容应包含出错位置、错误等级、出错原因及修改建议等内容。

8. 界面应反复修改

界面的修改应贯穿界面研制的始终，在界面设计前，设计员应在用户的帮助下对用户特性需求分析和人机界面交互任务需求分析进行修改和完善；界面编程中，程序员应依据界面需求分析和设计的结果，阶段性地听取用户的建议并进行修改；界面原型设计完成后，设计人员还应组织用户对界面的功能性和易用性进行评估验证，找出人机界面原型中存在的问题，并结合软件平台的维护和修改有针对性地进行界面的修改。

8.2.3　设计中所关注的内容

数字图书馆与传统的 Web 网站相比，它是一个更加专业的信息资源集合，用户在数字图书馆中查找资源的时候，与其在互联网上其他类型网站浏览相比，将会受到更多的限制，如需要按照该数字图书馆设定的检索方式、检索路径等来进行查找，作为数字图书馆的用户接口，它应当在设计过程就树立以用户为中心的设计思想，让用户直接参与到系统界面的设计中。因此，本节将围绕着使用数字图书馆的普通用户来探讨用户接口设计过程中所关注的设计内容。

1. 外观设计

1）界面布局

大量研究表明，人在头部保持静止，而眼睛正常活动的状态下，水平方向左右各 25°为最佳视区；左 25°到左 50°和右 25°到右 50°为有效视区；垂直方向则是下 0°到下 30°为最佳视区；上 0°到上 25°和下 30°到下 55°为有效视区。因此，过量的信息只会被用户忽略，让用户无从下手。重要信息应尽量落在人的最佳视区内，无须滚动即能看到。而且，应将相同的内容组合在一起，同时注意它们之间的逻辑联系，这样才能避免用户漫无目的地浏览。由于人对颜色的反应速度比文字反应速度快，可以用不同的颜色将不同的模块区分开来。

2）界面内容

阅读电子文献的速度要比印刷型文献慢 25%左右，因此内容应该简洁明了，易于浏览。对于相同的内容，网页上的文章字数应在纸质文献的 50%以内。尽量使用短句、子标题、列表等代替大段的、连续的文字，也可以使用超文本方式将一长段文字分成几个部分。

3）色彩

颜色的使用应符合颜色的组合规律。研究人员已经发现，错误地使用颜色将增加显示的内容所需的时间，从而降低效率。颜色的使用应符合人的习惯，整屏颜色的数目不应超过 5 个至 7 个，因为操作者一次难以处理超过 5 个至 7 个元素，同时由于眼睛生理机能的限制，在特定的位置及区域中，有些颜色的效果好，有些颜色的效果不好，所以颜色的使用应考虑人对颜色的反应特性，不应导致错误的理解，或长时间使用引起疲劳。

4）导航

目前，Web 式的信息检索系统都是基于超文本技术，使得用户不必遵循传统的从前到后、从上到下的阅读顺序，而可以按照思维固有的联想方式作“跳跃式”阅读。但是用户经过多次的“跳跃”以后，可能会出现所谓的“迷航”现象，即不知道自己当前查阅的信息在所有显示信息中的位置，无法回到原来的网页，甚至偏离自己所要检索的主题，忘记自己所要寻找的站点。为此，应采取措施防止用户“迷航”，应当向用户提供总览功能、提供历史信息，应尽量使链接具有可预测性。因此应使用具有实际意义的词做链接，而不是像“点击这里”这样没有具体意义的词。链接不应过长，长度应不超过两到四个单词，否则用户很难快速把握其内容。

5）语言

应尽量避免使用含糊不清的词或专业术语。即使是有经验的用户也可能对新涌现的数据库名称不了解，而且在远程用户中有很大一部分用户并不经常使用图书馆，如“ECO”“JSTOR”“OPAC”“ILL”这些词只会让他们感到困惑，应该给予解释。

6）响应时间

据研究表明，1/10 秒的响应会让用户觉得系统是立即响应；1 秒以内用户还是认为系统没有中断，但是已经注意到系统的延迟；而 10 秒则是用户保持注意力的极限。因此系统的响应时间不能超过 10 秒。同时在用户下载页面或多媒体资料时，应通过显示文件的大小等方式让用户可以预测等待的时间。

7）图像

图形显示比文字显示更为直观可取，因此图像可以很好地补充说明文字信息。例如，许多用户并不清楚图书馆界中大量使用的“目录”和“索引”之间的区别。但是如果我们用“按主题排列的论文、电子期刊和文本的索引”“按学科类别排列的本馆拥有的图书馆的目录”等这样的句子进行说明时又会让用户感到厌烦，也不符合界面的易浏览性。这时可以用杂志、报纸或是图书的图像加以辅助说明。但是过多地使用图像，又必然影响界面的下载速度，使用户等待过长的时间，因此应合理使用图像，避免使用大幅图像，尽量使用小图片。

8）帮助

应提供功能强大、多途径的帮助，对于大多数用户来说并不愿意阅读长篇累牍的使用说明，这时应为用户提供检索式帮助和上下文帮助。协助用户使用检索式以及利用字典定义扩大检索提问，还可以提供一些小技巧或是常见问题的解答等辅助性帮助。而对于经常使用系统的专业人士则保留详细的使用说明，同时系统能够对可能出现的错误进行检测和处理，出错信息应清楚、易理解。

9）一致性

对于相同的事物应使用相同的记号、相同的操作命令或相同的图标。在相似的情况下，应采用一致的动作系列。例如，在提示菜单和帮助屏幕上应使用相同的术语。

10）检索方式

（1）能够为用户提供尽可能多的、必要的检索点，使用户从作者、书名、关键词、出版社等不同角度进行检索。

（2）提供“浏览式”检索。传统的信息检索要求有明确的信息需求，而用户可能没有或是无法清楚地表达信息需求。因此，除了提供直接输入检索提问的方式或是菜单选择方式之外，还应能提供分类浏览方式，使用户在浏览的过程中厘清尚无精确范围的信息需求，或是产生特定的信息需求。

（3）检索步骤应是独立的。用户在进行检索时，组织自己的问题是分步骤逐步提出的，并非一开始就有明确的概念范围，而且查询中用户的需求还可能在不断变化。如果下一步的处理必须以紧挨它的上一步的结果为基础，势必造成多次重复输入，增加用户记忆上的负担。因此，每一个步骤应是独立有效的，也就是说系统能对任务进行任意方式的组合并能保存和再利用检索策略。检索结果应按照相关度排列，并为用户提供相关问题的链接，使用户可以获得更多的信息，同时为用户提供检索结果再利用功能。

2. 功能设计

由于用户个人的心理、知识结构、经验、行为方式、工作环境甚至是特定时间的情绪的不同，其产生信息需求的原因、解决这种信息需求的方式也就不同。因此，信息检索从本质上讲是个性化的。一个友好的信息检索界面应该能够根据用户的个人特点，灵活、动态地定制检索途径、界面风格、界面内容、检索活动过程等，从而支持用户习惯的行为方式，帮助用户建立个人信息检索系统，保障用户检索的有效性和针对性。一般来说，信息检索系统界面定制至少应包括显示风格定制和检索定制，其中显示风格定制又包含显示结构和显示内容。

1）显示结构

显示结构是指检索界面的各模块的布局形式，如各模块应放在界面的哪个位置，界面上的Logo、有关图像、菜单等的位置设置，界面色彩设计等。系统应能提供若干基础模板供选择，并可能在各个模板的相应指定位置允许用户选择或插入一定的内容。

2）显示内容

显示内容定制主要是对界面的模块类别和各模块类别的具体内容进行定制。一般来说，一个基于Web的信息检索系统至少应该包括四大模块。

（1）系统资源。将用户最常用的有关资源作为首层列出，并提供与其他系统资源的链接，从而方便检索和获取，如我的数据库、我的书架、我的收藏等。

（2）虚拟资源。通过上网搜寻、挖掘，发现一些符合用户实际需要的信息资源，为用户提供热门站点、相关站点或专业信息指南等个人网络导航服务，并通过“我的网络链接”“我的搜索引擎”的方式，将用户经常需要的各类网络资源组织起来，形成个人的虚拟图书馆。

（3）帮助功能。例如，“我的帮助”“我的FAQ”“我的图书馆员”等将用户与相应专业的图书馆员联系起来，提供有针对性的一对一服务。

（4）检索功能。具体内容见下面的检索定制。

3）检索定制

（1）检索表达式定制。用户可自定义默认的检索方式是简单还是复杂方式，自定义布尔检索式中“与”“或”“非”的表示符号，系统还可为用户记录最近的特定数量的检索提问，以供用户选择。

（2）个人词表定制。允许用户写入常用词汇的自定义规范词、同义词、近义词等，当用户使用到该常用词时，系统可根据个人词表调用相应词汇优化检索。

（3）检索结果分析定制。用户可根据个人需要对所需信息的专业、深度、语言、地域、数量、时域等进行定制，从而对检索结果进行再次分析，限制检索条件。

（4）检索结果处理定制。可对检索结果的相关度计算方式、输出格式、排序方式、重合记录的处理方式、下载格式、传送地址等进行定制。由于用户的信息需求特点可能发生变化，应允许用户屏蔽自己的检索定制，同时为用户提供进入其他系统资源的入口。而且可以在用户允许的情况下提供个人定制数据的共享，但是这并不包括用户具体身份信息的共享。

现代技术的发展为我们提供了强大的技术支撑体系，但同时还有许多心理、技术上的问题远未解决，因此用户接口设计仍然是一项非常辛苦、复杂的工作，这需要广大设计人员共同努力，让用户接口向更加人性化的方向迈进。

8.3　用户接口评价

用户接口评价是指人们对在用户和计算机系统之间起桥梁作用的界面表现方式及人机交互效率进行评价，以确定用户接口是否满足用户使用的要求。

人机界面设计的评价涉及工程学、生理学、心理学和社会环境等众多因素。满足客观评价标准的人机界面并不一定能保证设备的人机工程设计要求。由于人的主观评价受人的辨识能力、认读过程、舒适性以及个人的知识、经验和喜好等众多已知、未知或非确知因素的影响，使得对人机界面的评价十分困难。因此，寻求科学合理的人机界面综合评价方法具有现实意义。

8.3.1　评价标准

在对数字图书馆用户接口进行评价时，要强调以“用户为核心”的设计原则，要始终从用户出发，从用户的角度来设计评价的标准。

1. 易用性

用户访问数字图书馆资源过程中，一个很核心的问题就是用户与数字图书馆系统的交互。一般来说，交互应简单、自然、友好，采用用户熟悉的词、短语、句子和图形表示，不应该用系统的专业术语，交互的内容只包括常用信息。所有信息都应该按照自然的逻辑顺序进行编组。动作顺序应分成开始、中间和结束三组。任务完成后应有信号提示，以便用户确定一切正常。在对话过程中系统设计应给用户保留控制的权利，使用户能够从操作运行中随意退出或脱离不需要的部分而不必经过漫长的对话。

2. 一致性

一致性是指界面设计原则要保持系统内各组成部分的一致性和与外部常用软件界面的一致性原则。这样既保持了网站页面的协调、统一性，也方便实现与外部常用软件界面的兼容。同时使日后网站的扩展、升级变得简便易操作。

3. 用户学会如何恰当地使用接口的时间

对于用户来说，“时间就是金钱”，中国互联网络信息中心（China Internet Network Information Center，CNNIC）调查的有关数据表明，用户在互联网上浏览网站时，所能容忍的一个 Web 站点完全打开的时候不能超过 1 分钟，这个原则同样适用于对于用户接口的评价，用户在使用一个完全不熟悉的数字图书馆用户接口时，如果他能完全掌握该接口的时间非常之长，那么用户可能就会拒绝它，转而去使用那些更加容易掌握的用户接口。

4. 接口处理用户需求的速度

用户接口承担着用户与系统进行交互的桥梁作用，用户使用接口的目的是获得系统中的信息资源，那么如果一个用户接口处理用户需求的速度非常之慢，那意味着用户需要花费更多的等待时间，而用户的忍耐度又是有限度的，因此，假如一个用户接口让用户的等待时间长到一定程度时，那么这个用户接口就是失败的。

5. 捷径

对于有经验的用户，应提供更直接、更快捷的操作方式，而不需要调用菜单或窗口。如提供复杂布尔逻辑检索式、功能键、键盘等操作，以及设置宏指令来自动化那些频繁执行的动作。

6. 容错性原则

使用容错和防错技术，提供足够的导航信息，采取适当的错误管理，对可能发生的错误进行预测，通过建立错误陷阱程序和数据输入错误检验等措施来防止错误的侵害。系统提示出错信息，不如提供一种一开始就能预防问题发生的措施。动作应尽可能是可逆的。必要时，出错信息应用一种简明易懂的语言表达出来，并指明问题的性质及解决的办法。用户无须重复打印或输入数据，只需要对错误部分进行修改。

7. 指导性原则

用户界面的指导，一是向用户提供总览功能，按层次或分类体系显示信息检索系统的数据库内容，这种总览功能层次体系应作为节点直接与查询内容相连接；二是提供历史信息，告诉用户曾经查询或浏览过的内容。总览信息可以帮助用户知道自己当前查询的节点在整个系统数据库内容中的位置，历史信息则帮助用户回到原来查询过的节点和主题。

8. 协调性原则

界面布局的协调是要将画面中各种元素分配得轻重大小适宜，界面设计尽量避免高反差、强对比和强刺激，注意高、宽、深度的空间关系，达到色彩柔和，画面简洁，主题突出，和谐统一。

9. 艺术性原则

将计算机特性和美学特性巧妙地融合在一起，使界面具有艺术感染力，增加用户的使用兴趣，同时凸显出网站的特色。

8.3.2　评价途径

用户界面的主要评价途径是用户实践。对于用户的各种反馈信息、评价意见可以通过以下途径获得。

1. 用户调查表

可采用各种形式向用户分发调查表，并根据搜集的各种数据或用户提出的要求，来进一步改进用户界面。该调查表可以是书面形式，也可采用网络及电子邮件来征求意见。

2. 个别面谈及小组讨论

为了更细致地了解用户的意见，可派出维护或服务人员到使用单位通过个别面谈及座谈会形式收集意见。这些单位人员的选择应具有代表性。在面谈前，评价人员应事先拟定好调查提纲及调查表发给个人或工作小组。

3. 由专人负责咨询工作

用户界面在大量使用后，可能出现各类问题，用户会提出各种使用上、维护上的问题和请求，此时开发单位必须花相当的人力来解决推广中、使用时出现的问题。在与用户的交往中，可不断发现问题和解决问题。

4. 用户界面的评价条目举例

不论采用哪种途径来收集反馈信息，事先拟定一个合适的评价条目是十分重要的，针对用户界面的使用情况，其评价级别可以是多级的，如显示器上字符的可读性、字符定义的清晰程度、字符与显示背景的反差等。每一条目的回答可分成若干回答选择级别，如清楚、一般、较模糊、很模糊。

8.3.3 评价方法

对数字图书馆用户接口的评价主要包括两个方面的内容：一是对用户接口功能性的评价，功能性评价主要是针对用户接口的功能及其如何组织和实现的评价；二是实用性评价，主要是用户对于接口使用的主观感觉上的评价（王海娟，2004）。

1. 功能性评价

从数字图书馆用户接口的功能入手，可以从以下几个方面来进行评价。

1）内容管理

提供生成、编辑、查询、删除数字对象的管理接口；能处理调度码，识别数字对象的调度码；链接了外部电子资源；可操作复杂的数字对象，把数字对象间的联系变换为超文本链接的模式。

2）互操作管理

提供工具层次的互操作与语义层次的互操作，支持 Netscape 或 Internet Explore 的运行，可访问 Z39.50。

3）对话管理

用户在对话过程中能看到查询历史和相应结果集；对话注册可应用于个人帮助桌面，即用户可以随时停止一项查询而启动一项新查询，用户在对话中可以返回到前点，用户可以修改和重新启动某个查询，提供下拉菜单。

4）检索功能

提供同一检索屏幕（包括地名索引、目录和检索的集成），对元数据可查重，并可存入新对象；用户能选择检索区域（而非用整个地图作为检索区域）；用户能检索不连续空间区域；能提供包括个人著者、题名、作者＋题名、丛书、主题词、关键词、ISBN 等在内的多个检索点；用户可以进行浏览、简单检索、布尔检索、多字段检索、截词检索、近似检索、比较检索、自然语言检索、图像检索、语音检索等。

5）用户帮助

能给界面添加检索样本以帮助用户建立一个查询；提供关联帮助信息，提供学习/培训，能利用 FAQ 类帮助信息。

6）数据分配

能通过在线链接访问数据，脱机访问或定序过程能清楚地显示出来，可以利用划分大型文档进行传输的功能，提供检索结果的 E-mail 传送，允许用户存储或套录检索结果，能提供一个用户工作区，以便把所收集的文献集中到用户命名馆藏中。

7）显示功能

能显示查询结果集中的分布及总条目数，用户能利用类型、日期等对查询结果排序，允许用户选择记录的显示类型，可提供简略型、完整型和 MARC 格式的记录显示，对不同类的数据有不同的显示格式，在多屏幕显示情况下可提示用户进入其他屏幕的途径，系统可为用户提供设置显示格式、显示状态和显示内容的命令，具有柔和的屏幕颜色和尽量少的屏幕层次。

2. 实用性评价

用户接口设计的目标说到底就是让用户觉得软件好用，因此，用户接口是否好用还需要用户来做出评价。然而，用户对界面的理解往往停留在感性认知上，他们所能够采用的描述方式一般仅仅局限于“好”与“不好”之间，而很难清楚地说明究竟哪些地方设计得好，哪些地方不好。这样笼统的说法，不利于我们对用户接口设计的改进（杨谦，2002）。为此，本节给出一个较为细致的关于好用性的问题列表，用户接口设计人员可以针对这些问题，了解不同用户对用户接口的满意程度，然后根据调查结果做出相应的改进。

1）易学习性

你是否能够理解用户界面中提示信息的含义？是/否

你是否能够在辅助说明信息的帮助下，很快理解图标所代表的含义，并且能够记忆和使用它们？是/否

你是否能够根据提示信息了解你应该如何完成任务？是/否

你是否能够很容易找到自己需要的内容？是/否

你执行某一项操作之后看到的用户界面与你预想的用户界面有多大差异？相近/有一定差异/有很大差异

2）高效性

你是否经常需要在不同的窗口之间进行切换？是/否

你是否经常需要使用滚动条才能够看到你所需要的信息？是/否

你是否遇到过这种情况：用户界面没有任何变化，可是却什么都动不了了？是/否

你是否会遇到这种情况：软件一直很忙，你不知道它究竟要到什么时候才会忙完，只好等待？是/否

通过使用，你能够发现系统所要强调的信息是什么吗？是/否

你会在使用系统的时候有受挫的感觉吗？会/不会

3）可控制性

你是否觉得自己能够完全控制操作的执行？是/否

你是否认为能够按照自己喜欢的方式来做事？是/否

4）宽容性

当你操作错误时，系统是否能够原谅你的错误，而继续执行原来的操作？是/否

当你执行了错误的操作后，系统是否提示你出错误的原因和改正错误的方法？是/否

5）美观性

你是否觉得用户界面中的颜色、字体和字型搭配得很协调？是/否

颜色、字体和字型的组合是否能够方便你阅读，并且能够帮助你快速找到重要的信息？是/否

你是否觉得使用系统是一件让人赏心悦目的事情？是/否

用户界面是否能够吸引你的注意力，它是否能够引起你使用系统的兴趣？是/否

8.4　用户接口的发展

8.4.1　目前用户接口存在的问题

我国的数字图书馆用户接口在实际使用中还存在着不足之处，主要表现在以下几个方面。

1. 接口设计

在接口设计方面，未能很好地体现方便用户的宗旨；在检索系统中大多存在功能使用不方便或烦琐之处。例如，有的系统并没有提供重新检索按钮；有的系统的重新检索功能必须回到其起始页；有的系统无帮助提示；有的系统的检索界面设计不合理，换一种检索方式就要刷新一次页面；还有的系统甚至使用费解难懂的术语等。

2. 接口功能

存在着接口功能差异很大的问题。这种功能差异除了表现为同一种功能在不同的系统之间的强弱差别外，还体现为不同系统所提供的功能不同。例如，有的系统提供简单检索与复杂检索两种方式，而有的系统只提供单一的检索方式；又如，有的系统可以对检索的结果按浏览的方式显示，使用户在找到书目后直接按拼音顺序查看其前后的书目信息，而有的系统却不提供浏览功能。

3. 信息维度

目前国内各数字图书馆，主要仍是提供文本类的信息，较少有多媒体类的信息。在数字图书馆的用户接口中，虽然已广泛运用多媒体技术，但也基本是图像类的多媒体插件，基本没有查询多媒体信息的功能。

4. 特殊用户

数字图书馆用户接口在设计时应该考虑到一些特殊人群，如伤残人士的可访问性，保证他们和正常人一样能享受网络带来的便利（赵萍等，2005）。但是，通过对目前国内数字图书馆用户接口的分析发现，尚没有任何一个数字图书馆能够为那些伤残人士、色盲用户设计有针对性的用户接口。

5. 用户接口的国际化、标准化

目前，国内的各个数字图书馆都在努力开发自己的一套用户接口规范，这必然导致各个数字图书馆的用户接口操作方式和界面都存在很大的差异，这就会给用户的使用带来极大的不便。同时，还有一个非常重要的语言问题，国内的大部分数字图书馆用户接口，都只支持中文的操作命令，这必然会导致国内的数字图书馆与国外数字图书馆难以融合和交流。

8.4.2 改进措施

通过对以上国内数字图书馆用户接口的评价分析，笔者对数字图书馆用户接口的建设提出了以下几点建议。

1. 增加接口中用户发布控制指令的方法

理想的用户接口应使人脑的决策更快地传递给计算机。显然人脑中的思想传到手指，再通过键盘敲字符串这种输入方式是比较慢的，而用语言、手势等动作则会快得多。因而未来的用户界面应该除了键盘、鼠标的命令输入方式等，增加如语音输入等更多类型的输入方式。

2. 扩大信息传送的维度

目前国内各数字图书馆，主要仍是提供文本类的信息，较少有多媒体类的信息。在数字图书馆的网站界面中，虽然已广泛运用多媒体技术，但也基本是图像类的多媒体插件，基本没有声音类的文件。因而，理想的数字图书馆用户界面，应该是融合视、听、图文、影像于一体的，并受用户个人喜好所控制，给用户提供各感觉通道便于接收的信息，使用户在使用的过程中，获得一种美的享受。

3. 建立智能的导航系统

数字图书馆的建设中应着力于建设基于用户浏览行为的智能导航系统，使用户在使用数字图书馆，利用数字图书馆用户界面进行查询时，导航系统能根据用户提供的资料和浏览习惯，建立用户的需求或兴趣模型，并以此为依据动态地建议用户沿着哪一个超链接路径进行浏览，自动地帮助用户查找所需要的信息。在用户浏览的过程中，导航器观察和记录下用户对当前浏览网页、对建议超链接的反应，将这些信息作为用户的反馈信息，学习用户的兴趣或需求，从而使用户模型能够准确地描述用户的兴趣或需求，并能够自适应用户兴趣或需求的变化，提高导航质量。

4. 用户界面设计加强对特殊人群的考虑

数字图书馆用户界面在设计时应该考虑到一些特殊人群，如伤残人士的可访问性，保证他们和正常人一样能享受网络带来的便利。例如，对于色盲用户，设计者应该考虑字体和背景，前景图像和背景图像之间的颜色组合，对比度是否对色盲用户的阅读产生障碍等。又如，对于大量的近视用户来说，屏幕上字体过小会造成阅读障碍。因此，数字图书馆用户界面在设计时应当尽量使用相对尺寸，不要将字体设置成绝对尺寸，这样，当使用浏览器中的“更大字体”的命令时，网页上的格式会随着字体的变化做出相应调整。

5. 采用基于内容的检索技术

随着多媒体信息资源的日益丰富，用户接口应该采用基于内容的检索机制来查询这些多媒体信息。基于内容的检索是指根据媒体对象的语义和上下联系进行检索。从本质上说，是利用媒体对象的语义、视觉和听觉特征来进行检索，如图像中的颜色、轮廓、形状，视频中的场景、镜头，声音中的音调、音长、音色等，因此它分为基于内容的文本检索、图像检索、视频检索、音频检索四类。

6. 引入先进的设计理念

传统设计理念一般提倡：用户参与技术设计前的数据收集或技术成品的试验使用。而 Allison Druin（艾利森·德吕安）的合作研究法（cooperative inquiry），倡导用户参与到技术设计的全过程中（White et al.，2004）。合作研究法主要包括以下三个方面的内容：联系研究（contextual inquiry）、参与设计（participatory design）、技术专注（technology immersion）。

1）联系研究

联系研究法提倡：在轻松舒畅的环境中，由专门人员扮演沟通角色，诱导用户讨论问题及向其提问，另外分设人员负责记录他们的言语及行为。然后综合分析所录数据制成表格或模型，作为新技术设计的原始参考依据。

2）参与设计

设计人员与用户一起参与新技术的模拟设计，设计团队以现有技术为基点，展开丰富的想象，大胆设计自己向往和喜欢使用的技术产品。这些模拟设计表面上简单粗糙，实际价值却不可低估，它们往往为新技术开发指明方向。

3）技术专注

在实验过程中，用户完全自由地充当主人翁角色，可以随意选用所提供的技术。借此过程，研究人员可以观察到用户在一定时间内如何选择使用类型各异的技术工具。研究人员不干预他们的活动，只是当他们更换技术时会询问了解其中的缘由，这环节有助于技术开发人员洞悉用户内心真正想要和喜爱的东西，使开发的技术名副其实。

7. 注意体现人文精神

建设数字图书馆是为了满足社会群体的需要，而这个群体中什么类型的人都有，上网的时间、地点和条件也各不相同，因而数字图书馆的用户界面应该让用户在任何时间、地点和条件下都能访问，数字图书馆的界面应该更方便和更有利于用户对图书馆资源的利用。认清数字图书馆建设作为公共文化服务的人文关怀要求，以先进的信息技术为支撑的数字图书馆理应成为纷繁网络世界中融合知识和情感关怀的精神家园，而非冷冰冰的网络机器（马莉丽，2014）。

8. 用户接口的国际化、标准化

用户接口国际化就是设计能在多个国家使用的用户接口。随着在世界上许多国家越来越快的技术发展，以及世界一体化的范围越来越大，意味着需要对用户界面的国际化给予更高度的关注。用户接口的可用性不再仅仅限于国内的可用性，而是需具备国际可用性，用户接口的设计需要考虑不同语言的翻译问题、不同国家与不同文化背景的特殊需要。用户接口的国际化必然也进一步地要求用户界面的标准化。只有标准化的用户接口才能适应国际化的要求，如图形用户接口中图标的设计应该采取标准化的方法，在描述相似对象的时候，采用一致或者相似的图标。

用户接口的设计、建设是一个复杂技术创新的过程，以上的建议也只是涉及用户接口建设个别方面的内容，希望数字图书馆用户接口能够在不断的评估、总结、分析、检验中，不断地提高和完善质量与技术水平，建设出具有创意的、优美和谐的、标准化的、智能化的用户接口，从而推动数字图书馆的进步与发展。

第 9 章　数字图书馆的检索与利用

本章首先简单介绍了数字图书馆门户，阐述了其功能及应用。重点介绍了数字图书馆的跨库检索、跨语言信息检索和基于内容的检索等关键检索技术。利用内容特征建立索引并进行检索是多种技术的合成，具有广泛的应用前景。本章还介绍了知识检索的概念并且把其与信息检索相比较。在本章的最后一节介绍了信息检索的可视化，对其类型和特点有较为详细的叙述。

9.1　数字图书馆门户

数字图书馆门户是一种网络服务，是数字图书馆面向用户的统一服务窗口，它能够把相关的资源与服务整合到一起，提供个性化、科学化的单点获取方式，并做到资源和服务的无缝链接。

9.1.1　数字图书馆门户的定义

门户（portal）通常被定义为一种在线服务，提供对多种资源个性化的单点获取方式。门户是一个应用框架，它将各种应用系统、数据资源和互联网资源集成到一个信息管理平台之上，并以统一的用户界面提供给用户。门户根据用户角色和访问策略将各类信息，事务处理和应用进行聚合、集成、个性化，并展现给用户。由此可见，门户的关键特性包括集成能力、个性化能力和定制能力。

从技术上来说，数字图书馆门户是一种基于信息源的网络服务，它运用分布式检索和整合结果集等技术，从不同的分布资源获取内容，并以统一的形式显示给用户。从用户的角度看，门户是数字图书馆全部资源和服务的接入点，用户可以根据自己的需求定制门户，门户则根据用户的个人信息提供个性化服务，因而从某种意义上说，门户也是数字图书馆的资源与服务集成的应用框架。数字图书馆门户的实质是用户用来进行 Web 内容存取的信息网关，它是一个具备用户身份识别并根据用户特征提供简单、直觉、个性化以及用户定制的 Web 服务系统。用户可以根据自己的喜好和兴趣方便地存取数字图书馆门户中的数字资源内容、使用数字图书馆的服务。数字图书馆门户的主要目的就是将大量的信息及服务组织起来，以一种有效的方式向用户服务。

9.1.2　数字图书馆门户的类型

早期的信息门户主要致力于将不同信息源聚集在同一个网页上进行揭示，方便用户通过统一入口访问多种信息源。技术发展到今天，催生新应用的同时也激发新需求。近几年就出现了多种类型的信息门户，包括垂直信息门户、综合服务门户、数字资源门户等。数字图书馆门户主要类型如下。

（1）特色门户（specialized portal）向特定用户提供特定领域、特定专题的专业化服务。

（2）学科门户（subject portal）称为“学科信息门户”“学科导航门户”。向用户提供某一个或多个学科领域精心挑选和组织的互联网信息资源的“一站式”导航和检索服务。学科门户可进一步分为综合性学科门户和单一学科门户。

（3）个性化门户（personalized portal）能够向用户个人或者用户群组提供个性化服务。

（4）通用门户（general portal）是一种综合性的门户，如面向单个图书馆门户和行业性图书馆组织的数字图书馆门户。由于通用门户的复杂性和功能多样性，不同图书馆所建的通用门户在功能和集成能力等方面会有较大差异。根据其功能与集成能力的多少，通用门户可以进一步划分为协作型门户、资源聚合型门户、统一检索型门户、综合服务型门户等。

9.1.3　数字图书馆门户的特点

数字图书馆门户除具备一般门户网站所具有的特点之外，还应具备数字图书馆自身的特征：①它提供的信息既包括一般的信息，也包括经过加工的知识。②用户可以根据自己的喜好和兴趣方便地存取数字图书馆门户中的数字资源内容，使用数字图书馆的服务。③门户内容是专门针对数字图书馆建设和研究领域而言的，具有较强的针对性、学术性和教育性。④其智能化较一般的门户高。由于网络资源采用人工标引技术，站内收录的资源查准率和查全率也较高（刘记和李鹏云，2006）。具体来说，数字图书馆门户具有下面的特点。

（1）集成性。能有效集成图书馆内外的各类资源和应用，通过内容聚合和统一认证，为用户提供信息资源整合和一站式服务，实现系统管理而非网页搭建；数字图书馆门户强调合作机制和联合运行模式，强调对更大数字图书馆环境的集成（高娃，2016）。

（2）导航性。数字图书馆门户尤其注重知识整合与导航的能力，注重提供完善的和精选的信息服务，用户借助门户的强大导航功能任意获取所需要的信息。导航功能还能与统一检索系统或其他检索系统中的导航功能结合和互动。

（3）虚拟化。数字图书馆门户创建虚拟信息环境，提供数字化服务，如远程访问、同步咨询、虚拟社区服务等。

（4）个性化。数字图书馆门户强调个性化功能，提供定制服务、信息推送、互动式信息服务等，帮助用户建立个性化门户，再无缝集成到门户中。

9.1.4　数字图书馆门户的功能

1. 统一检索

统一检索是数字图书馆门户最为核心的组成要素，甚至有人认为数字图书馆门户就是统一检索。统一检索是一种应用软件，能够使用多种协议，经由单点入口，同时对不同数据库以及不同元数据格式的异构电子信息资源进行检索。用户在统一检索软件的检索框中，输入一个简单的检索词就可以得到多种资源，统一检索软件还包括对检索结果的处理和显示，显示检索请求在每一资源实体中的检索结果数量，提供检索结果的相关信息，同时还提供各资源平台原始页面的链接。

2. 统一认证

数字图书馆门户应能通过统一的用户认证系统满足用户的“单点登录”需求，实现“一次登录、多次访问”的功能，实现一个实用的、高效的统一身份认证。统一认证是图书馆门户系统的支撑平台，在条件成熟的前提下，数字图书馆的统一认证系统应与更高层次的认证系统建立接口，同时与图书馆集成管理系统、馆际互借系统、数字图书馆系统等图书馆应用系统，以及各种商业数据库建立接口。首先，系统实现统一的用户身份认证管理，避免在各个应用系统中进行用户数据的重复维护，用户身份信息数据库的数据进行同步更新，保证数据的完整性和一致性，减少数据冗余，同时避免各个应用系统的重复开发和维护。其次，系统实现基于多个应用系统的单点登录，用户只需要在统一身份认证系统中注册或更改自己的认证信息即可。这将极大地方便了用户的使用，提高了系统的易用性。

3. 资源链接

资源链接是指图书馆将其电子资源进行无缝整合，如从索引、文摘到全文的链接，这种链接总是基于某种标准或统一标识符的。资源链接可以说是真正实现了用户的“一站式”检索功能。需要指出的是，目前数字图书馆门户产品在资源链接服务方面不仅提供了这种功能模块，而且也集成最基本、最主要的数据库和电子期刊资源。

4. 信息服务的统一整合

信息服务的统一整合包括资源和服务流程两个方面。资源的整合是指建立资源描述数据库，对所有资源的相关信息进行管理，提供列表浏览和数据库查询及相关的帮助，收集各种资源系统的推送服务功能，提供统一的信息推送服务。通过建立数字图书馆门户，图书馆能够整合各种数字资源和应用系统。这些资源既有本地资源，也有外部可访问的资源，其种类包括电子期刊、会议论文、学位论文、Web 资源、联合目录、电子全文书库、期刊目次库等。应用系统包括统一检索、参考咨询、馆际互借、OPAC、最新文献、特色资源、教学参考、科研辅助等服务。

5. 个性化服务

对于数字图书馆门户来说，定制服务正成为一个基本的组成要素。定制服务根据定制的目标对象可以区分为两个级别：为某一特定用户群定制和为某一特定用户定制。针对为某一特定用户群定制服务，除体现为在统一检索中检索式的设定、检索限制条件的设定外，主要是为用户提供诸如“新书推送”“我的借阅历史”“我的虚拟咨询历史”“我的检索历史”等，建立和维护个人收藏夹等。

9.2 数字图书馆的跨库检索

目前数字图书馆建设引进和自建的数据库等数字化资源之间往往互不相干，用户在利用不同的数据库时必须分别、逐个地进行，在访问多个数字图书馆时也必须逐个遍历，这会极大地加重用户的负担，为了解决这个问题，跨库检索系统便应运而生。

9.2.1 跨库检索的概念

跨库检索（cross-database search），也称联邦检索（federated search）、多数据库检索（multi-database search）或集成检索（integrated access），是以多个分布式异构数据源为对象的检索系统。这种系统向用户提供统一的检索接口，将用户的检索要求转化为不同数据源的检索表达式，并发地检索本地的和广域网上的多个分布式异构数据源，并对检索结果加以整合，在经过去重和排序等操作后，以统一的格式将结果呈现给用户。

9.2.2 跨库检索的必要性

目前数字图书馆建设引进和自建的数据库等数字化资源之间往往互不相干，用户在利用不同的数据库时必须分别、逐个地进行，在访问多个数字图书馆时也必须逐个遍历。重复相似的步骤进入不同资源的情况较为普遍，不仅浪费了用户的时间，也降低了服务的效率。不同的检索软件和用户界面，也增加了用户检索和获取信息的麻烦。因此，数字资源的分布式存储管理和检索利用的集成式需要，是当前数字图书馆建设中存在的一对重要矛盾，是亟待解决的问题。

（1）图书馆往往保存有大量的诸如中外全文期刊库、书目数据库、学位论文库、会议记录库、报刊数据库、电子书数据库等众多的专题数字资源。分布式环境下数据库检索的数据库少则几十种，多则上百种，甚至几百种，用户面对如此众多的数据库资源，不知道在哪些数据库中才能找到自己需要的资源。在资源范围方面交叉重复，使得用户在检索时必须首先要判断哪些数据库所收录的内容与自己的需求有关；其次分别登录到有关数据库，按照不同的检索语言、检索方法和检索策略进行检索操作；最后对多个数据库的检索结果进行优选，从而得到自己想要的信息。用户需要频繁登录与退出各个数据库，在不同的数据系统中重复输入检索词，重复查找。显然，这会极大地加重用户的负担。跨库检索系统就是为解决这个问题而产生。

（2）由于系统软硬件的差异，特别是信息资源拥有者出于对自己利益方面的考虑，不同的数据源往往不相兼容，这就造成了不同的数据源在数据结构、检索机制方面各自不同，然而，要以各自专有的客户端检索界面来进行数据检索和读取，这就需要用户面对千变万化的检索要求和不同的检索界面来获取相应的数据资源。而每个检索系统都有各自的检索界面和检索方式，检索式构造规则、检索算符、检索字段等都不尽相同，这给用户的信息检索造成了相当的困难。这对广大的用户，特别是对计算机环境不太熟悉的人来说，具有较大的困难。大量分布式异构信息资源在数据模型、数据结构、系统控制方式、计算机平台、通信协议、通信结构模式、操作系统等方面存在差异，而且所使用的语言和规范词汇也各有不同，而跨库检索系统整合了这些资源，从而减少了用户使用的障碍。

（3）数据库内容的交叉重复，增加了用户信息鉴别和去重的时间。数据库的建设目前缺乏统一的规划，有关信息内容的收集完全由数据库商决定，各个数据库商为了提高市场占有率，尽力将数据库做大做全，这就造成了不同的数据库产品内容交叉重复的现象比较严重。由于收录范围、回溯年限等方面的限制，各数据库很难将自己侧重领域的文献收录全面，用户要想获得自己需要的信息，就必须查找多个数据库，但各数据库之间内容的交叉重复，又使得用户必须花费大量的时间去鉴别和去重，检索效率因此大大降低。

（4）数据库知识的关联度较低，增加用户知识衔接的负担。人类知识本来是一个联系非常紧密的有机整体，而现有数据库系统内的数据对象大都是孤立存在的，无法体现学科知识的内在联系。某个学科的文献资料可能包含在多种数据库中，尤其是交叉学科，用户要完成某个课题的检索，往往要通过多个数据库做多次检索，才能将与该课题有关的文献找全。要想将这些知识有效地衔接起来，用户需要在不同的环境之间穿梭漫游，在不同的信息空间来回切换，并掌握不同检索软件的使用方法，这无疑增加了用户获取有效信息的时间成本。而图书馆也需要投入大量的人力培训用户使用检索方法各异的各种数据库。如果能在同一个检索平台下，实现多数据库同时检索，将提高用户获取信息资源的效率。

9.2.3 跨库检索的特点

1. 跨库检索系统的功能

跨库检索系统向用户提供统一的检索接口，将用户的检索要求转化为不同信息资源的检索表达式，并发地检索多个分布式异构信息资源。它的基本原理与单个检索平台不同，因此在功能上存在很大区别。主要的功能包括检索导航、检索结果显示、检索控制项目、检索项、高级检索、个性化服务等。

2. 跨库检索的优点

跨库检索提供统一的检索接口，能够减轻用户学习检索不同数据源的负担；并发检索，能节省用户总的检索时间；结果整合，呈现给用户的最终结果不仅格式统一，而且按统一标准排序，方便了用户的浏览和选择，在一定程度上提高了数据库的利用率，促进了资源共享（南晓凡，2016）。

3. 跨库检索系统存在的问题

跨库检索系统自身的特性决定了有些问题是不可避免的。①检索响应时间较长。跨库检索要搜索多个数据库，进行一次真正的查重操作需要的时间较长。②它受各类数字资源系统搜索引擎的限制，只能在原数字资源系统的检索技术框架下进行检索，不能直接从各类数据库中检索信息。③不能很好地支持信息资源动态变化。它们都需要预先为每个数字资源检索系统根据它目前的检索界面、检索方式等因素进行配置，而一旦其中某个因素发生变动，就必须重新进行配置才能进行联合检索。如果一个信息资源改变它的底层结构或者检索界面，而技术人员又没有及时处理，可能会导致无法提取该资源信息，造成检索失败。④如果检索词过于宽泛或各检索资源使用的字段不同，那么会出现大量不相关结果，加重用户负担。不同数字资源系统的搜索引擎所能支持的高级检索不同，处理方式差别也很大，检索界面整合只能取各源数字资源系统“共通”或者相似的检索模式，而且可能要牺牲源数字资源系统特色的、也许是对用户比较实用的检索模式，较难获得较高的查准率和查全率。

9.2.4　跨库检索的检索原理

1. 跨库检索系统的构成

虽然不同的数据库检索界面和检索方式等各不相同，但也存在相似性，如检索途径、显示格式等这些基本功能都具备，大多数系统都支持布尔检索等，如果将这些相似性形成统一的参数数据表，构成统一的检索界面，共享多个网络数据库的索引技术和检索技术是可以实现的。跨库检索的实现有许多方式，如通过数据库接口软件与不同的数据库直接连接、不同数据库间的格式转换等，但最常见的方式是通过中间件的形式来实现。用中间件实现的异构数据库跨库检索系统一般分为三个部分。

1）统一检索界面

它的主要功能为以账户和密码登录或 IP 检测的方式实现用户的身份认证；接受用户输入的检索要求；允许用户选择自己需要的数据库或者选择所有的数据库，选择排序方式等；为用户使用该操作系统提供相关的说明、要求和帮助等；将跨库检索系统查询的结果显示给用户。

2）数据处理系统

数据处理系统的主要作用是：按照检索系统的要求，对用户输入的检索词和构建的检索式进行规范，然后将检索要求（检索指令）提供给中间件进行下一步的处理；接收中间件从各个数据库获取的结果；对接收各中间件的数据进行相应处理，包括数据合并、去重和排序；按照统一检索界面用户选择的其他排序要求进行重新排序等。

3）中间件

中间件是一种构建网络分布式应用系统的重要支撑工具，主要解决网络分布计算机环境中多异构数据资源的互联共享问题，实现多种应用软件的协调。它的主要功能是：将用户输入的检索词、检索式按照各个数据库的要求转换成其能够接受的检索式和检索指令，提供给各个数据库进行检索；获取各个数据库返回的检索结果，并按照统一检索平台要求的数据格式进行转换；将转换后的数据提供给数据处理层进一步处理。中间件利用 ODBC、JDBC 等技术实现对各个数据库的透明连接。

2. 跨库检索的技术模式

各种跨库检索系统的实现技术不尽相同，所以导致跨库检索的基本原理也各不相同。目前，跨库检索的技术模式与基本原理主要有以下几种类型（陈冰云，2005）。

1）运用元搜索引擎的基本原理

利用数据库的客户端进行统一检索。现有的数据库大都提供 Web 客户端接口，因此可以运用元搜索引擎原理实现跨库检索，即把用户的查询请求转换成其他数据库能够接受的命令格式，并行地访问多个数据库来查询。其优点：一是扩展性好，通过对 Web 客户端做分析即可整合多个数据库实现跨库检索。二是不需要获得数据库供应商授权。其缺点：一是需要对各个数据库的 Web 处理接口进行详细分析，并且接口的稳定性较差，各个数据库的 Web 处理接口如发生改变则需重新设计。二是检索效率难以保证，如果个别数据库因网络等原因不能顺利访问，将导致整体检索效率大大下降。

2）通过数据库接口软件与不同的数据库直接连接

通过数据库接口软件直接访问异构数据库，如 JDBC。JDBC 是 Java 程序连接和访问各种数据库的应用程序接口，它由一组类和接口构成，通过调用这些类和接口所提供的方法，提供了 Java 程序与各种数据库服务器之间的连接服务，它实现了从 Java 程序内调用标准的 SQL 命令对数据库进行查询、插入、删除和更新等操作，为跨库检索提供了强有力的技术支持。这种模式的优点：一是直接对数据库进行检索，实现的技术难度小；二是不需另外投入资源建立索引库。其缺点：一是数据库达到一定数量时，处理速度很难保证；二是数据保密性差，而且由于数据保护的目的，难以获得各个数据库的接口。因为很多数据库是用商业数据库的，供应商为了保护其商业利益，是不会随意公开数据库接口的。

3）不同数据库间的格式转换

将不同数据库导入一个新的集成数据库中并提供服务。这种方式检索速度快、效率高，不会因为某一数据库访问失败而影响整体检索效率。其优点：一是检索反应速度快；二是不会因个别数据库访问失败而影响整体检索效率。其缺点：一是收录的数据库数量不能太多，基于这种模式的技术，只能实现对有限数据库的集中和检索；二是涉及版权问题，要将商业数据库的数据导入生产一个新的集成数据库并提供服务，需要获得源数据库供应商的授权，否则，可能引起版权的纠纷。

4）建立索引库

将多个数据库的索引数据整合到一个索引库中，即将多个数据库的索引数据整合到一个索引库中。用户通过索引库进行检索，同时利用索引库所提供的 URL 定位到所需要的文献。有些图书馆系统已经具备了相应的功能模块，可借此实现数据库电子资源和传统纸本馆藏资源的整合。但也存在缺点：一是需要投入不少人力维护更新索引库的数据；二是各单位建立的索引库的标准不一，索引数据无法共享，无疑也存在着重复建设的问题。

5）利用 SFX 等工具实现数据库的无缝连接

超链接技术（special effects，SFX）是一个网络电子资源无缝链接整合软件系统，它可以将不同来源、不同协议的信息完全融合，使不同类型、不同结构、不同平台的数字资源实现无缝连接，进而使跨库检索得以实现。

3. 跨库检索的基本步骤

虽然跨库检索的基本原理与技术模式各不尽相同，但是其检索实施的基本步骤却大同小异（尹达，2007）。

1）用户构造并提交检索式

检索式是用户在确定检索项后所制定的，既能反映用户信息需求，又能被计算机识别的提问式子。用户检索式构造的好坏直接影响检索的查准率与查全率。

2）提问等待过程

提问等待过程即系统依据用户的检索式对各异构数据库进行查询的过程。由于各跨库检索系统的技术模式各不相同，这个过程也就各不相同。各数据库对检索式的要求不一样，有些数据库只支持作者、题名、主题词等基本检索点，而有些数据库检索功能就相对强大些，所以利用元搜索引擎原理的跨库检索系统必须将用户的检索式转换成各异构数据库所能识别的形式，然后才将转换后的检索式分发给各异构数据库。利用其他技术模式实现的跨库检索系统则不需转换检索式。但无论采用何种技术模式，跨库检索系统在提问等待过程中，都是依据用户检索式对异构数据库进行查询检索。

3）返回结果的加工策略

首先，去除表面相关而本质上不相关或相关度不大的数据，以提高检索的精确度。其次，去除重复信息。最后，对返回的不同格式、结构的数据进行处理，并按照统一的、符合用户需求的方式呈现给用户。

9.2.5　跨库检索策略

尽管跨库检索系统具有便利、高效、易用等优势，但由于其与单库检索有很大区别，单库检索的检索方法和检索策略不能适用于跨库检索。跨库检索策略应该注意下面几点。

1. 分析检索目的

跨库检索并不适用于所有的检索目的。概括而言，跨库检索一般起到帮助用户发现资源、选择资源的作用，主要适用于以下情况：用户不熟悉具体信息资源，不知道哪些信息资源合适；通过跨库检索系统了解某一主题大致的资源情况；确定某一单个资源不能满足检索需求，必须检索多个资源；没有十分明确的检索目的，只是进行知识发现和学习。因此，在检索之前必须分析检索目的、浏览资源列表、了解资源能否满足检索需求，确定是否需要进行跨库检索。

2. 选择信息资源

正确的资源选择是成功检索的前提条件。不同信息资源在收录内容、信息组织方式、检索机制等方面存在很大差异，如果选择不当，可能会出现系统反应速度慢、返回大量无关结果等情况，甚至导致本次检索失败。用户必须在分析检索目的和信息需求的基础上进行信息资源选择。①如果用户对信息资源的了解不够全面深入，为避免选择资源时出现偏差，可以利用跨库检索系统的资源推荐技术。在正式的检索开始之前，系统会根据用户输入的检索词，推荐相关的资源，这可以降低检索盲目性，减轻系统负担，提高检索效率。②很多跨库检索系统还对信息资源按主题、文献类型等方式分类或导航。用户可充分利用这一功能，选择最适合的资源。③用户要根据资源的收录内容、类型、检索方法，结合检索课题特点，尽量选择使用与信息需求结合紧密、专业对口的资源。④不要同时选过多的资源，否则会加重系统负担，而且有些跨库检索系统支持的资源数量是有限制的。

3. 确定检索词

在跨库检索系统中选择合适的检索词并不容易。不同信息资源在表达同一概念时可能使用不同的语词或不同的表达方式，而同样的词语或表达方式可能从不同的角度反映了同一概念的不同内涵，具有不同的深度和广度。因此，检索词不仅要能够准确表达检索课题的主要内容，而且要符合所检资源的用词规则。①由于跨库检索系统集成了众多资源，很多系统都提供了通过词表规范检索词的功能或术语发现功能。可以对检索词进行前期规范或查找术语的定义、同义词以及相关术语。这种对检索词的解释和前期规范有助于提高检准率。②检索词的含义尽量不要太宽泛，否则会产生大量无关结果。用户应分析检索课题所涉及学科专业，再提取检索词，注意控制所选检索词的全面性、专指性、一致性，以正确表达用户的检索需求。③控制检索词的专指度。检索词越具体、越专指，找到所需信息的可能性就越大，查准率就越高；检索词专指度越低，其概念外延越广，反映信息的详尽程度和精确程度就越低，但查全率就越高。④为避免漏检，用户需要使用检索词的同义词、近义词，尽可能全面覆盖检索范围，以增加命中文献的数量。还可以利用截词符号以及单词的不同拼写方法，扩大检索面，提高查全率。

4. 构造检索表达式

跨库检索系统为用户提供了从统一界面访问图书馆所有资源的便利，从而使用户不必再学习不同检索平台的功能和检索规则，但由于资源的异构性，原有检索平台的功能在跨库检索中不能得到充分发挥，如何利用跨库检索功能构造检索表达式将直接影响检索效果。①在构造检索表达式时，要确定检索词之间的概念关系或位置关系，完整而准确表达检索课题的主题内容，灵活使用各种算符，恰当地进行组配，编制成检索表达式。恰当的检索式构造是建立在用户对跨库检索系统和所选资源的检索句法、运算规则、检索标识符号的了解与运用基础上的。因此，对用户的信息检索知识和技能提出了更高的要求，用户有必要借助系统提供的帮助信息，更合理地构造检索式。②由于缺乏信息检索技能等因素，很多用户构造检索式时过于简单，倾向于浏览式检索。这种情况下宜采用先确定个相当大的范围的文献初始集，然后提高检索式的专指度，得到一个较小的命中文献集，直到得到数量适宜、用户满意的命中文献集合。这种方法首先使用一个比较简单宽泛的检索式，其次根据检索结果逐渐提高检索式专指度，符合一般用户的思维方式，比较容易实现。③跨库检索所设置的检索项与单个信息资源不同，以备库中所有的共性检索项为基准。选择不同数量的资源，检索项数量和名称有可能不同。检索时要注意对检索项的选用。④逻辑检索、前方一致检索、字距词距检索、序位检索等功能需要用户根据系统的检索语法编制检索式来实现，适用于熟练掌握检索技术的用户使用。⑤利用系统提供的个性化服务功能保存检索历史，以方便用户再次检索。

5. 转换检索策略

由于用户的需求存在很大的随机性，用户对信息需求的分析与表达也因人而异，加之跨库检索系统的复杂性，使得制定检索策略的过程中必定会存在一些产生检索失误的因素，必须采用各种调节方法对检索策略进行修改完善。用户需要根据检索结果和检索过程中出现的问题及时调整检索策略，检索策略的转换包括重新选择信息资源、增减或改变检索词、重新选择检索功能、检索式的重新构造等。通过不断改进检索策略，达到用户满意的检索效果（沈筱璇，2006）。

9.2.6　跨库检索系统检索效率的影响因素

1. 数据库的选择范围要恰当

在跨库检索系统构建过程中，应通过调研选择市场占有率较大的数据库进行跨库检索系统的开发，而不应针对所有的数据库进行盲目的跨库检索系统开发。因为开发一个统一的、无所不包的跨库检索系统，无论是理论上还是实践上都是不可能的，只有这种局部范围的跨库检索系统才是实际可行的。既能实现统一的检索界面，又能保证一定的检索效率。跨库检索系统应该根据用户的实际需求提供定制服务，由用户自由组配、选择数据库的种类，这样可以避免数据库数量过大造成的检索效率低下。

2. 跨库检索系统实现技术要相对统一

多数的搜索引擎都不能很好地实现对数据库的检索，多数数据库仍需通过特定的数据库接口以特定的方式进行检索。因此，如果没有相对统一的跨库检索系统，那么，开发数据库接口、建立索引库、实现不同数据间的格式转换等跨库检索系统的构建工作将会不停地重复进行，既加重了系统开发的投资，又增加用户利用数据库的成本。因此，在一定范围内，应尽可能使跨库检索系统的实现技术得以统一，避免重复开发。

3. 检索式的构造成功与否

检索式的构造是影响检索效率的很重要的因素之一。检索式不能准确地反映用户检索需求，则最终检索结果将含有大量不相关或相关度较低的数据，影响检索效率。如果检索式只有少数数据库可以识别，则检索式的分析、转换工作量就较大，影响检索的效率。

4. 异构数据库连接与存取的效率

通过数据库接口软件与不同的数据库直接连接，这种方式仅用于对属于本单位的少量异构数据库进行统一检索。因为很多数据库供应商都不愿公开数据库接口，这就给异构数据库的连接与存取造成了困难，进而影响跨库检索的效率。

9.3 跨语言信息检索技术

数字图书馆的信息资源类型丰富、数量庞大，所使用的语言也具有多样性。信息资源语言的多样性和用户所掌握语言的有限性不可避免地给人们利用有关的资源带来了语言障碍，人们对语言自动翻译的需求越来越迫切。为了消除信息资源利用中的语言障碍，跨语言信息检索技术已成为数字图书馆信息检索技术的重要组成部分。

9.3.1 跨语言信息检索概念

跨语言信息检索（cross-language information retrieval，CLIR）是指用户以一种语言（通常是自己的母语）提问，检出另一种或几种语言描述的信息资源的信息检索技术和方法。跨语言信息检索中，用户用以表达自己的信息需求、构造检索提问式的语言称为源语言（source language），被检索的信息资源所使用的语言称为目标语言（target language）。要实现跨语言的信息检索，就必须实现两种语言的翻译，而要实现翻译就必须制定相应的翻译策略、构造相应的翻译知识。

跨语言信息检索允许用户以他们熟悉的语言构造检索提问式，然后使用该提问式检索以系统支持的任一种语言写成的文献。它可用于回溯检索、定题服务系统以及自适应过滤系统中。跨语言信息检索对于能够阅读多种语言的用户，特别是不能有效地用非母语表达其信息需求的用户，具有十分重要的价值。对于只能阅读一种语言的用户，跨语言信息检索系统也可能很有用。有的跨语言信息检索系统能够对检索出的文献进行翻译。虽然系统显示给用户的结果可能只是一种粗略的翻译，但也足以向用户提供文章的要点以及帮助用户做出相关性判断。此外，即使跨语言信息检索系统不对文献进行翻译，用户也可能通过使用该系统找到若干篇参考文献中包含了以该用户的母语写成的文章或论文，这无疑会为该用户提供很有价值的线索。总之，跨语言信息检索系统能够检索出多种语言的相关文献资源，能够帮助指导用户做出收集与否的判断。

9.3.2 跨语言信息检索在数字图书馆应用的必要性

数字图书馆是建立在多项高新技术相结合的基础上，这些技术在数字图书馆中被合理有效地应用，使得在数字图书馆中有必要使用跨语言信息检索技术来扩大检索范围，提高检索深度，提供更全面的检索服务，而随着跨语言信息检索研究的深入，该项技术不断发展并逐步走向成熟，使得它在数字图书馆中的实际应用成为可能。

1. 数字图书馆信息资源的多样性

在数字图书馆的数据库中，信息资源非常丰富，不仅包含各领域的知识、文化信息，还包含同一主题不同语种的信息。多语种信息数据库的存在，使得用户使用传统的检索技术检索某一主题的信息时，往往无法得到全面的信息。在这种情况下，跨语言信息检索技术被引入数字图书馆中，以解决在数字图书馆中检索信息的全面性问题，如使用跨语言信息检索技术可以检索各国的不同语种在同一领域的不同研究成果。

2. 信息形式的多种性

数字图书馆的另一特点是包含各种形式媒体的数字化信息，如数字化的文本、声频和视频等。在各种形式的信息数据中，也必然会存在多语种现象，如在数字图书馆数据库中存储了大量不同语种的声像资料。要在数字图书馆中实现同一主题不同语种声频资料的检索，就需要在数字图书馆中应用跨语种声频信息检索技术。

3. 用户的广泛性

数字图书馆中的信息数据被分布式地存储在不同地域，因此完整的数字图书馆数据库是通过计算机网络有机地连接在一起的。数字图书馆的网络性和开放性决定了数字图书馆用户的广泛性，因为不同地域、使用不同语种的用户都可以通过网络实现对整个数字图书馆分布式数据库的信息检索。用户的广泛性不仅表现在用户的数量上，还表现在用户的文化程度、使用语种等特点上。多语种用户的特点使得有必要在数字图书馆中应用跨语言检索技术，以方便不同语种用户对信息检索的需求。

4. 服务的便捷性

数字图书馆不仅是一个提供数字化信息资料的分布式数据库，同时也是一个提供各种服务的机构，如定题服务、查新服务等。为了提供方便快捷的服务，数字图书馆需要收集、处理、存储、检索和应用不同语种的信息，而在整个过程中都有可能涉及跨语言检索技术。例如，可以使用跨语言检索技术收集同一主题不同语种的信息以扩充数字图书馆资源的规模等（王昊，2005a）。

9.3.3　跨语言信息检索的类型

（1）双语言信息检索（bilingual information retrieval）是指用户以自己熟悉的语言（源语言）提交查询请求，除源语言之外，系统尚可检索到另外一种语言表达的文献信息，即目标语言为另一种语言。

（2）多语言信息检索（multilingual information retrieval）是指用户以自己熟悉的语言（源语言）提交查询请求，除源语言之外，系统尚可检索到另外多种语言表达的文献信息，即目标语言为多种语言。相对于双语言信息检索，多语言信息检索往往更符合数字图书馆用户查询需求。

（3）特定领域的信息检索（domain-specific information retrieval）是指检索范围界定为某一学科或主题领域的信息检索。

（4）多媒体信息检索：除文本信息之外，音频、视频等信息的检索，其研究内容包括信息检索技术、跨语言翻译技术、语音视频识别技术等。

9.3.4 跨语言信息检索的主要方法

跨语言信息检索技术是传统计算机信息检索技术和语言自动处理技术的有机结合，因此跨语言信息检索过程一般可以分为三个步骤：①多语种信息的搜集以及多语种信息数据库的建立；②应用语言自动处理技术实现提问语种和信息语种的统一；③应用单语种信息检索技术实现提问式与数据库信息的匹配。其中，步骤②是实现跨语言信息检索的关键。目前，提问语种和信息语种的统一主要有三种模式：提问语种翻译转化成信息语种；信息语种转化成提问语种；将信息语种和提问语种均转化成另一中间语种。

根据跨语言信息检索过程中所处理的对象，可将跨语言信息检索的技术方法分为提问式翻译（query translation）、文档翻译（document translation）、中间语种转换、非翻译和本体方法等（王昊，2005b）。

1. 提问式翻译

提问式翻译是指将用户提交的查询请求翻译成系统支持的多种语言，然后对不同语言的信息集进行查询。这种转化方式是目前实现跨语言检索的主流思想，它可以很容易地与传统的单语种信息检索技术紧密结合；并且仅对检索提问式翻译，对翻译系统的要求不高。但弊端显而易见，系统返回的信息，仍用目标语种表达，可以认为提问式翻译是一种不完全的跨语言检索，但如果系统对提问式的翻译较准确，用户可以借助于辅助翻译工具，浏览相关的信息，提问式翻译对用户仍然是十分有帮助的。目前提问式翻译模式以下几种。

（1）基于词典的模式。该模式主要是利用机读词典，将用户提交的检索式翻译成目标语种，然后进行检索。其中心思想是基于双语字典或词典，找出提问式中的所有检索单词（提问语种）对应匹配的由信息语种描述的单词；每个检索单词在信息语种中经常会有一个以上的单词与之对应，在这种情况下就会形成不同的由信息语种描述的单词组合。对于单词组合的选择通常有两种方法：①在信息语种的语料库中对出现的单词组合进行统计，根据常用词组和习惯用法出现频率比较高的特点将统计值低的单词组合排除，从而净化翻译结果；②直接使用这些单词组合进行检索，根据满足常用词组和习惯用法的单词组合得到的结果信息将作为检索结果中的主要部分。解决一词多义的方式，主要选择第一个词义、前 N 个词义、所有词义等。对于专有名词（人名、地名），可以采取不翻译的方法；而新词汇可以通过及时更新词典的方式来解决；对于专业名词的处理，一般是通过普通词典与专业相结合的方式来解决。由于用户提交的查询提问式，通常很短，缺乏必要的语境，提问式翻译的准确性尚不能令人满意。

（2）基于双语语料库模式（corpus-based method）。它从大规模的语料入手，从中抽取所需的信息，自动构建与应用有关的翻译技术。语料库是将同一信息或同一主题的信息，用两种或多种语种进行描述，并由人工或计算机建立不同语种间信息联系的集合。语料库可以分为平行语料库（parallel corpus）和比较语料库（comparable corpus）。平行语料库是指同一信息用不同的语言进行描述；比较语料库是指同一主题的信息用不同的语言进行描述。基于语料库方法的中心思想是通过语料库中不同语种同一信息的对应关系对提问式进行翻译并且过滤提问式翻译后产生的非正常翻译结果。当提问式中的单词经过翻译后有多个结果与之对应时，在相关领域的对应语料库中，统计源语种中该单词出现的概率和目标语种中各翻译结果各自出现的频率；然后根据在源语种语料库中的相关单词或词组在相应的目标语种中也会有同样的表现（即所出现的概率相近），来选择较佳的翻译结果。

（3）字典-语料库混合（hybrid method）方法。这种方法结合了基于字典和基于语料库方法各自的优点。先使用字典对提问式进行翻译，在翻译过程中可能会出现多个结果或翻译含糊不清的情况，此时，利用专业语料库中相关术语的对应关系来净化翻译结果。字典翻译的方便性和语料库翻译的准确性、专业性在这种方法中得到了最充分的体现。

（4）提问式构造方法（query structuring）。在基于字典翻译方法中，对提问式的翻译往往选择字典中多种释义的第一种释义作为提问式的译法；然而选择第一种译法存在一定的不合理性，选择全部的译法然后进行筛选又大大降低了检索的查准率。提问式构造方法的实质是利用同源词、复合词或 n 元匹配分析提问式中各个词的权重：只有一种或两种释义的词的权重最高，而有多种解释的词用同源词符、复合词符或 n 元匹配符连接以降低其权重。

（5）提问词再赋权方法（query term reweighting method）。为了解决提问式翻译含糊不清的问题，Kang 等（2000）在基于字典翻译方法的基础上提出了基于反馈技术的提问词再赋权方法。该方法分三步：首先，使用双语字典将提问式翻译成扩展提问式（一对多），对扩展提问式中单词赋权重并组成扩展提问式向量（expanded query vector）；其次，根据由共现技术（co-occurrence）确定的提问式-文献相似度标准将由扩展提问式向量检索得到的文献进行排列；无论什么语种，一词多义现象都是普遍存在的。对提问式来说，确定提问式中检索词的确切含义是查询扩展的基础；对于被检索信息来说明确信息中出现的检索词的含义，是提高检索准确率、确定信息相关性的关键。若两个有一定关联的词共同出现在某一篇文献或者文献的某一个部分，就可以非常容易地确定其含义。基于相关性反馈技术的统计步骤，统计某个特定问题的扩展提问词在前 n 篇文献中出现的频率，根据频率对扩展提问式向量中的提问词重新赋权重，最后根据重新赋权重的扩展提问式向量检索得到相关文献。该结果将更符合用户的需求。提问式翻译只是提问式处理的一部分，还要对原始提问式进行扩展，形成扩展提问式，这种技术称为查询扩展。查询扩展即在用户输入原始的提问式后，自动地根据用户的语义，加入新的查询提问式，扩展的词汇应该是基于原提问词的同义词典以及相关词词典。查询扩展技术可以减少翻译错误，部分地解决“词汇问题”中“多词同义或近义”的问题。查询扩展可分别在提问式翻译前或翻译后进行，也可在提问式翻译前和翻译后都进行。

2. 文档翻译

除查询翻译之外，跨语言信息检索的另一种实现方式是文档翻译，即先将系统支持的多语种信息翻译成与查询相同的语种，然后用户可以单语种信息进行检索。目前实现文档翻译的技术主要有机器翻译系统和基于字典翻译文献索引词方法。由于文档翻译实现的跨语言信息检索，返回给用户的检索结果是用源语种表达的，更符合用户的实际需求。另外，相对于提问式翻译，文档翻译有更加宽泛的语境信息，可以利用上下文消除翻译的歧义性，以期解决一词多义、一义多词等问题，翻译的准确性较高。文档翻译的实现执行效率是首先要面对的问题。目前双语互译翻译系统取得了飞速的发展，在特定的领域具有较高的翻译质量。但当原文档集所涉及的学科范围较广时，如互联网上的网页，机器翻译系统的精度仍然较低。目前实现文献翻译技术和方法主要有机器翻译系统（machine translation system，MTS）和基于字典翻译文献索引词方法。通过文献翻译方法实现的跨语言信息检索返回给用户的检索结果是用源语言描述的，用户能够方便地选择利用；文献层次的翻译相比于提问层次的翻译其语境更加宽泛，能够利用上下文消除翻译的歧义性；但是文献翻译要求所有被检索信息改变语种符号，而现有的大多数机器翻译系统的正确率还难以达到令人满意程度，无法达到实用水平；而且将数据库中全部文献从目标语种翻译到源语种工作量巨大，代价昂贵，此外重新构造大范围的被翻译的索引数据其代价也不小。因此，文献翻译方法只在被检索信息内容有限的情况下才有意义，目前这种方法在研究和实际应用上都远不如提问式翻译。

3. 中间语种转换

将提问和文献转换成一种逻辑形式，或者第三种语言。这种方法常用在多于两个语种的跨语言检索系统中，或者两种语言之间不存在直接对应转换的跨语言检索系统。概念中间语（conceptual interlanguage representation approach）方式是指将源语种与目标语种都转换成一种中间语种，来实现跨语言检索，即源语种—中间语种—目标语种。一般认为，选择的中间语种应该是计算机容易处理的语种，如英语等，这样可以解决两种语言之间无法直接翻译的问题。

4. 非翻译

目前通过非翻译实现跨语言信息检索。典型技术是潜语义索引。它的实现方式如下：首先，将原始文档与对应的翻译文档建立联系，构建训练文档集；其次，利用 SVD 技术对其进行分析，获得双语文档集的特征信息和检索词的映射关系；最后，以平行文档中的语词检索出另一语种的相关信息。跨语言信息检索的非翻译方式不需要词典、词表和机器翻译系统，也不存在翻译过程中消除歧义问题，具有很高的灵活性和适应性。其标引词和权重都可以根据具体的应用进行试验和调节，通过训练为各个任务找到优化的模型；其弊端为如何针对具体问题构造优化的向量空间模型，这成为一种经验型的工作，且向量空间模型的计算需要时间，训练文档不容易获取。

5. 本体方法

本体（ontology）源于哲学术语，用来描述事物的本质。它通过指明概念之间的关系指示编码，是共享概念模型明确的形式规范化说明。本体是同一领域多个知识库以及多个领域不同知识库所具有的共同的、核心的内容，这种核心内容实际上是一种通用的或共用的知识构架。本体的目标是获取相关领域的知识，确定该领域共同认可的词汇，并明确这些词汇及其相互关系，建立良好的概念层次结构，为系统内各个主题提供对该领域知识的共同理解。知识和语言实际上是不可分的，语言中的词语，包括各种领域的术语，都是作为知识基本单位的概念的载体。因此，词典或术语资源本身就是一种特定形式的本体。由于本体能够很好地描述概念的内涵以及概念与概念之间的关系，具有良好的概念层次结构和对逻辑推理的支持，在跨语言信息检索中，可以利用本体来刻画不同语言对应的领域知识，可以有效解决查询请求从查询语言到检索语言之间转换的过程中出现的语义缺失和曲解等问题（王进等，2004）。

9.3.5　跨语言信息检索需解决的主要问题

（1）提问与文献分属不同语言。这是跨语言信息检索的最主要特征，由于提问与文献分属不同的语言，因此两者之间需要通过词典等方式建立匹配的对应关系。

（2）词的歧义和多义性。由于原始提问中有些词义的不确定性，系统需要借助歧义性、多义性分析机制，将原始提问排歧后再转换成最终提问。

（3）提问中词的切分。一些语言（如中文、日文、韩文等）由于词与词之间没有明显的分隔符号，因此，词的切分问题成为此类语言的跨语言信息检索研究要点之一。

（4）文献的多语言性。在跨语言检索系统中，由于原始文献是用不同的语言书写的，因此语种识别是检索的基本工作，此类情况常出现在自动标引的系统中。

（5）输出结果的排序方式。检索结果中，不同语种的文献如何排序，如何对不同语种的文献进行相关度的计算，也是跨语言信息检索系统必须研究的问题。

对于汉英跨语言信息检索来说，除了面临一般跨语言信息检索所具有的难点外，还有下列一些与其语言有关的不利因素。这些不利因素主要还是由于汉语的一些特性所导致的。

（1）中文文本之间没有分隔符，在基于词的检索系统中必须要对其进行中文语词的切分，中文语词切分算法的有效性直接影响到查询条件的翻译效果。

（2）至今仍没有较好的方法识别汉语中的新词、外来词、专有名词、人名、地名和缩略语等语词，自动构建汉英双语词典较为困难，这势必影响查询条件的翻译效果。这些语词也是基于中文词语的切分方法所面临的困难。

（3）汉语没有词缀变化，并且语词的词性兼类较多，这给基于汉英双语词典的查询条件翻译方法带来许多困难。

（4）汉语句法、语义分析复杂，至今还没有较好的研究成果运用于中文信息检索领域。

（5）重要的跨语言检索系统评测会议对于信息检索系统的评测都在标准的实验室环境中进行，以比较检索系统或者检索技术的检索性能，然而早期的测试文档集规模通常较小，与真实的检索环境之间有很大的差距，因此基于这样的测试集的检索系统，在实际应用中无法达到较好的性能（张俊林等，2004）。

9.3.6　跨语言信息检索在数字图书馆的应用

数字图书馆是一个庞大的信息系统，它不仅涉及包括数据库、多媒体、网络等多种高新技术，而且还收集存储了海量的信息资料。数字图书馆包含有世界各国的信息资料数据，因此其信息资料库是一个标准的多语种多媒体信息数据库。在一般数字图书馆系统结构的基础上嵌入跨语言信息检索模块，可以实现基于跨语言信息检索技术的实用型数字图书馆（王昊，2005a）。

数字图书馆中的跨语言信息检索系统模型共分为六个模块，即用户查询服务模块、资源调度模块、跨语言检索模块、信息资料数据库模块、信息数据加工模块以及元数据库模块。该模型特点如下所示。

（1）元数据库相对集中，提供数据标准协助各模块完成相应的功能。

（2）数据加工系统实现对原始图书文献资料的采集、整理、数字化、标准化，最后将标准化多语种数据存储到信息资料数据库中，形成有序的组织。

（3）信息资料数据库中数据采用分布式存储，可以根据信息语种的不同将整个多语种信息数据库划分为下一层各语种信息库，各语种信息库又可以根据学科或研究领域进一步划分形成更下一层信息库。

（4）用户查询服务系统则可根据用户提交的检索请求（提交提问检索式）或服务请求（提交定题或查新等服务要求），实现数字化信息资料的发布和利用。

（5）资源调度系统则实现网络环境下用户（或图书管理员）提问式和数据库中信息资料数据的识别或统一调度。

（6）跨语言信息检索系统通过资源调度系统得到源自用户查询服务系统的提问检索式。首先实现提问式源语种的辨析，并选择合理的翻译器（如 MTS 或双语字典或语料库等）将提问语种检索式转化成信息语种（包括多种语种）提问式；其次，在资源调度系统的调度下根据信息搜索引擎从多语种信息数据库（通过数据加工系统建立）中得到符合要求的结果提交给用户；最后，根据用户的反馈进一步提高翻译的准确性和完整性，进而得到更有效、更能满足用户需求的结果数字化信息资料。该系统子模块与数据加工系统、数据库系统、资源调度系统、用户查询系统等子模块都有着直接或间接的联系。

上述模型的整个工作流程为：对于用户的检索请求或服务请求，数字图书馆系统通过用户查询服务系统检索元数据库得到资源的标识，然后通过资源调度系统对用户提问式资源进行统一组织与调度，将源语种提问式提交给跨语言检索系统进行语种翻译得到多种语种的扩展提问式并检索获取符合要求的以分布形式存储（在信息资料数据库中）的数字化信息数据。最后在资源调度系统的协调调度下，通过用户查询服务系统将结果数字化信息提交给用户，至于信息资料数据库中数字化信息的收集与扩展则是通过信息数据加工系统来实现的。

9.4　基于内容的检索技术

基于内容的检索（content based retrieval，CBR）是一种新的检索技术，主要是利用媒体对象的语义、媒体的视觉特征或听觉特征进行检索，它利用图像处理、模式识别、计算机视觉、图像理解等学科中的一些方法作为部分基础技术，直接对图像、音频、视频内容进行分析，抽取特征和语义，利用这些内容特征建立索引并进行检索是多种技术的合成，具有广泛的应用前景。

9.4.1　基于内容的图像检索原理

基于内容的检索系统一般由数据库生成子系统和查询子系统构成，每个子系统由相应的功能模块和部件组成。主要包括以下几点。

（1）图像的预处理。包括图像格式的转换、尺寸的统一，图像的增强与去杂等功能，为图像的特征提取打下基础。

（2）特征的提取。即从包含大量信息的图像中分解出不同种类的特征信息，主要包括视觉特征和统计特征。视觉特征是指具有直观意义的图像的形状与颜色特征，统计特征是对图像像素、纹理等特征的统计。特征的提取可以是整幅图像，也可以是图像某个区域或具体的内容对象。

（3）数据库系统。由图像库、特征库和知识库组成。图像库为数字化的图像信息；特征库为图像的内容特征和客观特征；知识库包含专门和通用知识，有利于查询优化和快速匹配。

（4）查询和浏览界面。通常是以示例查询和模糊描述等方式进行检索。用户可以用整幅图像、特定对象以及各种特征的组合等形式进行查询。查询时需要通过浏览界面来确定查询要求，而且查询后返回结果也需要浏览。

（5）匹配引擎。检索是利用特征之间的距离函数来进行相似性匹配，模仿人类的认知过程，可以从特征库中寻找匹配的特征，也可以临时计算对象的特征。匹配引擎中包括一个较为有效、可靠的相似性测度函数集。

（6）索引过滤器。对于大型的基于内容检索图像数据库，还需要寻找有效的方法来加快检索。常用方法包括过滤和索引，在进行向量运算之前先滤除那些不符合要求的图像，过滤出的数据集合再用高维特征匹配来检索。

9.4.2　基于内容的检索的主要特点

与传统的检索方式比较，基于内容的检索具有以下特点。

（1）直接从图像中提取语义线索和特征，并根据这些线索从大量存储在数据库的图像中查找、检索出具有相似特征的图像数据来。它突破了传统的基于字符表达式检索的局限。传统的图像检索主要是通过给图像赋予一组特征描述数据，用来表达图像数据的内容，将对图像本身的检索转化为对特征数据的检索，根据字符的匹配查找到相应的图像。显然这个转换过程妨碍了有效的交互，被称为“转换障碍”，难以满足用户各种各样的需求。对于建库者来说，要准确地对图像进行特征描述比较困难，往往会因个人的知识、经验、理解不同而有所差异，而且并不是所有的图像对象的特征都能用字符描述出来。基于内容的图像检索直接对图像内容进行分析，抽取特征和语义，把检索过程与语义提取直接地联系在一起，使得检索过程更加有效，适应性更强。

（2）以相似比对取代吻合比对。在字符检索中，因为一字一码，故通常采用匹配（match）比对方式，以精确匹配为主。在基于内容的图像检索中，由于相同内容的图像有不同的表现方式，如同一场景的照片就有远景和近景之分，通常采用相似（similarity）匹配方式，以获得类似结构，不断缩小检索范围，直至定位于所要求的目标，这是一个迭代过程，与常规数据库检索的精确匹配不一样。

（3）采用直观的可视化提问方式。基于内容的图像检索通常采用示例查询法，当用户不清楚检索提问要求，或不熟悉图像信息结构类型时，可通过浏览选择例子或自己绘制图形，作为查询条件，并可以通过浏览结果检验查询方式的好坏，从而作必要的修正，然后再次进行提问。

（4）交互性强。用户参与检索过程，可对检索方式不断改进，反复提问，直至找到满意的结果为止。这种把检索结果的全部或部分内容再做进一步细化检索的过程称为相关反馈（relevance feedback），可以弥补相似比对时一些没有或无法考虑到的因素，能引导查询方向，以便满足用户的特定需求。

（5）能满足多层次的检索要求。基于内容的图像检索系统通常包括了图像库、特征库和知识库，可满足多方面的检索要求。例如，常规的基于客观属性（关键词）的检索、基于内容的检索、对象关联检索及概念查询检索等。

（6）检索效率较高。能从大型分布式数据库中以较快的速度查找到有关图像，可以不用去理解和识别图像中的对象，所关注的只是基于内容，从而快速地发现相关信息。

9.4.3 基于内容的图像检索的主要方式

图像查询主要依据图像的颜色、纹理、形状以及图像中子图像（对象）的特征进行检索。常见的检索内容主要包括：①颜色。包括图像颜色分布、相互关系、组成等；基于颜色特征的图像检索方法在一个特别的色彩类别中，计算像素数量的相似性，是较受欢迎的图像检索措施，因为颜色特征是图像检索中所使用的最可靠的视觉特征。通过输入图像的颜色特征，计算机会自动计算图像的像素值，将相似图像显示给用户。有的图像检索系统还提供一种颜色矩形图的检索方法。它是一种通过颜色特征表达图像检索的方法，它的横轴表示颜色的等级，纵轴表示一个颜色等级上具有该颜色的像素在整幅图像中所占的比例。在图像像素的颜色矩形图中，由于图像的颜色布局不同、图像的像素就不同，图像也不同。通过计算机计算一个图像的颜色像素数量，就能够区分图像。很多图像检索系统都采用颜色矩形图检索方法检索。②纹理。包括图像的纹理结构、方向、组合及对称关系等；基于纹理特征的图像检索方法纹理是所有图像表面所具有的内在特征，它包含了关于图像表面的结构安排及周围环境的关系，可以通过图像的纹理来检索所需的图像，因为不同的图像其纹理不同。在不同的图像背景中，小红花和大红花在纹理上就不同，因为它们的表面结构及周围环境都不同。纹理通常被认为是一种图案的空间排列，如格子织物是一些小的方形和直线的排列，而绿草地的纹理是一些细线条的排列。在20世纪70年代，国外学者提出了关于纹理特征的运算法则（共生矩阵），它首先根据图像的像素之间的方向和距离构筑一个运算法则，然后从该矩阵中提取有意义的统计数据作为纹理表述，提供给用户进行图像检索。③形状。包括图像轮廓组成、形状、大小等。形状特征是图像的一个显著特征。采用该特征进行检索，用户可以通过勾勒图像的形状或轮廓从图像数据库中检索出形状相似的图像，两个图像相似性的最简单形式是它们的像素有相似的值。但这个值是相当难确定的，因为它要求用户确切知道这个图像的布局、轮廓特征。因此，正确表达用户想要图像的形状及所看到的相似图像的感觉是重要的，否则会因为大量令人头痛的误会令检索者极其困惑。根据图像中的轮廓特征进行检索，采用的一种简单方法是用轮廓的一些简化特征作为检索的依据，一般以轮廓的中心为基准，计算中心到边界点的最长轴和最短轴、长轴与短轴之比、周长与面积之比、拐点等作为检索特征。进行轮廓检索时，一般由用户手绘出检索的图形，然后计算该图形的特征与特征库中图像轮廓特征的距离来决定相似程度。图像中的区域指的是一个相互连通的具有一致有意义属性的像素集。要把一幅图像变成若干个互不交替的区域组成的图有多种处理方法，但多媒体数据库检索要求快速、简便时则可利用三维颜色直方图的区域分割方法。④对象。包括图像中子对象的关系、数量、属性、旋转等。

基于内容的图像检索目前常见有以下一些方式：①选择颜色的比例、层次以及纹理图案的图样进行查询；②用工具生成表示物体和物体间空间关系的符号图像进行查询；③用画图工具生成与希望查找的图像颜色分布相似的图像进行查询；④从当前窗口所陈列的全部图像中选择接近自己意愿的图像进行查找，重复多次直至找到为止；⑤上述方法与字符的关键词结合进行查找。

基于内容的图像检索是一个逐步求精的过程，大致可以经过以下几个步骤：①初始检索提问，用户查找一个对象时，通过示例或特定的查询语言形成一个检索提问；②相似性匹配，将查询特征与特征库中的特征按照一定的匹配算法进行相似匹配；③结果输出满足一定相似性条件的一组候选结果，按相似度大小排列后返回给用户；④特征调整，对系统返回的结果可通过浏览来挑选，直至找到满意的结果，或从候选结果中选择一个示例，经过特征调整，形成一个新的查询；⑤重新检索，逐步缩小查询范围，直到用户对查询结果满意或放弃为止。

9.4.4 动态图像检索

视频图像能比静态图像描绘更为丰富的信息内容，但视频图像即动态图像的检索技术较为复杂，一般包括片段截取、建立描述框架和运动对象分层描述等几个步骤。它的基本过程是对一段视频图像进行分段抽样，抽取有代表性的特征，然后通过框体把动态片段同已有的静态图像一样对待，再将视频图像运动变化的部分从背景中分离出来，进行单独描述。这样视频图像被典型地分割为一帧帧的系列图片。如果不用图像的分割方法，复杂的移动图像是很难检索的。在视频图像中，镜头是视频图像的基本单元，任何视频图像都是由一个个镜头衔接起来的。视频图像中的镜头分割是视频分析中的最基本内容。视频分割即将视频图像分割为一个个镜头的过程，其主要目的是识别镜头的切换。镜头的切换主要有突变和渐变，突变是指一个镜头与另一个镜头之间没有过渡，由一个镜头立即转换为另一个镜头；渐变是指一个镜头到另一个镜头的渐渐过渡过程，没有明显的镜头跳跃。视频分割成镜头后要从每个镜头中抽取代表帧，代表帧是用户描述镜头的关键因素，它反映了镜头的主要内容。两个邻近的帧在视频分割突变的时候，在像素模式上有很大的不同，因此，选取代表帧是视频图像处理的重要环节。这一环节做好了，就可以像处理静态图像一样，对视频图像进行检索。视频数据可以用场景、镜头和帧进行描述。动态视频检索需要对视频信息进行视频分割，即将视频数据分割为镜头，在此基础上，从每个镜头中抽取关键帧，它是用于描述一个镜头的关键图像，即可按颜色、形状、纹理等特征检索。当然，动态特性是视频信息的重要特征，它包括镜头的运动变化、视频目标的运动轨迹等。事实上，许多目标的运动与摄像机操作有关。这样就可利用摄像机操作的特征进行检索和浏览，即利用相似性测度进行基于关键帧或镜头的运动特征或二者结合的检索。

9.5 数字图书馆的知识检索

知识检索是为了解决目前信息检索中存在的诸如检准率低等问题而提出的一种新型的信息检索理念。

9.5.1 知识检索概念

知识检索是综合应用信息管理科学、人工智能、认知科学及语言学等多学科的先进理论与技术，基于知识和知识组织，融合知识处理和多媒体信息处理等多种方法与技术，充分表达和优化用户需求，能高效存取所有媒体类型的知识源，并能准确精选用户需要的结果。知识检索是针对信息检索中存在的语义性较差、智能性较低、知识性较弱等现状提出的一种基于语义和知识关联，运用知识处理技术和知识组织技术，实现信息查询语义化、智能化的一种高级信息检索方式。知识检索通过对知识的广泛应用和对信息的深度加工，向用户提供满意度较高的检索服务。

知识检索系统的运行需要大量知识的支持。从知识的学科特性以及应用范围来看，主要有以下几种类型知识：领域知识、用户知识、专家的专业知识等。①领域知识。它是描述应用领域中客观事物的重要知识，如学科分类知识、元数据和专业概念知识。学科分类知识可以表达事物的本质属性和事物之间的本质关联。元数据是各分布式信息源的核心内容的抽象描述。专业概念知识如主题词及其相互关联知识，是最基本的知识元素，用来表达与修改文献内容和用户提问。②用户知识。它包含用户的需求、偏好、背景知识，用户的交互、检索行为知识，以及用户对检索机制和检索结果的反馈知识。利用用户知识改进和创新检索方法，是实现面向用户的个性化检索、主动性检索的根本措施。③专家的专业知识。其中，元知识（知识的知识）包括专家知识和系统的控制策略知识，这是知识检索系统检索策略与规则的主要来源，而专家的经验知识是其重要组成部分。如何在知识检索系统中充分组织和利用专家知识，是检索任务能否顺利进行的关键。经验知识是专家将领域知识与具体实践相结合的产物。这类知识的获取与共享，将对检索领域发挥重要的作用（张玉峰等，2003）。

9.5.2　知识检索的特点

知识检索基本特征是在对蕴含在信息记录中的知识和知识关联进行分析的基础上，运用知识处理技术和知识组织技术，实现基于语义理解的智能化查询。这种方式融合了知识组织、知识处理和多媒体信息处理等多种方法与技术，是一种能充分表达和优化用户需求，高效存取所需媒体类型的知识源（文本、图像、视频、声音等），并能准确精选用户需求结果的高级信息检索方法。具体地说，知识检索是通过对文档原文信息进行语义上的自然语言处理，析取出各种概念信息，形成一个知识库。从概念意义层次上来处理用户的检索提问式。利用知识检索不仅能检索到包含提问式中的关键词的结果，还能检索出那些与该词同属一类概念的词汇的结果。知识检索能够利用信息的语义知识，理解用户的检索需求，通过知识学习、分析理解和推理归纳来实现检索的智能化，突破关键词匹配拘泥于表面形式的局限。其特点为①具有分析和理解自然语言的能力。知识检索对文档内容和用户检索提问式运用自然语言处理技术进行语义层次上的分析和理解，从中析出概念信息和范畴信息。②具有记忆能力。知识检索通过记忆机制，将析出的概念信息和范畴信息存储到知识库中，并能自动补充与更新，还能进行必要的逻辑推理。③具有知识库。在知识检索中，文档内容和提问式都以概念和范畴等知识形式存储在知识库中。用来匹配用户的提问和推理出满足用户需求的新信息。④人机接口。知识检索能根据文档内容和用户提问式构造检索要点并输入系统，其输出的是按用户要求进行加工的结果，并可以以自然语言的形式提供给用户（郭春玲，2012）。

9.5.3　知识检索的优点

知识检索通过对语义检索、基于规则的推理检索分析，帮助用户快速定位、获取所需信息，使得用户获得充分的语义信息，较大地提高了知识检索的效率、精确性和智能性，提高了知识的共享和可用性。知识检索具有明显的优势：①实现信息服务向知识服务的转化，向用户提供潜在内容知识，以及分析预测后的超前性领域成果或知识。②提供主动服务方式，自动优化用户需求，主动提供个性化检索。③面向用户，依据用户的需求及其变化，能灵活选择理想的检索策略和技术，并且将繁重的知识信息存取工作从用户移向了计算机。④综合应用各类知识和各种高效的智能技术，全面提高检索效率。知识检索是综合应用信息管理科学、人工智能认知科学及语言学等多学科的先进理论与技术，基于知识和知识组织，融合知识处理和多媒体信息处理等多种方法与技术，充分表达和优化用户需求，能高效存取所有媒体类型的知识源，并能准确精选用户需要的结果。

9.5.4 知识检索与信息检索的比较

传统的信息检索多是建立在语词匹配的基础上的，需要用户选择与索引库中完全一致的检索或在此基础上构造检索式，一旦用户的查询请求词与索引库中的索引词字符形式不一致，查询匹配就会失败。使用这种传统的检索机制必然会导致要么查询结果中无关信息很多，要么查询返回结果太少。而知识检索能够在对蕴含在信息中的知识和知识关联进行分析的基础上，在知识处理技术和知识组织技术的支持下，实现基于语义理解的智能化查询，并能准确精选用户需要的结果。信息检索与知识检索犹如信息与知识，两者既相互联系，又存在着本质区别。下面分别从检索语言、搜索方式、检索模型、信息资源组织方式、检索效率等方面加以比较（陈芳，2005）。

1. 检索语言

检索语言是描述信息的内容与形式的工具，也是用户表达检索提问的语言。信息检索系统中一般将关键词作为描述信息和用户提问的基本单元。因为关键词是最简单的自然语言，是实现主题检索的重要途径，而且简单易用。但是关键词不能充分表达概念之间的语义关系，通常难以满足用户的信息需求。在知识检索系统中，除提供关键词实现主题检索外，还结合自然处理语言和知识表示语言，表示各种结构化、半结构化和非结构化信息，提供多途径和多功能的检索。自然语言处理技术是提高检索效率的有效途径之一。其任务是建立一种能够给出像人那样的理解、分析并回答自然语言的结果的计算机模型，能实现基本的人机会话、寓意理解或自动文摘等语言信息处理功能。其中要利用汉语分词技术、短语分词技术、同义词处理技术等。

2. 搜索方式

信息检索是基于“信息”的搜索。目前信息检索方式主要是关键词搜索和目录搜索。通过关键词搜索通常会返回大量的冗余信息，而目录搜索则需要用户花费大量的时间进行子目录的浏览，在该过程中仍然存在大量的、与用户意图无关的无效链接。用户在提出检索请求制定检索策略时，对表达其信息需求的关键词常常感到困惑，如何帮助用户分析、表达其信息需求是目前系统所欠缺的；用户的反馈信息不能及时地调整检索策略，改善信息检索的性能；无法体现用户个性化的信息需求等。知识检索是基于“知识”的搜索，即利用机器学习、人工智能等，模拟或扩展人的认知思维，提高信息内容的相关性。知识检索具有明显的优势：①检索机制和界面的设计均体现面向用户的思想，用户可以根据自己的需求及其变化，灵活地选择理想的检索策略与技术；②知识检索能主动学习用户的知识，主动向用户提供个性化的服务；③综合应用各种分析、处理和智能技术，既能满足用户的现实信息需求，又能向用户提供潜在内容知识，全面提高检索效率。

3. 检索模型

信息检索在其发展过程中，形成了一些成熟的模型，它们依据不同的理论，对检索元素进行不同的描述。常用的检索模型一般有布尔检索模型、向量空间模型、知识检索模型。布尔检索模型基于布尔逻辑，利用关键词来描述信息，用户用关键词的逻辑组配来表达信息需求，检索系统采用精确的关键词匹配，返回检索结果。这种模型容易实现，被大多数检索系统使用，但检索结果与用户的检索技能有很大的关系。向量空间模型基于统计理论，将检索系统中存储的信息与提问信息用空间中的向量表示，用相似统计方法计算信息向量与提问向量之间的相关性，可将相似计算结果用于检索结果的排序输出。知识检索模型集成各类知识对象和信息对象，融合各种智能与非智能理论、方法与技术，实现知识检索。知识检索常用的检索模型有分类检索模型、多维认知检索模型、分布式检索模型等。分类检索模型利用事物之间本质的关系来组织资源对象，具有语义继承性，揭示资源对象的等级关系、参照关系等，充分表达用户的多维组合需求信息。多维认知检索模型的理论基础是人工神经网络，它模拟人脑的结构，将信息资源组织为语义网络结构，利用学习机制和动态反馈技术，不断完善检索结果。分布式检索模型综合利用多种技术，评价信息资源与用户需求的相关性，在相关性高的知识库或数据库中执行检索，然后输出与用户需求相关、有效的检索结果。

4. 信息资源组织方式

信息组织是信息检索与利用的基础，而信息检索与利用则是信息组织的目的。两者是互逆的过程。用户信息检索的一般过程是：用户将自己的信息需求以一定的形式表示出来，形成检索提问式，信息检索系统将用户的检索提问式与经过序化的信息集合进行匹配，并将检索结果返回给用户，用户可以根据该结果来调整检索策略，进一步获取相关信息资源。信息资源检索与利用的前提是通过标引等方式对信息资源加以描述，并按一定的规则和方法进行有序化，形成有序的信息集合。与信息资源检索相对应的组织方式是信息组织。要实现快速高效的知识检索，首先是对知识进行合理的分类与组织，其次利用高效的检索手段与检索方法，找到与需求相匹配的知识资源。与信息资源检索相对应的组织方式是知识组织，知识组织主要的方法有：知识分类、语义网络、动态控制等。知识组织是高级的逻辑组织形式，信息组织不能充分表示信息元素的语义和语义关系，而知识组织能表示信息元素的逻辑关系、语义关系等。

5. 检索效率

信息检索机制多是采用提高检索式的专指度来提高检准率；采用降低检索词的专

指度，进行族性检索、截词检索等来提高检全率。而知识检索机制依然保留了传统信息检索机制提高检索性能的一些有效方法，同时也增加了更强的技术机制和知识机制，如关键词的机械字符匹配为概念匹配，语义匹配增强了语义理解和分析能力，利用智能技术提高与用户交互和知识采集、挖掘的能力等。知识检索能综合运用多种处理方法和技术，挖掘提问的深层含义，精确地表达用户的需求，返回具有高度相关性的检索结果。因此有较高的查全率和查准率。另外，检索时间可以作为衡量信息检索效率的标准之一，但作为衡量知识检索系统检索效率的指标意义不大。因为知识检索更强调内容的相关性，这样检索相关知识的能力作为衡量其检索效率的指标更具有实际意义。

9.5.5 知识检索模型

知识检索模型集成各类知识对象和信息对象，如领域知识、用户知识、专家经验知识以及多媒体信息元素等；融合各种智能与非智能理论、方法与技术，如推理、机器学习、数据挖掘、智能搜索、智能演算以及多媒体信息处理等；实现知识检索，如基于语义内容的检索、基于知识结构的检索、基于推理与学习技术的检索、基于专家与用户知识的智能搜索以及分布式多维检索等。目前知识检索模型主要有：分类检索模型、多维认知检索模型、分布式检索模型、基于本体的知识检索模型等（张玉峰等，2003）。它们采用不同的知识组织模式，应用不同的人工智能技术和知识处理方法。

1. 分类检索模型

分类检索模型的核心思想是数据抽象，利用事物之间本质的关系来组织资源对象。概念逻辑与知识分类思想是知识标引和知识检索的理论基础。知识组织结构是类层次结构。知识对象由静态和动态的知识元素构成，对象之间存在类属关系和其他语义相关关系。用户提问对象同知识库中知识对象的结构相同，可包含用户的多维异构需求信息。该模型综合应用类结构的查找方法和对象归类方法，实现对象或概念的检索。对象之间的等级关系，可提供快速的自顶向下的查找策略。利用继承原理，可实现自底向上的检索。其他语义相关关系如参照关系，能实现横向的搜索。这种模型的最大优点是语义继承特性，便于知识资源的共享，提供多途径、多方位的多种检索方法，充分表达用户的多维组合需求信息。该模型较适于领域知识和用户知识等大规模知识源。它需要综合利用自动化分类方法和手工分类方法，关于大规模资源的存储和动态维护已由计算机实现。

2. 多维认知检索模型

认知检索模型的理论基础是人工神经网络（artificial neural network，ANN）。它以模拟人脑的结构和神经系统为目标，将资源组织为语义网络结构，由节点和链接组成。节点可以表示概念或知识对象，链接表示对象之间的各种语义关系和动态操作关系。该模型利用启发式知识和传递激活技术，形成一种认知式的语义推理模式，实现知识库的联想搜索。该模型利用学习规则和相关反馈技术来修改、完善提问和知识库，不断改进检索结果。它适合于专业概念知识库的检索，用于扩充和优化用户需求，还可以帮助用户区别词的多义。用户可以充分描述概念和概念之间的关系，查找精确的文献内容和执行语义链的导航搜索。它不适于大规模的知识源。

3. 分布式检索模型

对于网络异构分布式信息资源，分布式检索很重要。该模型要求建立元知识仓库，集成和存储各类元知识。它综合应用分布式人工智能、神经网络、智能演算、并行推理、机器学习等技术，评估各类资源与用户需求的相关性，选择最好的知识源和数据库集合，分别执行并行检索。最后，它利用聚类、综合分析与学习等智能处理方法，产生全局一致的、有效的检索结果。

4. 基于本体的知识检索模型

其主要特点是（马文峰和杜小勇，2006）：①以知识本体作为组织领域知识的语义模型。在检索对象的组织上，知识检索模型利用领域本体作为组织资源的基础。以领域本体为基础来组织领域知识，首先要构建一个涵盖相关领域概念及概念间关联的领域本体库，作为资源描述和知识表示的工具及模型。目前广泛应用于各个学科领域的主题词表、分类表可以作为领域本体库的构建基础，在此基础上确定领域知识本体的主要概念、概念间的各种关系，构筑领域本体的概念模型。②以知识本体的概念集对资源进行语义标引。在检索对象的描述上，知识检索模型借助语义标引工具，按照领域本体的概念及关联，对资源对象进行概念分析、分类、标引、描述和处理，形成机器可以理解的带有语义信息的元数据。以领域本体的概念模型作为资源元数据的规范描述标准，可使目前相对独立、没有语义的领域信息形成具有语义关联的知识组织系统，也是实现基于知识、语义检索的基础。③以基于本体的知识语言来进行标示。检索领域知识。知识语言包括知识描述语言和知识检索语言。知识描述语言是描述本体的语言工具，是对本体概念形式化的标准语言。OWL 是 W3C 推荐的知识描述语言的标准，RQL（rule-based query language，基于规则的查询语言）是 W3C 推荐的知识查询语言的标准。这些语言不仅使检索模型具有强大的语义表达和推理能力，同时可以实现不同领域本体之间语义的兼容和互操作。本体概念的优化检索依赖于本体检索语言的功能。④以自然语言实现概念查询。自然语言易用性强但自由度高，如果不加以控制，就不能精确理解语义，实现知识检索。知识检索模型提供了特定领域可控的概念语义体系，并建立与概念体系相对应的具有层次结构的自然语言术语体系，能对自然语言提问和本体概念库的术语进行语义的理解、分析和匹配，依据本体概念间的语义关系，实现知识检索。

9.5.6 知识检索系统

知识检索系统是一种基于知识检索思想的智能化信息检索系统，它应用知识检索的理论和方法，实现知识的存贮、发现、检索和利用，并以可视化的方式向用户提供检索结果。与传统的信息检索系统相比，知识检索系统能够从大量的零散的数据、信息中发现知识；具有自主学习能力，能够形成自身的知识库；检索的知识性、交互性强。知识检索系统的目的是实现知识的快速查询和获取，进而实现知识的共享利用，为构建科学的决策支持系统做准备。知识检索系统是一种知识处理和检索系统，其结构模型可以从两个方面分析，即知识检索系统的要素结构和功能结构。就要素结构而言，包括人、知识库、技术架构等。通常而言，人包括三类：一般用户、专家用户以及系统设计和维护人员。专家用户主要指检索专家和领域专家。知识库是知识检索系统的核心。如何从大量零散的数据和信息中发现知识和知识关联，形成系统的知识库，是知识检索系统必须解决的问题。技术架构需要具备一定技术能力的系统设计人员来实现系统的各项功能，包括开发一系列的应用软件和功能软件。

知识检索系统一般由人机交互层、知识收集层、知识处理层三个子模块构成（曾珠，2004）。各层次及所要实现的功能如下。

1. 人机交互层

人机交互层也叫人机接口，提供人机交互界面，是用户与系统的接口，向系统发出请求并接受系统的服务。知识检索系统中的人机交互层应能够理解、分析用户的检索请求，包括理解自然语言形式的检索请求，并能够以可见的方式把检索结果反馈给用户，同时还应具有解释功能。在执行查询的过程中，也应该能实现与用户的交互，以精确了解用户的真实请求。

2. 知识收集层

对外界输入系统的数据、信息进行预处理，也通过多种学习机制如机器学习、基于神经网络的学习、基于实例的学习来实现知识的收集、过滤、表达和存储，形成系统的知识库。经过知识预处理形成的知识库包含各种知识，如用户知识、专家知识、领域知识等。

3. 知识处理层

通过知识数据挖掘、知识发现等技术，挖掘数据、信息之间的知识关联和知识，同时根据用户的检索请求，运用一定的检索匹配规则，从知识库中选择满足用户需求的知识内容。系统从外界捕获数据、信息，通过人机交互界面纳入系统，由知识预处理模块实现过滤、编码、存贮，系统自身通过学习如机器学习、基于神经网络的学习等，形成自身的知识库。用户发出的检索请求，经人机接口输入系统，进入知识检索模块，最后把检索结果通过人机接口反馈给用户。在这个过程中，有多次的人机交互行为。比如，在检索请求输入阶段，通过人机交互，不断精练和了解用户的真实检索请求；在检索阶段，通过人机交互，不断精确检索结果；在检索结果处理阶段，通过人机交互，把检索结果以终端用户易于理解的形式反馈等。

9.5.7 知识检索的主要方法

1. 概念检索方法

概念是人对客观事物本质特征的概括，通过字、词、词组等概念描述元素表达出来。

概念有上位概念、下位概念、同义概念之分。概念并非孤立存在的，总是与其他概念之间存在各种各样的联系，这种联系实际上反映的是知识因子之间的关系。在对自然语言信息进行语词、语义分析之后，抽取相关概念，根据概念间的关联关系，构建多维概念网络，如概念图、概念树、语义网、本体等。在对用户查询请求和文档内容语义分析理解的基础上，把析出概念与概念库或概念网络进行逻辑匹配，找出源文档。概念联想是通过文本主题词的词共现率来建立这些词代表的概念之间的联系。通过系统对用户的检索词进行概念联想扩展，向用户提供包含其没有显示表达需求的相关结果，从而提高检索结果的质量。

2. 基于知识推理的检索方法

知识推理是在知识表示的基础上，利用形式化的知识进行机器思维，求解问题，实现智能操作的过程。推理就是依据一定的原则从已有的事实推出结论的过程。常见的推理方法包括正向推理、反向推理、双向推理等。推理机制是知识系统中的重要组成部分，目前知识系统中的推理机制主要有三种：①基于规则推理（rule-based reasoning，RBR）机制就是基于领域专家知识和经验的推理，它将专家的知识和经验抽象为若干推理过程中的规则。但传统的 RBR 存在着很多缺点：知识获取瓶颈、必须建立空间模型、系统维护复杂、很难实现自学习。②基于模型推理（model-based reasoning，MBR）机制是利用待解决问题的系统结构或组成要素等特性、原理或原则，建立一个数学模型，然后再利用这一数学模型结合问题条件，对系统做出推理、判断，以达到解决问题的目的。③基于案例推理（case-based reasoning，CBR）机制通过访问实例库中的同类事物求解，从而获得当前问题的解决方法的一种推理机制。基于案例推理直接模拟人类思维模式，在遇到一个需要求解的问题时，首先在实例库中检索与该问题最相类似的事例，并对其进行修补，输出修补后的结果作为该问题的解。将推理技术应用于检索中能够实现更加有效的知识检索。

3. 基于分类知识的检索方法

分类知识是对事物的本质特征以及事物之间的本质关系的抽象描述。概念逻辑与知识分类是知识检索的基础。这种检索方法的指导思想是，密切相关的同类文献可能相关于相同的需求。利用分类规则、分类模型和各种语义链，可实现多种语义推理检索和启发式搜索。

4. 基于用户知识的个性化检索方法

用户知识是指用户的信息需求和背景知识，尤其是用户的兴趣、偏好、习惯、思维方式等。个性化检索就是满足用户或用户群体的个性化需求的量体裁衣式的信息服务。在用户知识模型的基础上，用户知识学习 Agent（代理）被用户请求时，将精确的用户需求提交给检索协调 Agent，执行快速的启发式搜索或用户偏好漫游。用户知识学习 Agent 也可以主动联系检索协调 Agent，根据用户知识模型，将相关信息一次推送到用户的大硬盘计算机中，可随机、高效地满足用户需求。这种整体推送的方式，实现了信息知识的主动搜集与存储。

5. 基于专家系统的知识检索方法

知识检索是一个交叉领域，有必要获取多学科领域的专家知识。在检索领域，专家的专门知识是关于知识组织与知识检索的显性知识和隐性知识，主要包括领域知识、分类与标引知识、需求分析知识、查找策略知识、精练提问的启发式知识等。尤其重要的是隐性的经验知识，即启发式知识，它是专家将理论知识与具体实践相结合的产物。这类知识的获取与共享，将对检索领域发挥不可估量的作用。专家系统以专家知识为核心，具有近似人类思维的知识处理能力，强调专门知识对智能行为的决定作用。由于专家系统在一定专门知识的领域中执行良好，因此只有让不同的专家系统覆盖不同的知识领域，拥有不同的知识处理功能，并在一定的协作机制下，共同辅助知识检索系统的运行。在知识检索系统中应用专家系统，是为了充分利用专家知识的指导作用，使用户从复杂检索式的组合过程中解脱出来，将某些工作完全后台处理，促进用户启发式检索的研究专家知识能够引导用户逐渐辨别自己的检索意图，在检索过程中不是盲目地搜索、被动接纳检索结果，而是在专家的经验知识的引导下，不断向自己的目标靠近；专家知识具有一定的检索控制能力，它能指导整个知识搜索过程，使搜索沿着效果最优的方向进行（李敏，2005）。

6. 基于知识图谱应用的知识检索方法

知识图谱是结构化的语义知识库，用于以符号形式描述物理世界中的概念及其相互关系，其基本组成单位是“实体-关系-实体”三元组，以及实体及其相关属性-值对，实体间通过关系相互联结，构成网状的知识结构（刘峤等，2016）。它不同于普通的知识库，其本质上是将相关主题领域的知识体系化、关系化，并通过逻辑关联用图的方式可视化出来（刘炜等，2018）。通过知识图谱，可以实现 Web 从网页链接向概念链接转变，支持用户按主题而不是字符串检索，从而真正实现语义检索。知识图谱的构建过程是从原始数据出发，采用一系列自动或半自动的技术手段，从原始数据中提取出知识要素（即事实），并将其存入知识库的数据层和模式层的过程。这是一个迭代更新的过程，根据知识获取的逻辑，每一轮迭代包含三个阶段：①信息抽取：即从各种类型的数据源中提取出实体（概念）、属性以及实体间的相互关系，在此基础上形成本体化的知识表达；②知识融合：在获得新知识之后，需要对其进行整合，以消除矛盾和歧义，如某些实体可能有多种表达，某个特定称谓也许对应于多个不同的实体等；③知识加工：对于经过融合的新知识，需要经过质量评估之后（部分需要人工参与甄别），才能将合格的部分加入到知识库中，以确保知识库的质量。新增数据之后，可以进行知识推理、拓展现有知识、得到新知识（陈戈，2020）。

知识图谱提供了一种更好的组织、管理和理解互联网信息的能力，可用于语义搜索、智能问答、个性化推荐等。基于知识图谱的语义搜索能够实现：①以知识卡片的形式提供结构化的搜索结果。例如，当用户搜索清华大学时，知识卡片呈现出的内容，包括有学校的地址、邮编、简介、创办年份等相关信息。②理解用户用自然语言描述的问题，并且给出相应的答案，即简单的智能问答。例如，当用户在搜索中以提问的方式输入“世界上最大的湖泊是”，反馈的页面能够精确地给出里海相关的信息。③通过已有知识图谱中实体的关联，扩展用户搜索结果，发现更多内容反馈，丰富的关联结果。例如，当用户搜索达·芬奇时，除了达·芬奇的个人简介之外，语义搜索还能返回他的相关画作：《最后的晚餐》《蒙娜丽莎》及其相关人物等信息。

9.6　信息检索的可视化

可视化指的是运用计算机图形学和图像处理技术，将数据转换为图形或图像在屏幕上显示出来，并进行交互处理的技术。它涉及计算机图形学、图像处理、计算机辅助设计、计算机视觉及人机交互技术等多个领域。

9.6.1　信息检索可视化的概念

信息检索中的可视化是指把文献信息、用户提问、各类检索模型以及利用检索模型进行信息检索的过程中不可见的内部语义关系转换成图形，在一个二维或三维的可视化空间中显示出来。也是将数据库中的文献及它们之间的关系看作一个抽象的信息空间，把文献之间、文献的标引词之间存在的联系，以可见的方式表示出来。信息检索可视化是数据可视化技术在信息检索领域的应用，信息用户通过图形界面与网络信息检索系统进行交互，评价检索过程中每次检索结果，优化提问或查询。信息检索可视化用图形、图像来显示多维的数据，使用户加深对数据含义及数据间关系的理解、把握检索方向，以提高信息检索的效率与性能。

9.6.2　信息可视化的类型

1. 文献信息可视化

用二维方法显示文献信息，节点是文献，点的大小与颜色代表文献的不同属性，点的位置反映文献类别及相互关系，支持缩放、过滤和动态查询。比如，用 Stafield 技术可视化一个 HTML 文件时，点的大小表示文件的长短，点的颜色表示 HTTP 状态，可以支持 URL 请求和时间、URL 请求和访问地址的组合显示。

2. 时间序列信息可视化

本身具有时间属性的信息可以称为时间序列信息。根据时间顺序图形化显示事物是一种普遍使用的、很有效的信息可视化方法。

3. 多维信息可视化

多维信息指在信息可视化环境中具有超过三个属性的信息，这些属性的重要性是相当的。对于多维信息可视化最终还是在二维或者三维的空间里实现。一方面是因为现有的技术还不能直接表示多维信息；另一方面是由于人们很难想象多维空间而比较习惯于二维、三维空间。因而对于多维信息的可视化如何降低维度是关键问题，衡量各种降维方法的标准是在降低维度时如何确保信息失真最小。

4. 网状信息可视化

采用二维或三维技术动态显示网状信息，如网页间超文本链接关系及网站之间的拓扑结构，每个节点代表一个网页或网站，节点之间的有向边代表网页或网站之间的链接，点、边的颜色代表有关属性，用户可以通过鼠标拖放对图的布局进行调整。为准确表示信息之间的这种结构，需要消除无关的节点以及过多的边，使图形更加简单明晰。网状信息超链也可进行可视化，如有的可视化可以将隐藏在网页内不可见的超链关系用图形的方式展示给用户，用户能够很容易判别权威网页和集合网页。

5. 面向网络及大规模信息资源的可视化技术

网络及大规模信息资源的可视化，通常可以分为：基于分类的可视化和基于链接关系的可视化。而在基于链接关系的浏览界面可视化中，根据显示的图形结构可分为网状和层次两大类型。在基于分类的可视化浏览方法中，如 Antarctic System 公司开发的 VisualNet 以可浏览的主题地图来显示各种信息（Office 文档、Web 页、E-mail 等），并将如文档类型、日期、文件大小等可以快速帮助用户定位所需要信息的元数据信息显示出来（周宁等，2004）。

9.6.3 可视化检索的特点

信息检索可视化是可视化技术的一种，其核心是把文献信息、用户提问、各类信息检索模型以及用检索模型进行信息检索的过程中不可见的内部语义关系转换成图形，展示在一个可视化空间中，并向用户提供信息检索服务。换句话说，可视化信息检索实际上是提供一种可见的语义关系，使提问与检索结果以及检索到的各文献之间的关系可视化，提供一种有效的信息检索和反馈机制。信息可视化目的是将抽象的信息可视化，指导和加速查找的过程，为用户提供一种工具，使用户可以看到过去不能看到的东西，提高对复杂问题、模型或系统的洞悉能力。可视化信息检索具有一般信息检索体系所没有的优势，主要体现以下几个方面。

1. 检索过程透明化

对用户来说，信息检索的检索过程始终是不可见的，用户无法对具体处理操作进行控制，也不知道他们所输入的检索词在系统内部是如何工作并输出结果的。而可视化检索的检索过程则是透明的，通过对文献与检索要求间内部关系直观的图形显示，帮助用户选择相关文献，并增加了用户对检索内部过程的控制功能。检索过程由用户亲自操作，通过对文献与检索要求间关系直观化的图形显示，帮助用户选择相关文献，使用户能够对检索过程进行有效控制。

2. 检索结果输出高效性

可视化检索可以让用户在可视化环境下浏览文献，提供整体浏览，用户可以任意选择其中的某点，了解相应文献的详细资料，有助于用户对文献进行分析判断。可视化检索中用点或其他符号来表示数据库中的文献，几乎所有检索出来的结果都能在一个屏幕中同时显示出来，提供整体浏览，用户可任意选择其中的某点，了解对应文献的详细资料。可视化为用户提供了丰富的直观信息，减少了理解检索结果的时间，使用户可以对相关文献信息进行聚类分析，提供了感觉与思考之间的有效反馈。

3. 检索结果排序机制更为有效

虽然传统检索系统都会按其各自的相似匹配算法对文献与检索问题是否匹配进行判断，并计算出两篇文献之间的相似度，但用户很难由此判断出文献与多检索词的检索提问中哪个检索词相关度较高，也很难将不同的检索式所返回的结果集进行比较。可视化检索用二维或三维的图形显示代替一维的线性输出，对图形中可视化的文献分布情况进行分析，进而确定一个词对于标引和检索的价值，多角度、多层次反映文献与检索要求、文献与文献之间的语义关系。

4. 有效的用户反馈机制

有效的用户反馈机制增强了用户与系统间的交互作用。允许用户对检索结果进行动态调整和过滤，甚至根据自己的检索需求标记出相关文献与非相关文献，改变了传统检索过程中不考虑用户检索偏好，缺少根据用户具体要求的变化进行动态检索的状况，进而提高了查准率。用户可以进行交互式输入，允许在信息空间进行动态移动，允许用户修改数据，这就使他们可根据个人喜好进行可视化。信息检索是一个互动的过程，在检索过程目的可能随时发生变化，所以在信息检索界面的设计时要考虑到系统能够保留用户已使用过的检索策略，允许用户可返回到临时放弃的检索策略，从一个检索策略跳到另一个检索策略。另一种记忆辅助方法是设计一个信息浏览窗口，在信息浏览窗口中显示已实施的每一步检索策略（罗龙艳，2002）。

5. 检索过程的连续性和可逆性

首先，目前的信息检索机制中检索结果是线性的，一般是通过列表的方式向用户提供按照相关度大小排列的基本信息，用户根据所提供的列表信息逐篇查看，再确定是否要获取全文。通过浏览器或者使用关键词检索功能获得的往往是一个大文档集。用户要逐个查看网页，需要花费很多时间，而且，用户很难从总体上了解整个结果之间的关系，严重影响了利用效率。可视化信息检索则可以通过检索过程及结果的透明化，帮助用户直接观察到信息。通过对网页与检索要求间内部关系直观的图形显示，为用户提供全部检索内容的概况，使用户对所检索的信息资源分布一目了然，在可视的环境下进行整体浏览，有助于用户分析、判断检索词对检索的价值，了解检索结果中文档之间、检索词与所检索到的文档之间的语义关系，从而更好地选择所需信息。其次，目前的信息检索缺乏有效的反馈机制，忽视了用户在浏览时的交互作用。用户在检索过程中，往往根据检索的情况不断调整检索提问。在最初的基本目的完成之后，还有可能继续检索，但其检索兴趣已发生变化。此时削弱初始提问的优先权是必要的，但在传统模式下这一功能是无法实现的。可视化检索允许用户对检索结果进行动态的调整和过滤，帮助用户决定自己的检索策略。增加了用户与系统之间的交互作用。

6. 可视化信息检索极大地改善了人机交互性能

避免了烦琐的操作，使用户更直接、方便、快速、高效地获取信息。其优势不仅在于透明可视的检索过程可以由人来控制，而且可视化的检索结果还让用户对所检索的信息分布状况一目了然，有助于用户了解提问与检索结果之间以及各结果之间的语义关系，帮助用户判断检索结果的相关性，可以提供形象化的信息，有利于用户发现新的检索途径，激发用户进一步探索的能力。可视化的图形特征，如高度、颜色及位置等都能有效地帮助用户快速找到感兴趣的信息。

9.6.4　信息检索可视化原理

在信息检索中利用可视化是要解决信息检索中用户与检索系统交互的问题，实现信息检索可视化第一是需要确定可视化对象，并根据可视化对象间的关系抽象出虚拟结构，方便用户找到相关的检索结果；第二是将抽象信息特征映射成空间化、图形化的特征，即完成信息的可视化映射；第三是根据映射的结果选用合适的可视化的隐喻形式对可视化对象进行组织，构建可视化空间；第四是完成可视化图形的绘制，将最终的表现形式呈现给用户。

1. 信息可视化基本要素

信息可视化的对象只具有语义属性，任何对语义关系进行空间排序是作为信息可视化过程来完成的。从这个角度来说，信息可视化由三个要素组成。

（1）结构化：将抽象的数据结构化。结构化即模拟结构，其目的是区分信息基本关系和结构，通常使用的结构模型有表、树和网络。网络表达了现实世界和概念世界中更广泛的现实，如 Web、书目引文、一组图像等都可以被认为是一个网络。

（2）显示空间化。提供一个可供用户交互和察看的显示空间，如二维空间或三维空间或一个曲状的空间。信息可视化使用平面图和立体图来表达抽象结构。

（3）人机交互界面。人机交互界面是指将用户与可视化描述进行交互的工具和方法，主要包括用户与空间显示的交互方式，用户可以改变空间可视的显示方式（周宁和文燕平，2002）。

2. 信息检索可视化的主要过程

1）选取信息检索模型

信息检索模型是运用数学的语言和工具，对信息检索系统中的信息及处理过程加以翻译和抽象，表述为某种数学公式，再经过演绎、推断、解释和实际检验，反过来指导信息检索实践。主要的检索模型大致可以分为布尔模型、概率模型及基于语义和知识的检索等，此外还有由这些基本模型衍生出来的其他模型，其中最常用的是布尔模型和概率模型中向量空间模型。信息检索可视化是在检索基础上对结果进行可视化。

2）构造可视化接口

信息检索是一个交互程度高，且有大量信息处理的过程。信息检索可视化是在检索基础上对结果进行可视化。而可视化的表示方法就为用户提供了一种管理较为复杂的大型信息结构的方法，给出了更适合于交互操作的接口形式。①可视化对象的确定。此处的对象可分为普通对象和对象间关系两类。可视化空间中普通对象表现为空间的点，对象间的关系表现为点之间的连线。普通对象包括文献和检索点。检索参与点又称兴趣点，是指与用户需求相关的向量。对象间关系一般包括文献内各部分之间、文献与检索参考点之间以及多个检索参考点之间的相互关联程度，这正是可视化结果中用户关心的部分。②可视化空间的构造。这里主要考虑两个因素：一是以其可视化的方法为基础；二是以其自身文献信息系统的结构为基础。受认知能力所限，可视化空间只能是二维、三维，显示的维数不同，接口的空间表达能力也就有所差异。在减少维数的方法中，常用的是多维定标技术、自组织映射技术。其他方法还有分层聚类法、关键成分分析等。在多维定标算法构建的可视空间中，数据点间的距离分别与高维向量中各文献间的相似度形成一定比例。自组织映射技术则是将高维数据表示到一个地图轮廓的二维可视区域内，用颜色表示文献的密度。③可视化对象的相似度算法的确定。完成数据的映射可视化空间确定后，就可用相似匹配算法计算各可视对象的相似度，以确定文献在可视化空间的具体定位。相似匹配算法广泛应用于判断文献与检索问题是否匹配和计算两个文献之间的相似度。当可视化对象是文本时，可采用余弦算法或其他矢量等相似性算法；当可视化对象是图像时，可采用图像分析算法，由此完成可视化的映射。④可视的图像、信息容易记忆，而且在传达时比任何方式都快而且有效。利用人类的感知特点，使用颜色和其他视觉方面的特征，对数据进行编码，其中，光点是最常用的编码对象。

3）检索结果的可视化

由于信息对象特征描述与组织的可视化，检索结果的提取与组织也就自然为可视化形式的提供。用户可以得到形象直观的检索结果。可视化图形应该满足以下要求：①易于认知且及可读性强。要能够从复杂的空间中识别出不同的对象，如通过文字标签、形状、颜色及样式进行区分。②避免视觉上的混乱，如边的交叉、非相关对象的重叠等。③揭示出隐含在数据中的规律（文燕平，2005）。

3. 信息检索可视化主要技术

信息检索的可视化最终目的是在检索中突破传统的与文字交互的局限，利用现代计算机技术揭示出文字方式所无法表现的规律，挖掘出潜在的模式与知识，根据不同的检索需求实现一种全新的与信息交互的方式。根据可视化对象、方式、目标的不同，可视化技术可划分为多种类型，其中最基本的可视化技术包括关联更新（brushing and linking）技术、广角与聚焦（panning and zooming）技术、聚焦加上下文（focus + context）技术、滤镜（magic lens/moveable filter）技术、空间显示（starfield display）技术、动态查询与过滤（dynamic queries/dynamic query filters）技术、信息晶体（infocrystal）、VR 技术、知识图谱（knowledge graph）等。

（1）关联更新技术。实现两个或多个窗口数据之间的连接，两个窗口中数据的变化相互影响。这是可视化技术的一个最基本思想。

（2）广角与聚焦技术。实现总体概要信息显示与个别具体信息显示之间的可视化切换。

（3）焦点加上下文技术。它的目的是放大聚焦节点，减小周围环境影响，“聚焦”注意力。该技术具有鱼眼透镜的效果，因此又叫鱼眼可视化技术。

（4）滤镜技术。对透明窗口进行操作，通过在一个窗口上重叠不同效果的“滤镜”（不同的过滤条件与可视化算法），实现信息的交互式选择、移动过滤、分析转换等功能，改变信息视图外形。

（5）空间显示技术。基于文献之间的相似度，将每篇文献都绘制成欧氏空间里的一个点或一片区域，相似的文献相邻，这些点构成的散列图揭示了文献内部以及文献之间的语义关系。

（6）动态查询与过滤技术。它的目的在于直接操作信息资源，通过控制实时反馈、调整过滤参数、修订检索提问，过滤掉没有必要的信息，使用户能够直接聚焦在感兴趣的检索结果上。

（7）信息晶体。信息晶体是信息检索和管理的可视化工具。它是由 MIT（Massachusetts Institute of Technology，麻省理工学院）教育计算机中心的 Spoerri（施珀里）先生提出的。用户既可以将信息晶体作为可视化工具，又可以将其作为可视化检索语言来帮助用户检索信息。信息晶体可以可视化表达所有可能的二进制以及在 n 个概念中的连续关系。用户能够随意设定概念之间相关度的权重和阈值，同时信息晶体也允许用户使用布尔逻辑表达式和图形化的向量空间查询。使用信息晶体可以创建任意复杂的查询表达式，并且形成一个个图形或者组织成层次化的结构。信息晶体的主要功能有：①用户可以同时沿着多个维度查询信息；②用户可以通过创建有用的抽象概念来处理信息；③用户可以提出“what-if”等问题，并可以观察到检索的结果，而不一定要去修正检索提问；④用户在检索的过程中得到动态的帮助；⑤用户能构成图形化的检索表达，并根据检索反馈进行灵活的处理。在信息晶体中，n 个变量（概念）之间的所有关系都可以用一种图标方式来表达，用户根据系统的可视化推理技巧去建立内部图标和边界图标之间的关系。图标的不同形状、临近度、排序、颜色、纹理、方向和大小都可被用于编码中。在信息晶体中，不同的图标表示了几个概念之间不同逻辑关系的组配。用户可以选定任一个图标，以实现与检索界面之间的互动，现成的可视化检索语言允许用户构建一个特殊的检索表达式（陈艳，2006）。

（8）VR 技术。VR 技术在 20 世纪 80 年代发源于美国，是一种能够使用户完全进入实时和三维的虚拟环境中，通过与环境进行交互，让用户拥有真实的视、听、触、味、嗅等感觉，给用户带来“身临其境”的虚拟真实感。VR 具有的可视化、沉浸性、感知性、交互性、想象性等特点，能为图书馆开展智慧服务提供新的途径和方法，也能为数字图书馆的建设与服务发挥作用。智慧图书馆通过应用 VR 技术可将实体馆藏信息资源虚拟化，构建虚拟化的资源模型或数据库。用户通过佩戴 VR 设备，可直接体验数字图书馆虚幻的真实性。例如，VR 环境下用户可 360 度全景体验图书馆的资源布局与馆藏结构，可直接浏览或阅读三维立体展示和介绍的图书。VR 技术支持的数字图书馆能让用户真真切切在使用图书馆资源与服务过程中感受到沉浸感和交互性。与此同时，VR 技术对虚拟资源的整合和传输，能让用户对书籍的检索更为方便、快捷、有效地提升用户信息检索的查全率和查准率，便于用户更好地体验图书馆的服务、利用图书馆的资源（杜杨芳等，2021）。

（9）知识图谱。知识图谱，也称为知识域可视化或知识领域映射地图，是显示知识发展进程与结构关系的一系列各种不同的图形，用可视化技术描述知识资源及其载体，挖掘、分析、构建、绘制和显示知识及它们之间的相互联系。2012 年，谷歌提出了知识图谱的概念。自此，知识图谱得到了广泛关注和应用研究，现已发展成为语义搜索、智能问答、决策支持等智能服务的基础技术之一。知识图谱技术经历了语义网络、描述逻辑和本体论等发展阶段。当前主流的表达方式为 W3C 制定的资源描述框架和 OWL 等标准语言。在形式上，知识图谱由相互连接的实体和其属性构成，通常表达为网络结构。知识图谱中包含了多种类型的实体（节点）和多种类型的连接关系（边），构成了异质网络（Piao and Breslin，2018）。

第 10 章　数字图书馆建设的现实问题

现在世界上许多国家包括我国在内，都把数字图书馆作为国家信息基础设施建设的重要组成部分，在资金、技术、人力、物力等方面都给予了很大扶持。数字图书馆的发展程度，正成为衡量一个国家信息基础设施水平、参与国际文化竞争实力的一个重要标准。在这种背景下，数字图书馆成为各国竞相投入的一个热点。数字图书馆将改变以往信息存储、加工、管理、使用的传统方式，借助网络环境和高性能计算机等实现信息资源的有效利用和共享。它的建设将使我国在综合国力的竞争中抢占先机，掌握发展主动权，实现跨越式发展。本章主要介绍数字图书馆建设过程中存在的经费与运作模式问题、知识产权保护问题、标准化问题、技术问题以及其他问题。

10.1　经费与运作模式问题

数字图书馆建设是一个庞大、系统、长期的工程，硬件设备和软件资源的配置、人员的培训、数字化资源的维护与更新、馆藏文献的数字化都需要一定的经费，大量的资金投入是高度自动化、网络化的数字图书馆建设得以顺利启动和正常工作的最根本保障。数字图书馆建设是一个跨地区、跨部门、跨行业、跨学科的重大系统工程，只有政府宏观调控，统一组织，统一领导，有关部门通力合作，并在资金和政策方面给予支持和保障，才能保证数字图书馆的建设顺利开展。

本节将介绍数字图书馆建设的资金来源，分析我国数字图书馆建设的资金状况及存在的问题；介绍现行数字图书馆运作模式，并探讨数字图书馆建设与利用过程中市场运作模式的引入。

10.1.1　数字图书馆建设的经费问题

数字图书馆建设是一个耗资巨大的工程，其建设、维护、服务等每一个环节都需要投入大量的资金。

1. 数字图书馆建设的经费来源

纵观国内外数字图书馆的建设实践，其建设经费主要有以下几种来源（陈耀盛，2002）。

1）国家投资

数字图书馆属于国家信息基础设施，国际上重要的数字图书馆项目都是由政府资助的。各国重要的数字图书馆项目，往往会组织国家级的资源单位（如国家图书馆）将其资源精华——多媒体历史资源库，发展为数字式资源库，利用光盘或网络对中小学生及广大公众进行生动的爱国主义教育，如美国国会图书馆的“美国记忆”项目，美国国会就提供了 1500 万美元。

2）基金会等机构的资助

基金会、私人团体的资助是数字图书馆项目建设资金的重要来源，如美国国会图书馆的“美国记忆”项目，有 4500 万美元的经费是由 John W. Kluge（约翰·W. 克鲁格）、AT&T 电话公司、柯达公司、福特基金会等资助的。美国国家科学基金会 1994 年 9 月开始的为期 4 年的 DLI 计划选择 6 项投资 2400 万美元，而 DLI2 计划则持续 5 年提供 4000 万～5000 万美元。英国高等教育基金给“电子图书馆”计划投资 1500 万英镑作为启动资金，并由出资单位的代表——联合信息系统委员会管理。

3）专业机构投资

专业性数字图书馆计划项目往往对特色专业馆藏进行数字化，如国际计算机学会（Association for Computing Machinery，ACM）1996 年开始建设数字图书馆，提供 ACM 期刊和会议论文的全文访问，包括 39 378 篇 ACM 期刊和会议论文的全文，以及自 1985 年以来 7000 多篇 ACM 期刊论文的引文目次和近 35 000 次会议论文的引文目次。

4）个人或企业投资

IBM 公司提出数字图书馆五项技术解决方案，1995 年发起“IBM 数字图书馆”倡议。目前该公司在许多国家都建有数字图书馆，如在我国有“IBM/清华大学数字图书馆”项目。创立于 1999 年，坐落于美国科罗拉多州的 NetLibrary，由企业投资，它是电子图书及完全数字式基础网络内容管理服务的主要供应者，用户能用浏览器在线阅读其电子图书。

2. 发达国家数字图书馆的建设资金来源

国外尤其是美国的数字图书馆建设，资金来源有其自身的特点。

（1）政府适当干预，但主要限于为相关技术开发和示范项目建设提供公共资金支持。这一特点以美国为典型。美国是世界上信息技术最为发达的国家，也是最早推动数字图书馆建设的国家。美国国家科学基金会和美国国防部高级研究计划局在推动美国数字图书馆研究和建设方面发挥了重要作用。但是，与我国公共资金被直接用来建设面向用户提供大规模信息服务的数字图书馆实体的做法不同，在美国，由这些政府或准政府部门管理和分配的公共资金主要是投向数字图书馆相关技术开发与示范项目建设。例如，1994 年由美国国家科学基金会、美国宇航局和美国国防部高级研究计划局联合投资的数字图书馆先导计划，其目标主要是从技术上研究如何改善数字化信息的收集、整序、存储和快速传递，展示数字图书馆实现的可能性，其主要还是一个技术开发和示范项目。美国一贯奉行支持竞争前技术开发和较少干预市场的政策哲学，在数字图书馆建设方面也不例外，采取持适当干预但不越位代办的态度。

（2）投入运营的数字图书馆大多由私人机构建设和维护。在美国，大多数的数字图书馆是由私人机构或者拥有类似企业家精神的非营利性机构建立和维护的，其中主要是数据库服务商和出版商。传统出版行业市场饱和，利润变薄，以及信息技术的飞跃发展创造了一个新的庞大的信息服务市场的双重压力，使得私人机构纷纷涉足数字图书馆领域，并且成为建设数字图书馆的主要力量。

3. 我国数字图书馆建设的资金状况及其问题与对策

我国的数字图书馆建设的资金几乎全靠国家投入，相应的投入非常大，项目的建设时间过长，效果显现得较慢，进而使得数字图书馆的建设非常耗时耗力，从而使得数字图书馆的建立成为一个需要国家出力的系统工程（张紫琪，2020）。因此，必须使政府的领导者认识到，公共图书馆数字化，对整个民族的科学技术和文化发展有巨大的推动作用。公共图书馆的全面数字化，将加快科学技术和文化的传播速度，从而推动社会的技术进步和文化创新。

数字图书馆的运行需要相当多的资金，除了国家拨款外，还需要从更多的方面获得资金。为此，2000 年 4 月 18 日经国务院批准成立了“中国数字图书馆有限责任公司”，该公司可通过招标、投标方式承担相关项目工程，面向国内外资本市场，通过股份制经营，广泛募集资金，采取良好的运行机制，从而支持中国数字图书馆工程的建设和发展。

由此可见，数字图书馆建设的主要参与者大都是公共机构，如政府、图书馆、国家研究机构等，只有少数是公司企业，而且部分也具有政府运作的背景。在这种投资与运营模式下，我国数字图书馆建设的资金筹措与运营存在一系列问题。

我国数字图书馆建设的资金几乎全靠国家投入，投入需求量大，周期长，见效慢，使得数字图书馆建设缺乏连续性和系统性。虽然近几年国家已经加大了对数字图书馆建设的投资力度，但是作为一个发展中国家，投入的资金毕竟有限。资金短缺已经成为影响我国数字图书馆建设的最现实、最重要的因素之一。而且，投入的公共资金直接用于数字图书馆的实体建设，不仅削弱了在数字图书馆相关技术开发和示范项目建设等应该由公共资金支持领域的投资力度，而且也可能会挤占私人机构建设和发展数字图书馆的市场空间，扭曲市场结构。解决这些问题的措施如下所示。

（1）广开门路，多方筹集资金。数字图书馆的建设资金，不能单纯依靠国家投入，应该在国家加大投资的基础上，积极吸收公司企业、社会团体、组织或个人等各方面的力量，利用社会资金进行数字图书馆的建设。

（2）对于国家的投入资金，应建立相应的法规制度，保障资金投入的稳定性和连续性。同时，国家还应该出台相关政策法规，鼓励公司、组织或个人参与数字图书馆的建设，形成以国家为主、社会各方参与的多元化资金投入体系。

（3）加强协调合作并实现资源共享。多馆合作，共建共享，有利于资源建设的统筹规划，合理布局，避免低水平的重复建设，使人力、物力、财力资源能最大限度地发挥作用。

（4）公私合作建设数字图书馆。公私合作是目前发达国家提供公共产品和服务时所广泛采用的办法。政府居高不下的财政赤字、社会追求更加灵活和个性化的公共产品与服务是公私合作盛行的重要推动力量，它能够有效整合公共部门和私人部门的利益，充分发挥两大部门的相对优势，促进社会协调和经济发展。而公私合作的开展需要建立健全的法律和制度环境。

10.1.2　数字图书馆的运作模式

1. 中外数字图书馆的运作模式

1）以技术研制为主的试验型数字图书馆运作模式

世界各国数字图书馆建设多是从以政府投资、技术研制为主的试验型数字图书馆项目开始的。例如，由美国国家科学基金会等资助发起的 DLI 第一阶段，由六所大学领导的联盟，负责先进计算技术和网络技术的研发。第二阶段（DLI2）由美国国家科学基金会等七个单位牵头，主要包括以系统为中心、以内容和藏品为中心和以人为中心的研究开发。

这种项目是各国建设群体或某一系统数字图书馆，采取集中组织力量进行技术研究和开发利用的攻关。项目建设往往采用项目管理的方式投标招标，中标机构或单位组织力量依期完成。

2）提供特色数字资源服务的数字图书馆运作模式

各国的重要数字图书馆项目多是由政府资助，国家图书馆将其特色馆藏，即将拥有知识产权的特色历史资料数字化，利用网络为广大公众提供服务。美国国会图书馆的“美国记忆”项目，美国国会就提供 1500 万美元，选择并复制了一部分对研究美国历史和文化有着重要意义的馆藏，以数字化形式发布；后来还展开了“国家数字图书馆计划”，将上百万具有史料价值的馆藏转换为数字化形式。

1998 年开始，上海图书馆就得到市政府有关“数字图书馆”的专项投入，按照读者需求和文献特征形成上海图典、古籍善本等九大系列，通过互联网免费提供给用户使用。

国内这种模式还有辽宁省图书馆建设的数字图书馆、北京大学图书馆建设的古籍数字图书馆、清华大学图书馆建设的建筑数字图书馆等。

这种项目往往是个体或群体分散建设数字图书馆的现实运作模式。

3）企业投资提供基本数字服务的数字图书馆市场化运作模式

例如，前面提到的 NetLibrary 由企业投资，实施市场化运营。它是电子图书及完全数字式基础网络内容管理服务的主要供应者，用户能用浏览器在线阅读其电子图书。当前它有超过 5500 个图书馆和机构客户，使用者能复制或印制个别页面，建立了从网络拷贝和印刷电子图书的使用跟踪、编码和水印等版权保护机制。国内代表性数字图书馆项目之一是 1999 年 6 月开始实施的 CNKI（China National Knowledge Infrastructure，中国国家知识基础设施）工程，该工程建成了包括《中国期刊全文数据库》在内的一系列数据库。

4）政府投资的联盟建设群体数字图书馆运作模式

联盟建设是世界各国数字图书馆建设的通行做法，美国国会图书馆在实施数字图书馆项目过程中组织了 15 个研究图书馆，成立了“国家数字图书馆联合会”，统筹馆藏数字化工作。澳大利亚国家图书馆电子信息资源馆藏战略同样联合了州图书馆、大学图书馆和出版商。1997 年秋，加拿大国家图书馆联合 50 多家图书馆，成立了加拿大数字图书馆联盟，开始实施加拿大数字图书馆首倡计划。

我国 CALIS 项目 1998 年 11 月由国家计划委员会批复启动，2001 年 7 月通过验收。项目建成全国性的和地区性的文献信息中心、高校图书馆三级保障网络环境。建成成员馆联合目录数据库，引进外文文献数据库，自建高校特色文献数据库和重点学科导航库，建成现刊目次库、高校学位论文库与学术会议论文库，制定了服务办法，开展对外服务。各项目建设则采用项目管理方式。

2. 数字图书馆建设的企业化运作模式

1）数字图书馆企业化运作的必要性

数字图书馆要实施企业化运营，必须使之成为自主经营、自负盈亏、具有独立法人资格的现代知识企业。对数字图书馆进行企业化运营的必要性在于以下几点。

（1）数字图书馆建设是一项宏大的系统工程，是一项技术密集、投资巨大的信息基础设施建设项目。目前经费紧张是图书馆界面临的共同难题。特别是以传统图书馆为基础的数字图书馆，在满足传统图书馆开支的同时，用于数字图书馆建设和开展的经费并不充裕，更何况数字图书馆的建设和发展所需经费非常庞大，不仅包括信息基础设施的建设、网站维护，还包括电子图书的购进、版权的获取、信息资源的管理等，只有通过企业化运营，获取一定的经济效益，投入数字图书馆建设的资金得到回收，上述问题才能得到解决。

（2）目前和今后彻底而有效地解决数字化版权问题的办法只能是企业化运营。因为，数字图书馆仅以社会效益这个一元化目标运作，突破时间和空间的限制后，它对版权和著作权等知识产权的保护比不上传统图书馆。加大对网上知识产权的保护力度是数字图书馆可持续发展的必然选择，而保护知识产权是有代价的，这笔开支的获得只能通过使数字图书馆资源的共享实现有偿才能解决，因此，实行企业化运营既是提高数字图书馆运营效率的有效模式，也是保护知识产权的有效途径。

2）数字图书馆企业化运作的可行性

市场经济条件下的数字图书馆为将其社会功能达到最大化，更好、更有效地为社会主义物质文明和精神文明建设服务，适度引入企业化运行方式是非常必要的。这是数字图书馆事业发展的必然趋势。数字图书馆的发展面临着如资金不足、版权问题等一系列问题，其核心问题是经费问题，而企业化运作是解决数字图书馆建设和发展中一系列问题的较为有效的方法。

以企业为主建设数字图书馆有许多好处。一是可以减轻政府的财政负担；二是可以减轻图书馆的工作负担；三是企业有人才和资金的优势，可以加快数字图书馆建设的进程；四是通过企业之间的竞争，可以使技术和管理得到不断创新，进而使其建设质量和服务水平不断提高，成本下降。最终使用户（包括各级各类图书馆）受益。目前国内“书生之家数字图书馆”和“超星数字图书馆”的建设，为企业建设数字图书馆迈出了可行的一步，我们应该在此基础上进行认真研究、积极推行，使数字图书馆建设加快步伐，早日在全社会普及利用。

10.2　知识产权保护问题

数字图书馆信息资源数字化、信息服务网络化和信息利用共享化的特点，决定了其产权保护问题将始终贯穿数字图书馆建设和使用的全过程。更大范围内实现信息资源的合理共享是数字图书馆建设中知识产权保护的最终目标。

10.2.1　馆藏信息资源建设的知识产权问题

馆藏数字信息资源建设是整个数字图书馆建设的核心，它由实体数字馆藏和虚拟数字馆藏两大部分组成。实体数字馆藏资源的建设途径主要是“馆藏资源数字化”和“文献采购电子化”，前者包括传统纸质文献、图像、音像制品数字化，馆藏书目、文摘等二次文献的数字化；后者是以购买的电子出版物、音像制品、光盘数据库和镜像站点的方式来实现。虚拟数字馆藏资源的建设方法以超文本方式链接网上相关信息为主，即虚拟信息馆藏化。无论是实体数字馆藏资源建设还是虚拟数字馆藏资源建设，都不可避免地会遇到一系列知识产权问题。

1. 馆藏信息资源数字化过程中的版权问题

馆藏文献数字化是指图书馆利用多媒体技术、数据库技术、数据压缩技术等手段将馆藏印刷文献、缩微文献、视听文献等传统介质的文献，转化为计算机能够识别的二进制编码的数字化信息的工作。在文献信息转换成为数字信息的过程中，图书馆是否有权对馆藏文献进行数字化转化，数字化权是否是版权人的专有权，是否需要获得版权人的授权许可，这一系列问题都必须加以认真考虑。

根据《中华人民共和国著作权法》第十条第（五）项的规定，“复制权，即以印刷、复印、拓印、录音、录像、翻录、翻拍、数字化等方式将作品制作一份或者多份的权利”，作品的数字化完全符合这一界定。既然数字化行为是一种复制行为，而复制权又是版权人的专有权利，那么图书馆对馆藏作品进行数字化转化是否都必须征得版权人的授权许可呢？这要视作品的版权状态和作品的使用方式而定。

1）进入公有领域的作品

进入公有领域的作品即超过版权期限的作品，任何人都可以免费使用。版权期限是指版权受法律保护的时间界限，保护期内的作品受到版权保护，超过保护期的作品则进入公有领域。因此，图书馆可以根据数字馆藏建设的需要，对进入公有领域的作品进行数字化转换。但是，必须强调的是，图书馆对进入公有领域的版权作品进行数字化时，不得侵犯版权人的署名权、修改权和保护作品完整权等精神权利。

2）不受版权保护的作品

《中华人民共和国著作权法》中对以下三类作品不予保护。

（1）法律、法规，国家机关的决议、决定、命令和其他具有立法、行政、司法性质的文件，及其官方正式译文。

（2）单纯事实消息。

（3）历法、通用数表、通用表格和公式。

由于著作权法不保护上述作品，图书馆可以对此类作品进行数字化处理，并提供网络传播服务。

3）为了特殊用途而数字化的作品

根据《中华人民共和国著作权法》第二十四条中“图书馆、档案馆、纪念馆、博物馆、美术馆、文化馆等为陈列或者保存版本的需要，复制本馆收藏的作品”的规定，对尚在保护期内的作品无须征得版权人的同意，也无须支付报酬，可以进行馆藏数字化工作，但数字化的目的只能是“陈列或保存版本的需要”，不能提供上网服务，否则就会侵犯版权人的“信息网络传播权”。而且，图书馆可以以“合理使用”方式在馆内局域网或单机上为读者提供数字化复制件浏览服务。

2. 虚拟信息资源馆藏化过程中的知识产权问题

虚拟信息资源馆藏化建设根据特定的目标，选定信息资源的学科领域，对相关网站或网页进行搜索、收集和鉴定，并对核实后的网址进行合理组织，形成信息集合，它是图书馆组织和利用网络信息资源的有效而又经济的一种形式。其建设的手段是利用各种搜索引擎和网络指南全面开发网络信息资源，主要以超文本链接和资源下载两种方式，组建专业信息资源指引库。

1）超文本链接的版权问题

数字图书馆虚拟馆藏建设主要是通过超文本链接方式建立热门站点链接、网络专业信息指南系统和指引库，其链接形式主要分为外链和内链两种，前者是指对其他网站主页的直接链接，后者是指绕过被链网站的主页直接链接其分页，又分“加框链接”或“深层链接”。

（1）外链的法律责任。外链又称“正常链”或“链出”，这种链接方式可以将用户带到被链网站的主页，用户点击链接标志后，用户浏览器地址栏由设链者的域名变为被链者的域名，网页上不再显示设链者的任何信息。目前，国内数字图书馆主页提供的“友情链接”大多属于这种情况。虽然外链只要链接标记选择得当，一般不会构成直接侵犯被链对象版权的行为，但要注意规避相关的法律责任风险。当被链网站含有侵权行为时，设链者客观上使侵权范围扩大，因此也要承担相应的连带侵权责任。目前，越来越多的国家将这种间接侵权行为采用过错责任原则。根据 2000 年 9 月 25 日国务院发布的《互联网信息服务管理办法》第十五条规定，下面九类信息都属于法规禁止的范围：①反对宪法所确定的基本原则的；②危害国家安全，泄露国家秘密，颠覆国家政权，破坏国家统一的；③损害国家荣誉和利益的；④煽动民族仇恨、民族歧视，破坏民族团结的；⑤破坏国家宗教政策，宣扬邪教和封建迷信的；⑥散布谣言，扰乱社会秩序，破坏社会稳定的；⑦散布淫秽、色情、赌博、暴力、凶杀、恐怖或者教唆犯罪的；⑧侮辱或者诽谤他人，侵害他人合法权益的；⑨含有法律、行政法规禁止的其他内容的。

（2）内链与不正当竞争行为。内链特殊之处在于，用户点击链接标记后，浏览器地址栏并没有发生变化，仍然是设链者的域名，但被链对象网站上某一网页的内容却自动显示在用户电脑屏幕上，并和设链者的网页融为一体，使人产生该内容是设链者提供的错觉。内链的方式主要有深层链接和加框链接。深层链接是指链接其他网站时不链接主页，直接到达所要寻找的内容，而不必先到达被链网站的主页再层层深入。加框链接允许设链者将页面分为几个独立的部分（即视框），每个视框可以同时呈现不同来源的资料，可以是本网站的材料，也可以是链接来的网页，并且可以单独滚动。就内链的版权问题，马海群和蒋新颖（2002）认为业内人士大多比较倾向属于侵权行为。党跃臣等（2001）认为数字图书馆在利用网络资源扩充馆藏时，要慎用特殊技术，以免陷入不必要的版权纷争，若一定要使用，必须事先与被链接者取得联系，获得许可的情况下方可链接对方的网页。我们认为，数字图书馆建设还是要慎用内链技术，在现有法律条件下适当的链接是可行的，内链不会构成侵权，但有可能构成不正当竞争行为，因为在北京金融城网络有限公司诉成都财智软件有限公司内链侵权案中，起诉方是以被告方内链行为构成不正当竞争为由提起诉讼，并获胜诉。

2）虚拟资源下载的版权问题

图书馆界一些专家学者认为网上信息资源馆藏化是数字图书馆信息资源建设的重要方法之一，主张对网上资源通过多次下载后建立本馆的虚拟数据库（陶洁，2010）。还有一些学者主张将网上最有价值的信息转录拷贝，移植到本馆的服务器上，建立镜像站点。有人甚至主张图书馆情报机构可以通过网络接收的信息开发成电子读物或印刷出版物来参与电子出版物市场的开发。对上述行为的版权问题，陈传夫（2004）认为计算机系统硬盘上的永久存储构成了版权意义上的复制，应受到知识产权人专有权的控制；党跃臣和王韫华（2001）认为数字图书馆可以将网络作品下载，用来建立数据库，但必须事先取得版权人的许可。我们认为，下载行为是明显的复制行为，复制是版权人最基本的财产专有权，未经版权人授权许可，任何人任何机构都不得擅自复制。同时，即使将此类下载信息控制在馆域网或校园网范围内使用，也不符合“合理使用”构成要件。若将下载的作品制作成电子出版物或印刷出版物投放市场，则是一种更为明显的侵权行为，它侵犯了版权人的复制权的同时还侵犯了版权人的发行权。因此，未经版权人授权许可，数字图书馆不能将网上信息下载到本地服务器中，更不能从事出版物的开发发行工作。

10.2.2　数据库建设的知识产权问题

数据库的开发和利用是数字图书馆信息资源建设和利用的重要内容和基础。数字图书馆的数据库建设是通过图书馆自主开发和购买他人数据库来实现的，如何妥善处理其知识产权问题，既涉及数字图书馆开发数据库时如何处理好在先版权问题，也涉及数字图书馆如何保护好自主开发的数据库问题。

数字图书馆的数据库分布式存放在各地的信息资源中心，形式多为具有特色的专业数据库，如中国法律资源库、中国国情资源库、中国教育资源库等，从构成数据库信息的法律性质方面可以将数据库分为由作品组成的对象数据库和由其他材料组成的元数据库，对这两类数据库实施保护时适用的法律依据有所不同。

1. 对象数据库的著作权保护

由作品构成的数据库完全是在自然语言环境下，创作者对已经存在的作品应用一定的技术手段进行选择、修改、汇编，而形成新的作品，其独创性主要表现在材料的选取或者编排上，付出了智力劳动，因此构成了其作品的独创性，符合著作权法中辛勤收集的原则，所以可受到著作权法的保护。各国现行著作权法中对“编辑作品”或称为“汇编作品”的有关规定，是保护这类数据库主要的法律依据，如《美国著作权法》《伯尔尼保护文学和艺术作品公约》中都有这样的规定。《中华人民共和国著作权法》第十五条规定：“汇编若干作品、作品的片段或者不构成作品的数据或者其他材料，对其内容的选择或者编排体现独创性的作品，为汇编作品，其著作权由汇编人享有，但行使著作权时，不得侵犯原作品的著作权。”这也就是说，《中华人民共和国著作权法》将那些汇集有著作权材料的对象数据库作为汇编作品加以保护，并规定汇编作品内编辑人享有著作权，但行使著作权时，不得侵犯原作品的著作权。

2. 元数据库的著作权保护

元数据库是有关数据的数据，是充分利用信息分类和特征描述来构造某些信息的特征数据。数据库对这类数据或材料的选择和编排具有独创性，所以元数据库的创作都凝聚着创作者的智力劳动，具有原创性，受到法律保护。当用户需要利用元数据库时，就应当先处理好元数据库的版权问题。

元数据库的产权保护分为两种情况。其一，若元数据库为外国数据库，由于我国是《伯尔尼保护文学和艺术作品公约》成员国，我国《实施国际著作权条约的规定》第八条规定：“外国作品是由不受保护的材料编辑而成，但是在材料的选取或者编排上有独创性的，依照著作权法第十四条的规定予以保护。此种保护不排斥他人利用同样的材料进行编辑。”其二，若元数据库为国内数据库，这类数据库不受著作权法保护，但是在这类数据库的开发过程中投入了大量的时间、技术、资金、人力，若不加以保护，投资者的利益必将受到损害。这类数据库的保护首先是邻接权保护，有的学者认为数据库开发者的实际地位同传统的邻接权人，如出版者、广播电视组织、唱片制作者等非常相似，一方面应保护它们的利益，主要是经济利益；另一方面，又不能赋予它们同作者一样的法律地位，并认为，以邻接权制度保护不具作品性质的数据库是可行的，数据库开发者依照邻接权获得的权利主要是复制权、发行权。然后是反不正当竞争法保护，《欧洲议会与欧盟理事会关于数据库法律保护的指令》提出“防止不正当提取”。根据这一法规，成员国应对元数据库的权利所有人提供防止为商业目的，未经许可提取或再次使用数据库的权利，而且这种防止数据库未经许可擅自提取的权利的适用不考虑这种数据库是否具备受著作权法保护的资格。援引反不正当竞争法来保护元数据库在国内学术界也是一种较为普遍的认识。

所以，数据库的版权保护要从两个角度去领会，即首先是原作品的著作权不得侵犯；其次是数据库创作者对数据库整体享有著作权，未经许可复制或实施其他侵权行为，将可能构成双重侵权。因此，除进入公有领域的作品或失去著作权保护期的作品外，在使用原文时必须获得版权人的许可，同时使用数据库链接时，必须与数据库权利人签订某项合作协议，否则属于侵权。

10.2.3　网络信息传播服务的知识产权问题

20 世纪 90 年代以来，随着互联网的出现和迅速普及，网络信息传播的版权保护问题成为世界各国法学界和图书馆学界研究的热点问题之一。互联网无限的复制性和全球传播性、共享性，以及变化莫测的交互性，对于在传统介质环境下建立起来的版权保护体系产生了前所未有的冲击。

数字化文献通过网络传输，将成为数字图书馆的必要条件和传播手段，不仅让读者在浏览时方便，而且可以进行远距离教学、展览、公益表演、馆藏书籍快速查询、新闻传播等，但它在促进社会文化和科学事业繁荣和发展的同时，却与著作权人的利益产生冲突。《中华人民共和国著作权法》第十条第（十二）项规定，"信息网络传播权，即以有线或者无线方式向公众提供，使公众可以在其选定的时间和地点获得作品的权利"，它是著作权中财产权的重要内容，受到《中华人民共和国著作权法》的保护。

根据《信息网络传播权保护条例》第二条规定："权利人享有的信息网络传播权受著作权法和本条例保护。除法律、行政法规另有规定的外，任何组织或者个人将他人的作品、表演、录音录像制品通过信息网络向公众提供，应当取得权利人许可，并支付报酬。"但通过信息网络提供他人作品，属于下列情形的，可以另外考虑。

（1）为介绍、评论某一作品或者说明某一问题，在向公众提供的作品中适当引用已经发表的作品。

（2）为报道时事新闻，在向公众提供的作品中不可避免地再现或者引用已经发表的作品。

（3）为学校课堂教学或者科学研究，向少数教学、科研人员提供少量已经发表的作品。

（4）国家机关为执行公务，在合理范围内向公众提供已经发表的作品。

（5）将中国公民、法人或者其他组织已经发表的、以汉语言文字创作的作品翻译成的少数民族语言文字作品，向中国境内少数民族提供。

（6）不以营利为目的，以盲人能够感知的独特方式向盲人提供已经发表的文字作品。

（7）向公众提供在信息网络上已经发表的关于政治、经济问题的时事性文章。

（8）向公众提供在公众集会上发表的讲话。

（9）为通过信息网络实施九年制义务教育或者国家教育规划，可以不经著作权人许可，使用其已经发表作品的片断或者短小的文字作品、音乐作品或者单幅的美术作品、摄影作品制作课件，由制作课件或者依法取得课件的远程教育机构通过信息网络向注册学生提供，但应当向著作权人支付报酬。

（10）为扶助贫困，通过信息网络向农村地区的公众免费提供中国公民、法人或者其他组织已经发表的种植养殖、防病治病、防灾减灾等与扶助贫困有关的作品和适应基本文化需求的作品，网络服务提供者应当在提供前公告拟提供的作品及其作者、拟支付报酬的标准。自公告之日起 30 日内，著作权人不同意提供的，网络服务提供者不得提供其作品；自公告之日起满 30 日，著作权人没有异议的，网络服务提供者可以提供其作品，并按照公告的标准向著作权人支付报酬。网络服务提供者提供著作权人的作品后，著作权人不同意提供的，网络服务提供者应当立即删除著作权人的作品，并按照公告的标准向著作权人支付提供作品期间的报酬。

10.2.4 数字图书馆版权许可使用与版权集体管理制度

1. 数字图书馆版权许可使用制度

版权许可使用是指版权人将其作品版权中的一项或多项财产权授权许可他人在一定的地域和期限内使用的行为。

著作权法对使用者获得著作权人的许可规定了三种方式：法定许可、授权许可和合理使用。但前面我们已经提到，合理使用无论是作为著作权人权利的一种例外还是对使用者权利的一种限制，均必须符合一定的条件，且只能适用于在信息资源中所占比例较小的“自由区域”。因此，就海量许可而言，合理使用只能是一种例外而不是一种常态。为获得海量许可，使用者主要依赖于授权许可和法定许可两种方式。

法定许可制度允许使用者可以不经版权人许可先行使用，双方只需事后就价格进行谈判并支付使用费，因而大大减少了谈判环节，降低了不必要的谈判费，并且由于价格谈判往往事后进行，不至于谈判破裂而影响对作品的使用，从而提高了作品的使用效率。因此，图书馆将作品数字化后无偿地提供给公众就必须要与版权人签订许可协议，确定其使用对象、使用时间、使用地点、使用范围等。大多数许可协议包括：允许有限制地访问，当许可证过期或撤销后就不允许图书馆保留作品的拷贝，限制读者对该作品的拷贝和传播，允许多重机构以更高的价钱来访问等。

目前，数字图书馆获得授权许可使用的途径主要如下所示。

（1）与出版社合作取得作者授权。出版社是作品出版的专业机构，它具有明显的出版资源优势，出版资源丰富，联系众多作者，而且在出版权的取得上都与作者一一对应，数字图书馆可通过与出版社签订相关的合作协议，由出版社代为寻求作者授权，并最终与作者签订许可使用合同，明确彼此之间的权利与义务。

（2）与著作权集体管理机构取得授权。目前国际上比较著名的国际版权集体管理组织有国际唱片协会、国际作者和作曲者协会联合会、美国唱片业协会、数字媒体协会（Digital Media Association，DiMA）等。国内著名的版权集体管理组织有中国文字著作权协会、中国音乐著作权协会、中国摄影著作权协会、中华版权代理有限公司等。

（3）直接与作者协商取得授权。数字图书馆在将具有版权的作品数字化并上网传播以前必须征得版权人的同意并签订许可协议，付给一定的报酬。面对如此的“海量”版权作品，要取得作者和著作权人事前的“海量授权”绝非易事。但即使这样，我们也不能在未授权情况下使用其作品，侵犯著作权人的合法权益。

2. 数字图书馆版权集体管理制度

从版权交易角度来看，授权许可的最大缺陷在于：数字图书馆“海量”使用作品的特点，使其面临着“海量授权”的问题，逐一取得权利人的授权许可，无疑将耗费大量的时间、人力和财力。甚至在很多情况下，对许可利用人来说，往往因为找不到权利人而发生侵权行为。这些问题的解决只能有赖于完善的版权集体管理制度的建立。

版权集体管理是指版权人、邻接权人或其他权利所有人无法行使其版权、邻接权或者行使权利存在实际困难时，将其权利授予版权集体管理机构，由机构代为管理和行使，权利人享受由此带来的利益。

《中华人民共和国著作权法》第八条明确规定了著作权集体管理机构的法律地位:“著作权人和与著作权有关的权利人可以授权著作权集体管理组织行使著作权或者与著作权有关的权利。依法设立的著作权集体管理组织是非营利法人，被授权后可以以自己的名义为著作权人和与著作权有关的权利人主张权利，并可以作为当事人进行涉及著作权或者与著作权有关的权利的诉讼、仲裁、调解活动。”著作权集体管理组织是联系著者与作品使用者的“居间人”。它通过作者的委托来行使权利，即监视作品的使用，并与未来使用者或使用单位洽谈使用条件，发放作品使用许可证，收取费用并在著作权人之间进行分配。通过著作权集体管理组织这一中介，著者的版权可以得到有效的保护，数字图书馆也可免去寻找作者授权的困难和麻烦，而著者创作的优秀作品可以通过数字图书馆这一有效的传播途径实现更大的价值。

10.3　标准化问题

数字图书馆建设需要全国范围内很多图书、情报、档案机构、各种信息中心和文化设施等众多部门和单位共同参与。如何将众多的力量协调组织起来，实现网络互联互通，资源共建共享，管理井然有序，关键就在于标准化。有了标准化，各单位开发出来的信息资源才能按统一的格式组织起来，既能和国际网络接轨，更能为各单位所共享，形成整体信息资源；才能用统一的检索标准建立起分布式的存储和检索系统，使各系统能够互相沟通、互相应用等。因此，设计大规模的统一标准，并将它纳入数字图书馆的框架中去，是数字图书馆的一大重要任务，标准化是建设数字图书馆的重要保证。

10.3.1　资源描述标准化

1. 元数据标准化

元数据是指关于数据的结构化数据，用来揭示各类电子文献的内容和其他特性，进而达到网络资源的组织、分类、索引等目的。首先，数字图书馆可以利用元数据标准和技术描述对外发布其现有的数据资源，提高数据的可用性和被利用率；其次，可以通过元数据记录有关数据的建立、结构以及维护等方面的信息，数据管理者可以通过这些元数据对数据资源进行有效的管理，数据使用者也可据此了解数据资源的一些背景资料；

最后，元数据的使用能够在一定程度上消除数据资源之间的语义独立性和异构性，帮助实现数据资源的整合和交换。

1）元数据标准的种类

围绕着 SGML、HTML、XML 等环境，产生了各种元数据标准，其中较有影响的有 Dublin core、PICS、Web collections、CDF、MCF 以及 RDF。在第 6 章中已经介绍了 Dublin core 和 PICS，下面对其他标准做简单的介绍，具体请参考相关书籍。

（1）Web collections（网站集合）：Web collections 是一个试图利用 XML 应用环境建立元数据框架的一个较早的规范。Web collections 采用了与 HTML 语言相似的样式风格，其数据可以紧紧地嵌入到 HTML 文档之中，便于用户使用。Web collections 中引入了一种表示元数据的层次结构的方法，一个 collections 关联了一系列的字段名和值，这些字段的描述被定义在配置文件当中。Web collections 允许使用 author（作者）、lastmod（最后一次改动时间）、title（题名）、maxdisize（最大可下载范围）等属性来描述 Web 页面。Web collections 还允许将一组 Web collections 作为属性嵌套入其他的 Web collections 中，以描述更复杂的关系。这种方式将揭示并增强文件之间的关系，使得用户、浏览器以及搜索引擎能够更加深入地理解文献的内容属性。

（2）CDF：CDF 是频道定义格式（channel definition format）的缩写，它是 Microsoft 提出的一种元数据规范。CDF 对 Web collections 进行了补充，它是计算机应用于 Web 技术的频道框架。将 XML 嵌入 HTML，使 HTML 从一种 Web 页面描述语言扩展为一个应用于频道站点的 Web 站点描述语言。

（3）MCF：MCF 是元数据内容框架（meta content framework）的缩写，它是网景通信公司（Netscape Communications Corporation）提出的一种利用 XML 的元数据方案。MCF 规范的制定者致力于实现一种“单一的数据模式和相应的互换模式”的元数据框架，而这种框架具有足够的开放性和旺盛的生命力来适应文献信息数字化的任何需要。为了接受多种带有分歧的数据类型，MCF 的设计者提供了一个“通用数据模式及词表”的框架，它能在一定程度上查询和管理各种元数据，使得这些元数据成为与 MCF 兼容的数据。对于不断出现的新的数据类型，MCF 可以动态地进行扩展。

（4）RDF：在 W3C 的授权下，一些元数据研究团体（如 Dublin core、PICS、digital signature 等）集思广益，制定出了扩展性强、符合多种需要的 RDF 结构，以支持 Internet 和 WWW 上的元数据。1997 年 10 月，W3C 正式发布了 RDF 的草案。资源描述框架是由 W3C 主导和结合多个元数据团体（如 Dublin core 等）所发展而成的一个框架体系。RDF 是一个能对结构化的元数据进行编码、交换及再利用的体系框架，它为元数据提供了一个可操作的载体。这种体系结构通过对通常意义上的语义、语法和结构的支持，从而提供了在各种不同元数据之间的互操作性。RDF 本身并不对各种不同的元数据进行语义定义，而是提供一种框架体系，使不同的用户或团体能够在这一框架下定义它们自己的元数据元素。RDF 采用 XML 作为交换和处理元数据的通用语法结构体系。而 XML 作为经过精简的 SGML 语言，在 Internet 应用上提供了与供应商无关的、可由用户扩展和认证的标记语言体系。RDF 利用了 XML 严谨的结构，避免了语义上的二义性，从而为元数据的编码、交换及机器自动处理提供了一个良好的容器。它通过一个简单而又功能强大的数据模式，支持在各个不同的元数据语言之间模块化的互操作能力。

2）我国元数据标准存在的问题及其对策

我国关于元数据没有统一的国家标准，基本情况是图书馆界大多采用 CNMARC（中国机读目录格式），而情报单位主要采用 CCFC（common communication format of China，中国公共交换格式）。目前，国际上倾向于采用 SGML 对元数据进行描述。SGML 标准与图书馆当前数据资源建设中广泛使用的 CNMARC 格式的对应问题已经解决，将其应用扩展至整个图书情报系统，甚至通过 Internet，直接使用 Web 浏览器存取基于 SGML 的各类信息也是完全可能的。由于 WWW 迅速发展而被广泛使用的 HTML 就是基于 SGML 的，HTML 可以看作是 SGML 的一个简单应用。1996 年底出现的可扩展标记语言 XML 是 SGML 的简化版本，其为用户提供了灵活的扩展机制，可主要用于数据的语法描述。而 RDF 规范了 Internet 资源描述的语义。以此为基础便可将 MARC 数据描述成为标准化机器可读和机器可理解的元数据。它可以作为我国目前数字图书馆建设过程中的参照标准。

近年来，我国元数据的研究与应用已经取得了一定的成果，但随着数字图书馆建设的不断深入发展，对元数据的研究与应用还有许多问题需要予以重视和解决。元数据的标准化应该包括元素著录内容的标准化、同类型数字化信息资源所采用元数据的一致性、元数据方案所采用编码语言的统一性这几个方面。首先，就 Dublin core 系列元数据而言，在同一元素的著录内容上存在较大的差异。例如，北京大学拓片元数据规范要求在权限（rights）元素中著录馆藏地址、允许使用的用户范围，而在《数字式中文全文文献通用格式》规定著录有关权限管理的声明，包括知识产权等。其次，对于同类型信息资源的组织，有的图书馆已经采用 Dublin core 元数据，有的则仍然采用 MARC 元数据。这种著录内容和同类信息资源所用元数据的不一致都会给数据交换带来困难。最后，各个元数据所采用的编码语言也是各不相同的，有的采用 HTML，有的采用 SGML 或 XML。各个编码语言的标签设置、内容、可扩展性的不同，都会影响元数据的通用性。

对于以上存在的问题，应采取的措施如下所示。

（1）重视元数据标准的规范化建设。元数据标准的规范化建设是我国数字图书馆建设中应该予以特别重视的问题。在元数据标准的创建过程中，应建立规范的工作流程和管理规则，如规范的元数据编制流程及元数据编制所依据的规则。对元数据应用过程中设计的各项工作和相关规则应该进行系统的规划，规范地组织元数据应用各个模块，并明确定义、描述和维护各项应用规则，保障其能有效、可靠和持续性地发展，以促进所建立的元数据体系的开放性和可互操作性。

（2）建立统一的中文元数据标准。目前，国内一些大型文献机构已制作了一些元数据标准，并各自建立了一些应用规范，但还没有在全国范围内形成统一，这势必为中文资源的共享与交换带来一定的困难。所以应该尽快制定中文元数据的相关标准，建立统一的中文元数据应用规范。同时，在中文元数据标准的制定中，既要考虑中外资源的特点，更要充分考虑与国际主流元数据标准的兼容问题，以有利于国际资源的共享与交换，适应元数据应用的国际化环境与互操作需要。

（3）积极参与国际合作，提高研究开发能力。随着我国数字图书馆建设的发展以及元数据的广泛应用，图书情报界应更加积极地参与国际合作，跟踪最新发展趋势，密切关注前沿研究，了解国际发展动态，吸收各国数字图书馆建设的成果，使我国数字图书馆元数据应用与国际先进水平保持同步发展。

2. 电子出版物标准化

随着互联网的发展和普及，出版物电子化已经成为一种趋势。电子出版物是指以数字代码方式将图文声像等信息编辑加工后存储在磁、光、电介质上，通过计算机或者具有类似功能的设备读取使用，用以表达思想、普及知识和积累文化，并可复制发行的大众传播媒体。媒体形态包括软磁盘（floppy disk，FD）、只读存储光盘（compact disc read-only memory，CD-ROM）、交互式光盘（compact disc interactive，CD-I）、照片光盘（photo compact disc，photo CD）、只读存储多用途数字光盘（digital versatile disc read only memory，DVD-ROM）、集成电路卡（integrated circuit card，IC Card）和国家新闻出版署认定的其他媒体形态。

出版物的电子化极大促进了数字图书馆的发展，也是数字图书馆资源的重要来源，但出版物格式的不统一也造成一定的麻烦，为了对这些资源进行使用，不得不进行复杂的格式转换。有人提出电子出版物，不仅各个构成元素需要有标准的格式要求，还应该给各个出版物以统一的索引代号，以便于电子出版物无须经过过多的处理直接进入数字图书馆。

电子出版物的标准化已经引起了图书馆界的关注。最主要的三大国际标准化团体——ISO、国际电工委员会（International Electrotechnical Commission，IEC）和 CCITT 已经制定了一些专门的或可用于电子出版物的标准或标准草案，主要有以下几个。

（1）ISO 8879 标准通用标记语言，即 SGML。可用于电子出版物的内容格式描述。

（2）ISO/IEC 10744 多媒体基于时间的结构化语言，即 HyTime。用于描述依赖于时间的信息。

（3）ISO/IEC DIS 10179 文体语义与规范，即 DSSSL。该标准描述了文体（document style）通用树结构的转换和构造语义。

（4）ISO/IEC DIS 10180 标准页面描述语言，即 SPDL（standard page description language，标准页面描述语言）。

（5）ISO/IEC 9541-1、9541-2、9541-3、9541-4 字型（font）信息交换系列标准。

此外，一些专门的光盘标准、图像交换与图像压缩标准、多媒体数据标准等已完成或正在进行中的标准也是电子出版物可能用到的。

我国有关主管部门应根据中文文字的特点、国际标准和有关国家标准原则，以及电子出版物的自身专业特性，及时制定本专业的各项标准，以促进电子出版物的发展，保证其在国内外的顺利交流，也推动数字图书馆建设的顺利进行。

3. 对象数据标准化

读者使用数字图书馆最终目的是获取对象数据，对象数据的格式会直接影响存储成本和传输效率。为了更好地使数字图书馆为社会服务，有必要对对象数据的格式进行标准化。对象数据的存储格式包括两种类型：一个是原始备份格式，另一个是服务用格式。原始备份格式一般为无压缩格式，而服务用格式是根据现有的硬件条件并考虑到当前社会上常用的网络浏览器所支持的格式而确定的。对象数据格式可以参照表 10-1 执行。

表 10-1　对象数据格式参照标准

数据类型	原始备份格式	服务用格式
影像	AVI	MPEG、RM
图像	BMP、TIFF	GIF、JPG
声音	WAV	MP3、MID
文字	TXT、HTML、PDF	

10.3.2　异构系统互操作标准化

随着网络化的发展，数字图书馆服务已打破本地局限，它的技术因素和管理机制成为制约其实际开展和被有效利用的关键因素之一。人们开始利用标准规范来约束数字图书馆系统的服务机制，以保障系统服务在网络空间的可使用性和系统之间的互操作性。系统服务的标准规范主要是关心系统间的互操作，并不排斥甚至允许任何系统在本地服务中采用自己的特殊方法与机制，关键在于信息系统在与外界交互时采用标准的服务机制。下面将主要讲述数字图书馆系统的传输层与应用层的协议标准。

1. 传输层协议标准

传输层是两台计算机经过网络进行数据通信时，第一个端到端的层次。目前互联网上所普遍遵循的传输协议主要有 TCP/IP 协议以及 IPX/SPX 协议等，考虑到数字图书馆系统的安全，使用 TCP/IP 协议较为适宜。TCP 是面向连接的端到端的可靠协议。它支持多种网络应用程序。TCP 对下层服务没有多少要求，它假定下层只能提供不可靠的数据服务，它可以在多种硬件构成的网络上运行。其下层便是 IP 协议，TCP 可以根据 IP 协议提供的服务传送大小不定的数据，IP 协议负责对数据进行分段、重组，在多种网络中传送。TCP 可以解决在并不可靠的网络上实现面向连接的可靠的数据传送、流量控制，为上层应用程序提供多个接口，同时为多个应用程序提供数据，以及解决通信安全性的问题（叶凡，2003）。

2. 应用层协议标准

应用层向应用程序提供服务，应用层是开放系统的最高层，其作用是在实现多个系统应用进程相互通信的同时，完成一系列业务处理所需的服务。数字图书馆所涉及的最主要的应用层协议为 HTTP 和网络信息检索标准协议 Z39.50。HTTP 是用来在互联网上传输文档的协议，是 Web 上最常用也是最重要的协议，同时又是 Web 服务器和 Web 客户（如浏览器）之间传输 Web 页面的基础。HTTP 是建立在 TCP/IP 之上的应用协议，但并不是面向连接的，而是一种请求/应答式协议。浏览器通常通过 HTTP 向 Web 服务器发送一个 HTTP 请求，Web 服务器接受 HTTP 请求之后，执行客户所请求的服务，生成一个 HTTP 应答返回给客户。

Z39.50 协议产生于图书馆界，最初的目的便是提供联机公共书目数据检索。在互联网上，存在着大量的基于 Z39.50 协议的服务器，这些服务器连接着世界上许多大型图书馆的馆藏书目数据。用户只要采用一种基于 Z39.50 协议的检索软件，就可能在自己的计算机上同时对世界上多种异构数据库进行检索，共享信息资源，如全国图书馆联合编目软件 UACN-UC。

10.3.3 用户使用界面标准化

用户使用界面标准化是指各个数字图书馆需要有统一的检索端口和阅读平台。建设数字图书馆的最终目的是为社会及读者提供服务，方便用户使用是数字图书馆工程建设过程中首先要考虑的原则。智能化用户界面是数字图书馆系统与用户交流的窗口，设计一个具有人性化、智能化的友好、直观、方便的接口，让用户得心应手。

数字图书馆检索界面必须遵循一定的标准。对于声音、图像、视频、文本等不同类型的数据，数字图书馆应提供不同的检索模式，但对于相同类型的数据资料，数字图书馆在检索命令、检索符、检索表达式的构造方面，应与其他数字图书馆遵循统一规范。数字图书馆的检索界面必须简洁、友好、通俗易懂，尊重用户的思维习惯和思维方法，能让用户尽可能真实地表达自己的信息需求。用户在检索中碰到问题时，系统能及时给予友好的帮助。此外，数字图书馆应利用先进的信息处理技术对信息资源进行多维的揭示，向用户提供多种检索途径。例如，对于文本信息资源，除提供书名（篇名）、作者、主题词、分类号、期刊名、出版机构、引文等检索功能外，还应能提供全文检索功能；对于音、视频信息，除提供对其标引著录项的检索外，还应能提供基于内容的检索。

国家图书馆使用超星浏览器，上海图书馆使用自行研制的“中国古籍善本查阅系统”，而辽宁省图书馆则采用的是 IBM 数字图书馆完整解决方案，这些都给用户造成了一定的不便。用户使用界面应符合功能完善、便于操作、交互性强等原则。

10.4 技 术 问 题

数字图书馆是一个宽带多媒体网络和海量信息管理系统，它所面对的存储对象和技术领域远远超出了目前传统图书馆的范围。存储对象包括数字化的图书、音像、新闻、美术、照片、雕塑、电影、软件、电子出版物、互联网内容、卫星数据、气象数据、地理数据、政府文件等各种各样的人文与科学数据，因而牵涉大量的技术问题，需要大量的技术突破作为支撑。

10.4.1　信息资源建设涉及的技术问题

1. 海量信息资源数字化技术

作为数字图书馆这样一个数字资料库，应把包括历史资料在内的所有资料数字化后放进去，即原有资料的录入；另外，还有其他资料的整理入库，包括在线网上资料、广播及媒体资料、数字资源等的整理入库。因此，数字图书馆面临的数据是多种类型的、海量的，如何快速、有效、有序地把各种媒体资源数字化后放入数字图书馆，涉及很多技术方面的难题。其中，中文图书的自动录入是最繁重的一个任务。这项工作如果协调不好，很可能同一件事要重复若干遍，造成极大的浪费。

2. 大规模数据库技术

目前的数据库能够应对海量数据的存储，即使现在的数据库在管理上能满足要求，其系统的成本能否接受？因此，如何保存和管理海量数据是系统设计的核心任务。图像、文本、音频、视频的数字化技术，包括压缩、存储和还原技术，以及元数据库与对象数据库的模式，都是数字图书馆系统设计最需要技巧的环节之一。

3. 分类、索引和检索技术

目前在计算机中还没有像图书馆那样使用统一的分类、检索方法。为了支持海量数字化资源的自动分类和检索，需要研究基于内容的多媒体处理技术。海量数据的搜索效率与速度也是系统面临的最大挑战，其中包括中文搜索、图像搜索、语音搜索、智能搜索。

4. 数字信息网络传输技术

快捷地传输数字信息是人们对数字图书馆的基本要求之一。作为今后主流信息的流媒体（流媒体主要指视频、音频），它本身的数据量十分大，就目前技术而言，难以进行高密度的压缩，如若按照一般的文件传输方式，流媒体传输到目的地址后，将无法流畅、清晰地再现，很可能出现断断续续，画面停顿等情况，为了实现较好质量的流媒体实时播放，在数字图书馆的建设过程中，需要考虑影响传输质量的关键因素：一是编码和压缩的性能和效率；二是媒体服务器的性能；三是流媒体传输的质量控制。这是制约流媒体性能最重要的因素。

5. 多语言问题

数字图书馆中的图书可能是用英语、汉语等多种语言书写的，为了让更多的人能够方便地阅读各种语言的图书资料，数字图书馆需要提供机器翻译，如何准确地实现，这也是对技术的一大挑战。

6. 数字信息长期保存问题

数字信息的长期保存是数字图书馆开发中尚未充分认识到，而又必须解决的问题，因为它是决定数字图书馆能否持续发展的基础。

影响数字资源长期保存的根本原因是，数字资源使用了对当前存取十分有效的技术，这些技术对日后数字资源的存取留下了极大的隐患。当代数字化技术面临长期保存的挑战。数字化的信息资源对信息技术有很强的依赖性。因为这部分资源要通过一定的设备如计算机、阅读器和软件环境来阅读。然而，由于信息技术的发展，计算机软硬件、存储等技术方面的更新速度不断加快，存储信息的设备、手段和软件每三年至五年就要更新换代。如果阅读信息的设备过时，或将信息转换成人们可读形式的软件因为被淘汰而不复存在，那么，即使存储信息的载体保存得再好，信息同样无法读出，也会失去其利用价值。

10.4.2 数字信息的安全与维护问题

数字图书馆的安全包括版权保护和网络安全保护。

1. 版权保护技术

数字图书馆使用版权保护技术的目的是实现访问控制和使用控制。目前版权保护技术主要分为三大类，即数字水印技术、安全容器技术、移动 Agent 技术。

数字水印技术与钞票水印相类似，这是一种将特制的不可见的标记利用数字内嵌的方法隐藏在数字图像、声音、文档、图书、视频等数字产品中，用以证明原创作者对其作品的所有权，并作为鉴定、起诉非法侵权的证据，同时通过对水印的探测和分析保证数字信息的完整可靠性，从而成为知识产权保护和数字多媒体防伪的有效手段。

安全容器技术以 Intertrust 集团的“数据盒”（digibox）技术为代表。Intertrust 把重要的数据和有关的商业使用规则储存在名为“数据盒”的加密文件里，其商业规则是有关数据的价格和使用控制的内容。最新的 digibox 的内容上集成了数字水印技术。

移动 Agent 技术是代码、数据和执行环境的封装，它可以在执行过程中，在计算机网络中自治与有目的地迁移，并且能响应外部事件，在迁移过程中能保持其状态的一致性。移动 Agent 系统将是未来数字图书馆版权保护的一种纯技术的解决方案。

需要指出的是，数字图书馆的版权保护单纯依靠技术措施显然是不够的，因为通过密码破译和反向工程可以规避这些技术措施。国内外均出现了一些针对版权保护技术措施的规避行为，并引起了法律纠纷。可见，对规避版权保护技术的行为进行法律约束是十分必要的。

2. 网络安全技术

数字图书馆是互联网资源的重要组成部分，计算机网络的安全直接决定着数字图书馆的安全。信息网络技术的先进推动了网络的快速发展。因此，从技术上对数字图书馆进行网络安全管理，也就成为核心问题。

主要的网络安全技术有以下几个。

1）数据加密技术

数据加密是指将一个信息经过加密钥匙及加密的转换，变成不能直读的密文，而接收方则将此密文经过解密函数、解密钥匙还原成明文，因此加密是保护数据安全的一种有效手段。在计算机网络中，加密可分为通信加密和文件加密。通信加密又有链路加密、节点加密和端端加密三种。

使用数据加密技术，可提高信息系统及数据的安全性和保密性，防止系统数据被外部破译。随着信息技术的发展，网络安全与信息保密日益引起人们的关注。目前各国除了从法律上、管理上加强数据的安全保护外，从技术上分别在软件和硬件两方面采取措施，推动着数据加密技术和物理防范技术不断发展。

2）用户认证与访问控制

用户认证与访问控制是用户认证控制终端用户向网络存取信息时实施的管理制度。用户认证可以禁止非法用户的操作，可以较有效地保护软件和数据的安全。其中应用普遍的是基于口令的用户认证。这种认证方式与用户访问控制结合，通过验证用户输入的口令来确定用户是否可以进入系统，进入系统后允许进行哪些操作。

读者用户通过身份认证后，由授权控制对用户可访问的资源权限和可进行的访问操作进行进一步的判定与处理，以防止用户对数字图书馆的网络信息资源进行非授权性访问和操作。通常情况下，这个判定过程是通过系统对一个访问控制列表（access control list，ACL）的访问来实现的。ACL 中注明了系统有哪些合法用户和用户组，每个用户或用户组可以访问的资源和可以执行的操作等信息。

3）防火墙技术

防火墙技术是目前网上使用较多的一项安全防范技术，它是一种被动防御的访问控制技术，是通过在网络边界上建立起来的相应的网络通信监控系统来实现其功能的。建立“防火墙”是在被保护网络周围通过专有软件和硬件，以及管理措施的综合，对跨越网络边界的信息提供监测、控制甚至修改的手段。当前实现“防火墙”功能的主要技术有：数据包过滤、应用层网关（或代理服务器）等。

4）VPN 技术

VPN 目前多指那些在地域上非常分散，同时需要相互协同工作的用户在互联网上利用隧道、加密、认证等技术来建立的自己专用网络。VPN 仿真点对点的专线行为，特别适合点对点、点对多点的连接结构，在数字图书馆中有效利用 VPN 的加密、认证技术，可以保护图书馆特殊、特色数据库，有针对性地提供服务。

5）使用入侵检测工具，监视网络安全

入侵检测是对防火墙的补充，用于对付网络攻击，扩展了系统管理员的安全管理能力（包括安全审计、监视、进攻识别和响应），提高了信息安全基础结构的完整性。它从计算机网络系统中的若干关键点收集信息，并分析这些信息，看看网络中是否有违反安全策略的行为和遭到袭击的迹象。入侵检测被认为是防火墙之后的第二道安全闸门，在不影响网络性能的情况下能对网络进行监测，提供对内部攻击、外部攻击和错误操作的实时检测与响应。

10.5 其他问题

10.5.1 人员素质问题

人员素质问题是数字图书馆建设的重要环节，它是保证数字图书馆正常发展和运营的关键因素。人是一切活动中最积极的因素，是一切事业的根本。在数字图书馆建设和管理中，更是需要大量高素质人才。这里所提到的人才不仅指图书馆的管理规划者和数字图书馆建设的主体——广大馆员，还有一个不容忽视的群体，那就是数字图书馆的服务对象——广大读者。

1. 对数字图书馆馆员的素质要求

对于数字图书馆来说，一个拥有高层次技能素养的图书管理员是其重要财富，图书管理员不仅扮演着高等知识产品传达者的角色，更是发挥着引导读者、服务读者的重要职能（文艳，2016）。馆员的素质、工作效率、服务热情是我们在数字图书馆建设中必须要面对的问题。图书馆向数字化发展，图书馆员的任务加大了，角色复杂了，技能要求也相对提高了。它要求图书馆专业人员除需掌握传统的图书馆学、情报学理论和技术外，更要注重现代化技术的基本理论与实用技能的学习和培训，特别应提高计算机技术及网络技术的应用水平，以便胜任数字图书馆的硬件管理和网络维护等业务工作。具体能力包括：具备利用计算机技术进行电子信息资源的采集、加工、存储、控制和提供服务的技能，具有对网上海量信息进行组织和筛选的技能，具有对各种类型的数字信息资源进行技术运用性评估和价值判断的能力。同时，由于互联网上具有丰富的外文信息，图书馆员还必须具有较高的外语能力，才能完成新时期的网络服务工作。

2. 加强对数字图书馆用户的教育

知识价值只有通过用户的利用才能实现。提高用户利用和创新知识的能力，让用户掌握相应的方法和途径，实现更高的效益，也成为数字图书馆开拓信息市场和提高自身服务效益的重要措施。由于用户更熟悉专业，更懂得自己教学科研、生产管理等社会实践活动的客观需要，如果他们掌握了数字图书馆方面的知识，掌握了网络信息的检索方法，具备了相应的信息意识和信息能力，能鉴别信息资源的情报价值，那么，即使由馆员代检，用户配合得越好，检索中的查全率与查准率也会越高。

因此，要通过用户培训、继续教育、提供在线自习和在线帮助等方式，向用户介绍网络环境下信息利用与交流的方式方法，帮助用户掌握检索、获取、利用有用信息的能力，提高用户的现代信息意识和信息技能。

10.5.2　统一规划问题

实行有效的总体规划与协调管理是数字图书馆建设的根本保证。中国数字图书馆应该协调发展，实现专业化分工、优势互补，形成合力，这是当前图书馆界共同努力的方向。

尽管我国数字图书馆的建设十分重视组织协调工作，但这几年的实践表明，统一规划仍显乏力。在我国，分行业和系统组成了多个数字图书馆建设联盟。例如，公共图书馆归属于文化系统；科学院系统的图书情报机构参与“中国科学院网上文献信息共享系统工程”；高等院校图书馆，尤其“双一流”涉及的高校图书馆通过高等院校文献保障系统结成数字图书馆联盟。这种分行业结成数字图书馆联盟的做法，不可避免地缺乏有效的宏观调控与管理，缺乏对数字图书馆建设全局性的统一规划，各自为政，重复建设。特别是在数字图书馆的规划、创建、维护、资源数字化、数据库引进、自建数据库、文献标引规则、检索软件选择等方面，往往只考虑到本馆或本系统的局部利益与实际情况，盲目建设，导致产生宏观调控乏力、标准化程度低、技术兼容性不足、文献资源的重复建设现象相当严重等一系列的问题。

为了更加有效地统一领导和协调全国数字图书馆工程建设，必须通过扩充某一政府部门职能或成立全国性的专门机构，如成立我国数字图书馆建设领导小组，加强对数字图书馆建设的组织协调、统一规划和合理布局。规范统一标准，强化社会各行业的协作意识，有重点、有层次、分阶段、有序地推进中国数字图书馆工程建设。各馆也应从整体和全局的利益出发，根据各自的收藏和服务特色，明确自身的收藏和服务对象，并逐步实现联合采购、联合存储、联合编目、联机检索和联合建库，构建完整平衡的数字图书馆建设体系。同时，还要组织对全国正在试验的数字图书馆项目进行调查总结，推广试点单位建设经验，并加强对数字图书馆建设中的“馆藏资源数字化”和“社会资源馆藏化”项目的质量管理，建立数字化信息资源建设立项报审和质量验收评定制度，以防止或避免在全国范围内的重复建设和造成浪费。

10.5.3　数字鸿沟与信息公平问题

数字鸿沟是指在全球信息化进程中，由于信息技术在各国、各地区、各产业、各社会阶层之间发展和应用的不平衡，表现为信息工具拥有者和未曾拥有者之间的对信息的收集处理创新能力差异以及网络技术应用水平差异的信息落差、信息不对称、知识阻断现象。数字鸿沟最终必然导致贫富两极分化。

数字鸿沟是经济鸿沟在信息、知识、技术领域中的具体反映。数字鸿沟最根本的原因是经济因素，经济的落后造成了信息、知识和技术的落后，而这又加剧了经济的不平衡，使数字鸿沟问题越来越严重。另外，还有一些因素会加大数字鸿沟，如国家政策和国民教育程度等。广大发展中国家在国际社会与经济发展中的地位正在被“边缘化”。数字鸿沟的扩大正在加剧贫富差距和两极分化，逐渐威胁到发展中国家以及整个人类社会的稳定与安全。

数字图书馆是评价一个国家信息基础设施水平的重要标志，是国家信息基础设施的核心。因此，数字图书馆建设的状况在一定程度上标志着一个国家、一个地区信息基础设施水平，反映出一个国家、一个地区的信息化水平和人们在信息、知识、发展机会和收入水平之间的差距。与一些发达国家相比，我国的数字图书馆建设尚处于起步阶段。国内数字图书馆的建设也存在着严重的不平衡现象。自由进入数字图书馆，可以查阅利用各类文献，这是每一个读者文化权益在数字图书馆的最基本的体现，这些图书馆基本的服务措施对于实现底线公平具有关键的意义。在这一基础上，提供一定的发展空间，实现图书馆服务的多元化，对于建设一个和谐的社会是十分必要的。

社会中存在的信息弱势人群一般不能将信息作为一种竞争性资源，因而也不可能接受付费信息服务，他们对图书馆的依赖却没有减少。网络技术的普及为社会公众带来了大量可获取的信息，但信息弱势人群由于缺少利用网络的经济基础与技术能力，无法自由地利用信息。技术对于信息弱者而言无疑是新的障碍，其影响甚至大于以往“文化教育程度”对获取信息的障碍。因此，数字图书馆在提供基本信息服务的基础上，应增加对这部分人的上网辅助服务。通过对信息弱势群体的扶助，使信息贫困现象得到缓解，使社会全体成员都能充分享受到信息化带来的福利（肖勇和张自锋，2012）。

参考文献

安树兰，张成昱，嵇玥，等. 1997. 关于数字图书馆问题的探讨[J]. 现代图书情报技术，(2)：31-33.

白焕海，申志东. 2003. 数字图书馆版权保护若干问题的探讨[J]. 图书馆工作与研究，(1)：15-17.

白淑琴. 2008. 数字图书馆信息资源管理的发展趋势研究[J]. 图书馆建设，(5)：93-95.

鲍凌云. 2014. 新技术时代数字图书馆知识产权新思考[J]. 办公室业务，(15)：119-120.

毕强，闫晶，李洁. 2017. 大数据时代数字图书馆服务转型面临的新形势与新要求[J]. 情报理论与实践，40（12）：12-16，5.

毕忠东. 2007. 知识服务型数字图书馆的建设与创新[J]. 情报资料工作，(6)：55-57.

曹小峰. 2013. 浅谈云环境下的高校数字化图书馆[J]. 信息通信，26（9）：163.

常林. 2002. 数字图书馆产生与发展影响因素分析[J]. 图书馆学刊，24（6）：19-21.

陈宝珍. 2002. 虚拟参考服务：数字图书馆建设中的一个亮点[J]. 华南师范大学学报（社会科学版），(6)：115-118.

陈冰云. 2005. 标准化跨库检索系统的设想[J]. 科技情报开发与经济，15（6）：231-232.

陈彩红. 2011. 国内外元数据标准宏观比较研究[J]. 河北科技图苑，(1)：65-67.

陈臣. 2014. 大数据环境下数字图书馆安全威胁与对策研究[J]. 图书馆工作与研究，(11)：34-38.

陈臣. 2015. 大数据时代基于个性化服务的数字图书馆数据搜索引擎设计[J]. 图书馆理论与实践，(4)：91-93，94.

陈臣. 2016. 基于大数据的图书馆数字资源重构与融合研究[J]. 现代情报，36（8）：10-13，20.

陈传夫. 2004. 开放软件资源的知识产权问题研究[J]. 大学图书馆学报，(5)：11-15，24.

陈传夫，陈一. 2017. 图书馆转型及其风险前瞻[J]. 中国图书馆学报，43（4）：32-50.

陈传夫，钱鸥，代钰珠. 2014. 大数据时代的数字图书馆建设研究[J]. 图书情报工作，58（7）：40-45.

陈芳. 2005. 网络信息资源的知识检索研究[J]. 情报科学，23（3）：420-425.

陈戈. 2020. 基于知识图谱应用的图书馆知识检索服务构建思考[J]. 新世纪图书馆，(12)：46-48，85.

陈光祚. 2000. 论“图书情报学虚拟图书馆”的建设[J]. 中国图书馆学报，(1)：19-23.

陈海英. 2002. 数字图书馆的个性化服务[J]. 图书馆建设，(4)：72-73.

陈江萍. 2007. 数字图书馆个性化服务的实施与策略（英文）[J]. 图书情报工作，(12)：26-32.

陈静，郑建明. 2012. 知识生态视野下的数字图书馆建设[J]. 图书馆，(6)：39-41.

陈磊. 2017. 文本表示模型和特征选择算法研究[D]. 中国科学技术大学硕士学位论文.

陈茂华. 2005. 网络环境下数字图书馆的信息组织[J]. 情报杂志，24（4）：43-45.

陈敏. 1999. Internet 时代的数字图书馆建设[J]. 情报学报，(6)：530-535.

陈能华. 2002. 数字图书馆与电子商务[D]. 湘潭大学硕士学位论文.

陈鹏. 2016. 数字图书馆发展及其信息安全管理策略研究现状[J]. 农业图书情报学刊，28（4）：88-91.

陈卫. 2015. 基于本体的数字图书馆个性化推荐模型构建研究[D]. 湖北工业大学硕士学位论文.

陈艳. 2006. 信息检索可视化技术[J]. 情报理论与实践，(5)：618-621，566.

陈耀盛. 2002. 国内外现行数字图书馆运行模式比较[J]. 情报资料工作，(5)：44-47.

陈耀盛. 2003. 概论信息组织[J]. 图书馆论坛，23（1）：85-87.

陈月婷，李春明，李荣艳. 2011. 国家数字图书馆服务框架探析[J]. 图书情报工作，55（17）：36-40，46.
陈振标，张文德，苏悦. 2007. 基于 CGSP 的数字图书馆资源检索[J]. 现代图书情报技术，（10）：16-18.
陈志鹏. 2017. 基于词分布的文本表示研究[D]. 苏州大学硕士学位论文.
陈周娟. 2002. 知识表示[J]. 运城高等专科学校学报，20（3）：18-19.
程光. 2001. 台湾数字图书馆的发展与启示[J]. 情报资料工作，（6）：40-41，46.
程焕文，黄梦琪. 2015. 在“纸张崇拜”与“数字拥戴”之间：高校图书馆信息资源建设的困境与出路[J]. 图书馆论坛，35（4）：1-8.
程罗德. 2018. AI 时代高校图书馆 VR 技术应用研究[J]. 图书馆学刊，40（9）：113-116.
程美群. 2002. 论数字图书馆的网上服务功能[J]. 图书馆学研究，（6）：23-25.
丑楚. 2016. 数字图书馆与传统图书馆的融合研究[J]. 农业图书情报学刊，28（9）：99-102.
初景利. 2001. 复合图书馆的概念及发展构想[J]. 中国图书馆学报，27（3）：3-6.
初景利，段美珍. 2018. 智慧图书馆与智慧服务[J]. 图书馆建设，（4）：85-90，95.
辞海编辑委员会. 1989. 《辞海》（缩印本 1989 年版）[M]. 上海：上海辞书出版社.
崔晓西. 2003. 网络远程教育与数字图书馆建设[J]. 图书情报知识，（5）：31-32.
崔永琳. 2003. 数字图书馆理论与应用[M]. 北京：中共中央党校出版社.
党英武，齐维轩. 2002. 基于数字图书馆电子商务的障碍与对策研究[J]. 情报杂志，21（1）：2-4.
党跃臣，王韫华. 2001. 数字图书馆建设中的版权问题[J]. 中国图书馆学报，（3）：53-56.
党跃臣，张晔，王韫华. 2001. 数字图书馆信息资源建设中的版权问题[J]. 图书情报工作，（3）：28-31.
丁梦晓，毕强，张晗，等. 2018. 数字图书馆知识发现系统用户交互优化研究[J]. 情报资料工作，（4）：32-38.
董慧，张继东，段巍，等. 2008. 数字图书馆网格应用模型研究（Ⅰ）：模型体系结构[J]. 情报学报，27（3）：328-336.
董慧，周义刚，张中宁，等. 2008. 数字图书馆网格应用模型研究（Ⅱ）：网格监控与调度[J]. 情报学报，27（4）：490-498.
杜彦华. 2011. 论我国数字图书馆的知识产权保护[J]. 创新科技，（9）：18-19.
杜杨芳，刘峤，曹阿成. 2021. VR 技术支持的智慧图书馆服务模式研究[J]. 兰台内外，（10）：45-48.
杜也力. 2002. 我国关于知识组织的研究述评[J]. 中国图书馆学报，28（5）：66-69.
富平. 2005. 国家数字图书馆标准规范建设[J]. 国家图书馆学刊，14（4）：13-16.
高斌. 2013. 数字馆藏的发展与保存政策研究[J]. 情报探索，（4）：103-105.
高红，朱硕峰，张玮. 2010. 世界各国图书馆馆藏发展政策精要[M]. 北京：海洋出版社.
高俊宽. 2003. 数字图书馆中若干知识产权问题研究[D]. 郑州大学硕士学位论文.
高萍. 2012. 云存储给数字图书馆带来的机遇与挑战[J]. 科技情报开发与经济，22（2）：60-61.
高娃. 2016. 论数字图书馆门户的构建[J]. 黑龙江科技信息，（17）：153.
高文，刘峰，黄铁军，等. 2000. 数字图书馆——原理与技术实现[M]. 北京：清华大学出版社.
高颖. 2015. 新时代图书馆服务系统的特点及远景展望[J]. 吉林省教育学院学报（下旬），31（12）：138-139.
高源. 2019. 自然语言处理发展与应用概述[J]. 中国新通信，（2）：117-118.
盖红波. 2007. 从数字出版到数字图书馆的有效对接[J]. 图书馆建设，（5）：20-23.
耿骞，毛瑞. 2004. 汉语自然语言检索中的词法分析处理[J]. 情报科学，22（4）：466-469.
宫卫涛，马自卫. 2007. 数字图书馆门户集成技术及其实现[J]. 现代图书情报技术，（11）：23-27.
辜季艳. 2019. 数据挖掘技术在数字图书馆服务中的应用探讨[J]. 信息系统工程，（11）：120-121.
顾敏. 2000. 千禧年初复合图书馆的服务及发展策略[J]. 图书情报工作，（3）：5-8.

桂君，郭依群. 2001. 网络数据库用户界面的使用便利性研究[J]. 情报理论与实践，24（4）：291-294.
郭春玲. 2012. 数字图书馆时代的知识检索[J]. 科技情报开发与经济，22（4）：82-84.
郭炯，刘昉. 2016. 国外数字图书馆宣传推广模式研究及其启示[J]. 图书馆建设，（4）：62-67，73.
郭军林. 2002. 电子商务与数字图书馆建设[J]. 图书馆论坛，22（4）：49-51.
郭晓柯. 2016. 我国智慧图书馆建设研究[D]. 郑州大学硕士学位论文.
郭占瀛. 2003. 数字图书馆：远程教育服务新模式[J]. 现代教育技术，13（6）：23-25.
过仕明，杨晓秋. 2006. 数字图书馆概论[M]. 哈尔滨：黑龙江科学技术出版社.
韩毅，沈怡. 2003. 图像数据的存贮与检索技术述评[J]. 情报杂志，22（1）：46-48.
韩毅，樊志伟，李健. 2006. 数字图书馆的信息资源发现与组织[J]. 情报资料工作，（5）：65-67.
何惠芬. 2002. 数字图书馆中基于内容的图像数据库检索技术[J]. 情报杂志，21（7）：33-36.
何立民，万跃华. 2003a. 数字图书馆中基于内容的多分辨率颜色特征检索和相关反馈技术[J]. 图书情报工作，47（4）：12-17，26.
何立民，万跃华. 2003b. 数字图书馆中基于内容的视频检索关键技术[J]. 中国图书馆学报，29（2）：51-55.
和艳会，李和娟，关琼，等. 2006. 浅谈网络图书馆、数字图书馆、虚拟图书馆的概念[J]. 农业图书情报学刊，（10）：120-123.
侯延香，周秀霞. 2005. 我国高校图书馆数字化资源整合现状调查[J]. 图书馆杂志，24（11）：34-38，41.
侯艳鹏. 2003. 数字图书馆模式辨析[J]. 晋图学刊，（2）：17-18.
胡昌平. 1998. 论网络化环境下的用户信息需求[J]. 情报科学，16（1）：16-23.
胡昌平. 2008. 信息服务与用户[M]. 武汉：武汉大学出版社.
胡建平. 2003. 数字图书馆信息服务的范式转变[J]. 情报杂志，22（9）：80-81.
胡渊. 2006. 数字图书馆信息资源建设研究[D]. 陕西师范大学硕士学位论文.
黄京，王忠义. 2017. 基于概念匹配的数字图书馆关联数据的关联构建[J]. 情报学报，36（11）：1201-1208.
黄凯悦. 2015. 我国智慧图书馆的构建研究[D]. 华中师范大学硕士学位论文.
黄如花. 2005. 数字图书馆原理与技术[M]. 武汉：武汉大学出版社.
黄水清，朱晓欢. 2006. 基于 ISO27001 的数字图书馆信息资产风险评估[J]. 图书情报工作，50（11）：79-82，120.
黄炜宇. 2007. 数字图书馆个性化信息服务浅谈[J]. 现代情报，27（10）：81-83.
黄燕. 2006. 图书馆数字化内容选择原则阐释[J]. 情报资料工作，（6）：53-55.
黄宗忠. 1998. 论 21 世纪的虚拟图书馆与传统图书馆（上）[J]. 图书馆理论与实践，（1）：3-8.
霍建梅，李书宁. 2015. 图书馆数字馆藏建设用户参与激励机制探究[J]. 图书情报工作，59（2）：5-10.
霍丽萍，曾媛. 2002. 数字图书馆评价体系的构建[J]. 图书情报工作，（4）：19-22.
姜爱蓉，黄美君，窦天芳. 2006. 数字资源整合与信息门户建设：清华大学图书馆的探索与实践[J]. 现代图书情报技术，（11）：2-6.
蒋永福. 2000. 论知识组织[J]. 图书情报工作，（6）：5-10.
蒋永福，李景正. 2001. 论知识组织方法[J]. 中国图书馆学报，（1）：3-7.
焦玉英，索传军. 2001. 基于“推”模式的网络信息服务及其相关技术研究[J]. 情报学报，20(2)：193-199.
金培华，谢涛，朱明野，等. 2002. Z39. 50 的原理、应用与技术[M]. 北京：华艺出版社.
靳晓恩. 2010. 知识发现在提升数字图书馆服务能力中的应用[J]. 情报探索，（1）：118-120.
康健明. 2007. 虚拟存储技术及其在数字图书馆中的应用[J]. 图书馆论坛，27（5）：92-94.
寇钧锋. 1999. 论情报检索语言的自然语言化发展趋势[J]. 中国图书馆学报，25（3）：28-31.
赖永忠. 2016. 面向数字人文的图书馆科研支持服务研究[J]. 图书馆工作与研究，（10）：28-32.
冷克敏. 2003. 数字图书馆开展电子商务的探讨[J]. 图书馆论坛，23（1）：52-53，51.
黎春兰，邓仲华. 2014. 面向图书馆的云计算研究综述[J]. 图书馆杂志，33（5）：68-77.

李滨丽，王菁. 2001. 数字图书馆对远程教育系统建立和发展的作用[J]. 继续教育研究，（6）：30-31.
李冠强. 2002. 数字图书馆研究[M]. 北京：北京图书馆出版社.
李桂贞，郑建明. 2007. 论数字图书馆的知识组织[J]. 图书馆理论与实践，（5）：70-73.
李洪. 2005. 国外数字图书馆资源综述[J]. 图书情报工作，49（12）：137-141.
李洪武. 2005. 数字图书馆与信息网络传播权：知识共享扩张与私有财产保护[J]. 图书馆杂志，24（8）：7-9，71.
李骅竞. 2004. 通用数字图书馆管理平台的应用逻辑设计与用户界面设计[D]. 清华大学硕士学位论文.
李慧. 2007. 数字图书馆开展新知识服务策略浅析[J]. 图书馆工作与研究，（6）：31-32.
李居迁，杨帆. 2002. 网络与电子商务中的知识产权[M]. 北京：北京邮电大学出版社.
李乐山. 2004. 人机界面设计[M]. 北京：科学出版社.
李敏. 2005. 基于专家系统的知识检索模型研究[J]. 高校图书馆工作，25（6）：9-11，58.
李明兰. 2013. 数字水印在数字图书馆中的应用[J]. 晋图学刊，（6）：40-43.
李默. 2019. 基于深度学习的智慧图书馆移动视觉搜索服务模式研究[J]. 现代情报，39（5）：89-96.
李培. 2004. 数字图书馆原理及应用[M]. 北京：高等教育出版社.
李莘，李蕾. 2020. 基于全生命周期的数字资源标准规范体系建设规划[J]. 图书馆学刊，42（8）：5-10.
李树青，丁浩，徐侠. 2018. 大数据时代数字图书馆用户服务思考[J]. 情报学报，37（6）：569-579.
李维. 2016. 大数据时代图书馆数字资源融合研究[D]. 湘潭大学硕士学位论文.
李卫东. 2008. 我国财经类院校图书馆数字资源建设调查分析[J]. 图书馆建设，（5）：37-39.
李文文，陈雅. 2010. 基于资源利用过程的数字图书馆馆藏评价指标研究[J]. 现代情报，30（12）：145-149.
李雪岗，韩莉. 2019. 数字图书馆虚拟馆藏资源的服务绩效评价研究[J]. 图书馆学刊，41（12）：123-127.
李艳，李珑. 2015. 大数据时代数字化图书馆建设探究[J]. 图书馆理论与实践，（1）：81-84.
李源，敬卿. 2000. 数字图书馆研究及发展策略初探[J]. 高等教育研究学报，（1）：51-55.
李月婷. 2014. 我国三大体系数字图书馆标准规范建设比较研究：以中国国家数字图书馆、CSDL、CADLIS 为例[J]. 图书馆学研究，（12）：23-26.
李正兰，张西亚. 2010. 从成本效益分析的角度谈高校图书馆数字馆藏评价[J]. 大学图书情报学刊，28（6）：38-42.
李中言，李普跃. 2007. 信息抽取技术在数字图书馆中的应用[J]. 现代情报，27（10）：96-97.
廖宇峰. 2017. 数据挖掘技术在图书馆的应用研究[J]. 四川图书馆学报，（2）：33-36.
林敏，倪丽萍. 2006. 数字图书馆发展中的知识产权研究[J]. 图书情报工作，50（9）：86-89.
蔺站辉. 2004. 数字图书馆中知识产权的管理与保护[J]. 情报杂志，23（2）：54-55，59.
刘颖. 2003. 以用户为中心的数字参考服务研究[J]. 情报探索，（4）：6-9.
刘柏嵩. 2006a. 面向数字图书馆的本体学习研究[J]. 大学图书馆学报，（6）：30-34，38.
刘柏嵩. 2006b. 面向数字图书馆的本体自动构建[J]. 中国图书馆学报，（5）：47-51.
刘柏嵩，韩惠琴. 2002. 基于知识的数字图书馆[J]. 大学图书馆学报，（2）：9-12，91.
刘成山，王洁良，秦春秀. 2013. 一种基于对等云的数字图书馆架构[J]. 情报理论与实践，36（11）：114-117.
刘芳. 2016. “互联网＋公共图书馆”：服务创新与转型发展[J]. 图书馆杂志，35（8）：42-48.
刘记，李鹏云. 2006. 论数字图书馆门户建设[J]. 情报理论与实践，（3）：328-331.
刘家真. 1999. 数字图书馆的馆藏级别与用户交互类型[J]. 图书情报知识，（2）：56-57.
刘健. 2017. 数字图书馆资源聚合与服务推荐研究[D]. 吉林大学博士学位论文.
刘峤，李杨，段宏，等，2016. 知识图谱构建技术综述[J]. 计算机研究与发展，（3）：582-600.
刘士民. 2004. 馆藏建设与数字化探析[J]. 情报资料工作，（S1）：199-199，172.
刘维丹. 2002a. 论数字图书馆的知识服务[J]. 图书情报知识，（4）：61-63.
刘维丹. 2002b. 数字图书馆的知识组织研究[J]. 现代情报，22（10）：123-124，126.

刘炜. 2002. 数字图书馆元数据标准体系建设[R]. 上海：上海图书馆系统网络中心.
刘炜，林海青，夏翠娟. 2018. 数字人文研究的图书馆学方法：书目控制与文献循证[J]. 大学图书馆学报，（5）：116-123.
刘炜，周德明，王世伟，等. 2001. 数字图书馆引论[M]. 上海：上海科学技术文献出版社.
刘伟成，孙吉红. 2002. 基于内容的图像信息检索综述[J]. 情报科学，（4）：431-433，437.
刘友华. 2005. 开发数字图书馆需考虑的几个问题[J]. 中国图书馆学报，31（4）：58-60，81.
刘玉照，岳修志，刘建准. 2007. 数字图书馆用户群及信息交流机制[J]. 中国图书馆学报，33（1）：62-65.
刘彧菲. 2015. 基于人工智能技术的数字图书馆个性化信息服务系统研究[J]. 图书馆学刊，37（5）：110-113.
柳群英. 2003. 基于运动特征的视频检索技术[J]. 情报科学，（10）：1088-1090.
楼宏青. 2006. 高校数字图书馆信息管理和存储策略[J]. 图书馆论坛，（6）：132-136.
卢共平. 2002. 数字图书馆信息的体系结构[J]. 中国图书馆学报，28（1）：52-53.
卢共平，汪善建. 2002. 论数字图书馆的读者服务[J]. 图书馆建设，（3）：66-68.
卢共平，吴翻. 2001. 数字图书馆的读者服务模式[J]. 中国图书馆学报， 27（3）：60-62.
芦婷婷. 2015. 从阅读的特性角度谈图书馆的数字阅读推广[J]. 图书馆工作与研究，（6）：94-98.
陆宝益，陈雅，郑建明. 2006. 我国高校数字化图书馆建设宏观模式取向研究[J]. 中国图书馆学报，32（6）：49-52.
陆音. 2014. 数字图书馆可持续发展服务模式的探讨[J]. 黑龙江档案，（6）：125.
罗丽，杨新涯，周剑. 2017. 智慧图书馆的发展现状与趋势："智慧图书馆从理论到实践"学术研讨会会议综述[J]. 图书情报工作，61（13）：140-144.
罗良道. 2001. 网络环境下我国图书馆的馆藏发展与维护研究[D]. 武汉大学博士学位论文.
罗琳. 2000. 个性化服务与数字图书馆的发展[J]. 图书情报知识，（4）：55-57.
罗龙艳. 2002. 基于可视化技术的信息检索初探[J]. 现代图书情报技术，（4）：36-38，30.
罗仕鉴，朱上上，孙守迁. 2002. 人机界面设计[M]. 北京：机械工业出版社.
吕娜. 2006. 数字图书馆用户访问日志模型的研究与应用[J]. 现代图书情报技术，（12）：5-8.
吕娜，孙扬民，黄国丰. 2002. 对图像检索应用概况的研究[J]. 情报科学，20 （3）：324-325，329.
马春燕. 2006. 我国民族高校图书馆数字化特色资源建设探析[J]. 图书情报工作，50（11）：86-90.
马海群，蒋新颖. 2002. 论数字图书馆信息资源建设与著作权保护[J]. 大学图书馆学报，（3）：26-31，45.
马慧. 2010. 浅谈数字图书馆对现代信息技术的利用[J]. 科技情报开发与经济，20（1）：53-54，74.
马景娣. 2003. 数字图书馆信息检索性能评析[J]. 情报杂志，22（11）：84-86.
马莉丽. 2014. 公共文化服务体系下数字图书馆的社会价值体现[J]. 东岳论丛，（9）：182-185.
马林山，汪讯宝，何燕. 2014. 云环境下区域公共图书馆联盟数字阅读推广研究[J]. 图书馆工作与研究，（4）：109-112.
马文峰，杜小勇. 2006. 知识检索研究[J]. 情报理论与实践，29（2）：157-160，219.
马自卫. 2002. 数字图书馆及其体系结构实现的研究[J]. 现代图书情报技术，（2）：3-5.
茆意宏，马坤坤. 2019. 国内外关于数字阅读推广的研究现状与趋势[J]. 大学图书馆学报，37（1）：55-66.
孟猛，朱庆华. 2017. 数字图书馆信息质量、系统质量与服务质量整合研究[J]. 现代情报，37（8）：3-11.
苗夺谦，卫志华，张志飞. 2015. 中文信息处理原理及应用[M]. 2 版. 北京：清华大学出版社.
穆向阳. 2015. 图书馆数字资源整合策略研究[J]. 图书馆学研究，（2）：46-53.
南晓凡. 2016. 基于跨库检索的数字图书馆资源整合方式研究[J]. 图书馆学刊，（1）：116-118.
牛金芳，郑晓惠. 2002. 元数据的互操作性[J]. 图书馆杂志，21（4）：39-43.
牛晓宏. 2013. 基于数字出版产业链的数字出版机构与图书馆合作策略研究[J]. 现代情报，33（11）：8-11.
牛振东，赵四友. 2003. 数字图书馆体系结构的发展[J]. 现代图书情报技术，（3）：20-23.

彭绪庶. 2006. 人文社科中文数字化资源发展现状、问题与图书馆的应对策略[J]. 情报资料工作，(6)：45-48.
彭雁虹，李怀祖. 1999. 信息系统体系结构的总体框架[J]. 系统工程理论与实践，19（8）：2-6，55.
彭桢，包海峰，徐泺燚. 2016. 支持元数据和服务共享的三类互操作协议比较[J]. 档案与建设，(12)：23-27.
钱刚. 1998. 从数字化、网络化看图书馆虚拟化过程[J]. 图书情报工作，(7)：12-15.
秦珂. 2003. 数字图书馆版权保护对策研究[J]. 现代图书情报技术，(3)：76-79，82.
邱君瑞. 2002. 自然语言处理与信息检索系统[J]. 情报杂志，21（3）：47-48.
曲悦. 2013. 数字图书馆服务的特点探析[J]. 兰台世界，(11)：93-94.
阮延生. 2002. 数字图书馆知识产权问题研究[J]. 中国图书馆学报，28（1）：54-56.
邵波，单轸，王怡. 2020. 新一代服务平台环境下的智慧图书馆建设：业务重组与数据管理[J]. 中国图书馆学报，46（2）：27-37.
沈玲. 2019. 人工智能技术在图书馆中的应用研究综述[J]. 图书馆学刊，41（4）：134-142.
沈筱璇. 2006. 跨库检索策略研究[J]. 图书馆学研究，(12)：66-67，65.
沈芸芸，肖珑，冯英. 2010. 元数据应用规范研究[J]. 现代图书情报技术，(12)：1-8.
沈芸芸，张广钦. 2003. DC 与 MARC21 相互映射的实例分析[J]. 图书与情报，(3)：68-71.
盛小平. 2001a. 国内外数字图书馆发展的比较研究[J]. 中国图书馆学报，27（6）：39-44.
盛小平. 2001b. 数字图书馆的知识组织[J]. 图书情报工作，(3)：24-27.
盛小平. 2003. 数字图书馆馆藏评价[J]. 图书情报工作，(5)：40-43.
苏建华. 2000. 数字图书馆及其功能[J]. 当代图书馆，(1)：21-23.
苏蓉. 2014. 基于大数据的数字图书馆信息服务研究[D]. 华中师范大学硕士学位论文.
苏新宁. 2015. 大数据时代数字图书馆面临的机遇和挑战[J]. 中国图书馆学报，41（6）：4-12.
孙承鉴，刘刚. 2001. 中国试验型数字式图书馆的探索与实践[J]. 现代图书情报技术，(6)：3-6.
孙会清，范志杰，杜鑫，等. 2013. 数字图书馆时代图书馆服务范式的转型研究[J]. 农业网络信息，(11)：96-97.
孙家正. 2002. 数字图书馆：新世纪信息技术的机遇与挑战国际研讨会论文集[M]. 北京：北京图书馆出版社.
孙坦. 2008. 基于网格的数字图书馆研究[J]. 图书馆建设，(1)：86.
孙坦，周静怡，宋文. 2007. 数字图书馆开放式资源与服务描述规范[J]. 中国图书馆学报，(6)：74-77.
孙仙阁. 2016. 数字图书馆的发展研究[M]. 成都：电子科技大学出版社.
孙一钢. 2001. 数字图书馆的技术体系结构[J]. 现代图书情报技术，(5)：8-10.
孙一钢，张炜，谢强，等. 2016. 国家数字图书馆的数字阅读服务与推广[J]. 图书馆杂志，35（10)：4-8.
孙雨生. 2007. 基于 ontology 的数字图书馆互操作机制研究[J]. 情报资料工作，(3)：79-81.
孙祯祥，张家年，王静生. 2006. 数字图书馆信息资源建设中的易访问性问题与解决方式[J]. 图书情报工作，(12)：76-78.
索传军. 2004. 论数字馆藏的质量评价[J]. 中国图书馆学报，30（4)：43-46.
陶洁. 2010. 论数字图书馆的信息资源建设[R]. 天津：2010 年信息技术与管理科学研讨会.
田捷. 2002. 数字图书馆技术与应用[M]. 北京：科学出版社.
田利. 2010. 《著作权法》视域下数字图书馆知识产权问题研究[J]. 农业图书情报学刊，22（1)：135-137.
宛文红. 2002. 数字图书馆信息服务模式探讨[J]. 情报资料工作，(4)：39-40，57.
汪冰. 1997a. 电子图书馆及其相关概念辨析[J]. 图书馆，(3)：4-11.
汪冰. 1997b. 电子图书馆理论与实践研究[M]. 北京：北京图书馆出版社.
汪冰. 1998. 数字图书馆：定义、影响和相关问题[J]. 中国图书馆学报，24 （6)：9-17.
汪莉. 2018. 高校图书馆数字人文：跨学科合作的现实困境与对策研究[J]. 新世纪图书馆，(12)：9-14.

王爱霞，王鸿信. 2013. 数字图书馆用户著作权侵权行为探析[J]. 图书馆理论与实践，（11）：10-12.
王大可. 2002a. 数字图书馆[M]. 深圳：海天出版社.
王大可. 2002b. 数字图书馆应用平台的研制与开发[J]. 艺术科技，（4）：10-15.
王海娟. 2004. 数字图书馆评价指标体系初探[J]. 图书馆工作与研究，（1）：13-17.
王昊. 2005a. 基于跨语言信息检索的数字图书馆系统模型[J]. 情报科学，（10）：135-140.
王昊. 2005b. 跨语言信息检索实现方法与关键技术探讨[J]. 情报杂志，（7）：46-49.
王洪娟. 2010. 开放获取对图书馆的影响及应对策略[J]. 兰台世界，（16）：60-61.
王槐深. 2001. 网络环境下图书馆用户信息需求与满足的对策研究[J]. 河南图书馆学刊，（2）：37-43.
王惠仙. 2000. 数字图书馆如何继承传统图书馆的原始馆藏[J]. 情报资料工作，（6）：17-20.
王进，陈恩红，张振亚，等. 2004. 基于本体的跨语言信息检索模型[J]. 中文信息学报，（3）：1-8，60.
王珏，袁小红，石纯一，等. 1995. 关于知识表示的讨论[J]. 计算机学报，（3）：212-224.
王军，杨冬青，唐世渭，等. 2000. 数字图书馆的体系结构[J]. 情报学报，（6）：564-572.
王莉莉. 2017. 数字图书馆建设中的知识产权保护问题研究[J]. 行政与法，（3）：123-129.
王连喜. 2015. 一种面向高校图书馆的个性化图书推荐系统[J]. 现代情报，35（12）：41-46.
王锰，郑建明，陈雅. 2015. 大数据环境下数字图书馆的基本职能[J]. 情报资料工作，（3）：109-112.
王淼. 2018. 基于知识发现数字图书馆知识服务研究[J]. 中外企业家，（14）：80.
王南. 2005. 图书馆联盟数字资源建设研究[J]. 图书情报工作，（12）：53-56，88.
王萍，李鹏. 2011. 数字图书馆开源软件评价模型比较研究[J]. 图书情报工作，（17）：31-35，26.
王若琳，燕辉，黄辉，等. 2014. 我国图书馆数字资源长期保存策略运用现状调查分析[J]. 图书馆，（2）：56-59.
王卫，王瑞焕，李纬光. 2013. 基于博弈的图书馆数字资源共享问题与对策研究[J]. 情报理论与实践，36（11）：49-52.
王晰宇，周中林. 2011. 基于本体的数字图书馆信息检索模型构建[J]. 情报探索，（9）：21-23.
王晓红，杨玲. 2003. 基于颜色/形状直方图的图像检索方法[J]. 情报理论与实践，26（4）：368-370.
王秀香. 2016. 我国数字图书馆标准规范建设内容及特点分析[J]. 数字图书馆论坛，（9）：14-19.
王知津. 1999. 数字图书馆及其相关概念[J]. 图书馆学研究，（4）：42-45.
王知津，王乐. 1998. 文献演化及其级别划分：从知识组织的角度进行探讨[J]. 图书情报工作，（1）：4-7.
王知津，侯延香. 2005. 我国数字图书馆可持续发展的服务模式[J]. 大学图书馆学报，（5）：2-6.
王知津，李培，李颖，等. 2010. 知识组织理论与方法[M]. 北京：知识产权出版社.
王志昆，邵康庆. 2002. 信息时代的数字图书馆[M]. 成都：西南交通大学出版社.
王忠华，周勇. 2002. 数字图书馆[M]. 北京：北京邮电大学出版社.
王忠义，黄容，郑鑫，等. 2019. 数字图书馆多粒度集成知识服务研究[J]. 情报学报，38（2）：143-158.
王卓杰. 1998. 论数字图书馆的含义及功能[J]. 图书馆学刊，（4）：15-18.
韦景竹. 2002. 虚拟图书馆用户研究[J]. 图书情报知识，（3）：21-23.
卫红春，朱欣娟，张留美. 2018. 信息系统分析与设计[M]. 4 版. 西安：西安电子科技大学出版社.
魏来. 2002. 中国数字图书馆发展策略研究[D]. 东北师范大学硕士论文.
魏萍. 2004. 完善数据库的知识产权保护制度[J]. 情报科学，（1）：84-87.
文庭孝，龚蛟腾，张蕊，等. 2011. 知识关联：内涵、特征与类型[J]. 图书馆，（4）：32-35.
文艳. 2016. 数字图书馆对馆员信息素养的要求及提升途径[J]. 科技传播，（4）：54，62.
文燕平. 2005. WWW 信息检索可视化实现原理研究[J]. 现代图书情报技术，（4）：10-13，50.
吴吉玲. 2015. 数字图书馆与智慧图书馆比较研究[J]. 情报资料工作，（2）：43-45.
吴建中. 2017. 再议图书馆发展的十个热门话题[J]. 中国图书馆学报，43（4）：4-17.

吴金仲. 2009. 数字图书馆用户信息需求与信息服务开发[J]. 河北科技图苑，22（5）：59-61，90.
吴慰慈. 2004. 图书馆学基础[M]. 北京：高等教育出版社.
吴潇. 2002. 多媒体信息检索研究[J]. 情报杂志，21（10）：19-21.
吴颖红. 2009. OAI 协议与数字图书馆互操作性研究[J]. 图书馆理论与实践，（1）：104-106.
吴志荣. 2000. 数字图书馆：从理念走向现实[M]. 上海：学林出版社.
仵淮林. 2015. 大数据环境下数字图书馆面向用户的服务组织研究[D]. 华中师范大学硕士学位论文.
夏立新，张进，王忠义. 2007. 基于 OAI 和主题图的分布式数字图书馆体系框架[J]. 现代图书情报技术，（12）：11-15.
夏立新，张进，王忠义. 2008. 基于主题图的数字图书馆英汉跨语言检索模型[J]. 情报学报，27（3）：468-473.
肖红凌. 2002. 远程教育与数字图书馆[J]. 情报科学，20（8）：806-807.
肖洪，余锦凤. 2006. 数字图书馆领域本体构建研究：以数字参考咨询领域为例[J]. 大学图书馆学报，（6）：26-29.
肖珑. 2006. 迎接数字图书馆服务时代的到来：“数字图书馆服务”专辑序[J]. 现代图书情报技术，（11）：1.
肖珑，陈凌. 2005. CALIS 与中国高校数字图书馆的发展[J]. 图书情报工作，49（11）：9-14.
肖汀. 2003. 数字图书馆概念探讨[J]. 情报探索，（3）：10-12.
肖永英. 2006. 论图书馆数字参考服务的营销策略[J]. 情报资料工作，（6）：84-87.
肖勇，张自锋. 2012. 构建信息公平：当代中国图书馆学的核心价值所在[J]. 图书馆，（6）：6-9，20.
孝童. 2011. 基于云计算的数字图书馆建设研究[D]. 吉林大学硕士学位论文.
谢春枝. 2001. 电子商务在数字图书馆中的应用[J]. 现代图书情报技术，（2）：55-57.
邢明旻. 2008. 亚马逊网络书店的图书揭示功能对数字图书馆 OPAC 的启示[J]. 图书馆杂志，（1）：23-27，39.
熊太纯. 2014. 图书馆互动服务现状与 SoLoMo 的应用[J]. 情报资料工作，（2）：75-78.
徐宝祥，叶培华. 2007. 知识表示的方法研究[J]. 情报科学，25（5）：690-694.
徐芳，柴雅凌，金小璞，等. 2006. 数字化环境下图书馆业务流程重组[J]. 图书情报工作，（11）：33-35，71.
徐久龄，肖慧珍. 2003. 元数据的研究[J]. 情报理论与实践，（2）：163-166.
徐文伯. 1999. 建设中国数字图书馆工程开创中华文化光辉的未来[J]. 中国图书馆学报，（5）：3-8.
徐晓梅，牛振东. 2007. 数字图书馆的知识组织研究[J]. 现代图书情报技术，（10）：1-6.
许军林. 2011. 云计算环境下的数字图书馆建设研究[J]. 情报资料工作，（3）：88-92.
严怡民，张玉峰. 1999. 信息系统理论与实践[M]. 武汉：武汉大学出版社.
杨海平，刘健. 2014. 数字图书馆平台技术研究综述[J]. 图书馆理论与实践，（5）：33-35.
杨谦. 2002. 数字图书馆评价指标构成要素研究[J]. 情报科学，20（12）：1302-1304.
杨婷婷，马致明. 2013. 云计算技术下数字图书馆建设创新探究[J]. 新疆师范大学学报（自然科学版），32（2）：54-57.
杨贤林. 2016. 公共图书馆数字化发展与信息建设研究：以平湖市图书馆为例[J]. 图书馆学刊，38（9）：124-127.
杨莹. 2007. 数字化图书馆的概念界定与要素分析[J]. 现代情报，（11）：87-89.
杨祖逵. 2006. 数字图书馆公司化运作模式的思考[J]. 图书情报工作，（10）：139-141，145.
姚倩. 2012. 以文献共享为核心的数字图书馆构建策略[J]. 大学图书馆学报，30（1）：9-12.
叶凡. 2003. 数字图书馆建设过程中的标准化问题[J]. 津图学刊，（1）：17-18，59.
叶翔. 2017. 基于大数据的数字图书馆信息服务资源整合系统研究[J]. 河南图书馆学刊，37（1）：123-125.
易鹏宇，赵英. 2001. 电子商务与数字图书馆[J]. 情报杂志，20（10）：21-23.

尹达. 2007. 跨库检索系统检索效率影响因素辨析[J]. 科技情报开发与经济，17（2）：83-85.
应吉康. 2002. 信息系统的高友好性用户界面的设计[J]. 微型电脑应用，（11）：46-49，3-4.
于洪彬，李继成. 2000. 数字图书馆的形态特征及其建设[J]. 情报资料工作，（3）：20-22.
于喜彦. 2010. 网格技术的发展与数字图书馆建设[J]. 黑龙江科技信息，（2）：117，281.
余少瑛. 2012. 图书馆应用新技术研究述评[J]. 图书馆学研究，（2）：12-16.
袁圆，张文德. 2012. 数字图书馆知识产权风险评估指标体系构建[J]. 图书馆论坛，32（1）：11-14.
臧国全. 2003. 虚拟图书馆研究[D]. 武汉大学博士学位论文.
臧国全，刘宛珍. 2006. 图书馆信息资源数字化产权许可研究[J]. 情报资料工作，（5）：68-70.
曾丹. 2003. 基于数字图书馆的电子商务模式[J]. 图书馆学研究，（7）：8-10，20.
曾小莹. 2014. 数字人文背景下的图书馆：作用与服务[J]. 图书与情报，（4）：111-113.
曾珠. 2004. 知识检索系统及其性能评价研究[J]. 科技情报开发与经济，（8）：47-48.
张春红，廖三三，沈芸芸. 2006. 数字图书馆门户的关键需求设计：以北京大学数字图书馆门户为案例[J]. 现代图书情报技术，（11）：7-11.
张德云. 2012. 论图书馆数字馆藏资源建设中亟待解决的问题[J]. 农业网络信息，（7）：87-90.
张会田. 2002. 馆藏数字化资源评估方法探讨[J]. 图书情报工作，（5）：50-53.
张洁，仲跻亮，岳怡然，等. 2020. 数字图书馆用户画像建模与应用实践[J]. 数字图书馆论坛，（3）：51-58.
张静. 2001. 数字图书馆信息体系结构[J]. 图书馆建设，（4）：87-89.
张俊林，曲为民，杜林，等. 2004. 跨语言信息检索研究进展[J]. 计算机科学，（7）：16-19.
张珺，周虹，盛晏. 2011. 管理信息系统[M]. 北京：中国农业大学出版社.
张玲，孙坦，黄国彬. 2006. 国外数字图书馆评价实践综述[J]. 图书情报工作，（12）：131-134.
张敏，张晓林. 2000. 元数据（Metadata）的发展和相关格式[J]. 四川图书馆学报，（2）：63-70.
张文德. 2006. 数字图书馆的数字权限管理系统评估[J]. 图书情报工作，（10）：76-78.
张文亮，郭金婷. 2012. 近 5 年我国知识组织研究综述[J]. 图书馆学研究，（2）：2-5，11.
张文亮，敦楚男，马毅. 2019. 我国数字图书馆标准规范体系运行机制研究[J]. 新世纪图书馆，（7）：53-58.
张晓林. 2002. 元数据研究与应用[M]. 北京：北京图书馆出版社.
张晓林，鞠文红，李珍. 2003a. 数字图书馆标准规范发展趋势[R]. 北京：中国科学院文献情报中心.
张晓林，曾蕾，李广建，等. 2003b. 国家科学数字图书馆开放描述与标准应用指南（一）[J]. 现代图书情报技术.（3）：16-19，23.
张晓琳. 2007. 网络环境下数字图书馆建设中的版权问题分析[J]. 现代情报，（12）：99-101.
张晓艳. 2013. 基于网格的数据存储技术在数字图书馆中的应用[J]. 数字技术与应用，（11）：43.
张新兴，卓毓荣，纪纯. 2014. 公共图书馆服务体系信息资源建设的内容与方式[J]. 图书馆理论与实践，（6）：67-71.
张秀梅. 2002. 我国数字图书馆研究述评[J]. 图书馆论坛，（3）：37-39.
张学波. 2002. 基于数字图书馆的远程教育探讨[J]. 中国远程教育，（8）：38-39，52.
张学福. 2003. 论数字图书馆基于颜色内容的图像检索技术[J]. 中国图书馆学报，（2）：57-60.
张银犬，朱庆华. 2007. 网格环境下个人数字图书馆信息检索策略[J]. 中国图书馆学报，（3）：56-59.
张玉峰，李敏，晏创业，等. 2003. 论知识检索与信息检索[J]. 中国图书馆学报，（5）：23-26.
张正. 2004. 数字图书馆用户研究[J]. 图书馆，（1）：46-48.
张智雄. 2008. 构建面向网络的数字图书馆技术环境[J]. 中国图书馆学报，（3）：76-77，88.
张紫琪. 2020. 我国数字图书馆的建设与组织管理[J]. 智库时代，（6）：13-14，118.
赵光林. 2002. 试论电子资源的馆藏发展与维护[J]. 情报资料工作，（6）：35-37.
赵海荣. 2014. 馆藏资源聚合相关问题研究：以河北省高校图书馆为例[D]. 河北大学硕士学位论文.
赵继海，史国祥. 2001. 数字图书馆的用户管理与服务[J]. 情报学报，（2）：224-231.

赵京胜，宋梦雪，高祥. 2019. 自然语言处理发展及应用综述[J]. 信息技术与信息化，（7）：142-145.
赵萍，徐平，向忠，等. 2005. 中国数字图书馆调研与分析[J]. 情报杂志，24（2）：134-135，137.
赵伟. 1999. 数字图书馆研究的历史和现状[J]. 情报科学，（2）：193-195，199.
赵新莉. 2004. 数字图书馆中的用户研究[J]. 图书馆理论与实践，（1）：10-11.
赵杨. 2007. 基于语义网格的数字图书馆知识推送服务系统研究[J]. 情报科学，25（12）：1869-1873，1882.
赵杨. 2014. 数字图书馆移动服务交互质量控制机制研究：基于用户体验的视角[J]. 情报杂志，33（4）：184-189.
赵迎春. 2012. 云计算在图书馆的应用[J]. 黑龙江科技信息，（1）：93.
郑建明. 2015. 基于协同学理论的数字图书馆演化趋势探讨[J]. 大学图书馆学报，33（4）：63-67.
郑良榉. 2014. 数字图书馆服务平台的研究与实现[D]. 浙江大学硕士学位论文.
郑美玉. 2016. “互联网+”时代高校数字图书馆服务模式创新研究[J]. 情报理论与实践，39（7）：36-40.
郑巧英，杨宗英. 1999. 数字图书馆原型体系结构初探[J]. 情报学报，18（6）：523-529.
郑万青，高桂林. 2008. 数字化条件下的知识产权与传统资源权[J]. 法学杂志，（1）：65-68.
钟静，严轩. 2016. 公共图书馆数字馆藏发展规划思考[J]. 图书馆研究与工作，（3）：34-37.
钟云志，周东晓，赵慧清. 2007. 我国数字图书馆现状及发展趋势的研究[J]. 情报杂志，26（12）：157-158.
周春霞. 2006. 数字图书馆门户与自动化系统的融合及实现：以北京大学图书馆为案例研究[J]. 现代图书情报技术，（11）：16-20.
周和平. 2000. 统筹规划 协调组织携手共建中国数字图书馆工程[J]. 国家图书馆学刊，（3）：5-9.
周宁，文燕平. 2002. 检索结果的可视化研究[J]. 中国图书馆学报，（6）：48-50，53.
周宁，刘玮，赵丹. 2004. 信息提供的可视化研究[J]. 情报科学，（3）：257-260，275.
周宁，张会平，陈勇跃. 2007. 基于概念图的数字图书馆知识转化模型研究[J]. 情报理论与实践，30（5）：597-600.
周秀霞，侯延香. 2005. 图书馆数字化资源整合的现状透视[J]. 图书馆杂志，24（5）：27-31.
朱德红. 2009. 基于 OAIS 的数字档案馆元数据体系构建[D]. 黑龙江大学硕士学位论文.
朱复成，韩宁，胡佩云. 2001. 数字图书馆：馆藏、管理及服务[J]. 中国图书馆学报， 27（2）：54-59.
朱林，许馨. 2006. 论图书馆数字资源典藏管理政策[J]. 情报资料工作，（6）：49-52.
朱强. 2000. 谈谈数字图书馆实现的条件[J]. 大学图书馆学报，（1）：11-13，21.
朱伟珠. 2007. 基于 SSL 协议的数字图书馆资源远程访问[J]. 图书馆建设，（5）：41-43.
庄新豪. 2012. 数字图书馆的互操作协议比较研究——Z39. 50 和 OAI 协议的比较[J]. 才智，（20）：45-46.
邹凯，陈添源. 2007. 一种面向服务的数字图书馆体系架构[J]. 情报资料工作，（2）：60-63.
邹曼莉，李林华，李宏轩. 2001. 作为一门学科的知识组织[J]. 图书情报工作，（5）：21-24.
邹涛，黄源，张福炎. 1999. 基于 WWW 的文本信息挖掘[J]. 情报学报，18（4）：291-295.
邹亚. 2016. 数字图书馆系统[D]. 中南民族大学硕士学位论文.
Berry J W. 1996. Digital libraries：new initiatives with worldwide implications[J]. Collection Building，15（4）：21-33.
Brookes B C. 1980. The foundations of information science：part Ⅱ. Quantitative aspects：classes of things and the challenge of human individuality[J]. Journal of Information Science，2（5）：209-221.
Dobson C，Kushkowski J D，Gerhard K H. 1996. Collection evaluation for interdisciplinary fields：a comprehensive approach[J]. The Journal of Academic Librarianship，（4）：279-284.
Evans G E，Saponaro M Z. 2005. Developing Library and Information Center Collections[M]. 5th ed. Englewood：Libraries Unlimited.
Fox E A， Hix D， Nowell L T，et al. 1993. Users，user interfaces，and objects：envision，a digital library[J]. Journal of the American Society for Information Science，44（8）：480-491.

Geisler G，Giersch S，McArthur D，et al. 2002. Creating virtual collections in digital libraries：benefits and implementation issues[R]. The 2nd ACM/IEEE-CS Joint Conference on Digital Libraries：210-218.

Harloe B，Budd J M. 1994. Collection development and scholarly communication in the era of electronic access[J].The Journal of Academic Librarianship，20（2）：83-87.

Kane L T. 1997. Access vs. ownership：do we have to make a choice[J]. College & Research Libraries，58（1）：59-67.

Kang I，Kwon O W，Lee J H，et al. 2000. Cross-language text retrieval by query translation using term reweighting[J]. International Journal of Pattern Recognition and Artificial Intelligence，14（5）：617-629.

Norman O G. 1997. The impact of electronic information sources on collection development：a survey of current practice[J]. Library Hi Tech，（1/2）：123-132.

Piao G，Breslin J G . 2018. A study of the similarities of entity embeddings learned from different aspects of a knowledge base for item recommendations[R]. Heraklion：The Semantic Web：ESWC 2018 Satellite Events.

Schade J G. 1992. The future of collection development in an era of fiscal stringency：a symposium[J]. The Journal of Academic Librarianship，18（1）：4-16.

Shi R. 2005. Lightweight Federation of Non-cooperating Digital Libraries[M]. Norfolk：Old Dominion University.

Summers F W. 1989. A vision of librarianship[J]. School Library Journal，35：25-30.

Sutton S A. 1996. Future service models and the convergence of functions：the reference librarian as technician, author and consultant [J]. The Reference Librarian，25：125-143.

Tyckoson D. 1991. Access vs. ownership：changing roles for librarians [J]. The Reference Librarian，15（34）：37-45.

White J，Anthony J，Weeks A C，et al. 2004. The international children’ digital library：exploring digital library for children[J]. Bookbird World of Childrens Books，（42）：8-14.

Xie H I，Cool C. 2000. Ease of use versus user control：an evaluation of Web and non-Web interfaces of online databases[J]. Online Information Review，24（2）：102-115.